근현대
부흥운동사

최재건 박사 편

기독교문서선교회

기독교문서선교회(Christian Literature Crusade: 약칭 CLC)는
1941년 영국 콜체스터에서 켄 아담스에 의해 시작되었으며
국제 본부는 영국의 쉐필드에 있습니다.
현재 약 650여명의 선교사들이 59개 나라에서 180개의 본부를 두고,
이동도서차량 40대를 이용하여 문서 보급에 힘쓰고 있으며
이메일 주문을 통해 130여국으로 책을 공급하고 있습니다.
CLC는 청교도적 복음주의 신학과 신앙을 선포하는
국제적, 초교파적, 비영리 문서선교기관으로서, 하나님의 뜻에 합당한 책을 만들고
이 책을 통해 단 한 영혼이라도 구원되길 소망하며
이를 위해 주님이 오시는 그날까지 최선을 다할 것입니다.

A History of Modern Christian Revivals

edited by
Choi Jai-Keun

2007
Christian Literature Crusade
Seoul, Korea

머리말

한국교회는 수년 전부터 2007년 평양대부흥운동 100주년을 대비하여 기도하고 준비해 왔다. 장로교, 감리교, 성결교를 비롯한 개신교 각 교단들과 여러 학술단체들 그리고 개교회들이 1907년에 평양에서 일어난 부흥이 재현되기를 바라며 'Again 1907', 'Beyond 1907', 'Remember 1907', 'Transformation 2007: 부흥을 넘어 변화로' 등등의 구호 아래 그 부흥운동을 재조명하는 각종 집회를 개최해 오고 있다.

2006년 9월 통계청이 발표한 개신교인의 수는 8,616,000명이었다. 10년 전의 발표에 비해 14만 4명이 감소된 수치였다. 반면에 가톨릭교회는 219만 명에서 5,146,000명으로 늘어났다. 1990년대 이후 개신교의 교인 수가 성장하지 않고 성장세가 수평 이동하고 있다는 추정이 현실로 확인된 것이었다. 최근 한국개신교 교회들은 이 같은 외적인 정체현상에 충격을 느끼며 다시금 부흥을 외치고 있다.

연세대학교 연합신학대학원에서는 새로운 부흥을 바라는 한국 개신교계의 염원을 담아 지난 2006년 1학기에 '근현대 부흥운동사 연구'라는 강좌를 개설하였다, 세미나 형식으로 진행된 이 강좌는 근현대 기독교 역사에서 일어난 제반 부흥운동들의 발생과 전개 양상 및 결과 등을 두루 고찰한 후 부흥운동들의 공통점을 찾고 한국교회 부흥의 방향을 타진하는

데 목적이 있었다. 20여 명의 학생들이 참가해 한 주제 씩 맡아 자유롭게 연구, 발제하고 함께 토론하였으며, 종강 때에는 종합토론 시간을 가져 여러 부흥운동들에서 추출할 수 있는 공통점과 상이점 또는 문제점 등에 관해 견해를 나누었다. 학생들이 부흥운동에 대한 일정한 정의나 개념에 매이지 않고 자유롭게 연구하게 한 것은 가급적 다양한 시각에서 많은 것을 발견해 낼 수 있기 위해서였다. 그런데 이러한 일련의 과정 끝에 얻을 수 있었던 가장 확실한 결론은 공통점을 찾기가 쉽지 않다는 사실이었다.

이 강좌의 또 다른 결실이 있었다면, 한국교회 지도자들과 일반 교인들이 평양대부흥운동을 국내적인 시각에서만 보지 말고 더 넓게 세계부흥운동사의 맥락에서 보기를 바라는 마음을 갖게 된 것이었다. 그런 마음에서 과감히 대학원 석사 혹은 박사 과정 중에 있는 학생들의 글을 책으로 펴내게 되었다. 다음의 본문들은 학생들이 국내외 학계의 연구 성과를 종합, 정리하여 작성한 발제문들을 일반 독자들을 위해 간결하게 정리한 것들이다. 번잡한 느낌이 들지 않도록 본문을 많이 압축하고 각주도 많이 생략했다. 이 책은 근현대의 여러 부흥운동들을 역사적으로 개관하고 그 다양성과 공통점을 비교하면서 부흥에 대한 도전을 받으며 그 방향을 모색하는 일에 하나의 안내서가 될 수 있을 것으로 생각한다.

원론적인 의미에서 부흥은 하나님을 알고 하나님을 체험하는 것이다. 그의 존재를 인식하게 되면 죄를 회개하게 되고 그의 말씀에 순종하며 살게 된다. "내 이름으로 일컫는 내 백성이 그 악한 길에서 떠나 스스로 겸비하고 기도하여 내 얼굴을 구하면 내가 하늘에서 듣고 그 죄를 사하고 그 땅을 고칠지라"(대하 7:14)는 말씀을 따라 행한다면 다시금 한국교회에 부흥의 역사가 일어나게 될 것이다. 아무쪼록 본서가 부흥을 염원하고 필요로 하는 한국교회에 도움이 되기를 기원한다.

2007년 한국교회의 대부흥을 기원하며
연세대 교수 최 재 건 識

목차 CONTENTS

머리말 | 05

제1장 근현대 부흥운동사 서설 _최재건(교회사) | 09
제2장 독일 루터파 경건주의: 근현대 부흥운동의 여명 _김상식(교회사) | 23
제3장 18세기 영국 복음주의 부흥운동: 웨슬리 형제와 감리회를 중심으로
      _송정연(교회사) | 45
제4장 조나단 에드워즈와 미국 제1차 대각성운동 _장진경(교회사) | 69
제5장 조지 휫필드의 부흥운동 _주 진(선교학) | 83
제6장 미국 제1차 대각성운동의 영향력 _이혜원(교회사) | 101
제7장 미국 제2차 대각성운동 _정요진(교회사) | 117
제8장 찰스 피니의 부흥운동 _이상정(교회사) | 133
제9장 무디의 부흥운동 _정다운(교회사) | 147
제10장 노르웨이 부흥운동 _장진경(교회사) | 163
제11장 케직 사경회 _윤상림(교회사) | 175
제12장 웨일즈 부흥운동 _장진경(교회사) | 189
제13장 한국 초기 부흥운동: 원산부흥운동을 중심으로 _최형철(교회사) | 207
제14장 평양대부흥운동 _김현숙(예배·설교학) | 225
제15장 중국의 부흥운동: 1900-1937년 _윤상림(교회사) | 243
제16장 해방 후 한국의 부흥운동: 80년대까지를 중심으로 _임승훈(예배·설교학) | 257
제17장 빌리 그래함의 부흥운동 _강현구(교회사) | 279
제18장 영국·미국·한국 오순절운동 _김윤정(교회사) | 293

근현대 부흥운동사 서설

최재건 (연세대 교수, 교회사)

1. 들어가는 말
2. 부흥운동사 개요
3. 나가는 말

1. 들어가는 말

교회의 부흥이란 하나님 편에서 하나님이 그의 능력으로 자신을 죄인들에게 계시하시는 일이라 말할 수 있고 인간 편에서 인간이 하나님을 알고 그를 체험하는 일이라 말할 수 있다. 간단하게는 신도들의 영적 각성운동이라 규정할 수 있다. 근현대 교회에서 부흥의 개념은 다양하게 이해되어 왔다. 미국 제1차 대각성운동 때 활약한 조나단 에드워즈(Jonathan Edwards)는 부흥을 '하나님의 놀라우신 사역' 이라고 묘사했다. 반면에 제2차 대각성운동 때 활약한 찰스 피니(Charles G. Finney)는 부흥을 인간의 사역에 대한 하나님의 응답으로 보았다. 서로 다른 시각에 따라 헌신·봉사하는 모습이 다르게 나타났다. 에드워즈는 인간의 노력에 의해서 보다 하나님의 은혜의 임재에 의해서 부흥이 일어난다고 확신하였다. 반면에 피니는 인간의 회개 노력을 통해서 하나님이 역사하신다고 확신하였다. 부흥운동을 신앙 부흥과 전도운동으로 세분한다면, 신앙 부흥에는 인간적 요소가 뚜렷하지 않지만 전도운동에는 방법이나 도구라는 인적 요소가 강하다고 할 수 있다. 영적 각성은 하나님의 주권적 사역이지만, 그 운동의 방법은 인간적인 요소를 갖고 있다.

부흥운동에 관한 여러 논제들과 여러 시각들은 부흥운동을 정의하기 어렵게 만든다. 부흥운동은 통상 인간의 회개와 하나님의 은총에 대한 체험을 수반하는 것으로 인식되고 있다. 개인적으로 영적인 신선함과 하나님의 능력을 체험할 뿐만 아니라 '교회'를 통해 공동체적으로도 이를 체험한다. 교회사를 검토해 보면 사도 바울이나 어거스틴처럼 극적인 회심의 체험을 하는 경우가 있고, 덜 극적이지만 나름대로 어떠한 영적 체험이 있어 개종하고 헌신한 경우가 있다. 종교개혁 이후 복음주의는 대체로 개인과 하나님의 직접적 관계를 강조해 온 반면에 가톨릭교회에서는 전통적으로 교회의 성례전을 통한 하나님과의 관계를 강조해 왔다. 오늘날 세속화에 눌린 교회는 영적인 회생을 필요로 하고 있다. 극적인 회심 체험을 구하기보다 고결한 신앙생활과 훈련된 영성을 갖추기 위해 더 애써달라는 요구를 받고 있기도 하다. 그렇다면 오늘날의 교회는 부흥을 위해 구체적으로 무엇을 위해 기도를 하며 어떠한 준비를 해야 할 것인가? 과거에 일어난 부흥운동들의 여러 가지 면모를 고찰하는 일이 그 답을 찾도록 도와줄 것이다.

2. 부흥운동사 개요

1) 중세 이전의 부흥운동

교회의 역사는 부흥의 역사이다. 교회사상 최초의 부흥운동은 120명이 모여 함께 기도하다가 능력을 받은 오순절의 역사였다. 오순절은 그 후 교회들이 경험했던 부흥운동과 차원이 다른 것이었지만, 합심하여 기도하는 가운데 일어난 교회 부흥운동의 기점과 모델이 되었다. 오순절 성령강림으로 능력을 받은 사람들은 방언을 말했고, 그 주변에 있는 자들은 각자의 모국어로 하나님의 말씀을 들었다. 특히 베드로가 권능을 받아 설교했을 때 사람들은 "우리가 어찌 할꼬" 하며 탄식하였고, "회개하고 각각 예수 그리스도의 이름으로 세례를 받으라"(행 2:38)고 외쳤을 때, 삼천 명이 개종했다.

오순절 후 천여 년 동안 그리스도의 복음이 전 유럽에 확산되었다. 교회는 정치, 사회, 경제, 교육, 문화 모든 분야에서 절대적인 영향력을 행사했다. 절대적 힘이 부패를 낳아 결국 교회 회복을 위한 각성운동들이 일어났다. 그 대표적인 것이 중세 수도원 운동이었다. 수도원은 파코미우스(Pachomius, 292-346)가 처음 설립했다. 529년에는 베니딕트(Benedict) 수도회라고 알려진 몬테카시노 수도원이 설립되어 제도화된 수도원 운동의 모체가 되었다. 청빈하고 순결한 삶을 추구한 수도원 운동으로 프란시스코 수도회와 도미니크 수도회를 비롯한 수많은 수도회가 세워져 교회의 갱신과 부흥에 기여하였다. 성경의 권위 아래 인간의 모든 권위를 내려놓고 복음전파에 주력한 왈도파(Waldensians) 같은 이들도 있었다. '가난한 성직자 수도회'를 창설한 존 위클리프(John Wycliff)나 화형당한 존 후스(John Hus) 같은 수도사는 성경을 번역하고 전하여 교회에 부흥을 가져왔다. 사보나롤라(Girolamo Savonarola)는 교회와 국가의 부패에 도전하여 외치다가 교수형을 당했다. 교회는 이후 16세기 종교개혁과 영국의 청교도운동으로 갱신되고 새로운 활로를 찾기 시작했다.

2) 근현대 부흥운동

근대 기독교 부흥운동의 근원을 찾자면 독일에서 경건주의운동을 일으킨 필립 야곱 슈페너(Phillip Jacob Spener, 1635-1705)로 거슬러 올라갈 수 있다. 슈페너의 경건주의운동을 계승한 프랑케(August Hermann Franke:1663-1727)는 할레(Halle)대학의 교수가 되어 그곳에서 성경연구와 경건훈련을 강조하였다. 할레에서 수학했던(1710-1716) 진젠돌프(Nichlaus Ludwig Zinzendorf, 1700-1760)는 그곳에서 경건주의의 영향을 받았다. 진젠돌프는 자신의 영지에 살게 한 모라비안(Moravian)들과 더불어 선교의 꿈을 이루었다.

영국의 부흥운동(1739-1791)은 존 웨슬리 형제에 의해 주도되었다. 존 웨슬리(John Wesley, 1703-1891)는 옥스퍼드대학의 크라이스트처치 칼리지(Christ Church College)를 다닐 때 토마스 아켐피스(Thomas a Kempis)의 『그리스도를 본받아』(The Imitation of Christ)와 제레미 테일러(Jeremy Taylor)의 『거룩하게 살고 거룩하게 죽는 규율과 훈련』(Holy Living and Dying)이란 책의 영향을 많이 받았다. 그의 동생 찰스 웨슬리(Charles Wesley, 1707-1788)도 옥스퍼드대학에 입학한 후 1739년에 몇몇 친구들과 한 모임-후에 홀리 클럽(Holy Club)으로 명명되었다-을 만들었다. 이 모임에 존 웨슬리도 가입하여 기도, 성경읽기, 고전탐구에 열중하며 경건한 생활과 봉사의 삶을 추구하였다. 규범적인 삶의 태도로 인해 그들은 메도디스트(Methodist)라고 불렸다. 존 웨슬리는 미국으로 가는 배에서 모라비안 신도들에게서 감동을 받았고, 나중에 진젠돌프 백작과 만나 교류하였다. 웨슬리는 "전 세계는 나의 교구다"라는 그의 유명한 말처럼 도처를 누비며 설교하고 복음을 전했다. 평생 동안 지구의 열 바퀴를 도는 거리인 25만 마일을 순회 전도하고 약 4만 번의 설교를 하여 구령사업에 공헌하고 감리교회의 비조가 되었다. 웨슬리의 중심 메시지는 성화였다. 웨슬리는 윌리암 로(Willaim Law, 1686-1761)에게서 성화에 대한 신학적 영향을 입었다. 그는 인간은 하나님의 은혜를 받아들이거나 거부할 의지가 있다고 보아 알미니안주의에 다가섰다.

영국의 부흥운동에는 조지 휫필드의 공헌도 컸다. 교회사가 데이비드 베빙톤(David Bebbington)은 영국의 18세기 복음주의 부흥이 계몽주의에 대한 역작용으로 일어난 것이 아니라 계몽주의의 문화, 환경 속에서 교육받은 복음주의자들 사이에서 자연적으로 일어난 것으로 보았다. 영국의 영적 각성운동으로 교회의 갱신 뿐 아니라 해외선교와 사회개혁-대표적인 예로 노예제 폐지를 들 수 있다-에도 공헌하였다.

청교도들의 이주정신이 잊혀져가던 1740년을 전후하여 미국 뉴잉글랜드에서 영적 대각성운동이 일어났다. 그 영향력은 교회뿐 아니라 사회, 정치, 문화에까지 미쳤다. 그에 앞서 1720년대에 화란 개혁교회의 프렐링하이젠(Theodore Frelinghuysen, 1691-1748) 목사는 미국의 뉴저지의 레인톤 밸리(Rainton Valley)에서 이민 공동체에게 회개와 올바른 기독교인의 삶을 강조하였다. 그의 도전으로 그의 교회가 부흥하고 인근지역으로 그 영향이 확산되어 갔다.

제1차 대각성운동의 주역은 조나단 에드워즈였다. 그는 어려서부터 학문에 대한 열정이 있었고, 예일대학에 진학하여 고전 언어를 익히며 학문의 기초를 닦았다. 졸업 후에는 그의 외조부가 시무하던 노댐턴(Northamton)의 교회에서 사목활동을 했다. 청교도적 칼빈주의자인 그는 뉴잉글랜드 지역에 인간의 행위를 강조하는 알미니안주의가 들어왔을 때 믿음으로 말미암는 구원-이신칭의-에 대해 다섯 번에 걸쳐 설교하였다. 이것이 대각성운동의 계기가 되었다. 그의 유명한 설교 "진노하시는 하나님의 손 안에 있는 죄인들"(Sinners in the hearts of and angry God)은 인간이 지옥불에 던져질 수밖에 없는 존재임을 강조하여 수많은 사람을 회개하게 만들었다.

길버트 테넌트(Gilbert Tennent, 1703-1764)는 장로교 목사로 프렐링하이젠이 시무하던 교회에서 가까운 뉴 부른즈윅 교회에서 목회하였다. 그는 프렐링하이젠의 목회활동에 공감하고 같은 방식으로 회심과 기도를 강조했다. 교회가 부흥되기 시작했고, 그 영향은 그 부근은 물론 뉴욕과 펜실베이니아 주로 확산되어 갔다.

영국의 휫필드 역시 1차 대각성운동의 한 주역이 되었다. 그는 대서양 횡단에 3-4개월이나 걸리는 때에 7회에 걸쳐 미대륙을 순방하며 집회를 인도하였다. 휫필드는 설교에서 칼빈주의 신학을 바탕으로 중생, 칭의, 성도의 견인 그리고 무조건적 선택을 강조하였다. 그는 죄인의 회개와 중생이 하나님의 불가항력적인 은혜라고 설파하였다. 그가 즐겨 인용한 성경구절은 "너희가 그 은혜를 인하여 믿음으로 말미암아 구원을 얻었으니 이것이 너희에게서 난 것이 아니요 하나님의 선물이라"(엡 2:8)는 말씀이었다. 미국의 대각성운동은 그들 자신이 체험한 청교도 정신과 대륙의 경건주의 영향이 합류되어진 것으로 보인다. 이 각성운동으로 미국에서 주일 성수하는 경향이 늘어났고, 음주, 매춘, 도박을 금지하는 사회변혁이 일어났다. 신생 미국이 독립하고 국가적 정체성을 형성하는 데도 기여하였다.

그 후 미국에서 다시 한번 큰 영적 각성운동이 일어났다. 제2차 대각성운동을 가장 크게 주도한 사람은 찰스 피니(Charles Finney, 1792-1875)

였다. 변호사 출신인 찰스 피니는 1821년에 회심한 다음 영적 생활에 몰두하여 변호사직을 사임하고 설교자가 되었다. 1824년에 장로교회의 목사가 되었으나, 부흥사로 활동하였고, 나중에는 오벌린대학에서 교수와 총장으로 봉사하였다. 그의 신학은 본래 칼빈주의였으나, 인간의 능력도 중시하여 뉴 헤이븐 신학을 받아들였다. 그는 며칠간씩 계속되는 집회를 시도하였다. 그의 설교는 변호사답게 예수 그리스도를 위해 변호했다. 예화도 간단한 것만 사용하여 예화보다 진리를 기억하게 하였다. 피니는 기도받기 원하는 사람을 강대상 앞으로 나오게 하는 초대의 시간을 가졌다. 1851년부터는 구도자 좌석을 만들었다. 그는 죄에 대한 깊은 깨달음, 그리스도께로 돌아오는 회심, 회심한 자가 체험하는 기쁨, 회심자의 바른 정신과 안정성, 봉사와 기도를 강조하였다. 건강이 나빠지자 자기 교회 교인들을 교육시켜 둘씩 짝을 지어나가 복음을 전하게 했다.

1857년에는 뉴욕의 의사 월터 파머(Walter Palmer) 부부가 뉴욕과 캐나다 온타리오 주 등지에서 부흥운동에 기여하였다. 비지니스 맨이었던 람피엘(Lamphier)도 기도를 강조하는 집회를 열어 뉴욕 필라델피아 일대로부터 전국에 부흥을 확산시켰다. 그가 인도하는 '정오 기도회'에는 당시 대통령인 프랭클린 피어스(Franklin Pierce)도 여러 차례 참석하였다. 1857-1859년의 부흥운동 기간에 당시 인구 3,000만 명 중 200만이 회심한 것으로 집계되었다. 그의 부흥운동은 간절하고 지속적인 기도운동도 부흥을 일으키는 데에 기여한 경우로 기록된다. 이때 피니의 전도집회단의 공헌도 컸지만 이 부흥운동은 평신도들에 의해 일어났다는 점에서 또한 특색을 이루었다.

제2차 대각성운동은 사회적으로 많은 파급효과를 냈다. 가장 손꼽히는 것은 노예제 폐지운동을 촉발한 것이었다. 피니는 부흥집회 때 노예제도에 대해 큰 죄악이라고 설교하였다. 그는 여권신장에도 기여하였다. 예배 때 여성들에게 간증과 공중기도를 시켰으며, 그가 총장으로 봉직한 오벌린대학을 세계 최초의 남녀공학으로 만들었다. 빈민구제, 금주운동, 절제운동에도 기여하였다. 신생공화국의 성격을 재확인시켰고, 개신교회가 19세기를 선교의 세기로 만들도록 새로운 힘을 창출시켰다.

드와이트 무디(Dwight Lyman Moody)의 부흥운동은 19세기 후반 미국 사회가 도시화, 산업화되고 교회가 진화론과 마르크스주의 등의 영향으로 위축되며 신학이 전통적인 복음주의와 진보적인 사회복음주의로 양극화되고 있던 시대에 일어났다. 무디는 하나님의 사랑과 구원을 선포하는 구령사업에 생키(Ira Sankey)라는 복음성가 가수를 동반하여 효율성을 더하였다. 이 부흥운동으로 교회가 다시금 영적으로 각성하고 젊은 대학생들이 선교 열정을 품게 되었다. 이때 결성된 해외선교를 위한 학생자원운동(The Student Volunteer Movement for Foreign Mission)은 무디가 죽은 후까지도 많은 선교사들을 해외에 파송하였다.

미국에서 일어난 부흥의 물결은 대서양을 넘었다. 아일랜드 장로교총회는 윌리암 깁슨(William Gibson) 박사와 윌리암 맥클루어(William McClure) 목사를 미국에 파송하여 기도회에 참석하고 보고하게 하였다. 이후 아일랜드 전역에서 기도를 통한 부흥운동이 일어났다. 1857년 6월 29일 벨파스트(Belfast) 지역 보타닉 가든스(Botanic Gardens)에서 모인 집회에는 4만여 명의 인파가 운집하였다. 같은 해에 북아일랜드 전역에 소그룹 기도회가 열리고 회심자들이 속출하였다. 주일학교와 성경공부반도 확장되었다. 사회적으로도 매춘업이 사라지는 등의 변화가 발생했다.

남아프리카에서는 앤드류 머레이(Andrew Murray, 1828-1917) 목사가 그곳의 부흥을 위해 기도해 왔다. 그의 노력으로 『기도의 능력』(The power of prayer)이라는 책자가 간행되고 기도회 모임이 곳곳에서 조직되었다. 남아프리카는 19세기 중엽 이후 수차에 걸쳐 부흥을 체험하였다. 나중에는 윌리암 테일러(William Taylor) 목사가 이를 크게 확산시켰다. 감리교 목사인 그는 미국과 캐나다 등지에서도 부흥사로서 활동하였고, 아프리카의 여러 작은 부족들에 가서도 복음을 전하여 실로 세계를 교구로 삼고 활동하였다.

19세기 말 교회 부흥을 위한 기도 모임이 영국의 케직 사경회(Keswick Convention)에서도 열렸다. 1875년부터 개최되어 오고 있는 케직 사경회는 본래 '고상한 그리스도인의 생활'을 추구하는 일련의 성결운동에 연원을 두고 있다. 이 집회는 죄의 자백, 승리하는 크리스천의 삶, 헌신, 성령이 인도하는 삶, 봉사를 강조하였다. 궁극적인 목표는 보다 높은 차원의 크리스천이 되게 하는 데 있었다. 이 집회는 나아가 그리스도의 지상명령인 땅 끝까지 이르는 증인이 되도록 도전하여 해외선교에 큰 영향을 끼쳤다. 또한 여러 나라에 부흥의 불씨를 퍼뜨렸다. 케직 사경회에 웨일즈 사람들도 참석하여 함께 기도했다. 이 사경회의 영향으로 인도에서도 부흥운동이 일어났으며, 오스트레일리아에서도 19세기 말에 기도모임이 생겨 1901년에는 2,000개 이상이나 되었다.

1901-1910년은 부흥의 10년이었다. 한국을 비롯해 인도, 웨일즈, 중국, 일본, 인도네시아, 남미 칠레, 남태평양, 오스트레일리아, 뉴질랜드, 스칸디나비아, 유럽, 남아프리카 공화국에서 부흥운동이 일어났다. 일본에서는 1901년에 있었던 대전도대회 기간 중에 신도수가 4만에서 6만 5천 명으로 빠르게 늘어났다. 인도네시아에서는 1908년에 부흥운동(The Great Repentance)이 일어나 7년 간 계속되었다.

20세기 초의 부흥운동으로서 가장 먼저 주목받는 것은 1904년의 웨일즈 부흥운동이다. 웨일즈 지역은 1762년에 대부흥이 있은 후 1791년, 1817년, 1840년, 1848년에 지엽적인 부흥운동들을 경험하였다. 19세기 후반에도 경건한 기독교인들이 영적 각성을 위해 기도하여 부흥이 일곤 하였다. 이 시기의 리더는 처음에 험프리 존스(Humphrey Jones) 목사였고, 이어 데이비드 몰간(David Morgan) 목사와 리차드 오웬(Richard Owen), 존 퓨(John Pugh), 셋 조슈아(Seth Joshua) 등의 부흥사들이 큰 역할을 하였다. 그러나 전반적으로는 진화론과 심리학 및 성경 고등비평의 영향으로 영적인 데서 점점 멀어져가고 있었다. 이러한 상황에서 미국과 영국에서 일어난 영적 각성운동의 자극으로 다음 세기에 다시금 부흥운동을 경험하였다.

1904년 이반 로버츠(Evan Roberts, 1878-1951)가 주도한 웨일즈 부흥운동은 설교보다 기도회를 통해서 은사 중심으로 전개되었다. 로버츠는 10만 명 구령의 비전을 갖고 기도하며 활동하였다. 1904년 10월 말부터 모리아 채플(Moriah Chapel)에서 정기적으로 기도모임을 가졌다. 그는 집회 때 ① 성령을 보내주시도록 기도하라 ② 죄를 공개적으로 자백하라

③ 자신에게 거리끼는 것을 다 없애라 ④ 성경에 무엇이든 순종하라 ⑤ 그리스도를 구주로 고백하라고 가르쳤다. 실제로 회개의 역사가 일어나 부흥운동이 2주 이상 계속되었다. 이반 로버츠는 남북 웨일즈를 넘어 런던에 가서도 부흥운동을 일으켰다. 그는 구세주 그리스도만 전했을 뿐 도덕적인 설교는 하지 않았다. 그는 『성도들의 영적 전쟁』(War on the Saints)이란 책을 써서 성령 충만을 강조했다. 이 웨일즈 부흥운동은 한국 선교사들에게도 알려져 평양부흥운동의 한 기폭제가 되었다.

인도의 부흥운동도 세계적인 반향을 일으켰다. 그 전 1891년에 영국 출신의 워드(R. J. Word) 선교사가 영국 케직 사경회에서 영적인 소생함을 체험하고 인도로 돌아가 부흥을 기원하며 성령에 관한 책들을 출판하고 성령 충만을 위한 모임을 가졌다. 1892년 미국 장로교 선교사였던 존 하이드(John Hyde)도 인도를 위해 부흥운동이 일어나기를 기도하였다. 마침내 인도에 있던 선교지부에서 성경공부 모임이 확산되었고, 인도 기독교인들의 생활에도 변화가 나타났다. 한때 힌두교 사회개혁자였던 인도 여성 판디타 라마바이(Pandita Ramabai)가 1891년 중생을 체험한 일은 그 후에 일어난 대부흥운동의 전조가 되었다.

판디타 라마바이는 1901년 봄베이 인근 푼(Pune) 지방에서 과부와 난민을 위한 특별기도회를 시작했고, 이 기도회가 지속되면서 회심자가 수천 명에 이르렀다. 1905년 6월말 그녀가 이끄는 묵티(Mukti, 과부·난민 공동체)의 소녀기도단이 성령 충만을 체험한 후 부흥운동이 봄베이를 비롯한 인도 곳곳으로 확산되었다. 북부 카시아(Khasia) 지역에서도 1905년 3월부터 큰 부흥이 일어나 북부 지역으로 널리 확산되었다. 1904년 8월에는 펀잡 지역 시알코트(Sialkot)의 기독교 종사자들의 모임에서 회개운동이 일어나 1906년까지 지속되었다. 존 하이드, 조지 터너(George Turner), 맥세인 패터슨(M' Cheyne Paterson) 선교사는 시알코드의 대표자 회의를 준비하며 간절히 기도했다. 이 회의는 첫 해에 300여 명이 모였고, 이듬해에 1300여 명이 참가하였으며, 그 후로도 계속 열려 인도 부흥운동에 크게 기여를 하였다. 1905년 인도 동남부 지역에서도 부흥이 일어났다. 마드라스(Madras) 시를 비롯한 여러 곳에서 성령강림을 위한 기도회가 열렸고, 코임바토르(Coimbatore)에서는 기독교 형제단 선교사들이 연례집회에서 성령의 역사로 사람들이 통회하고 화해하였다. 인도의 부흥운동에서는 선교사들의 영향이 컸다. 그러나 일선에서는 인도인들이 이를 주도하였다.[1]

한국의 부흥운동은 1903년 원산에서 시작되었다. 원산에서 사역하는 하디(Robert Alexander Hardie, 1865-1949) 선교사는 1903년 8월 장로교 감리교 선교사들의 기도모임에서 지난 선교활동을 자성하며 자기가 학벌과 의사 신분 그리고 백인이라는 우월의식을 갖고 있었음을 회개하고 토로하였으며, 그 후 한국 교인들 앞에서도 고백하였다. 이렇게 해서 일어난 부흥운동은 서울과 송도 등지로 파급되었고, 1907년 평양대부흥운동으로 이어졌다. 대부흥운동은 한국인 성도들에 의해 전국에 확산되었다. 이 부흥운동에서 큰 활약을 펼쳤던 길선주 목사는 1920년대에는 요한계시록을 해석한 '말세학'을 만들어 그가 강사로 나간 교회의 부흥집회 때마다 가르쳤다. 그의 종말론적인 부흥집회와 김익두 목사의 신유집회, 이용도 목사의 신비적 집회는 일제의 폭압에 시달리던 민족에게 힘과 소망을 주었다. 해방 후부터 60년대 전반까지는 이성봉 목사가 그 맥을 이어 전국을 다니며 부흥집회를 인도하였다. 부산 경남의 신생 고려신학교에서 며칠 간 계속된 집회는 신사참배에 대한 회개와 자복의 물결을 일으켜 고려파 탄생의 원천이 되었다. 조용기 목사의 신유와 적극적 사고방식의 부흥운동은 6·25전쟁 후의 참담한 현실을 딛고 영적 성장과 물질적 번영을 향해 도약하는 정신적 원천이 되었다. 박재봉 목사의 신유집회, 박대선, 문선명, 나운몽의 빗나간 집회는 큰 물의를 일으켰다.

중국의 부흥운동은 1900년 초 의화단 사건으로 외국 선교사만 189명이 살해된 후 캐나다 선교사 조나단 고포스(Jonathan Goforth)에 의해 일어났다. 그는 웨일스와 한국의 부흥 소식을 듣고-평양을 방문하기도 하였다-고무되어 만주와 중국 전역을 다니며 부흥집회를 이끌었다. 그의 집회

---

[1] 다음 장들에서 제시되는 여러 부흥운동 사례들 가운데 인도의 부흥운동이 빠져서 그 대신으로 참고 자료를 소개한다. 웨슬리 듀엘, 『세계를 뒤바꾼 부흥의 불길』(Rival Fire), 안보헌 역 (서울: 생명의말씀사, 1996), 29장-33장; Edwin Orr, *Evangelical Awakening in India* (New Delli: Masiki Sahitya Sanstha, 1971).

에서는 신유의 은사가 나타났다. 그 후 딩 리메이, 왕밍따오, 워치만 니 등이 부흥운동을 확산시켜 갔다.

노르웨이에서 일어난 부흥운동은 교단적인 것이 아니었다. 19세기 후반에 일어난 몇 차례의 부흥운동들로부터 1910년대의 오순절운동에 이르기까지 개별 평신도들에 의해서 영적인 각성이 일어났다.

미국에서도 웨일즈 부흥운동의 소식을 들은 웨일즈인의 교회들에서 부흥이 일어났다. 1904년 로스앤젤레스라는 다민족 대도시에서 윌리엄 시무어(William Seymour)가 이끈 성령운동은 미국은 물론 세계에 퍼져 20세기에 가장 괄목한 부흥운동이 되었다. 미국의 이 오순절주의 운동은 기존의 부흥운동과는 다른 면모를 보였다. 이 운동은 마지막 날 그리스도의 육체적 재림을 대비하는 종말론적인 삶을 강조하였다.

한편 20세기 전반에 야구선수 출신인 빌리 선데이(Billy Sunday)가 부흥운동을 일으켰고, 20세기 후반에는 빌리 그래함이 세계적으로 부흥운동을 전개했다. 1949년 로스앤젤레스에서 빌리 그래함이 주도한 부흥운동은 72일 간 계속되었다. 1973년의 서울 부흥집회에는 하룻밤에 100만 명이 참여하였다. 그 밖에 1970년 켄터키 주 에즈베리(Asbury)대학에서 부흥이 일어났고, 1971년 캐나다의 사스카툰(Saskatoon)에서도 부흥운동이 일어났다.

뉴질랜드에서는 1935년 부활절에 에드윈 오르(J. Edwin Orr)의 인도 아래 느가루아와히아(Ngaruawahia)에서 부흥운동이 일어났다. 1949년에는 뉴헤브라이즈(New Hebrides) 섬에서 페기 스미스(Peggy Smith)와 크리스틴(Christine) 자매의 기도로 영적 대각성운동이 일어났다.

3. 나가는 말

크고 작은 부흥이 세계 도처에서 지속적으로 일어나고 있다. 부흥은 원천적으로, 그리고 전적으로 성령의 역사이다. 하지만 사람들은 환경 조건을 지각하고 역사로부터 배우는 힘을 가지고 있다. 역사를 돌아보면 부흥운동 때마다 사람들은 부흥을 위해 기획하고 준비하고 동원하는 일을 해 왔다.

근현대에 일어난 부흥운동들은 모두 영적으로 퇴보한 시대상 속에서 하나님의 임재와 그의 거룩하심과 선하심을 체험하려는 영적인 각성이 일어난 일로부터 출발했다. 부흥운동의 또 다른 공통적인 요소로 그 운동을 위해 봉사한 헌신적인 인물들이 있었다. 더불어 일반 회중들 가운데 하나님의 말씀에 대한 민감한 반응, 하나님께로 돌아가려는 통회기도, 회심과 중생 체험, 그리고 크리스천들의 변화된 삶이 있었다.

근현대 부흥운동이 세계적으로 확산되는 데는 독일 경건주의운동의 여파로 할레대학이 선교사를 파송했던 일이 한 계기가 되었다. 19세기 영국과 미국의 부흥운동도 선교에 대한 관심을 일깨워 선교사 파송에 박차를 가하게 만들었다. 그리하여 기존의 선교단체들 외에 런던선교회(London Missionary Society)와 중국내지선교회(China Inland Mission) 같은 단체들이 새로 생겨났다. 무디의 부흥운동 때에는 학생자원운동(Student Volunteer Movement)이라는 선교단체가 결성되어 세계 선교의 일익을 담당하였다. 개신교 선교가 이때부터 본격화되었고, 교회사가 라투렛이 19세기를 위대한 선교의 세기라고 부를 정도로 왕성해졌다. 따라서 선교는 세계 부흥운동의 결과가 되는 동시에 원인이 되었다. 선교·전도와 부흥은 불가분의 관계를 가지고 있다.

한국교회도 평양대부흥운동 후에 선교하는 교회가 되었다. 대부흥운동이 있은 후 9월에 조직된 장로교 독노회는 제주도에 이기풍 선교사를 파송함으로써 선교사업의 첫 발을 내딛었다. 선교사업은 한국교회의 복음에 대한 열정의 표출이었지만, 역으로 한국교회에 영적인 활력을 공급해 왔다. 한국교회는 또한 부흥회라는 전통을 가지게 되었다. 대부흥운동 이후로 교회의 집회 형태가 초창기의 사경회 중심에서 부흥회 중심으로 바뀌어 전해져 온 것이었다.

한국교회는 일제시대와 해방 후 여러 다난한 시대를 지나오는 동안 줄곧 부흥을 위해 기도해 왔고, 시시때때로 부흥을 경험해 왔다. 오늘날은 1907년의 대부흥이 재현되기를 대망하며 많은 행사들을 펼치고 있다. 그러면 삶의 변화를 수반하는 진정한 각성과 부흥은 어떻게 해서 우리에게 주어지는 것인가? 부흥을 위해 기도하고 하나님의 말씀 앞에 엎드려 죄를 회개해야 한다는 사실은 모두가 잘 알고 있다. 그러나 이대로 하기만 하면 응당 부흥이 올 것이라고 쉽게 장담할 수는 없다.

  부흥을 대망하는 자는 시대를 보는 안목이 있어야 한다. 1907년의 한국교회와 2007년의 한국교회는 매우 다른 상황 속에 있다. 한 예를 들면, 1907년에 평양은 조선시대 내내 중앙정계에서 소외당해 왔으며 청일전쟁 때 가장 많은 피해를 당했던 지역이었다. 오늘날 한국교회는 한국사회에서 만만치 않은 세력을 형성하고 있고, 상당한 기득권을 보유하고 있다. 이러한 현실 조건 속에서 한국교회는 부흥을 위해 어떻게 처신해야 하는가? 교회들이 과연 이런 문제에 있어서 진정으로 마음을 모아줄 수 있을 것인가? 대부흥운동 당시에 주한 선교사들은 그 부흥을 한국교회가 연합한 증거라고 평가하였다. 우리가 자랑스럽게 여기는 평양대부흥운동의 역사적 전통이 바로 그러했다. 그러므로 어찌 보면 현 시대의 모델이 되기에 1907년의 일은 다소 적합하지 않은 면이 있다고 할 수 있다. 차라리 기독교가 사회 속에서 정착하고 제도화된 후에 경험했던 서구의 부흥운동들이 더 적합한 모델이 될 것으로 생각할 수도 있다. 이런 저런 문제들을 생각하자면 끝이 없을 것이나, 아무튼 2007년, 부흥과 변화를 바라는 이 시점에 전통이 재현되고 새로운 발전이 이루어지기를 기대해마지 않는다.

A History of Modern Christian Revivals

근현대 부흥운동사 서설 최재건(교회사)
독일 루터파 경건주의-근현대 부흥운동의 여명 김상석(교회사)
18세기 영국 복음주의 부흥운동-웨슬리 형제와 감리회를 중심으로 송정연(교회사)
조나단 에드워즈와 미국 제1차 대각성운동 장진경(교회사)
조지 휫필드의 부흥운동 주 진(선교학)
미국 제1차 대각성운동의 영향력 이혜원(교회사)
미국 제2차 대각성운동 정요진(교회사)
찰스 피니의 부흥운동 이상정(교회사)
무디의 부흥운동 정다운(교회사)
노르웨이 부흥운동 장진경(교회사)
케직 사경회 윤상림(교회사)
웨일즈 부흥운동 장진경(교회사)
한국 초기 부흥운동-원산부흥운동을 중심으로 최형철(교회사)
평양대부흥운동 김현숙(예배·설교학)
중국의 부흥운동: 1900-1937년 윤상림(교회사)
해방 후 한국의 부흥운동-80년대까지를 중심으로 임승훈(예배·설교학)
빌리 그래함의 부흥운동 강현구(교회사)
영국·미국·한국 오순절운동 김윤정(교회사)

02

독일 루터파 경건주의
- 근현대 부흥운동의 여명

김상식(교회사)

1. 들어가는 말
2. 독일 루터파 경건주의운동의 배경
3. 독일 루터파 경건주의운동의 형성
4. 독일 루터파 경건주의의 신학적 특징
5. 경건주의운동과 근현대 부흥운동
6. 나가는 말

1. 들어가는 말

독일 루터파 경건주의는 종교개혁이 이후에 개신교 정통주의로 이어지는 것을 '경건의 위기'라고 여긴 자들이 이를 극복하기 위해 전개한 교회의 갱신운동이다. 이러한 일련의 갱신운동을 이끌었던 인물들은 아른트, 슈페너, 프랑케 그리고 진젠도르프와 헤른후트 형제단 등이었다. 이들 중에서도 경건주의운동의 방향과 내용을 초정한 자는 슈페너였다.

경건주의운동의 연구사를 개관하면 슈페너의 『경건한 소원』과 경건주의운동의 본질에 대한 고찰이 중요한 과제가 되는 사실을 확인할 수 있다. 경건주의운동에 대한 연구는 1820년대에 본격화되어 독일어권과 영어권에서 다양한 관점을 좇아 이뤄져 왔다.[1] 경건주의 연구에 결정적인 역할을 한 사람은 리츨(Albrecht Ritschl)이다. 19세기 말에 리츨은 경건주의를 '로마 가톨릭에 뿌리를 둔 신비주의적 영험주의'(Mystischer Spiritualismus)라고 하여 교회를 퇴보시킨 운동으로 평가했다. 반대로

---

1) 외국의 경건주의 연구사는 지형은 교수의 연구내용을 대부분 참고하였음을 밝힌다. 외국 자료들은 소개하는 데에 의의를 두었고, 국내학자들의 연구는 연구실적을 탐구하며 연구 과제를 도출하기 위해 고찰하였다.

리츨의 동시대 사람인 오이겐 작세(Eugen Sschsse), 파울 그륀베르크(Paul Grünberg), 칼 미릅트(Carl Mirbt), 호르스트 스테판(Horst Stephan) 등은 경건주의운동을 교회와 신학을 발전시키는 데 크게 공헌한 운동으로 평가했다. 자유주의 신학을 비판했던 바르트와 투르나이젠은 경건주의에 대해서도 도덕주의, 율법주의, 인본주의, 신인협력주의 등이라고 비판했다.[2]

제2차 세계대전이 끝날 무렵 경건주의가 새롭게 조명되었다. 쿠르트 알란트(Kurt Aland)는 경건주의의 뿌리를 리츨과 달리 스트라스부르크 루터파 정통주의에서 찾았다.[3] 마틴 슈미트(Martin Schmidt)는 경건주의를 영국 감리교운동과의 연관성에 주목하였다. 영어권의 대표적인 학자인 슈미트의 견해는 경건주의 분야에서 우리나라에 가장 많이 소개되었다. 1960년대 이후 경건주의 연구가 양적으로 증대되었을 뿐만 아니라 질적으로 이전 해석이 많이 수정되었다. 요한네스 발만(Johannes Wallmann)은 경건주의와 정통주의와 구별시키는 슈페너의 두 사상, 즉 '교회 안의 교회 사상'(Ecclesiola in ecclesia)과 '천년왕국적인 미래대망 사상'이 네덜란드 개혁파에서 유래되었다고 보았다. 스퇴플러(Ernest Stoeffler)는 유럽의 경건주의가 영국의 청교도운동에서 시작해 북미 대륙의 신앙 흐름에 이어졌다고 주장했다.

국내에서는 경건주의 연구가 김명혁, 이성덕, 김기련, 주도홍, 강치원, 지형은에 의해 이루어져 왔다. 김명혁은 독일 경건주의운동이 선교운동과 사회개혁에 끼친 영향은 긍정적으로, 주관적인 종교체험을 강조하고 배타적 분파성과 현세 도피성을 지닌 것은 부정적으로 평가했다. 이성덕은 독

---

2) 바르트 계열이 경건주의를 비판한 것은 진젠도르프 백작이 이끈 헤른후트 형제단 교회의 신앙적 분위기에서 자란 슐라이어마허가 '경건성'이란 단어를 중요한 신학적 개념으로 사용하기 때문이기도 했다. 슐라이어마허에 의하면 기독교 신앙의 본질은 하나님을 향한 직접적인 절대 의존 감정이고, 이러한 의존감정이 경건성의 핵심이 된다. 틸리히는 슐라이어마허가 이 직접지(直接知)를 감정이라고 부르는 중대한 잘못을 저질렀다고 보았다. Paul Tillich, 『19-20 世紀 프로테스탄트 思想 思』, 송기득 역 (서울: 한국신학연구소, 1983) 4판, 121.
3) 그 즈음 루터교 정통주의를 대표하는 세 도시는 스트라스부르크(Straßburg), 비텐베르크(Wittenberg), 예나(Jena)였고, 도시마다 대학이 있었다. 그중 스트라스부르크는 루터파의 우파 쪽인 나머지 둘과는 다르게 개혁교회적인 흐름이 이미 그 안에 배어 있어서 청교도적인 서적이 자연스럽게 받아들여질 수 있었다.

일 경건주의와 존 웨슬리 간의 관련성을 고찰하였다. 강치원은 '영성'(spirituality) 문제를 고찰했다. 김기련은 경건주의의 발생사를 고찰하여 경건주의운동이 주관적 신앙체험을 절대화하지도, 정통교회와의 분리를 추구하지도 않았다고 주장했다. 주도홍은 분열적 경건주의운동으로 알려진 라바디 경건운동이 개혁파 경건주의운동과[4] 무관함을 규명하여 개혁파 경건주의운동이 받았던 오해를 해소하였다. 또한 개혁파 경건주의운동의 '교회속의 교회' 모임이 루터파의 경건 모임보다 10년 정도 앞섰음을 밝혔다. 지형은은 경건주의운동 연구사와 필립 야콥 슈페너에 집중하였다. 그는 슈페너가 루터의 '칭의'를 전제한 위에서 믿음을 재해석했고 그의 설교갱신이 교회갱신의 가장 중요한 요소였다고 주장하였다.

이상에서 보는 것과 같이 경건주의운동의 연구 영역은 매우 방대하다. 이 글은 궁극적으로 독일의 경건주의가 어떤 의미에서 근현대 부흥운동의 여명이 되는가를 밝히는 데에 목적을 두고 있다. 경건주의의 역사적인 관련성의 문제는 사실 상당히 애매한 가운데 있다. 일반적으로는 독일 경건주의운동의 본류가 루터적이었던 데 비해, 영국의 부흥운동은 알미니우스적이었고, 미국의 부흥운동은 칼빈주의적이었다고 인식되고 있다. 이럼 점을 고려하면 경건주의운동과 근현대 부흥운동을 직접 연관시키는 것이 다소 무리한 일이라고 여겨질 수 있다. 그러나 일단은 현상적인 계승관계를 살펴보려고 한다. 경건주의운동을 독일 루터파 경건주의운동으로 그 범위를 한정하면서 경건주의운동의 보편적인 특성이 현상적으로 영미계통에서 그 신학적인 차이를 극복하고 어떻게 계승되는가를 개관해 보려고 한다. 이 일을 위해 먼저 시대배경과 경건주의운동의 형성과정을 살피고, 이어서 독일 루터파 경건주의운동의 특징을 함축하고 있는 슈페너의 『경건한 소원』을 집중적으로 조명한 후 근현대 부흥운동과의 상관성을 생각해 보고자 한다.

---

[4] 일반적으로 경건주의는 교파별로 루터파 경건주의와 칼빈파 경건주의로 나눌 수 있다. 교회관에 따라서는 교회적 경건주의와 탈교회적 경건주의로 나눌 수 있다. 탈교회적 경건주의는 다른 말로 급진적 경건주의라고 불린다. 교회사에서 흔히 비판적으로 언급되는 열광주의, 신비주의, 도덕주의 등은 급진적 경건주의에서 나타나는 성향들이다. 피터 C. 어브, 『경건주의자들과 그 사상』, 엄성옥 역 (서울: 은성, 1991), 8ff.

2. 독일 루터파 경건주의운동의 배경

1517년의 종교개혁으로 중세의 단일구조가 깨졌다. 유럽의 종교개혁 이후에 일어난 기독교 종파는 크게 루터파, 칼빈파, 로마 가톨릭으로 나눌 수 있다. 각 종파는 아우구스부르크 종교평화회의(The Peace of Augusburg, 1555)와 베스트팔렌 평화조약(The Peace of Westphalia, 1648)을 통해 공식적으로 인정받았다. 독일 안에서 루터파는 전자를 통해 로마 가톨릭과 더불어 합법적 종교로 공인받았고, 개혁파는 후자를 통해 동등한 법적권리를 누리게 되었다. 물론 이 권리에는 형식적인 요소가 많았다.

이 교파들은 곧 정치적·종교적 역학관계 속에서 갈등하고 충돌하기 시작하였다. 종교적 측면에서 30년 전쟁은 종교자유를 획득한 독일 내의 개신교와 로마 가톨릭이 충돌한 전쟁이었다. 독일의 개신교는 '30년 전쟁'의 결과로 종교 활동의 자유, 국가관리 채용권, 칼빈파의 승인 등을 얻었던 반면, 인적·경제적·사회적·종교적으로 큰 피해를 입었다.[5] 특히 전쟁 후에 독일이 300개 이상의 지방 혹은 주(州)로 나뉘면서 지역 군주나 통치자의 권한이 강화되어 교회가 예속되었다. 교회의 생명력이 약화되어 가고 새로운 변화를 갈망하는 분위기가 조성되어 갔다.

이 종교평화회의를 기점으로 개신교 '정통주의 시대'가 시작되었다.[6] 개신교 '정통주의 시대'의 주된 관심은 정통교리를 규명하고 지키는 데에 있었다. 루터파는 1577년 협화신조를 확정하였고, 개혁파도 네덜란드, 스위스, 영국에서 입지를 강화하며 교파의 정체성을 발전시켜 갔다. 로마 가톨릭은 트렌트 공의회를 통해서 개신교 종교개혁을 비판하며 중세구조를 강화시켰다. 이런 상황은 자기 종파의 신조나 교리확립을 위한 토론과 논쟁을 심화시켰다. '개신교 스콜라주의'라 불리는 이 시기에 개신교 정통주의 신앙은 사변적인 교리, 지적인 진술로 간주되기에 이르렀다. 소위 '죽은 정통'(dead Orthodoxy)이 교회를 지배하게 되었고, '경건성의 위

---

5) Martin Schmidt, 『경건주의』, 구영철 역 (서울: 성광문화사, 1992), 17.
6) 지형은, 『갱신 시대의 요청: 경건주의 연구』 (서울: 한들출판사, 2003), 20f.

기'가[7] 독일에서 초래되었다.

1600년 즈음에 경건성의 위기를 극복하려는 새로운 노력이 나타났다. 이러한 범주에 드는 것으로 1500년대 후반의 영국 청교도운동, 비슷한 시기의 프랑스의 가톨릭 얀센주의 운동, 네덜란드의 '두 번째 종교개혁 운동'[8], 그리고 독일의 루터파 안에서 일어난 갱신운동 등을 꼽을 수 있다. 당시에 그들의 주된 관심은 '교리'보다 '삶'의 문제에 있었다. 정통주의자들은 바른 교리 또는 정통 교리(Ortho-doxie)를 확정하고 지키는 것에 가장 큰 관심을 쏟았으나, 경건주의자들은 교리도 중요하지만 그것을 삶에서 실천하는 것(Ortho-praxis) 또는 경건을 실천하는 것(Praxis pietatis)을 더 중요하게 여겼다. 독일 루터교의 경건주의운동은 이런 시대 흐름 속에서 시작되었다.

3. 독일 루터파 경건주의운동의 형성

1) 아른트의 경건

안할트 발렌슈타트의 한 시골에서 목사의 아들로 태어난 요한 아른트(John Arndt, 1555-1621)는 본래 의사가 되고자 했다. 그는 1576년에 의학을 전공하기 위해서 헬름스타트에 입학했다가 중병을 겪으면서 전공을 신학으로 바꾸고 비텐베르크, 스트라스부르크, 바젤대학에서 청강을 하였다. 그 후 1583년 안할트 바데본에서 루터파 목사가 되었다. 곧잘 신비주의자로 분류되기도 하는 아른트는 당시의 신비주의 흐름을 루터파 신학에 맞는 방식으로 루터파 안에 받아들였다.[9]

---

7) 빈프리트 젤러(Winfried Zeller)는 당시 서구사회 전체에서 발견할 수 있는 종교적 위기를 '경건성의 위기'라고 부른다. "Frömmigkeirskrise"란 개념은 W. Zeller가 사용한 표현이다.
8) "nadere Reformatie"란 네덜란드 말을 직역하면 '종교개혁에 좀더 가깝게' 이다. 이 표현에서 보듯이 16세기 말부터 네덜란드에서는 좀더 철저한 의미에서 종교개혁을 완성하려는 운동이 있었고 이것이 네덜란드에서 개혁파 경건주의의 시초가 되었다.
9) 아른트는 고향에서 목회하는 동안 개혁파 신앙을 가진 영주와 갈등을 겪었다. 개혁파 영주는 루터파의 전통적인 의식인 세례를 주기 전에 귀신을 내쫓는 의식을 반대하여 금지시켰으나, 아른트는

아른트는 당시 기독교의 영적 위기와 붕괴를 우려하여 1605년에 『참된 기독교』(True Christianity)를 집필하였다.[10] 1607년에는 신비주의를 루터파 교리에 맞도록 수용하는 개정판을 냈다. 1610년에는 원본에 세 권을 더하여 네 권으로 된 『참된 기독교』를 출판하였다. 이 책은 후대 경건주의 운동의 주요 인물들에게 영향을 끼쳤다. 1650년대에 슈페너가 스트라스부르크대학교에서 수학할 당시 대학교수들이 학생들에게 '아른트의 인기'에 대해 경고를 할 정도였다. 이 책은 루터파 지역에서 1600년대 전체와 1700년대 말기까지 가장 유명한 책이었다. 아른트의 『참된 기독교』는 그 당시 경건성의 위기를 극복하기 위해 새로운 경건성을 제시한 책이다. 그는 이 책에서 당대 비판, 저술목적, 신비주의 관련 내용, 경건주의적 관심 사항 등을 다뤘다. 그 내용을 보다 구체적으로 살피면 첫째, 당시의 경건성의 위기에 대해 사람들이 예수 믿는 모양은 가졌지만, 실제로 그리스도를 따르는 실천이 없음을 비판했다. 즉 "모든 사람이 그리스도의 종이 되기를 간절히 원하지만 그를 따르는 자가 되려고 하지 않는다"는 것이었다.[11] 둘째, "진정한 기독교는 진실되고 살아 있으며 활력 있는 믿음을 진정한 경건을 통하여 증거하는 데 있다"는 것을 가르치고자 했다.[12] 셋째, 신비주의적 요소를 반영시켰다. 신비주의는 일반적으로 자기의 정화, 신의 빛을 받는 조명, 하나님과 하나 되는 신비적 연합 등 세 가지 단계를 강조하는데, 아른트는 이런 구조 안에서 언제나 삶의 실천에 강조를 두어 참된 기독교를 설명하였다. 넷째, 당시의 영적 상태에 대해 '칭의' 가 강조되고 '성화' 가 무시되고 있다고 하면서 믿음은 단순한 지적 동의가 아니라 삶에 영향을 미치는 것이 되어야 한다고 주장했다. 말로는 예수를 믿지만 실제 삶에서는 그리스도를 따르지 않는 삶의 방식을 '무신론' 으로 규정했다. 이런 점에서 '정통교리' 에서 '정통실천' 으로 나아가는 일에 대

이 의식을 중단하지 않음으로써 결국 영주의 명령을 거부하였다 Martin Schmidt, 『경건주의』, 29.
10) 이 책이 처음 출판되었을 때, 루터파 안에서 신비주의적 요소 때문에 심한 반대를 받았다. 이 책은 중세후기의 여러 신비주의자들 즉 타울러, 토마스 아켐피스를 많이 인용한다. 결과적으로 아른트는 루터파 정통주의 안에서 신비주의가 다시 발을 붙일 수 있게 만들었다. 지형은, 『갱신 시대의 요청: 경건주의 연구』, 34..
11) 지형은, 『갱신 시대의 요청: 경건주의 연구』, 35, 각주 14.
12) Ernst F. Stöefler, 『경건주의 초기역사』, 송인설, 이영훈 역 (서울: 도서출판 솔로몬, 1993), 335.

한 강조점을 확실히 하였다. 이러한 신앙과 신학의 관점이 바로 경건주의적인 특징을 말해 주고 있다. 이런 특징으로 인해 루터파 경건주의의 시작을 아른트로 잡는다. 그렇지만 경건주의운동을 사회현상적인 확인이 가능한 집단형성이란 점에 초점을 둔다면 그 운동의 본격적인 시작은 다음의 인물에 의해서 이루어졌다.

2) 슈페너와 경건주의

아른트를 이어 경건주의운동을 구체적으로 시작한 인물은 필립 야곱 슈페너(Phillip Jacob Spener, 1635-1705)이다. 1635년 슈페너는 현재의 프랑스 리보빌레에서 났다.[13] 그가 태어날 당시에는 루터파 안에 아른트가 제시한 새로운 경건성을 추구한 사람들이 많았다. 따라서 주변의 경건한 사람들과 서적에서 직간접으로 영향을 받았다.[14] 그가 가장 크게 감화를 받은 사람은 요한 아른트와 마틴 루터였다. 그는 루터에게서는 종교개혁적인 루터파 정통주의를 이어 받았고 아른트에게서는 갱신의 방향을 배웠다고 하였다. 출생지 근처에 종교개혁의 도시인 스트라스부르크가 있었는데, 그곳에서 역사와 신학을 수학하여 신학박사 학위를 받았다. 1666년 31세 되던 때에 프랑크푸르트 수석목사로 청빙을 받고 그곳에서 1686년까지 20년 동안 목회를 하였다. 이후 1686-1691년까지 5년 동안 작센주의 중심도시인 드레스덴의 궁정수석 설교자로서 목회를 했다. 당시 작센주 선제후의 정치적 역할로 인해 그 수도가 되는 드레스덴의 궁정 수석설교자는 루터파에서의 가장 높은 자리를 의미했다. 슈페너는 거기서는 '경

---

13) 슈페너가 태어난 곳은 독일과 프랑스가 서로 차지하기 위해 투쟁한 지역이다. 출생 당시에는 독일 영토였고 현재는 프랑스 영토이다. 그 근처 알사스 지방에는 유명한 종교개혁도시 스트라스부르크가 있다. 스트라스부르크는 마틴 부처와 칼빈이 활동한 지역으로 지역적 특성상 영국에서 출발하여 네덜란드와 프랑스를 거쳐 스위스로 이어지는 개혁파 신앙의 유통경로이다. 그리고 요한 아른트가 제시한 새로운 경건성이 흐르고 있었다. 지형은,『갱신 시대의 요청: 경건주의 연구』, 45.
14) 스트라스부르크대학의 단 하우어는 슈페너에게서 루터연구를 권고를 받고 하나님의 은혜의 복음을 이해했다. 슈페너는 아른트의『참된 기독교』뿐만 아니라 영국 퓨리턴의 작품, 베일리의『경건의 훈련』과 박스터의 글도 읽었다. 지형은,「경건주의와 슈페너의 경건한 요청(I)」『基督敎思想』제40권 제1호(1996.1), 120.

건의 모임'을 만들지 않았다. 그곳에서 그가 담당한 과제는 설교, 교회법 정(Consistory) 의장의 역할, 루터교 경건주의 변증 등이었다. 그의 서신 왕래와 저술 활동은 그의 국가적 중요도가 상승함에 따라 증가하였다. 작센 왕가와 관계가 악화된 후, 그는 프로이센 제국의 수도 베를린에 있는 성 니콜라스교회의 목사초빙에 응하였다. 그곳에서 1691년부터 1705년까지 생애 마지막 15년 동안 목회를 하였다.

슈페너의 경건주의운동은 1670년, 프랑크푸르트에서 목회를 하던 때에 시작되었다. 1670년 8월 바퓌셔(Barfüsser) 교회의 목회관에서 그는 교인 몇 명으로 작은 모임을 시작하였다. '경건모임'(Collegium Pietatis)으로 불린 이 모임은 그리스도인이라는 명목상의 이름만 있고 실제 삶에서는 변화가 없는 모습을 비판하면서 삶의 변화를 지향하였다.[15] 그 참가자들은 성경 읽기, 기도생활, 설교 토론, 경건서적 토론 등을 하였다. 그 모임 장소인 슈페너의 목사관은 경건주의의 산실이었다. 그런데 경건주의운동의 출발과 관련해서 이 모임보다도 중요한 한 책이 5년 뒤에 출판되었다.

1675년, 슈페너가 40세 되던 해에 프랑크프루트에서 출판된 『경건한 소원』(Pia Desideria)이 경건주의운동의 방향을 제시하였다.[16] 이 책은 당시 교회의 부패와 타락을 탄식하며 교회갱신의 구체적인 방법을 제시하였다. 여기에는 이후에 진행된 경건주의운동의 강조점이 거의 다 포함되어 있었다. 그는 『경건한 소원』을 서문과 본론으로 구성하고 서문에서 본론의 세 부분인 교회에 대한 진단, 예측, 처방 내용을 간결하게 표현하였다. 본론은 세 부분 곧 (1) 교회 현재 상태를 진단함: 참되고 살아 있는 믿음이 없어서 타락함 (2) 교회 장래 상태를 예측함: 하나님께서 지금보다 더 나은 교회 상태를 약속하셨음 (3) 교회개혁을 위하여 처방함: 6가지 구체적인

---

15) 한인수, 『경건신학과 경건신앙』(서울: 경건, 1996), 194-5.
16) 『경건한 소원』(Pia Desideria)은 아른트의 책이 대중적으로 읽혀지고 있을 때 쓰인 책이다. 쥰너(Johann David Zunner)가 아른트의 복음서 설교집을 발표하면서 슈페너에게 서문을 써 달라고 부탁을 하였을 당시에 독일에는 교회개혁의 흐름이 있었고, 이에 슈페너는 자신의 한 입장을 밝힐 목적으로 2절지 28쪽 분량으로 서문을 썼다. 이것이 많은 사람들에게 좋은 반응을 얻게 되고 사람들의 간절한 요청이 있어 이 서문을 같은 해 가을, 단행본으로 따로 출판하였다. 그 단행본에 붙은 제목이 바로『경건한 소원』이었다. Martin Schmidt, 『경건주의』, 83. 이 책의 번역본으로 엄성옥 역의 『경건한 소원』(서울: 음성, 1994)이 있다.

제안으로 꾸몄다. 내용상으로는 서문에서 실천을 강조했고, 본론에서 그의 신학사상과 주장을 개진했다.

본론의 첫 번째 부분, 곧 현재의 타락한 교회 상태를 진단함에서, 슈페너는 신학적 측면에서 교회 타락의 근본원인을 찾았다. 그에 따르면, '복음적 교회'(Evangelische Kirche),[17] 곧 루터파 교회가 부패하고 타락한 원인은 두 가지인데, 첫째는 육체적인 것으로 페스트, 굶주림, 전쟁이다.[18] 슈페너는 이것들을 하나님의 심판인 동시에 하나님의 은혜라고 보았다. 두 번째는 영적인 것으로서 육체적인 것보다 더 무섭고 위험한 것이다. 영적임 비참함에는 다시 두 가지 원인이 있다. 하나는 외부에서 오는 로마 가톨릭의 박해이며, 다른 하나는 교회의 내적인 잘못이다. 슈페너는 후자의 죄악을 집중적으로 분석하였다. 교회의 타락을 분석하면서 세속 정치가, 성직자, 평민 순으로 각각의 타락상을 차례로 들추어냈다. 슈페너에 의하면, 모든 계층이 타락한 근본 원인은 '참되고 살아 있는 믿음'(der waher bzw lebendige Glaube)이 없어서이다. 여기에서 그는 루터의 로마서 서문의 살아 있는 믿음에 대해 언급했다. 살아 있는 믿음이란 삶을 변화시키고 선한 열매를 맺는 믿음이다. 그는 교리의 타락을 지적하지 않았다. 그에게는 바른 교리에 따른 삶이 없는 것이 문제였다.

본론의 두 번째 부분에서 슈페너는 미래 교회의 영광스런 상태에 대해 언급했다. 그는 성경에 근거하여 "하나님께서 당신의 교회에 이 지상에서 아직 더 나은 상태를 약속하셨다"고 믿었다.[19] 주님의 재림 말고도 아직 성취되지 않은 두 예언-많은 유대인의 개종과 '바벨론'(로마 가톨릭교회)의 멸망-이 남아 있다고 보고 이 예언들이 성취되면 교회의 영광스러운 상태가 온다고 보았다. 그가 본 '더 나은 상태', '영광스러운 상태'를 대부분의 학자들은 천년왕국으로 해석한다. 그는 교회의 더 나은 상태를 말하면서, 그리스도인의 완전론(Vollkommenheit der Christen)과 교회의 완전론(Vollkommenheit der Kirche)을 전개하였다. 절대적인 완전은 거

---

17) 그는 루터파 교회를 '복음적 교회'(Evangelische Kirche)라고 불렀다.
18) 지형은, 『경건주의와 슈페너의 「경건한 소원」(II)』, 103.
19) Phillip Jacob Spener, 『경건한 소원』, 43. 32-33.

부하였지만, 이 땅에서 교회가 도달할 수 있는 완전을 가라지가 있더라도 알곡이 풍성하여 가라지가 영향을 미치지 못하는 상태로 제시하였다.

본론의 세 번째 부분에서는 교회갱신의 여섯 가지 방법을 제시하였다. 첫째 제안은 하나님의 말씀이 살아 움직여야 한다는 것이다. 하나님의 말씀은 성령이 역사하는 곳에서 점화된다. 말씀과 성령의 역사는 뗄 수 없이 연결되어 있다. 하나님의 말씀을 더욱 풍성하게 연구해야 한다. 하나님의 말씀이 교회 갱신의 핵심이다. 그래서 그는 소그룹모임-경건한 모임(Collegia Pietatis)-을 제안했고, 이러한 소모임을 1670년에 쓴 한 편지에서 '교회 속의 작은 교회'(ecclesiola in ecclesia)라고 표현하였다. 둘째 제안은 영적 제사장직, 곧 만인제사장직을 부지런히 실천하는 것이다. 평신도와 목회자는 경쟁이나 대립 관계가 아니라 서로 돕는 관계이다. 영적 제사장직에서 가장 중요한 것은 성경을 읽고 묵상하며 서로 나누는 것이다. 셋째 제안은 기독교가 지식의 체계가 아니라 오히려 실천적인 삶에 관계된 것임을 알아야 한다는 것이다. 넷째 제안은 교리논쟁이나 변증보다 기독교의 근본 덕목으로서 사랑이 더욱 우선시된다는 것이다. 다섯째 제안은 신학교육의 개혁에 관한 것으로 "신학의 본질이 실천에 있다"(Theologia ist habitus practicus)는 것이다.[20] 신학교육은 지식의 습득이나 학업 성적보다 경건한 삶과 신앙 성품의 고양에 더 큰 비중을 두어야 한다. 신학교육에는 학문적인 전문성과 깊이가 있어야 한다. 그러나 더 중요한 것은 거룩한 삶을 훈련하는 일이다. 여섯째 제안은 신학교육에서 목회를 위한 훈련을 해야 한다는 것으로서 설교가 주된 훈련과목이 된다. "설교 강단은 자신의 지식을 자랑하는 것이 아니라 하나님의 말씀을 단순하게 그러나 강력하게 전파하는 곳이다."[21]

3) 프랑케와 할레대학

슈페너 후에 독일 경건주의가 성과를 거둔 시기는 프랑케가 회심 체험

---

20) Phillip Jacob Spener, 『경건한 소원』, 69. 8, 76. 17-18.
21) Phillip Jacob Spener, 『경건한 소원』, 79, 17-19.

을 하고 할레대학에서 활동하던 때이다. 이 모든 배경에 슈페너의 영향과 지원이 있었다. 프랑케와 진젠도르프는 모두 슈페너와 연관된다. 슈페너는 진젠도르프가 유아세례를 받았을 때 대부였으며, 서로 가까운 친족관계였다. 그러나 나이 차이로 인해 두 사람은 직접 만나기가 어려웠다. 반면 프랑케는 슈페너와 긴밀한 친분을 유지하며 많은 영향을 주고받았다.

프랑케(August Hermann Franke, 1663-1727)는 1663년 뤼벡에서 출생하였는데, 그의 아버지는 헷센주 출신으로 법률가였다. 그는 경건한 가정에서 아른트의 『참된 기독교』를 읽으며 자랐고, 학문적인 소양이 뛰어나 14세부터 에르프르트와 키일대학에서 수학하였다. 그후 라이프찌히대학에서 교육을 받으며 슈페너와 절친하게 지냈다. 이곳에서 성경연구 모임에 참석하였는데, 프랑케가 경건주의 신앙에 눈을 뜨고 할레를 경건주의 아성으로 만든 것이 모두 슈페너의 영향이었다.

1687년에 뤼네부르크에서 회심을 체험한 후, 프랑케는 경건주의의 2세대 지도자가 되어 할레 경건주의를 인도하였다. 글록시니 박사의 초청으로 성 요한 교회에서 설교 부탁을 받고 준비를 하면서 살아 있는 믿음이 자신에게 없는 것을 자각하고 심한 고민과 회개를 향한 투쟁의 시간을 갖게 되었다. 어느 날 저녁 잠자기 전 무릎을 꿇고 자기 속에 있는 불신앙을 해결해 달라고 하나님께 기도한 후 회심을 체험했다.

> …다음 날은 주일이었다. 나는 전과 마찬가지로 불안한 상태로 침대에 누워 있는 것 같다고 생각했고 만일 아무런 변화가 일어나지 않으면 설교를 하지 않겠다고 생각했다. 왜냐하면 나 자신의 심령 상태를 거스르는 설교, 즉 불신앙의 설교를 하여 사람들을 속일 수 없었기 때문이다. …살아계신 하나님은 내가 이렇게 무릎을 꿇고 있는 동안 그의 보좌에서 나의 기도를 들으셨다. …하나님은 나의 기도를 즉각 응답해 주셨다. 나의 의심은 손바닥을 뒤집듯이 신속하게 사라졌다. 나는 마음속으로 예수 그리스도 안에서 하나님의 은혜를 확실히 믿었고 하나님을 단지 하나님이 아니라 나의 아버지 하나님으로 깨달았다. 마음의 불안과 슬픔은 순식간에 사라지고 즉시 넘치는 기쁨을 소유하게 되어 나는 그처럼 크신 은혜를 베푸신 하나님을 찬양하고 그에게 영광을 돌렸다. …나는 드디어 루터가 로마서 서문에서 말한 것이 사실임을

체험하였다.[22]

　회심체험 후 프랑케의 삶이 완전히 바뀌었다. 프랑케는 지식인의 이상향을 버리고 더 이상 학위를 위해 공부하지 않았다. 일반 문학부의 석사학위를 가지고 라이프찌히대학에서 강사로 활동하며 친구와 함께 대학교 안에서 성경의 연구와 묵상 및 삶의 변화를 목표로 하는 경건 모임을 이끌기 시작하였다. 이 모임이 확신되고 신앙의 각성이 일어나기 시작하였다. 이 운동을 비난하는 사람들도 생겨났다. 반대자들은 그들을 '경건한 체하는 사람들'이라고 불렀다.[23] 이때에 비로소 독일 전역에 '경건주의'라는 명칭이 전파되었다.

　1691년 즈음, 프랑케는 슈페너의 소개로 옛 동독의 도시 할레에 가서 활동하기 시작하며 봉사, 교육, 선교에서 경건주의적 특성을 나타냈다. 이것이 할레 경건주의의 출발이 되었다. 그는 첫째로 봉사와 관련하여, 1692년에 슈페너의 도움으로 할레대학 강사로 부임한 후, 주변의 글라우하에서 담임목사로 초빙을 받았다. 그가 할레에서 세운 빈민자 학교와 고아원들은 몇 년이 지나서 교육기관, 경영기관 그리고 기업체로 발전하였다.[24] 그는 또한 독일성서공회를 설립하여 성경을 출판하고 일반서민에게 성경을 보급하였다. 둘째로 선교와 관련하여, 1706년에 덴마크 왕 프리드리히 4세의 도움을 받아 독일 개신교 역사상 최초로 외방선교를 위한 덴마크-할레 선교회(Danisch-Halle Mission)를 남인도에 창설하였다. 그리하여 내지 선교 뿐만 아니라 할레대학을 중심으로 외지선교가 첫발을 내딛을 수 있도록 기여하였다. 할레에서 신학을 공부한 두 사람이 인도선교사로 파송되었다. 나아가 할레대학은 18세기에 60여명 이상의 선교사를 배출하였고, 창설된 지 340년 만에 약 6,000명의 경건주의 목사를 배

---
22) 피터 C. 어브, 『경건주의자들과 그 사상』, 150-152.
23) 독일어 '…rei'라는 어미는 우리말로 '…쟁이' 정도에 해당된다. 경멸조로 사용된 말이다. Pietisterei는 '가식으로 경건한 체하는 사람들'이란 뜻이다.
24) 글라우하에서 프랑케는 청소년 지도를 위해 부족한 자본에도 불구하고, 1695년에 빈민자 학교를 세웠다. 이 학교는 곧 고아원, 상급반 학생들을 위한 예과(Padagogium), 라틴어 학교, 화학 실험실, 서점, 가난한 과부와 떠돌이 걸인을 위한 가정, 성경의 출판과 배부를 위한 성서공회, 세탁소, 농장 및 양조장 등으로 발전하여 갔다. Dale W. Brown, 35를 참조.

출하였다. 모라비안 지도자 진젠도르프도 할레에서 수학하였다.[25] 진젠도르프는 유아세례를 받을 때 슈페너를 대부로 모셨으며 프랑케로부터 많은 영향을 받았다. 프랑케는 셋째로 교육과 관련하여 슈페너가 주창한 신학수업의 개혁을 할레대학교 신학부에서 실천하였다. 할레대학 신학부는 경건주의 사상을 수용하여 신앙논쟁술 대신에 성서해석학을 중심으로 가르쳤다. 또한 프러시아의 모든 목사, 교사, 교수가 할레대학에서 연수를 받도록 의무화시켰다. 그리하여 할레의 경건주의의 활동이 확대되어 갈 수 있었다. 이렇게 기독교의 본질인 경건성과 선교적 요소를 부활시킨 할레 경건파는 슈페너의 지원과 영향을 받은 프랑케에 의해서 주도되었다.

4) 진젠도르프와 헤른후트 형제단

진젠도르프(Hichlaus Ludwig Zinzendorf, 1700-1760)는 독일 작센주의 내각 관료인 조지 루드빅 폰 진젠도르프 백작의 아들로 드레스덴에서 태어났다. 그는 출생과 성장 과정에서 경건주의의 영향을 깊이 받았다. 어릴 적에 아버지가 죽고 어머니가 재혼하여 후견인인 조모와 고모에 의해서 양육되었다. 그 후견인들이 경건주의적인 인물이었으며, 그가 다닌 학교 역시 그러했다.

1710년 8월부터 1716년 4월까지 진젠도르프는 프랑케가 설립한 할레의 중등학교에서 공부했다. 이때 프랑케와 밀접한 관계를 맺으며 경건주의의 영향을 받았다. 무엇보다 할레대학의 열정적인 선교지원을 목격하면서 깊은 영향을 받았다.[26] 그는 성경연구반을 만들어 성경을 연구하였으며, '겨자씨 조합'을 결성하여 친구들과 사랑의 연합운동을 일으켰다. 1716년 8월부터 1719년 4월까지 비텐베르크대학 법학부에서 법학을 공부하였다. 진젠도르프가 경건주의의 본거지인 할레와 정통파들의 본거지인 비텐베르크에서 공부했던 일은 이 둘을 비교하는 계기가 되었다. 1719년 진젠도르프는 당시 양 도시 간에 형성된 오해를 풀고 화해를 이루기 위해서 소

---

25) S. E. Moyer, 『인물중심의 교회사』, 곽안전 · 심재원 공역 (서울: 대한기독교서회, 1967), 377.
26) 주도홍, 『독일의 경건주의』 (서울: CLC, 1991), 31.

위 '프랑케-로스퍼'의 대화 모임을 중재하였다. 그렇지만 신학적인 차이로 상호 일치에 이르지 못했다. 이후 1719년의 유럽 여행 도중 그는 뒤셀도르프 미술관에서 '그리스도의 수난상'과 그 그림의 하단에 기록된 문구, 즉 '나는 너를 위해 이러한 수난을 당했다. 너는 나를 위해 무엇을 했느냐'를 보고서 그리스도를 위해 자신을 봉헌하기로 결심하였다.

한편 진젠도르프와 헤른후트(Herrnhut) 형제단의 만남은 그를 경건주의운동의 제3세대 지도자로 만드는 계기가 되었다. 헤른후트 형제단은 순교자 존 후스의 개혁신앙의 영향을 받은 보헤미아 신자들이 로마 가톨릭교회의 핍박을 피해 1457년에 복음적인 신앙공동체를 형성한 데서 비롯되었다. 이 형제회는 로마 가톨릭교회의 핍박을 지속적으로 받아오다가 1722년에 이르러 그중 일부가 피난길에 올라 작센지역까지 왔다. 결국 모라비아 형제파들은 진젠도르프의 영토인 오버라우지츠에 정착하게 되었다. 그들은 그곳에서 거주권을 허락받아 헤른후트라는 마을을 건설하고 1727년에 교회를 설립하였다. 그곳에서 다비드(Christian David 1691-1751)의 지도하에 헤른후트를 빠르게 성장시켰으며, 정통파 루터교회로부터 편입을 제안받았지만 모두 거절하였다. 그로 인하여 루터 국가교회와 갈등이 빚어졌고 진젠도르프는 위태로운 상황에 처하게 되었다. 그는 공무원직을 휴직한 후, 헤른후트 이주민의 지도자로서 헤른후트 형제단을 위해 헌신하였다. 1727년 이후 헤른후트 영지 안에서 꽃핀 경건의 삶은 개신교적 경건주의 역사 속에서 독특한 모습을 보여주었다. 헤른후트 형제단 교회가 가진 선교의식은 독일 개신교 안에서 일어난 자발적인 것이었다. 이들의 내지와 외지선교는 큰 영향력을 끼쳤다. 이들은 감리교 창시자인 존 웨슬리에게 영향을 끼쳤고, 19세기 대각성운동의 첫 출발을 이끌어냈다.

헤른후트 형제단은 네 가지 신학적 특징을 보였다. 기독론 강조,[27] '그리스도 체험 신비주의'(Christ Mysticism) 혹은 '수난 신비주의'(Passion

---

27) 그리스도 체험을 강조한 모라비안은 예수의 허리 창자국에 대한 예식을 거행하였다. 그래야 그리스도와 특별한 관계를 이룬다고 믿었다. 이 의식문제로 루터파 정통주의로부터 의심을 받고 다른 교파를 만들었다.

Mysticism),[28] 독특한 예배형식,[29] 선교의식이 그것이었다. 좀더 구체적으로 분석하면 먼저 교회관에서 특징이 발견된다. 그와 헤른후트 형제단교회는 정통파 루터교회로 편입하는 문제에 대해 서로 입장이 달랐다. 진젠도르프는 사실 슈페너의 '교회 속의 작은 교회'의 입장을 지녔으나, 형제단의 뜻에 따랐다. 다음으로 보통 경건주의자들이 재림의 주님을 기다렸던 것에 반해 헤른후트 형제단은 구세주와 직접적인 인격적 교제 가운데 있음을 확신하고 있었다. 이런 차이는 경건주의운동의 본질을 '교회론'과 '천년왕국'에 국한해서 고찰하는 경우 양자를 하나의 운동으로 다루기 어렵게 만든다.

4. 독일 루터파 경건주의의 신학적 특징

1600년대 루터파 정통주의 안에는 아른트의 경건성을 따르려는 갱신의 욕구가 넓게 퍼져 있었다. 이 흐름과 관련하여 슈페너의 『경건한 소원』은 대략 세 가지로 평가되어 왔다.[30] 여기에서는 그중 요한네스 발만(Johannes Wallmann)의 견해를 취하여 소개하고자 한다. 발만은 슈페너의 경건주의운동에는 이전과는 다른 두 가지 '새로운 것', 곧 '교회 안의 작은 교회'(Ecclesiola in ecclesia) 사상과 '교회의 더 나은 시대를 향한 소망'(Hoffnung besserer Zeiten für die Kirche)이란 '천년왕국설'이 있다고 보았다. 이런 요소로 인해서 『경건한 소원』은 '경건주의의 방향 제시서'로 평가받는다.

---

28) 모라비안의 찬송가 가사는 충만한 피, 상처, 못자국을 표현하였다.
29) 그들은 음악적으로 풍부하게 발전하여 그들만의 언어를 사용하고, 예배 중에 고유한 옷을 입었다. 서로 발을 씻어주고 애찬식을 나누며, 평화의 키스를 나눴다.
30) 세 가지에 대한 평가는 다음과 같다; 첫째로 한스 로이베와 에르네스트는 『경건한 소원』에 아른트나 정통주의 안에 있는 개혁적 흐름을 넘어서는 것이 없다고 보았다. 둘째로 알브레히트 리츨, 파울 그륀베르크, 쿠르트 알란트는 『경건한 소원』이 그 이전의 견해들을 '창조적으로 종합했다'고 보았다. 이들은 『경건한 소원』이 새로운 시대를 열었다는 것을 인정하지만 이 책에 이전과는 다른 새로운 것이 있다고 보지 않았다. 셋째로 요한네스 발만은 이 책에 이전의 갱신 노력과는 다른 '새로운 것이 있다'고 주장하였다.

1) 교회 안의 작은 교회

슈페너의 경건주의운동의 본질은 교회의 갱신으로 규정된다. 교회갱신이 일어나는 장소 문제와 관련해서 경건주의운동이 구분되는데, 그는 그 장소를 교회 안의 작은 교회로 보았다. 급진적인 경건주의자들은 제도권 교회를 포기하고 자기들만의 배타적인 모임을 만들었다. 즉 '교회 밖의 작은 교회'(Ecclesiola ex ecclesia)를 만들었다. 반면 교회적 경건주의자들은 제도적 교회 안에서 목회자의 지도 아래 운영되는 교회갱신을 위한 작은 모임을 만들었다. 이른바 '경건 모임'(Collehium pietatis)으로 일컫는, '교회 안의 작은 교회'이다. 이 두 가지 유형은 교회 갱신을 추구하면서도 그 성격과 지향점이 매우 달랐다. 소위 '교회 밖의 작은 교회'는 배타성을 띠고 내부자들만이 참여하는 닫힌 모임을 지향했다. 반면 '교회 안의 작은 교회'는 포괄성을 띠고 외부자들에게 개방된 열린 모임을 지향했다.

경건 모임의 구조에 공통점도 있었다. 자발적으로 모인 작은 모임의 역동성을 그 기초로 한다는 것이다. 이것이 경건주의적 교회론의 중심을 이룬다. 중세와 구별되는 근대적인 특징을 이루기도 한다. 중세의 교회는 공적인 모임이며 제도적인 조직이다. 자유의사에 따라 소속되기도 하고 빠지기도 할 수 있는 것이 아니었다. 그러나 1555년 이후에 종파의 복수성이 법적으로 인정되면서 신앙이 공적인 것에서 개인적인 것으로 되고 주어진 것에서 선택하는 것으로 되는 길이 열렸다. 개인이 신앙체험과 확신을 확인하고 강화하는 것은 이런 성격의 모임이 있었기 때문에 가능했다.

교회 안의 작은 모임은 교회사적으로 경건주의에서 처음 시작되었다.[31] 슈페너는 '교회 속의 작은 교회'를 갱신의 출발점으로 삼고 희망을 가졌다. 교회갱신을 위한 가장 효과적인 방법은 그리스도인답게 진실하게 살려는 사람들을 작은 단위로 먼저 양육하여 신앙이 성숙하고 삶이 변하게 하는 것이다. 그러면 다른 사람들이 이들을 본받고 따르게 된다. 『경건한

---

31) 한국교회 목회현장에서 80년대에 한참이었던 소그룹 성경공부 운동, 또는 소그룹 성경공부를 통한 제자 훈련은 교회사 안에서 유형적으로 경건주의운동에 그 출발점이 있다. 이는 한국 교계와 신학계가 경건주의에 대한 지식이 많지 않기 때문에 널리 알려지지 않은 사실이다.

소원』 서문에서 슈페너는 교회갱신의 전체 구상을 이렇게 요약한다.

> 우리는 자신들의 영성계발을 위해서 행해지는 일들을 기꺼이 받아들이는 사람들에게 우리 자신을 맡김으로써 시작해야 합니다. 만일 회중들 모두가 무엇보다도 이 일을 위해 준비한다면 그들의 경건이 점차 성장하여 타인에게 빛나는 모범이 될 것입니다. 그리하여 때가 되면 하나님의 은혜로 말미암아 지금은 버림을 받은 듯이 보이는 사람들도 우리에게 관심을 가지며 궁극적으로 구원을 얻게 될 것입니다. 내가 제안하는 모든 것은 우선적으로 온순한 사람들을 돕는 것을 그 목적으로 하며, 또한 그들의 영성계발을 위해 필요한 모든 일을 행하는 것을 목표로 해야 합니다. 일단 이 일이 성취되어 기초가 확립된 후에는 불순종하는 사람들을 향한 엄격한 훈련도 열매를 거둘 수 있을 것입니다.[32]

이처럼 경건주의는 '경건 모임' 즉 '교회 안의 또는 교회 밖의 작은 모임'에 근거하여 참된 신앙의 역동성을 중시한 소그룹운동이었다.

2) 더 나은 시대를 향한 소망

슈페너는 본문의 제2부에서, 교회가 선한 상태를 회복할 가능성이 있는가라는 질문을 던지고, 하나님의 약속에 근거하여 교회의 미래를 낙관적으로 전망했다. "하나님께서 이 세상 교회가 지금보다 좋은 상태를 지니도록 약속하셨음을 분명히 알 수가 있다."[33] 이러한 낙관적인 '더 나은 시대를 향한 소망'(Hoffnung besserer zeiten für die Kirche)은 성경에 근거하는 동시에 당시 계몽주의 사상에도 부합하는 것이었다. 급진적인 경건주의 집단에서 나타나는 강력한 헌신도 이런 사고구조에서 기인하였다.

그의 미래에 대한 낙관적 전망은 하나님의 약속에서 기인하였고, 이런 믿음은 강력한 교회갱신의 동력으로 작용했다. 슈페너에 있어서 믿음은 결코 실천과 분리되지 않는다. 믿음은 이미 삶을 포함하고 있고 삶의 현

---

32) Phillip Jacob Spener, 『경건한 소원』, 51. 이 부분은 『경건한 소원』 전체의 핵심이기도 하다. 본 내용에서 '우리'는 목회자를 가리킨다고 볼 수 있다.
33) Phillip Jacob Spener, 『경건한 소원』, 99.

장과 분리되지 않는다. 이런 견해가 『경건한 소원』의 서문 전체를 관통하고 있었다. 슈페너는 서문의 많은 지면에서 "우리는 ~해야 한다"라고 하며 갱신에 참여하도록 호소했다. 그런 점에서 경건주의 신학은 철저하게 실천 지향적이며 목회 지향적이었다.

그러면 '교회의 더 나은 시대를 향한 소망'은 무엇을 의미하는가? 이것은 그의 천년왕국 사상을 표현한 것으로 해석된다. 당시에 경건주의가 후천년설적인 구조를 가지고 있었던 데 반해 정통주의는 전천년설적인 구조를 가지고 있었다. 전천년설적인 정통주의는 예수의 재림이 오기까지 희망적인 시대가 있을 것을 믿지 않았다. 반면에 후천년설적인 슈페너 중심의 경건주의는 예수 재림 이전에 이 땅에 희망의 시대가 온다는 기대를 갖고 있었다.

5. 경건주의운동과 근현대 부흥운동

1) 영국의 부흥운동

18세기 영국의 종교는 소위 혁명의 시대, 이성의 시대라는 상황에 처해 '독일의 경건성 위기'처럼 영적으로 곤고한 시기를 보냈다. 산업혁명의 부작용은 사회적으로 많은 문제를 초래하였다. 그뿐 아니라 영국의 이신론은 이성으로 종교를 재해석하고 성서의 특수계시를 부인하고 종교의 보편성을 주장하였다. 이런 배경에서 존 웨슬리가 부흥운동을 일으켰다. 그의 부흥운동은 유럽대륙에서 일어난 경건주의의 영향을 받았다. 존 웨슬리의 부흥운동은 '모라비안'과의 직·간접적인 만남에서 영향을 받은 것이다.

존 웨슬리는 친구인 모라비안 스팡겐버그 목사와의 만남, 올더스게이트 기도회의 회심 체험, 모라비안적 성령 체험을 통하여 거듭남의 은총을 받았다. 1738년 5월 24일의 체험으로 그는 지적 믿음에서 신뢰의 믿음으로 변화하였다. 웨슬리는 이들과의 만남을 계기로 진젠돌프를 헤른후트에서

2주일 동안 만났다.

이 회심을 기점으로 그의 부흥운동이 전개되었다. 독일 슈페너의 '교회 안의 작은 교회운동'이 웨슬리의 '신성클럽'(Holy Club)이란 모임으로 옥스퍼드대학 캠퍼스 안에서 시작되었다. 결국 모라비안의 성령 체험은 영국을 살리는 부흥운동으로 전화되었다. 그의 옥외설교에 수많은 광부, 노동자, 농민이 변화되고 치유받았다. 웨슬리는 설교 외에 여러 가지 교회 시스템을 마련하였다. 평신도 설교가(lay preacher), 순회설교, 주1회 목요속회(class meeting), 조모임(band meeting) 등의 제도들을 통해 부흥운동이 가속화되었다. 웨슬리의 성화운동은 사회적 성화운동으로 확산되어 노동조합운동, 노예제철폐운동, 교도소제도 개혁운동, 경제적 분배를 실천하였다.

그러면 독일의 경건주의와 영국 경건주의의 공통점과 차이점을 보편성과 특수성의 측면에서 살펴보기로 한다. 공통점은 웨슬리 부흥운동의 분기점이 되었던 회심 체험이 그의 일기와 고백을 통해서 보면 루터적이고 모라비안적이라는 것이다. 그의 구원론의 출발은 루터의 전통에 서 있다. 그러나 양자 사이에 몇 가지 차이점이 있다. 첫째로 독일 경건주의가 루터의 노예의지론에 입각해 수동적, 법적 의로움을 강조했다면, 영국 경건주의는 알미니우스 영향으로 '복음적 신인협동설'을 강조했다. 둘째로 양자의 차이가 인간 본성에 대한 비관주의와 낙관주의로 구분된다. 후자는 천주교회의 신비주의와 동방교부의 영향을 받았다. 셋째로 독일 경건주의가 정숙주의로 소극적 선행을 보였다면, 영국 경건주의는 적극적인 선행을 강조하여 사회봉사 뿐만 아니라 사회를 개혁하는 차원에 이르렀다.

2) 미국의 대각성운동

미국의 경건주의 부흥운동은 1620년대 청교도들의 미주 이주부터 1776년 미국독립에 이르는 혁명의 시기에 일어났다. 사회적, 정치적, 문화적 변화의 시기라는 배경 위에서 일어난 것이었다. 미국 제1차 대각성운동을 주도한 인물은 조나단 에드워즈와 조지 휫필드이다. 에드워즈와 휫필드는 모두 독일 경건주의의 영향을 받았다. 에드워즈는 무조건적인 선택과 예정을 말하면서도 인간의 자유의지와 선택을 부인하지 않았다. 이런 인간이해에서는 도덕적 성화를 실천하는 도덕적 수행이 가능하였다. 휫필드는 영국에서 웨슬리와 함께 신성클럽 운동을 전개한 인물이었다. 휫필드의 미국 순회설교는 대각성운동의 시발점이 되었다.

미국의 제2차 대각성운동은 1797년에서 1801년 사이에 시작되어 티모시 드와이트, 리만 비처, 찰스 피니에 의해서 주도되었다. 에드워드의 사상을 대부분 수용한 드와이트는 예일대학교 총장이었고, '뉴 헤이븐'의 지도자였다. 리만 비처는 드와이트에 의해서 회심하고 1810년부터 부흥운동에 영향을 미쳤다. 그는 동부 뉴잉글랜드 지역 부흥운동의 주역이 되었다. 그 후 찰스 피니는 부흥운동의 확산에 큰 역할을 담당했다. 그의 메시지는 웨슬리적으로 선포되었다. 웨슬리의 완전교리와 칼빈적인 사회성화를 강조하였다. 또한 오벌린대학에서 최초로 흑인을 대학생으로 받아들였고, 흑인노예제도를 반대하였다. 특히 2차 대각성운동은 해외선교운동을 일으키는 계기를 만들었다.

이상에서 살펴본 것처럼, 미국 대각성운동은 경건주의적인 배경을 가졌다. 그런데 제1차 대각성운동은 뚜렷하게 칼빈주의적이었다. 조나단 에드워드, 조지 휫필드가 칼빈주의자였다. 찰스 피니도 칼빈주의의 배경을 갖고 있었다. 그들은 모두 그런 특징을 가지면서도 알미니우스적인 자유의지의 결단과 책임을 강조했다. 독일 경건주의가 루터적 특성을 지니며 교회갱신운동을 이끌었다면, 영국의 경건주의 부흥운동은 웨슬리적 특성을 지니며 개인성화와 사회개혁 운동을 유발했고, 미국의 대각성운동은 보다 칼빈주의적 특성을 지니며 미국인들의 개인적인 회심과 사회개혁 운동을 유발했다. 그러나 이처럼 포괄적으로 독일의 경건주의와 근현대 부흥운동을 도식적으로 비교하는 데는 무리가 있다. 독일 경건주의운동을 더 세분화하여 역사적 관련성을 정밀하게 살피는 일이 필요하다. 그렇기는 하지만 큰 의미에서 독일의 경건주의운동의 보편성이 부흥운동사에서 어떤 영향을 미치고 있는가를 염두에 두는 것은 의미 있는 일이다.

6. 나가는 말

지금까지 경건주의운동의 발생사를 살피는 동시에 경건주의운동의 신학적 특성을 잘 간직하고 보여준 슈페너의 『경건한 소원』을 중심으로 경건주의운동의 본질을 고찰하였다. 독일 루터파 경건주의는 종교개혁이 개신교 정통주의로 이어지면서 맞은 '경건의 위기'를 극복하기 위해 일어난 교회갱신운동이었다. 일련의 개혁적 상황에서 경건주의를 이끌었던 인물은 아른트, 슈페너, 프랑케, 진젠도르프와 헤른후트 형제단 이었다. 이들은 시대적으로 다른 정황에 따라 서로 다른 독특성을 보였다. 아른트는 믿음과 실천을 강조하고 신비주의적인 요소를 루터파 교리에 맞도록 수용함으로써 후대 경건주의운동에 영향을 주었다. 슈페너는 독일의 경건주의 운동의 방향과 내용을 제시하고 실천하였다. 프랑케는 슈페너의 영향 아래 회심을 체험하고 할레 경건주의를 주도함으로써 경건주의운동을 봉사, 교육, 내·외지선교의 실천운동으로 확장·발전시켰다. 진젠도르프는 헤른후트 형제단의 지도자가 되어 경건주의의 갱신사상을 나타내었다. 이들은 넓은 의미에서 경건주의적인 공통점을 가지면서도 강조점에서 부분적인 차이를 나타내었다.

슈페너를 중심으로 경건주의운동의 신학적 특성을 도출한다면, 다음과 같이 요약할 수 있다. 첫째, 경건주의운동은 거듭남과 영적 각성에 근거하여 갱신을 추진하는 운동이다. 둘째, 경험적 신앙에 근거하여 구체적인 삶의 변화와 실천을 강조하고 선교를 지향하는 평신도 운동이다. 셋째, '경건 모임'에 근거하여 신앙의 역동성을 중시한 소그룹운동이다.[34] 넷째, 성령의 역사로 밝혀지는 성경에 근거하여 설교와 신학 갱신을 지향한 말씀운동이다. 이런 특성을 지닌 독일 루터파 경건주의운동은 근현대 부흥운동의 여명으로서 영국과 미국의 부흥운동을 주도한 인물들에게 영향을 끼쳤다. 그 과정에서 독일 경건주의운동의 특성이 영국과 미국에서 새롭게 적용되었다.

본고에서 몇 가지 과제와 한계를 발견한다. 첫째, 경건주의운동에 대해

---

[34] '교회 안의 모임' 또는 '교회 밖의 작은 모임', 두 모임을 함께 지칭한다.

연구할 때, 『경건한 소원』의 두 가지 특징을 이루는 '교회 안의 작은 교회'(Ecclesiola in ecclesia)와 '교회의 더 나은 시대를 향한 소망'(Hoffnung besserer Zeiten für die Kirche)을 슈페너의 다른 저작들과 관련해서도 고찰할 필요가 있다. 둘째, 경건주의운동 및 부흥운동의 주도적인 인물들의 천년왕국 사상을 보다 주목할 필요가 있다.[35] 셋째, 진젠도르프와 헤른후트 형제단과의 상호 영향력에 대해 보다 상세히 고찰할 필요가 있다. 넷째, 근현대 영미의 부흥운동과 독일 경건주의운동에 대한 역사적 관련성을 정립하기 위해 독일의 경건주의운동을 신학적으로 보다 정밀하게 고찰할 필요가 있다. 특히 미국의 경우에 청교도적인 요소, 알미니안적인 요소, 독일 루터파적인 요소를 구분해서 분석해야만 그 역사적 관련성을 명확하게 이해할 수 있을 것이다. 이 글의 한계는 그런 요소를 상당 부분 무시하고 역사적 관련성을 천착하며 부흥운동에 나타난 본질적 요소의 보편성과 각 지역의 특수성에 주목하였다.

---

35) 미국의 부흥운동과 사회개혁에 주도적 이었던 조나단 에드워드(Jonathan Edwards)와 찰스 피니(Charles Grsndison Finney)는 후천년설을 따르고 있었다. 천년왕국 사상은 미국교회의 신앙부흥운동 및 사회개혁운동과 관련되어 진다. 이에 대해서 Jonathan Edwards, *The Great Awakening, Works of Jonathan Edwards*, ed. C. C. Goen(NewHeaven: Yale Univ Press, 1972), 4:560; 도널드 데이튼, 『오순절운동의 신학적 뿌리』, 조종남 역 (서울: 대한기독교서회, 1993), 169를 참조.

03

18세기 영국 복음주의 부흥운동
- 웨슬리 형제와 감리회를 중심으로

송정연(교회사)

1. 들어가는 말
2. 영국 복음주의 부흥운동의 배경
3. 영국 복음주의 부흥운동의 과정
4. 영국 복음주의 부흥운동의 영향
5. 나가는 말

1. 들어가는 말

18세기에 영국에서 일어난 부흥운동은 흔히 영국의 복음주의적인 부흥운동(evangelical revival)이라고 지칭된다. 복음주의(evangelical)란 용어는 시대마다 다양한 의미로 사용되어 왔지만, 18세기와 19세기 동안에 영어권 세계와 그 밖의 지역을 휩쓸고 지나갔던 부흥운동을 가리키는, 영국과 미국의 용어로 정착되었다.[1] 영국에서 감리교 운동이 일어나면서 'evangelical'이라는 말은 감리교도들과 그 신학을 일컫는 것으로 일반화되었다. 19세기 초가 되면 'evangelical'과 'methodist'가 거의 구별 없이 사용되기도 했다.[2]

---

1) George M. Marsden, 『미국 근본주의와 복음주의의 이해』, 홍치모 역 (서울: 성광문화사, 1992), 14.
2) 류대영에 의하면, 「영국 국교회 내에서는 'evangelical'이 교회예식과 성직자의 권위를 평가절하하는 저교회파(Low Church) 사람들을 일컫는 말로 사용되었다. 18세기 말 19세기 초에 스코틀랜드 교회(church of Scotland)를 이끌어가던 두 파가 '온건파'(moderate party)와 '복음파'(evangelical party)였는데, 이 가운데 더 철저한 쪽이 복음파였다. 이렇게 'evangelical'이 특히 영국에서 신학적 · 도덕적 엄격함을 추구하는 개신교인을 뜻하는 것으로 쓰이게 되면서 'evangelicalism'이라는 말도 생겨났다. 즉 'evangelical'한 사람들의 신학과 사고방식을 표현한 것이 'evangelicalism'이었는데, 이것은 19세 이후에 생긴 표현인 것으로 보인다. 류대영, 「초기 한국교회에서 'evangelical'의 의미와 현대적 해석의 문제」, 『한국기독교와 역사』15(2001. 8), 126.

영국의 복음주의 부흥운동은 영국국교회와 관련을 맺으며 40년 간 뚜렷이 구분되면서도 밀접히 연관된 세 조류 안에서 발전하였다. 웨슬리 형제의 감리회(Methodist Societies), 휫필드의 칼빈주의적 감리회(Calvinistic Methodists), 영국국교회의 복음주의적 교회(Anglican Evangelicals)가 그것이었다. 이 글에서는 웨슬리 형제의 감리회 활동을 중심으로 해서 살펴보고자 한다. 이는 위의 셋 중에서 이 운동이 영국 부흥운동의 주류를 형성했다고 여겨지기 때문이다. 이 부흥운동을 개괄하기 위하여 영국 복음주의적 부흥운동의 배경, 과정, 영향을 중심으로 살펴보고자 한다.[3]

2. 영국 복음주의 부흥운동의 배경

1) 정치적 배경

1688년 윌리엄 3세(William Ⅲ)와 메리 2세(Mary Ⅱ)는 권리선언(후에 권리장전, Bill of Right)을 승인하였고, 새로운 의회는 제임스 2세의 왕위가 예수회원과 그 밖의 악당들의 권고로 기본 법률을 위반하고 왕국에서 도피한 까닭에 무효라고 선언하였다. 이로써 유혈 없이 영국에서 혁명이 완성되었기 때문에 이를 명예혁명이라고 한다. 명예혁명을 계기로 영국의 절대주의 체제가 끝나고 로마 교황과의 관계가 다시 한번 분명하게 단절되었다. 반면 의회의 정치적 위상 및 도시 상공시민과 지방 젠트리층의 영향이 확고해졌다.[4]

17세기 말부터 18세기까지 영국의 정치제도는 소수 엘리트가 국가정책과 기구를 지배하였던 사회 현실을 반영한 것이었다. 그들은 찰스 2세 때

---

[3] 웨슬리에 대한 연구는 다음을 참조할 수 있다. Tabraham, Barrie, 김희중 역, 『감리교회형성사』 (서울: 감신, 1998), 322-333.; 김홍기, 『감리교회사-영국과 미국을 중심으로 웨슬리에서 아펜젤러까지 (1725-1885)』 (서울: kmc, 2003), 9-20.; Henry D Rack, 『존 웨슬리와 감리교의 부흥』, 김진두 역 (서울: 감리교신학대학교출판부, 2001), 14-17.
[4] 차하순, 『새로 쓴 서양사 총론 2』 (서울: 탐구당, 2000), 594-595.

의회 안에 생성된 집단이었으나 견해 차이로 두 개의 파-휘그파와 토리파-로 나뉘었고, 정당을 이루지는 못했다. 휘그파는 왕의 특권과 가톨릭 교회를 반대하고 명예혁명 때 제임스 2세를 왕위에서 몰아내는 주요한 역할을 하였다. 토리파는 왕권의 독자성을 인정하고 전통적인 영국교회를 선호했다. 휘그파는 윌리엄 3세 시기에 정부 권한을 대부분 좌우하였다. 그들은 루이 14세와의 전쟁(1689-1697)에 찬성하였는데, 프랑스가 제임스 2세의 추종자들인 자코뱅파의 왕정복고 시도를 지원하고 있었기 때문이었다. 윌리엄 3세가 죽은 1702년에 영국이 다시 프랑스와 전쟁을 하게 되자 전쟁에 싫증을 느낀 국민이 토리파를 다시 집권케 하였다. 토리파는 앤 여왕을 설득하여 1713년에 위트레흐트 조약을 체결하도록 하였다. 1700년대에 영국은 나라 안으로 국가의 권한을 확립하고 밖으로는 국제적 발언권을 증대시켰다. 1700-1715년 사이, 여덟 번의 의원 선거는 왕의 세력을 약화시키고 의회를 강화시키는 계기가 되었다. 1720-30년대에 내각제의 시작과 함께 강력한 지도자로서 '수상'이 출현하였고, 점차 급진적인 정치단체들도 성장하였다. 그러나 선거권은 일부 주민에게만 있었고 선거방법과 의회의 운영방식도 오늘날과는 달랐다. 대부분의 공공기관은 왕가와 귀족의 후원체제 아래에서 통제되고 있었고, 많은 선거구들이 부유한 지주 후원자들 아래에 있었다.[5]

웨슬리의 아버지나 웨슬리는 이러한 정치상황에서 정치적으로 보수적인 입장을 가지고 있었다.[6] 한편 17세기에 영국이 프랑스와 함께 식민제국 건설의 선두주자가 되어 서인도·서아프리카·북아메리카·인도 등에 식민제국을 건설하였던 것은 웨슬리 형제나 휫필드의 미국선교를 가능케 한 시대적 배경이 되었다.

2) 경제적 배경

산업혁명은 1760-1830(혹은 1850)년 간에 영국에서 시작하여 유럽 각

---
5) 김홍기, 『감리교회사』, 52.
6) 존 웨슬리의 아버지 사무엘은 토리파였다.

국 및 세계의 여러 나라에까지 전파되어 현대인의 물질생활을 근본적으로 바꾸어 놓았다. 산업화는 물질문명을 진보시켜 삶의 수준과 사회적 지위를 향상시켜 주고, 건강과 장수와 여가를 향유하게 만들어 주었다. 동시에 빈부격차, 시장개척, 노동문제, 제국주의적 침략, 환경오염과 자연계 파괴 등의 여러 문제들을 야기했다.

산업혁명으로 도시집중 현상이 생겨나고 18세기 초 안정되었던 물가가 상승하고 방직기술과 동력이 개량되고 철강업이 발달하였다. 더불어 새로운 계급, 즉 자본가와 노동자가 나왔으며 계급 간 갈등이 생겨났다. 자본가·기업가들은 자본경쟁, 개인기업, 자본사유, 수요공급의 경제원리 등을 강조하였으며, 노동자들은 사회주의 이념과 실천을 주장하였다. 나폴레옹 전쟁이 얼마 지나지 않아 영국에서 노동자들의 실업률이 매우 높아졌다. 그 결과 기계 때문에 일터를 잃은 노동자들이 기계를 파괴하는 일이 번져나갔다. 대부분의 공장은 채광이나 환기 장치가 잘 되어 있지 않았고, 위생과 안전시설이 열악했다. 산업혁명 초기의 영국법은 작업 중에 일어난 사고를 노동자 본인의 부주의로 간주했으며, 상해를 입은 노동자는 쫓겨나기까지 하였다. 단조로운 노동에 장시간 종사하여 얻은 노임으로는 가족생계가 어려웠고 여성과 어린이까지 공장이나 탄광에서 일해야 했다. 14-15세의 어린이는 공장이나 탄광에서 12시간 이상이나 일하면서 교육을 거의 받지 못하였다.

당시의 경제적 상황은 웨슬리 형제와 감리회의 운동이 왜 그토록 사회개혁을 요구하였고 성화를 강조하였는지에 대한 외적 요인의 한 부분을 보여준다. 또한 이러한 운동들이 18세기 영국에서 많은 동의를 얻은 이유를 이해하는 한 측면을 보여준다.

3) 사상적 배경

소위 '이성의 세기'라 불리우는 18세기에 지적 혁명이 일어났다. 자연과학을 비롯해 철학과 정치사상과 그 밖의 여러 학문 분야에서 비약적인 성과가 산출되었다. 특히 합리적이며 항구불변인 '자연법'이 18세기의 거의 모든 사상가에 의해 주장되었고, 그 원리가 사회와 정치에 관한 여러 문제를 해결하는 데 적용되어야 한다고 강조되었다.[7] 또한 17세기 말과 18세기 초 계몽주의 정신의 확산이 초래한 결과의 하나로서 종교상에도 합리화 경향이 나타났으며, 종교의 본질을 도덕에서 찾으려는 경향이 나타났다.[8]

때를 같이하여 독일에서는 합리주의 혹은 계몽주의가, 프랑스에서는 자연주의 혹은 낭만주의가 그 위세를 드러냈다. 그런 가운데 볼프, 콜린즈, 스피노자, 라이프니츠 등에 의해 도덕적 유토피아를 꿈꾸는 도덕 종교가 주장되었다. 18세기 프랑스의 자연주의 혹은 낭만주의는 부자와 빈자, 종과 주인의 대립으로 나타나는 현대사회의 타락상을 지적하고 자연으로의 복귀를 구원이라고 생각하였다. 교육에 의한 유토피아 왕국을 자연세계에서 이루려고 하였다. 볼테르, 루소 등은 자연계시의 중요성을 강조하고 제도와 교리의 종교를 부인하며, 유대교 등 다양한 종교와의 대화를 시도하고 자연종교를 구현하려고 하였다.[9]

18세기 영국의 이신론(the Deism)은 이성으로 종교를 재해석하고 성서의 특수계시를 부인하며 종교의 보편성을 주장하고, 하나님을 시계제조업자인 양 생각하였다. 시계가 제조업자의 간섭 없이 저절로 돌아가듯이 하나님은 역사를 만드신 후 역사를 섭리하거나 간섭하시지 않고 역사는 인간에 의해 저절로 돌아간다고 믿었다.[10] 영국국교회나 비국교회는 열정을 잃고 있었다.

---

7) 차하순, 『새로 쓴 서양사 총론 2』, 651.
8) Williston Walker, 『기독교회사(4판)』, 송인설 역 (서울: 크리스챤다이제스트, 1993), 642-649. 계몽주의 아래에서 종교적으로 관용과 화해 및 이신론이 주장되었다면, 정치적으로는 자연권 존중 및 민주주의 사상의 개명(開明), 역사적으로는 진보적인 면과 함께 고대적이고 자연 숭배적인 특징이 나타냈다. 강휘원, 신현수, 「계몽주의하의 기독교: 비판적 관점」, 『평택대학교 논문집』 16(2002), 62.
9) 김홍기, 『감리교회사』, 29.
10) 웨슬리도 역시 이러한 시대의 영향을 받아 인간이성의 역할과 자유의지의 중요성을 강조한 18세기 영국의 신학자였다. 그러나 그가 이해하는 이성의 개념은 합리주의나 낭만주의나 이신론에서 말하는 것과 달랐다. 인간본성으로서의 이성이 아니라, 선재적 은총으로 회복되는 이성을 말하며, 믿음을 전제한 이성적 활동에 의한 신학함을 말한다. 이성은 신앙의 신빙성과 정확성을 증명하는 데 중요한 역할을 한다는 것이다. 그러나 이성은 신앙, 사랑, 소망, 선한 의지를 창조하지 못하는 한계가 있다고 보았다. 김홍기, 『감리교회사』, 30-31.

4) 종교적 배경

16세기 영국 종교개혁 이후, 종교적 분열은 깊은 골을 유지하였고, 세 주요 분파들-영국성공회, 로마 가톨릭, 청교도(비국교도)-은[11] 서로를 불신하고 있었다. 영국성공회는 가장 중요한 종교단체로서 대단한 지위를 누렸다. 영국 헌정체제의 공인된 일부분이었고, 교육과 사회복지에 대한 국가적 대책이 없던 때에 교회는 비공식적이지만 중요한 자선기관의 역할을 해냈다. 교회는 주요 대학의 교수진들을 대부분 공급하기도 하였다. 비국교도라고 알려진 청교도들은 16세기 청교도주의에 기원을 두었으며 장로교회, 회중교회, 침례교회, 퀘이커교회 등의 교파들로 나뉘어 있었다. 18세기 초반에 대략 33만여 명 정도가 되었다.

18세기 초에 개선을 기대하는 사람이나 운동이 없었던 것은 아니었다. 윌리엄 로우(William Law)는 이신론을 반대하였으며, 그의 『경건한 삶으로의 진지한 부름』(Serious Call to a Devout and Holy Life, 1728)은 존 웨슬리에게 깊은 영향을 미쳤다. 회중교회 교인인 와츠(Isaac Watts, 1674-1748)의 『찬송』(Hymns, 1707)과 『신약 언어로 표현한 다섯 시편』 (The Psalms of David, Imitated in the Language of the New Testament, 1719)은 성경의 운율적 구절만을 골라 찬송에 사용하던 편견을 깨뜨렸다. 이 찬송들은 생동감 있는 경건을 표현하고 있었다. 신앙생활을 열정적으로 하기 위한 신앙단체(religious societies)들도 생겨났는데, 1678년, 일단의 런던의 젊은이들이 기도, 성경 읽기, 신앙생활 함양, 빈민구제, 군인, 선원, 죄수 돕기 등의 활동을 하는 신앙단체를 세웠다. 이런 단체들은 영국뿐 아니라 아일랜드에 이르기까지 급속히 확산되었고, 1700년에는 런던에만 거의 100개가 있었다. 존 웨슬리의 부친 사무엘 웨슬리가 1702년에 엡워스(Epworth)에 설립한 것도 이런 단체 중의 하나였다. 이러한 단체들은 여러 면에서 독일의 경건주의자 슈페너의 '경건의 모임'과 유사했으나, 슈페너와 같은 지도자가 없었다는 점에서 큰 차이를

---

11) 비국교도란 기존의 국교회에 속하지 않은 개신교 교회를 일컫는 말이다. 원래는 1662년 '통합령' (The Act of Uniformity)을 반대한 집단을 가리켰다.

보였다. 이들은 대부분 기존 국교회 교인들로 구성되어 있었고, 많은 성직자들은 그 운동을 열정적 혹은 광신적이라고 생각하였다. 1710년 이후 이 단체들은 눈에 띄게 쇠퇴하였다.[12] 이 모든 노력들은 국지적·부분적으로 영향을 미쳤을 뿐이었다. 영국 대중은 영적 무기력 상태에 빠져 있었다.

그러한 상황에서 '복음주의 부흥'(evangelical revival)의 결과로 변화가 일어났다. 각성의 조짐은 18세기 초에 처음 나타났다. 스코틀랜드와 웨일스에서도 부흥운동이 일어났으나, 본격적인 복음주의 부흥운동은 존과 찰스 웨슬리 형제와 조지 휫필드(George Whitefield, 1714-1770)가 등장하면서 시작되었다.

3. 영국 복음주의 부흥운동의 과정

1) 부흥운동 이전의 웨슬리 형제

존(John Wesley, 1703.6.17-1791. 3.2)과 찰스(Charles Wesley, 1707-1788) 집안의 종교적인 분위기는 당연히 그들의 성장에 매우 중요한 영향을 주었다. 존 웨슬리의 조부 존 웨슬리(John Wesley, 1636-1668)와 외조부 사무엘 아네슬리(Samuel Annesley)는 청교도 목사였다. 조부 존 웨슬리는 옥스퍼드대학교 뉴칼리지에서 공부하였으며, '통일령'(the Act of Uniformity)을 반대하여, 영국성공회 감독 아이언 사이드와 침묵을 요청하는 대화를 나누기도 하였고, 한 차례 이상 투옥되기도 하였다. 그리고 1662년 존의 증조부와 조부는 모두 영국성공회에 의해 사제직을 박탈당하였다.

존의 부모 사무엘(Samuel Wesley)과 수산나(Susanna Annesley)는 그들의 자유의사로, 특히 신학적인 탐구 끝에 영국성공회로 돌아왔다. 사무엘은 옥스퍼드대학 엑세스 칼리지(Excester College)를 졸업한 후 성공회

---

12) Williston Walker, 『기독교회사(4판)』, 662-663.

신부가 되어 1696년부터 1735년 사망할 때까지 엡워스(Epworth) 교구에서 목회하였다. 사무엘과 수산나는 1688년에 결혼하였는데, 이 둘은 신학적·정치적으로 견해차를 보였다. 존의 아버지 사무엘은 토리당이자 고교회파(High Church)였다.[13] 그는 대단히 지조 있는 사람이었으며, 고전연구에 심취한 다소 현학적이고 완고한 성품의 소유자이기도 하였다. 어머니 수산나는 자코뱅당(Jacobite)이었다. 1702년 3월에 윌리엄 3세가 죽고 앤 여왕이 즉위하자 둘 사이의 정치적 언쟁이 끝나게 되었다.

엡워스에서 목사직으로 받은 보수는 18세기 당시의 수준으로 볼 때, 적당한 생활을 유지할 수 있었다. 그럼에도 불구하고 사무엘은 수지타산을 맞추어 나가는 데 곤란을 겪었고, 1705년에 채무자용 감방에서 3개월을 보내다가, 요크의 대주교에 의해 보석으로 풀려나기도 하였다. 존의 형제는 모두 열아홉 명이었으나, 아홉 명이 일찍 사망하고 열 명이 살아남았다. 일곱 자매는 집이 가난하였기 때문에 성장하여 남편감을 선택하는 데에 좋은 기회를 얻지 못했다. 아들들인 사무엘 2세와 찰스, 존만이 사회적, 교회적으로 기여를 하였다. 형 사무엘 2세는 존보다 열두 살 위였고, 웨스트민스터스쿨과 옥스퍼드대학 크라이스트처치(Christ Church)를 졸업하였다. 영국성공회 사제 안수를 받았으나, 종교 활동을 별로 하지 않았고, 동생들의 감리회 운동에 동조하지도 않았다.

1709년에 엡워스교구 사제관에 화재가 발생했을 때 당시 여섯 살이었던 존이 2층 창문을 통해 구조되었다. 수산나는 존에게 '불에서 꺼낸 타다 남은 나무토막'(a brand plucked from the burning)이라는 별명을 붙여주었다. 그녀는 1709년의 화재가 어린 존에 대해 하나님이 주신 섭리와 경륜의 표적이라고 생각하여 그에게 더욱 특별하게 주의를 기울였다. 영국성공회 사제의 부인이었지만 청교도식 생활방식을 유지한 어머니의

---

13) 고교회(High Church): 교회의 권위·직제(職制) 및 성사(聖事)를 높이 평가한다. 성공회(聖公會)와 루터교회에서 그런 신학적 경향을 띤 교회를 이렇게 부른다. 영국에서는 가톨릭의 역사적 전승을 강조하는 일파를 가리키기도 한다. 저교회(Low Church): 복음과 말씀을 높이 평가한다. 영국 국교회 안의 자유주의적·프로테스탄트적 경향이 강한 사람들 가운데 복음주의적 견지에서 주교제(主教制)·사제직·새크라멘트(성사:聖事) 등을 비교적 경시하는 사람들을 가리킨다. 광교회(Broad Church): 위의 두 개보다 나중에 생긴 것이고, 자유주의적인 신학 경향을 보인다.

영향으로 웨슬리도 엄격한 청교도식 감리회 규칙을 주장하였다. 그녀의 엄격한 가정교육은 수산나가 보낸 편지에서 엿볼 수 있다.

> 아이들은 나면서부터 그들이 할 수 있는 모든 일에 있어서 규칙적인 생활을 하도록 하였다. …한 살쯤 되면(어떤 경우에는 그전에) 회초리를 무서워하고 울 때는 소리를 죽이고 울도록 가르친다. …아이들은 결코 저희들이 먹고 싶은 대로 식사를 골라 먹게 하지는 않았고 온 가족이 먹도록 해주는 음식만을 같이 먹게 하였다. …아이들의 정신을 바로잡아 주기 위해서 우선적으로 해야 할 일은 아이들의 고집을 꺾어서 순종하는 성격을 길러주는 것이다. 이해심을 키워주는 일은 시간이 걸리는 일이기 때문에 아이들이 그것을 터득하기까지는 서서히 노력을 계속하여야 한다. 그러나 고집을 꺾어주는 일이란 일시에 해야만 할 뿐 아니라 그런 일은 빠르면 빠를수록 더 좋다.[14]

존 웨슬리에 대한 연구에서 수산나는 아버지 사무엘보다 많은 비중을 차지한다. 사무엘이 원칙과 용기의 사람이요 감정적 기질을 가졌던 것과는 대조적으로, 그녀는 경건하고 냉철하며 합리적인 심성을 소유하였다. 수산나는 죽을 때까지 웨슬리의 신학적 · 신앙적 상담자였다.

(1) 존 웨슬리

존 웨슬리는 1703년 6월 17일에 열다섯 번째로 출생하였다. 1751년 과부 메리버자일(Mrs. Mary Vazeille)과 결혼하였으나 자녀는 없었다. 존은 87년 9개월을 향유하고 1791년 3월 2일에 사망하였다.

존은 1714년 1월 28일에 차터하우스(Charterhouse)에서 중등과정을 시작하였다. 1720년에는 연간 40파운드의 장학금을 얻어 옥스퍼드대학의 크라이스트처치 칼리지에 들어갔다. 그 당시에 옥스퍼드대학에 들어가려면 중산층 이상이 되고 반드시 영국성공회 교인이어야 했다. 존은 중산층이 아니었지만 그의 부친 사무엘이 영국성공회 사제였기 때문에 입학이 가능했다. 대학에서 고전문학, 라틴 시, 희랍어 신약성서, 히브리어 구약

---

14) John Wesley, 『존 웨슬리의 일기』, 김영운 역 (서울: 크리스챤다이제스트, 1995), 106-107.

성서, 신학서적-그 당시에는 신학교가 따로 없었다-을 탐구하였으며, 1724년에 B.A 학위를 받았다.

1725년에 존은 결혼할 뻔했던 여성(샐리 커크햄, Sally Kirkham)을 만나기도 하였고, 9월 19일에 준회원(deacon)으로 사제 안수를 받았다.[15] 웨슬리는 테일러(Jeremy Taylor)의 『거룩한 삶과 거룩한 죽음의 규율과 훈련』(The Rules and Exercises of Holy Living and Holy Dying), 윌리암 로(William Law)의 『그리스도인의 완전에 대한 실천적 논문』(Practical Treatise upon Christian Perfection, 1726)과 『경건한 삶으로의 진지한 부름』(1728), 토마스 아켐피스(Thomas a Kempis)의 『그리스도를 본받아』(A Treatise of the Imitation of Jesus Christ), 스코틀랜드인 헨리 스쿠걸(Henry Scougall)의 『인간 영혼 속에서의 하나님의 삶』(Life of God in the Soul of Man)을 읽고 많은 영향을 받았다.

존은 1726년 3월 17일 옥스퍼드대학 링컨칼리지의 연구원(Fellow)으로 선발되었고, 1726년 9월 24일에 문학석사 과정을 시작하였다. 1727년 아버지 요청에 응하여, 가르치는 일을 그만두고, 2년 동안 루트에서 사무엘의 보조목사로 활동하였다.

(2) 찰스 웨슬리

찰스 웨슬리는 1707년 열여섯 번째로 태어났으며, 1749년에 결혼하였고, 1788년에 죽었다. 찰스는 자신이 쓴 찬송가를 제외하면, 저술이 별로 없었다. 찰스와 존은 평생 서로에게 충실하였고, 두터운 애정과 유대관계를 유지하였지만, 차이점도 있었다. 예를 들어, 찰스는 순간적 성화를 강

---

15) 김홍기는 1725년에 존의 영적성장과 관련하여 중요한 두 가지 사건이 있었다고 말하고 있다. 하나는 샐리 커크햄(Sally Kirkham)을 만났던 것으로, 샐리와의 서신왕래는 그의 사고와 신앙에 큰 영향을 주었다. 그 결과 그는 신자의 내면적인 영적 삶과 하나님 사랑에 대해 보다 큰 자각에 이르게 되었다. 다른 하나는 9월 19일에 웨슬리는 준회원(deacon)으로 사제 안수를 받았다. 영국성공회는 두 번의 사제 안수식(deacon과 elder)이 있었다. 이것은 존의 생애에서 영향을 미친 것이었다. 지금까지는 1738년 5월 올더스케이트 사건이 존 웨슬리의 회심을 가리키는 것으로 간주되어 왔고, 1725년은 그저 잠깐 언급하는 정도에 그쳤다. 그러나 웨슬리는 생애 후기에 1725년의 사건을 중시하고 있었다. 로버트 터틀(Robert Tuttle)이라는 학자는 1725년의 일에 대해 '종교적 회심'(religious conversion)이라고 하며, 1738년의 일을 '복음적 회심'(evangelical conversion)에 대비시키도 하였다. 김홍기, 『감리교회사』, 74.

조하였지만, 존은 점진적인 성화를 강조하였다. 그리고 또 다른 견해차는 미국에 선교사로 가서 일하고 있었던 평신도 설교자들에게 안수를 베푸는 일에 관한 것이었다. 찰스는 안수가 영국국교회와 분열을 일으키는 중요한 사건이 될 것이라고 여겨 적극 반대하였다.

존은 어머니 수산나를 닮았고, 찰스는 아버지 사무엘의 격정적이고 다감한 성격을 물려받았다. 찰스는 타고난 지도자가 아니었고, 추진력과 야심이 부족하였다. 그러나 존에 비해 자족할 줄 아는 능력과 인간성에 대한 보다 민감한 이해력을 지니고 있어서 균형이 잡혀 있었다. 1716년 런던 웨스트민스터 스쿨에서 들어가 10년 간 교육을 받았다. 1726년 옥스퍼드대학교 크라이스트처치 칼리지에 들어갔고, 1730년에 학사학위를 받았고, 1733년에 석사학위를 받았다.

찰스는 1729년 1월부터 영적 성찰을 위해 일기를 썼으며, 신성클럽(Holy Club)으로 알려진 단체를 결성하였다. 찰스가 신앙을 심화시키면서 밟아온 단계들은 존 없이 독립적으로 이루어진 것이었다. 여기까지 그들은 다른 길을 걸어왔으나, 신성클럽을 계기로 하여 존은 설교가로서, 찰스는 찬송 작사자로서 함께 활동하기 시작했다.

2) 감리회운동의 시작[16]

1781년에 웨슬리는 『감리회의 약사』(*A Short History of Methodism*)와 『감리회도라고 불리는 사람들의 약사』(*A Short History of the People Called Methodist*)에서 감리회의 3단계 탄생을 말하였다. 제1기는 1725년부터 1735년까지 옥스퍼드에서 일어난 운동으로, 신성클럽의 활동을 의미한다. 1729년 9월, 존은 찰스가 시작한 신성클럽에 가입하였다. 1729년 11월 존과 찰스, 몰간(William Morgan)과 커크햄(Robert Kirkham)은 옥스퍼드대학에서 경건생활에 힘쓰는 모임을 시작하였다.

---

16) 웨슬리 생전에 공식적으로 영국성공회와 분리하지 않았기 때문에-충분히 분리된 모습을 갖추고 있었지만-교파의 의미를 지닌 '감리교'(Methodist Church)와 구분하기 위해 Methodists를 임의로 '감리회'라고 불렀다.

신성클럽에서 존은 자연스럽게 지도자가 되었다. 여기에서는 예배를 위한 정기모임과 기도, 희랍어원어로 성경읽기, 라틴어 고전 읽기, 신학적 토론, 마을과 감옥 순회 및 자선활동 등을 하였다. 이러한 활동으로 인하여 그들은 형식주의자(methodists), 성경벌레들(Bible Moths), 열광주의자들(enthusiasts) 등으로 불리며 비웃음을 샀다. 얼마 후에 부흥운동에서 중요한 역할을 하는 조지 휫필드(George Whitefield)가 가입하였다. 이들은 각자의 성실성과 선행에 근거한 종교적 희망에 기대를 거는 구원과 거룩한 삶(holy living)에 몰두하였다.

제2기는 1735-1738년으로 조지아(Georgia) 주 선교시대라고 볼 수 있다. 미국으로 항해하던 중에 만났던 풍랑과 26명의 모라비안들의 태도는 그의 영적 진보와 성장에 큰 자극을 주었다. 폭풍을 만났을 때, 평안하고 확신에 찬 얼굴로 조용히 찬송을 부르는 모라비안 교도들의 모습은 죽음을 두려워하며 불안에 떨던 존에게 큰 감동을 주었다. 조지아 선교는 그 자신의 신앙의 불완전에 대해서 많은 것을 가르쳐주었다. 모라비안들에게서 직접 목격한 구원의 확신이 존과 찰스에게는 아직 없었다.

조지아에서 미숙한 상태나마 훗날 감리교제도로 정착된 것들이 실천되기도 하였다. 존과 찰스는 속회(classes)와 같은 소그룹 모임을 시작하였다. 웨슬리는 회중 가운데 열심 있는 성도들에게 일주일에 1-2회 모이는 작은 모임을 구성할 것을 제안했다. 그 작은 모임에서 서로를 가르치고, 권면하며, 격려했다. 조지아 주 선교사로 활동하면서 가난한 사람, 아이들, 인디언들을 교육시키고 구제하는 일에 힘썼다. 또한 모라비안 교도들과의 접촉을 통해서 예배 중 찬송의 중요성에 대해서 깨닫게 되었고, 찬송을 사용하여 예배갱신을 시도하였다.

존은 조지아 주의 아메리칸 인디언 촉타우족에게 복음 전하기를 희망하였으나, 사바나의 지도자 오글도르프가 프랑스인들에게 살해당할 위험이 있다고 말렸다. 이러한 이유 등으로 선교를 잘할 수 없었다. 또한 존은 소피 홉키(Sophy Hopkey)라는 여성과 사랑에 빠지기도 하였는데, 존의 망설이는 행동 때문에 그 여성은 다른 남성과 결혼하였다. 존이 이 여성에게 성찬을 베풀지 않는 과오를 범하게 되었고, 이로 인해 재판을 받게 되었다. 이 일로 존은 1737년 12월, 이곳을 떠나게 되었다.

제3기는 1738-1741년으로 런던에서 일어났다. 1738년 2월, 존과 찰스는 모라비안 목사 피터 뵐러(Peter Böhler)를 만났다. 찰스는 미국에서 영국으로 돌아온 뒤에 피터 뵐러와 영적인 상담을 많이 하면서 성령강림을 통해 십자가의 은총을 힘입고 믿음으로 거듭나는 체험을 하기를 간절히 열망하였고, 1738년 5월 21일에 회심을 경험할 수 있었다. 존은 1738년 5월 24일 런던의 올더스게이트에서 모인 모라비안의 작은 집회에 참석하였다. 존은 로마서 서문을 낭독하는 동안 회심을 체험하게 되었다. 올더스게이트의 집회에서, 그는 하나님의 자녀이며 그분의 사랑과 그의 받아주심을 경험하였고, 그 속에서 용서와 평화와 확신을 발견하게 되었다. 이후로 웨슬리는 구원의 확증을 강조하게 되었다.

3) 감리회 운동의 조직화

(1) 브리스톨 신도회

브리스톨 신도회(society)는 1739년 7월 11월에 시작되었다. 1743년에 각 지역 신도회에서 활동하는 500명의 회원들을 모아 연합신도회(the United Society)를 구성하였다. 신도회는 각 지역마다 지역 단위 모임으로 조직되었다. 존은 영국성공회에서 분리되지 않기 위해 '감리교회'(Methodist Church)라는 용어 대신 '감리회'(methodist Society)라는 용어를 사용하였다.[17] 감리회는 영국성공회 내의 신앙운동 모임이었고, 오전에는 성공회 예배에 참석하였고, 오후에는 감리회 모임장소를 따로 정해 예배를 드리면서 영국성공회에서 분리되지 않으려고 노력하였다.

이것은 밴드모임에서 시작되었다. 1738년 말과 1739년 초에 두 개의 밴드가 브리스톨의 볼드윈가와 니콜라스가에서 조직되었다. 1739년 5월 9일에 존은 브리스톨의 호스페어(Horsefair)에 'New Room'이라는 이름으

---

17) Methodist Society는 감리교 신도회라고 번역하고 있는데, 당시에 Methodist가 고유명사이며, 하나의 교단인 감리교로 사용되지 않은 것으로 볼 때, 감리교 신도회라고 번역하는 것은 무리가 있다고 여겨진다. Methodist Society는 감리회, Society는 감리회에 속한 조직정도로 이해해야 할 것이다.

로 감리회 건물을 지었다. 이로 인해 빚을 졌는데, 이 빚을 갚기 위한 논의에서 감리회에 속한 모든 사람들이 속회를 조직하여 일주일에 1페니씩 모으자는 제안이 나왔고, 이로 인해 속회가 시작되었다. 그리고 1739년 6월 웨슬리는 휫필드와 함께 광부의 자녀들을 위한 학교를 킹스우드(Kingswood)에 짓기도 하였다. 1748년에 학교규칙과 커리큘럼을 새롭게 만들었고, 1760년경에는 4년 이상의 아카데믹 과정을 추가하였다. 나중에는 순회 설교가들을 훈련시키는 학교가 되었지만, 당시에는 모두 가난한 일반 크리스천들에게 공개된 학교였다.

(2) 런던 신도회

1738년에 존과 피터 빌러는 감리회도와 모라비안 교도들를 묶어 페터레인 신도회(Fetter Lane Society)를 만들었다. 그러나 웨슬리는 모라비안의 정숙주의(quietism)와 신앙제일주의(solafideism)을 비판하고 몰더(Philip Henry Molther)와 논쟁을 벌이게 되면서 모라비안과 결별하였다.[18] 1740년 7월 18일 웨슬리는 75명의 지지자들과 페터레인 신도회를 떠났다. 이 75명은 그들이 떠나기 전인 1739년 12월에 세워졌던 런던 파운데리 신도회(London Foundery Society)를 더욱 강화시켰다.

브리스톨 신도회와 런던 신도회에서 나타난 조(Band)와 속회(Class)는 모라비안파의 선교조직을 본받은 것이었다.[19] 조(組)는 속회와 비슷한 개념이지만, 속회보다 더 작은 규모였다. 속회는 기도와 성경연구와 교제를 위하여 모이는 감리회의 작은 모임들이었으며, 대부분 가정모임들로 대체되기도 하였다. 조도 오랫동안 존재해 왔지만, 속회제도야말로 감리회의 고유한 특징이 되었다. 신도회(Society)는 기본적인 감리회 단위체로서 지역교구 교회와 경쟁한다는 인상을 피하기 위하여 '교회'라는 용어의 사용을 피했다. 연대조직(Connexion)은 지역교회들, 순회구역들과 구역회들로 구성된 국가적인 감리회 연계체제로서 이들이 합쳐서 점점 큰 단위로

---

18) 다음해(1741년) 웨슬리 형제는 휫필드와 결별하였다. 휫필드의 "값없이 주시는 은총(Free Grace)"라는 설교(1739)를 시작으로 그의 예정론에 대해서 논쟁하였으나, 신학적 합일을 이룰 수 없었다.
19) 권형재, 「개신교 선교의 역사적 고찰-선교 지도자를 중심으로-」, 『敎授論文集』7(2003), 157.

발전해 갔다.[20] 속장(Class leader)은 매주 각 속회원으로부터 일 페니를 모금할 책임을 맡았고, 속회원들을 지도하였다. 평신도 직분으로 재정관리를 맡았던 집사(Stewards), 교사, 병자 심문인(visitors of the sick)이 있었다. 협동설교가(Assistant)는 후에 감리사(Superintendent)로 불렸는데, 순회교구를 담당하고 보조설교자(helper)들을 관리하였다.

4) 감리회 운동의 확산

1741년 2월부터 신도회 안에서 회개하고 경건한 신앙을 유지하는 자에게 회원권(tickets)을 배포하는 일이 시작되었다. 이것을 받지 못하는 사람들은 근신 기간을 갖게 하였는데, 이것이 영성훈련과 양육의 기본 수단이 되는 '참회밴드'(penitential bands)가 되었다. 1년에 네 번, 분기마다 시험을 통해 정식 회원권이 다시 부여되었다. 1741년 4월 9일부터 매달 보름경에 가진 '철야기도회'(watch night services)는 많은 이들이 영적 체험을 하는 계기가 되었다. 1741년 5월에는 12명의 회원들이 '병자를 위한 방문자들'(visitors of the sick)을 조직하였다. 같은 해에 옥스퍼드 시절에 실천했던 교도소 방문선교를 다시 시작하였고, 가난한 사람들과 고아들과 과부들을 돕는 모금운동을 위한 '자선 설교'(charity sermon)를 시작하였다. 1744년에는 런던 신도회에서 196파운드를 모아 360명의 가난한 사람들에게 옷을 나누어주었다.

1742년 4월에 브리스톨에서 선장 포이의 제안으로 첫 속회가 모이기 시작하였고, 1746년에 모든 감리회로 확산되었다. 1742년에 감리회를 변증하는 『감리회의 특징』(The Character of a Methodist)을 저술하였는데, 그 핵심은 하나님 사랑과 이웃 사랑을 실천하는 것이었다. 1744년 9월에 감리교회의 첫 연회(Annual Conference)가 개최되었다.

웨슬리의 동역자들로서 안수받은 설교가들과 평신도 설교가들이 있었다. 웨슬리는 설교가들을 일으키신 하나님의 계획은 민족을 개혁하기 위해서(to reform the nation), 특별히 교회를 개혁하기 위하여 성서적 성

---

20) Barrie Tabraham, 『감리교회형성사』, 김희중 역 (서울: 도서출판 감신, 1998), 298-321.

결(scriptural holiness)을 온 땅에 퍼뜨리는 것이라고 하였다. 순회설교제도(circuit riders)도 있어 평신도 설교가들을 중심으로 운영되었다. 웨슬리를 돕는 영국성공회 사제들은 그들의 목회지에 제한될 수밖에 없었기 때문에 그들이 필요했다. 최초의 평신도 전임설교가는 토마스 맥스필드(Thomas Maxfield)였고, 파트타임 설교가는 존 세닉(John Cennick), 조셉 험프리즈(Joseph Humphreys) 등이었다. 1749년 연회록에 의하면 순회교구는 총 31개로 영국에 20개, 아일랜드에 7개, 스코틀랜드에 2개, 웨일즈에 2개였다. 웨슬리는 연회 때마다 평신도 설교가들에게 대화 형태로 감리회 교리인 의인화, 성화, 완전 등을 가르치는 일에 심혈을 기울여 건전한 설교를 할 수 있게 설교가들을 훈련시켰다. 설교 방법론에 대해서도 여러 차례 가르쳤다.[21]

1744년에 첫 번째 연회가 개최되었으며, 감리회가 안정되어 갔고, 연대구조(connectional system)를 만들어 가는 기틀이 되었다. 초기 연회는 행정적인 문제도 다루었지만, 평신도 설교가들을 교리적·신학적·영적으로 성숙시키고 훈련시키는 데에 주력하였다. 이 연회는 존과 찰스 외에 영국성공회에서 안수를 받은 4명의 목회자를 중심으로 이루어졌다. 그 후 의논 과정을 거쳐 평신도 회원 4명이 받아들여졌다.

1746년, 가난한 병자들을 돕기 위해 무료진료소가 시작되었다. 이후 8년 동안 환자의 수가 늘어나자 결국 경제적으로 감당할 수 없어 1754년에 문을 닫았다. 존은 1747년에 『원시의학』(Primitive Physic)을 저술하였다. 이 책은 병, 증상, 상처를 알파벳 순서에 따라 명시하고 289가지 표제들로 정리하고 있다. 1746년에는 신용조합 운영을 통하여 경제 문제에 대한 장기적인 해결책을 모색하였다. 1747년에 이자 없이 돈을 빌려주는 제도

---

21) 설교자들이 균형을 유지하도록 규칙이 만들어졌는데, 대체적으로 다음과 같았다. 1. 정해진 시간에 시작하고 정해진 시간에 끝마쳐라. 2. 당신 자신이 만든 찬송들을 노래하지 말라. 3. 회중 앞에서 당신의 처신이 항상 진지하고 무게 있고 엄숙하도록 노력하라. 4. 당신이 할 수 있는 한 가장 평범한 본문들을 택하라. 5. 본문에서 떠나지 않게 조심하라. 그러나 본문 말씀을 항상 가깝게 다루어라. 본문에서 당신의 손을 떼지 말라. 6. 항상 당신의 설교 주제를 청중에게 맞추어라. 7. 알레고리적으로 해석하거나 영적으로 해석하는 것을 많이 하지 않도록 주의하라. 8. 당신의 동작과 발음이 어색하고 어울리지 않는 것들이 보이지 않게 유의하라. 9. 당신이 이런 것들 중 어떤 것을 발견한다면 서로 말하라. 김홍기, 『감리교회사』, 161.

를 만들었다. 1748년에 킹스우드 학교를 다시 개교하였다.

1770년에 조지 휫필드가 사망하자 웨슬리는 장례식 설교에서 휫필드를 훌륭한 복음설교가라고 칭찬하였다. 1771년의 연회는 미국선교를 위해 네 명의 지원자 중에서 프랜시스 애즈베리(Francis Asbury)와 리차드 라이트(Richard Wright)를 파송했다. 1772년에는 '파운데리'(Foundary)라는 크리스천 공동체를 런던에 설립하였다. 이 공동체는 1748년의 'Old Foundary'가 발전한 형태였다. 기본적으로 예배센터이면서 다양한 사회복지센터의 역할을 하였다.

5) 감리교회의 운동

(1) 영국 감리교회

웨슬리는 영국성공회 안에서 개혁운동을 하고자 하였고, 분리를 선언하지는 않았다. 1744년 4월 런던의 시티로드에 새 예배당의 머릿돌을 놓을 때도 영국성공회와의 분리를 절대 부정하였다. 그러나 이 '웨슬리 예배당'(Wesley's Chapel)은 독립된 감리교(Methodist) 모임을 예고하고 있었다. 1784년에 있었던 세 가지 사건이 분리를 재촉하였다.

첫 번째 사건은 1784년 2월 28일의 포고령(Deed of Declaration) 선언이었다. 이 선언은 "감리교회에 법적으로 독립된 지위를 부여하라. 이미 12신도회들은 행정체계와 교리적 지침, 연대조직과 규율, 사역, 예전, 양식을 모두 갖춘 단체로, 이로써 독립된 교회가 되는 데 필요한 모든 준비가 갖추어졌다"는 내용을 담고 있었다. 공식적인 회의 이름으로 명명된 '법적 100인 위원회'(Legal Hundred) 제정은 웨슬리 사후 감리교의 합법적인 분리를 사실상 보증하였다. 두 번째 사건은 1784년 9월 1일과 2일에 있었던 미국선교를 위한 성직임명식이었다. 웨슬리가 와트코트와 베이지를 정회원 장로로 안수하고 영국성공회에서 안수받은 토마스 콕을 관리자로 안수한 것은 영국성공회와의 분리를 의미하였다. 세 번째 사건은 웨슬리가 영국성공회의 예전인 『공동기도문』을 일부 개정하여 『다른 특별한 예배에 따른 북아메리카 감리회의 주일예배』라는 제목으로 출판한 것이었다.

　1791년 웨슬리가 죽던 해에 감리교 총회는 윌리엄 톰슨(William Thompson)을 회장으로, 토마스 콕을 서기로 선출하였다. 이 후에도 영국 성공회와의 분리에 대해서 여러 가지 의견들이 분분하였다. 이러한 분열을 중재하려고 시도되었던 1795년의 평화안(The Plan of Pacification)은 최종 분리에 대해서 잘 나타내고 있다.

　감리회인들은 1770년에 25,000명에 불과했으나 1800년에는 94,000명으로, 1830년에는 286,000으로 불어났다. 그리고 웨슬리 생전에 주로 도시 설교에 집중되었던 부흥운동이 그의 사후 서부와 북부의 농촌과 및 도시주변 지역으로 그 영역을 확산시켜 나갔다. 그 지역은 국교회나 비국교도의 세력이 미약한 곳이었다. 감리교 운동은 웨슬리의 사후에 가장 큰 발전을 이루었다. 1830년까지 비국교도와 감리교의 연합세력은 국교회의 다수 신도들 속으로 깊게 침투해 들어가고 있었다.[22]

(2) 미국 감리교회

　1766년경 감리회인들이 미국에 건너가 전도를 하기 시작하였고, 1769년에 웨슬리가 순회설교자 두 사람을 파견하였으며, 1771년에 애즈베리와 리처드 라이트를 추가로 파견하였다. 이들로부터 점화된 미국 전도사업이 급진전하여 1783년 독립전쟁이 끝날 때에 이르러서는 순회설교자가 약 80명, 신도가 약 1만 5천 명 가량이 되었다. 그러나 안수받은 목사가 없어 웨슬리는 와트코트(Richard Whatcoat)와 베이지(Thomas Vasey)를 장로로 안수하여 미국으로 파송하였고, 영국국교회의 콕(Thomas Coke)에게 기도와 안수례로 성별식을 거행하여 미국 감리교회 관리자로 파송하였다. 1784년 12월 24일 볼티모어에서 열린 '성탄 의회'라는 모임에서 웨슬리

---

22) 박우룡, 「근대 영국 그리스도교의 복음주의운동-영국인의 가치관과 사회개혁에 끼친 영향을 중심으로」, 『外大史學』 12(2000), 5.
23) 김영선, 『존 웨슬리와 감리교신학』 (서울: 대한기독교서회, 2002), 22.; 미국에 감리회를 조직화한 것은 영국에서 미국으로 이민간 평신도들이었다. 농부인 스트로브리지(Robert Strawbridge)는 1760년 메릴랜드에, 목수이며 선생이었던 엠베리(Philip Embury)는 1766년 뉴욕에, 영국 육군 예비역 대위 웹(Thomas Webb)은 1767년 필라델피아와 다른 지역에 신도회를 시작하였다. 김홍기, 『감리교회사』, 438.

의 제안에 의하여 미국 감리회를 조직하고, 애즈베리와 콕을 세워 미국 감리회의 조직을 완성하였다.[23] 1844년에 행정상의 필요에 의하여 교회가 분열되어 1845년 5월에 남감리교회가 조직되었으나 미감리교회나 남감리교회 모두 웨슬리가 영국 교회의 39개조 종교 강령을 가감한 24개조와 1개의 조항을 더 추가하여 모두 25개의 종교 강령을 준수하였다.

4. 영국 복음주의 부흥운동의 영향

초창기 감리회 신자들은 큰 탄압을 받았다. 1780년경부터 감리회를 배척하는 문서들이 600편 이상이나 쏟아져 나왔다. 군대에 강제 징집되었고, 고용주들로부터 해고당했으며, 숙박업자들에게 숙박을 거부당하기도 하였다. 설교자들은 수많은 사람들에게 돌팔매질을 당하고, 두들겨 맞고, 강에 던져지기도 했다. 그러나 감리회 운동은 대중에게 종교적 희망과 새로운 가치관을 심어준 것 못지않게 산업화의 충격을 완화시키는 데 크게 기여하였다. 이 운동은 새롭게 성장하는 산업지역에서, 특히 1800년을 전후한 사회적 격동기에 대중의 불만을 잠재우고 혁명의 발발을 예방하는 데 큰 역할을 했다. 이러한 감리회(감리교를 포함한)의 역할에 대해 20세기 초의 프랑스 역사가 알레비(Elie Halevy)가 "혁명적 프랑스와 안정된 영국을 갈라놓는 중요한 차이점의 하나는 복음주의적 종교의 존재유무에 달려 있다"고 말하기도 하였다.[24]

1) 사회적 영향

웨슬리와 감리회 운동은 분명히 개인의 변화를 지향하였지만 사회를 변화시키는 결과를 가져왔다. 웨슬리와 감리회의 활동이 운동적인 성격을 지녔다면, 제도화와 법제화하는 과정은 그의 영향을 받은 사람들에 의해

---

24) 박우룡, 「근대 영국 그리스도교의 복음주의운동-영국인의 가치관과 사회개혁에 끼친 영향을 중심으로」, 5.

서 구현되었다.[25] 당시의 시대적 배경과 대중들에게 옥외설교 및 순회설교를 했던 웨슬리와 감리회의 방식으로 본다면 어쩌면 당연한 결과라고 할 수도 있다.

웨슬리와 감리회 운동은 가난한 자들을 먹이고 입히고 거처할 곳을 제공해 주는 일, 실직자들에게 일자리를 마련해 주는 일, 가난하고 병든 자들과 수감되어 있는 자들을 방문하는 일, 가난을 낳는 경제문제에 대한 구조적인 질문을 제기하는 일들을 포함하며 무료진료소를 열기도 하였다. 웨슬리와 지지자들은 처음에는 가난하고 병든 자들에게 단순한 구호에 국한되었지만, 점차적으로는 제도를 발전시켜 가면서 차원을 높여 나갔다.

18세기 유럽사회는 교육을 소수의 계층에게만 한정시켜야 한다는 사상이 지배적이었다. 영국에서도 교육은 특수계층을 위한 것이었다. 일반대중, 특히 가난한 자들은 교육의 혜택에서 철저하게 배제되었다. 웨슬리는 교육활동에 많은 관심을 보였는데, 이는 신성클럽 시절부터 나타나고 있다. 그러나 대중교육을 위한 웨슬리와 감리회 운동은 1739년 6월에 설립한 브리스톨 킹스우드의 광부들을 위한 학교로부터 시작하였다. 뒤이어 브리스톨, 런던, 뉴캐슬과 다른 지역에도 영세민과 고아들을 위한 학교를 설립하였다. 또한 유년기에 학교교육을 받지 못하여 문맹으로 남아 있던 광산노동자들과 서민들을 대상으로 교육을 하기도 하였다. 웨슬리는 교육을 통해 이들에게 인간의 존엄성과 새로운 자의식과 분명한 자기성찰의 기회를 제공하고자 하였다.

웨슬리는 1738년 9월 이후, 9개월 동안에만 런던, 브리스톨, 옥스퍼드에 있는 교도소에 67회 이상 방문 및 설교를 수행했고, 80세가 넘어서도 그 일을 지속하였다. 그리고 1778년의 연회에서는 설교자들에게 교도소 방문을 의무로 규정하였다. 이러한 활동을 통해 데이지(Ablel Dagge)라는 간수가 회심한 후 교도소 업무가 갱신되기 시작했다. 데이지의 사역은 18세기의 영국 교도관들이 닮아야 할 한 모델이 되었고, 하워드(John Howard)라는 인물에게 도전과 영감을 주었다. 하워드가 1773년 베드포

---

25) 장금현, 「웨슬레의 부흥운동이 18세기 영국사회 변화에 끼친 영향」, 『창조과학논문집』 4(2001), 33.

드의 고등행정관으로 임명받아 교도소 상태를 조사하게 된 것이 교도소 개혁의 시작이 되었다. 하워드의 사역을 계승하고자 1866년에 '영국 하워드 협회'(England's Howard Association)가 조직되었고, 41년 후에는 '형벌 개혁연맹'(The Penal Reform Legue)이 설립되었다. 이 두 기구는 1921년에 '하워드 형벌 개혁연맹'(The Howard League for Penal Reform)이라는 명칭으로 통합되어 오늘까지 존속하고 있다.

초기의 감리회 운동은 광부들과 농장노동자들 사이에서 적극적인 호응을 받으면서, 산업발전의 초기 단계에서 그 수가 늘고 있었던 소농, 기술자, 소상인, 소상점주 등의 계층에게 급속히 전파되었다. 또한 여성들에게 적극적인 역할을 부여함으로써 여성들에게 크게 지지를 얻었다. 농촌에서는 여성이 자주 주도하는 비공식 예배와 신앙 부흥집회인 '오두막 집회'(cottage religion)가 자주 열렸고, 이것이 감리회 확산에 또 다른 기반이 되었다. 감리회 운동은 설교자의 권위와 교인의 적극적인 참여와 열정이 어우러진 독특한 방식의 종교운동이었다.[26]

여성들의 지도력 훈련은 조장과 속장의 역할을 통해서 시작되었다. 처음에는 여성들로 만든 속회에서만 속장으로 지도력을 발휘할 수 있었으나, 어떤 여성들은 남성들에게도 영적인 안내와 양육을 제공하는 데 비범한 능력을 나타냈기 때문에 남성을 이끄는 봉사에 대한 반대는 점차 극복되었다. 그 결과 18세기 내내 여성 리더가 남성 리더보다 2배가 넘었다. 또한 성직안수를 받은 남성만 행할 수 있었던 설교영역에까지 여성의 사역을 확장시켰다. 웨슬리는 남성의 설교문제에 대해서도 1744년에야 연회에서 공식적으로 승인하였다. 여자들의 설교문제에 대해 처음에는 "교회에서 잠잠하라 저희의 말하는 것을 허락함이 없나니"(고전 14:34)라는 사도 바울의 주장을 근거로 하여 허용하지 않았다. 그러나 그는 1761년에 크로스비(Sarah Crosby)의 간증사역을 허용하였고, 1771년에 보산큇(Mary Bosanquet)의 요청에 따라 여성설교의 특수소명을 인정하게 되었다.[27]

---

26) 박우룡, 「근대 영국 그리스도교의 복음주의운동-영국인의 가치관과 사회개혁에 끼친 영향을 중심으로」, 4-5.
27) 장금현, 「웨슬레의 부흥운동이 18세기 영국사회 변화에 끼친 영향」, 41-42.

2) 종교적 영향

웨슬리 형제와 감리회 운동의 가장 중요하고 분명한 결실은 세계적으로 퍼져 있는 감리교회들일 것이다. 감리교는 대략 총 수천만 명의 신도들을 가지고 있으며, 미국에서는 가장 큰 규모의 개신교 연합체에 속하고 있다. 감리교는 한 사람에 의해 창시되었으면서도 큰 연합체를 이루는 희귀한 형태를 가지고 있다. 웨슬리는 스스로 감리교회를 창설하려고 하지 않았음에도 불구하고 창시자가 되었다. 웨슬리 자신은 민족을 부흥시키고, 특별히 국교회를 부흥시키며, 온 땅에 성서적 성결을 전파하는 목적을 가지고 있었다. 이런 의도적 측면에서는 감리교가 전 세계로 확산됨으로써 그의 활동이 실패했다고 볼 수 있다.[28]

유럽인들이 비유럽인들에게 기독교의 복음을 전해야 한다는 해외선교의 당위성은 당시 유럽의 사상계를 지배하던 계몽주의 철학사조가 상당한 의문을 제기하고 있었기 때문에 시대정신을 역행하는 것이기도 하였다. 그럼에도 불구하고 선교가 시작될 수 있었던 이유 중의 하나는 계몽주의와 도덕적 범위 내에서 종교를 인정하던 그 시대의 '차가운' 기독교 이해에 반발하는 18세기 대부흥운동의 '뜨거운' 열기가 있었기 때문이었다.[29]

18세기 영국의 부흥운동은 해외선교운동을 크게 고취시켰다. 18세기 초기 여러 해 동안 모라비안 형제단 외에 개신교 선교사는 거의 없었다. 그러므로 웨슬리에게 영향을 주었던 모라비안을 개신교선교의 선구자로 보는 것은 어느 정도 타당하다. 그러나 본격적인 선교는 영국의 부흥운동의 영향으로 시작되었다. 감리교 선교활동의 사령관 격이었던 콕(Thomas Coke)은 일찍부터 서인도제도에 대한 선교를 전개하여 1786년에 '메소디

---

28) Henry D. Rack, 김진두 역, 『존 웨슬리와 감리교의 부흥』(감리교신학대학교출판부, 2001), 651-652.
29) 김상근은 다른 이유로는 "프랑스 혁명을 통한 개인의 가치에 대한 새로운 평가와 영국의 산업혁명 이후 나타나기 시작한 중산층의 확대를 통해 초교파적 평신도 중심의 해외선교협의회가 결성되기 시작하면서, 해외선교를 위한 조직적인 지원이 가능해졌기 때문이다."라고 보았다. 또한 "19세기 동안 지속적으로 확대될 수 있었던 것은 서구 열강의 식민지 정책과 불가분의 관계에 있다."라고 지적하고 있다. 김상근, 「윌리엄 캐리의 선교신학적 공헌과 시대적 한계」, 『기독교사상』 (2005, 3), 253-254.

스트 선교회'(Methodist Mission)를 설립하였다. 이것이 1813년에는 '웨슬리안 선교사회'(The Wesleyan Missionary Society)로, 1818년에는 '영국 웨슬리안 메소디스트 선교사회'(The Wesleyan Methodist Mission Society of England)로 발전하였다. 그는 이 선교회를 통해 선교운동을 독려하였다.

이 시기에 가장 주목되는 인물은 '근대 선교의 아버지'로 불리는 윌리엄 캐리(William Carey, 1761-1834)이다. 캐리는 18세에 회심한 후 영국국교회를 떠나 침례교인이 되었고, 26세 때 목사 안수를 받았다. 웨슬리가 그에게 직접적인 영향을 주었다고 볼 수는 없지만, 영국 복음주의운동이 선교에 영향을 미침으로써 캐리와 같은 인물이 나올 만한 여건을 조성했다고 할 수는 있다. 캐리는 6년(1787-1793)동안 특별 침례교회에서 목회하면서 복음주의적 칼빈주의로 확신을 갖고 세계에 복음을 전할 방법들을 강구해야 한다고 강조하기 시작하였다. 그는 회심을 강조하였고, 기독교 선교는 선택이 아니라 의무라고 강력히 주장하였다.

5. 나가는 말

근현대교회사의 특징의 하나를 잡으라고 한다면, 서슴지 않고 "부흥"이라고 할 것이다. 이것은 이번 학기 수업을 통해서 더욱 절실히 느낀 점이다. 이번 학기 수업에서 독일의 경건주의 운동, 18세기 영국 부흥운동, 미국의 대각성운동, 노르웨이, 케직, 웨일즈, 오순절, 중국교회, 19-20C 북미, 한국교회의 부흥운동과 개별 인물들의 부흥운동에 대해서 살펴보았다. 이러한 부흥운동을 공부하면서, 그들 간의 유사성을 찾으려는 노력을 해보았다. 그러나 유사성보다도 다양성이 훨씬 더 많이 존재한다는 사실을 알게 되었다. 부흥운동이 어떠한 동인으로 발생했는가, 어느 정도의 시간을 유지하며 진행되고 있었는가, 어떠한 영향을 미쳤고, 어느 정도의 범위를 가지고 있는가, 개인적으로 일어났는가, 혹은 집단적·국가적으로 일어났는가, 어떠한 작위도 없는 순수한 성령의 역사인가, 일종의 방법론을 이용함으로써 인위적으로 발생시킨 것인가 등등의 질문에서 하나의 대답을 도출하기도 어려웠고 그 대답들을 하나의 유형으로 열거하기도 어려웠다. 부흥운동 발생장소가 선교를 시작한 서구권 문화인지, 아니면 선교를 받은 나라인지에 따라서도 다른 현상이 나타나는 것을 살펴볼 수 있었다.

영국의 복음주의 부흥운동은 근현대교회사의 초기에 발생한 사건이었고, 이후에 많은 나라에서 영향을 미친 운동이었다. 영국의 부흥운동은 18-19세기에 영국이 산업혁명의 활기 속에서 비약적인 자본주의 발전을 이루고 자본가 계급과 노동자 계급이 등장하는 역동적인 사회변화를 겪었음에도 불구하고 격변하는 사회에서 흔히 볼 수 있는 혼란이나 혁명과 같은 무질서를 경험하지 않도록 하는 기여를 했다는 평가를 받고 있다.[30]

부흥운동 특히 한국의 부흥회가 지나치게 개인 구원에 치우치고 사회문화에 무신경한 측면을 보여준다는 반성이 제기되는 것과 대비되게 영국의 복음적 부흥운동은 이러한 한계를 보여주지 않는다는 점에서 어느 정도 이상적인 면이 있었다고 할 수 있다. 한국에서는 부흥운동이 일어나는 동안에만 활성화 상태가 유지되는 경우를 종종 볼 수 있는데, 영국의 부흥운동은 조직과 교육을 통해서 그리고 웨슬리가 의도했던 것은 아니지만, 새로운 교단형성-에큐메니칼 측면에서 긍정적이라고만은 볼 수 없는 일이다-을 통해서 웨슬리 생전에 뿐만 아니라 사후에도 꾸준히 유지되어 왔다. 따라서 영국의 부흥운동은 '부흥'의 의미를 개인에 축소시키지 않고 넓게 볼 수 있는 여지를 제공하는 부흥운동이라고 할 것이다.

---

30) 박우룡은 영국이 격동기를 비교적 평화롭게 보낼 수 있었던 요인을 종교에서 찾고 있다. 18-19세기 복음주의운동은 비단 종교적 차원에서 놀라운 성공을 거두었을 뿐만 아니라, 영국 사회의 발전에도 큰 역할을 하였다고 보았다. 대중에게 종교적 열정을 통해 산업혁명에 충격을 완화시켜주고, 사회 각 계층에게 건전한 가치관을 심어주면서 영국사회에 개혁주의적 사고와 문화를 확산키는 데 큰 기여를 하였다고 지적하였다. 박우룡, 「근대 영국 그리스도교의 복음주의운동-영국인의 가치관과 사회개혁에 끼친 영향을 중심으로」, 1.

04
조나단 에드워즈와 미국 제1차 대각성운동

장진경(교회사)

1. 들어가는 말
2. 제1차 대각성운동의 배경
3. 제1차 대각성운동의 전개
4. 조나단 에드워즈의 부흥론
5. 제1차 대각성운동이 미국 사회에 끼친 영향
6. 나가는 말

1. 들어가는 말

1세기의 역사를 지닌 한국교회는 오늘날 한국의 다종교 상황 속에서 다수를 점유하며 중요한 위치를 차지하고 있다. 그러나 1980년을 기점으로 한국교회는 성장을 멈추고 감소하는 추세로 돌아서서 침체의 고통을 겪고 있다. 2007년을 맞이하며 1907년의 대부흥을 다시 조명하고자 하는 목소리들이 커진 것은 이러한 침체에서 벗어나고자 하는 일련의 노력으로 평가할 수 있다.

18세기 미국교회의 상황도 이와 유사했다. 16세기에 신앙의 자유를 찾아 미국 뉴잉글랜드에 정착한 청교도들은 선택된 이스라엘 백성이 새 예루살렘을 건축하였듯이 그곳에서 청교도주의를 꽃피웠다. 그들은 개인의 물질적인 성공이 신의 구원예정을 확인시켜 준다고 믿었으므로 속세에서도 성공하려 하였다. 이에 성공을 위해 필요한 근면, 절약, 검소 등의 미덕을 강조했는데, 이러한 청교도 윤리는 자본주의 정신을 통하여 상인, 수공업자, 지방 귀족과 같은 유산 계급 추종자를 많이 얻었다.[1] 그러나

---
1) 이주영, 『미국사』 (서울: 대한교과서주식회사, 1995), 14.

1720년 말 무렵 뉴잉글랜드의 청교도주의가 점점 빛을 잃어간다는 지적이 일기 시작하였다. 개척지의 신앙 열정이 식어 청교도운동은 사라질 날이 얼마 남지 않은 듯했다. 물질적 번영은 신앙에 대한 무관심을 가져왔고, 신앙이 도덕적인 차원으로 환원되기에 이르렀다. 이러한 영적 침체 속에서 발생한 전쟁, 보스턴의 대화재, 천연두의 만연 등 일련의 상황은 형식적이고 은혜를 잃은 교회를 향한 하나님의 징계로 인식되었다.[2]

영적인 대각성은 1725-1750년에 촉발되었다. 제1차 대각성운동에서 조나단 에드워즈를 비롯해 여러 부흥운동가들이 함께 활동하였다. 1720년도 중부 식민지에서 일어난 부흥운동을 인도한 프렐링하이젠(Theodore Jacob Frelinghuysen) 목사, 1740-41년에 휫필드와 함께 사역한 길버트 테넌트(Gilbert Tennent) 목사, 후반기 부흥운동을 인도한 조지 휫필드(George Whitefield) 목사가 그들이었다. 그런데 이 대각성을 선도하고 후에 부흥신학으로 신학화한 일로 단연 돋보인 인물은 조나단 에드워즈였다.[3]

조나단 에드워즈에 대해서는 그의 신학, 철학, 사상적 중요도에 비해 연구성과가 부족한 듯하다. 우리나라에서는 1990년대 말에 학회가 조직되

---

2) Edwin Scott Gaustad, *A Religious History of America* (New York: Harper & Row, 1957), 60-62.
3) 조나단 에드워즈(1703-1758)는 칼빈주의 신학을 계승한 청교도 신학의 후예로 뉴잉글랜드 코네티컷 이스트 윈저에서 태어났다. 예일대학을 수석으로 졸업한 후(1720), 동대학원에서 석사 학위를 받았고(1722), 뉴욕 장로교회에서 목회사역을 시작하였으며(1722), 예일대학의 강사가 되었다(1723). 예일대학에서 2년 간 강의한 후 강사직을 사임하고 외조부 솔로몬 스토다드가 목회하고 있는 노댐턴 교회의 청빙을 받아 동사 목회로 사역하기 시작하였다. 외조부 사망 이후 담임목회자가 되어 1734년 영적 대각성의 주역이 되었다. 그러나 그는 성찬논쟁으로 성도들과 비극적인 마찰을 경험하면서 30년 간 목회하던 노스햄튼 교회에서 사임하고(1750), 메사추세츠 스톡부리지로 이동하여 지역 목사 겸 선교사로 사역하다가 뉴저지대학(오늘날 프린스턴대학)의 학장이 되었다. 1758년 천연두 예방 접종 부작용으로 54세를 일기로 사망하였다. 그의 생애는 짧았지만 신학저술들과 대부흥을 주도하였던 탁월한 설교들을 통해 신학적·사상적인 큰 업적을 남겼다. 역사가들은 그를 미국이 낳은 최고의 신학자, 목회자, 부흥사, 선교사, 철학자, 자연과학자, 심리학자, 탁월한 신앙인으로 평가하며, 칼빈주의 신학자, 청교도 신학의 정수, 종말의식 위에서 영성, 지성, 인격, 감정과 의지를 조화시킨 교회사상 기념비적인 영적 거장으로 추앙하고 있다. 현재 예일대학교에서 에드워즈를 재평가하면서 그의 신학의 결정판인 전집 27권을 발행하고 있다. 저서로 『신앙과 정서』, 『균형잡힌 부흥론』, 『부흥론』, 『진노하시는 하나님의 손아래 있는 죄인들』, 『의지의 자유』, 『원죄론』, 『하나님의 천지창조의 목적』, 『사랑과 그 열매』, 『놀라운 회심이야기』, 『데이비드 브레이너드의 일기』 등 다수가 있다.

어 연구가 진행되고 있다. 교회의 필요에 의해 1990년대부터 대각성운동에 대한 여러 석사논문들이 나오고 있다. 본 소고는 대각성운동을 조나단 에드워즈를 중심으로 고찰하려고 한다.

2. 제1차 대각성운동의 배경

1) 사상적 배경

1700년대 중반이 되자 뉴잉글랜드 사회가 이룬 경제적 발전과 번영은 종교에 대한 열의를 감소시키고, 세속화를 촉진하였다. 또한 계몽주의 사상과[4] 이신론(理神論)이[5] 만연하여 교회의 전통적인 교리를 무시하는 풍조가 널리 퍼지기 시작했다. 17세기에 유럽은 교리논쟁으로 힘을 소모하였는데, 이러한 교리적 배타주의와 교리주의에 대한 반동으로 계몽주의가 대두해 미국에 영향을 미쳤다. 미국교회의 대부분의 목사들은 이론적으로는 칼빈주의적 회개 교리를 주장했지만 실제로는 강력한 계몽주의의 영향 아래 인간의 능력과 책임을 강조하고 있었다.

2) 교회적 배경

참된 신앙과 선교의 열정으로 종교의 자유를 찾아 이주해 온 1세대와 그 후손들인 2,3세대 사이의 신앙적 격차가 침체를 유발한 다른 원인이 되었다. 2.3세대에 이르러서는 선과 악, 천국과 지옥, 구원과 심판의 개념들이 달라지고 그 존재조차 부인하는 경우가 많아졌다.

성직자들조차도 교회 일보다 여우사냥, 경마, 대농장주의 초대에 더 큰

---

[4] 계몽주의는 18세기 영국, 독일, 프랑스 등의 사상계를 휩쓸었던 사상으로서 봉건적인 낡은 인습을 타파하고 모든 문제를 오로지 인간 이성에 비추어서 합리적으로 해결하려 하였다.
[5] 이신론은 영국에서 17세기 초반부터 18세기 중엽까지 유포된 비정통적인 신앙관으로 자연신교라고도 한다. 이성에 의해 종교를 재해석하고, 성서의 특수계시를 부인하며, 종교의 보편성을 주장하고, 하나님의 계속되는 역사적 섭리와 간섭을 믿지 않는다.

흥미를 가지고 있었다. 중도계약(Half Way Covenant)의 채용은 중생을 체험하지 못한 사람들을 준교회원들로 받아들이게 하였다. 그리하여 지극히 형식적인 교인들이 교회의 다수를 차지하게 되는 상황이 벌어졌다. 토레이는 당시의 상황을 다음과 같이 말했다.

> 뉴잉글랜드의 정신은 변화되었고 시대의 죄악상으로 심히 부패되어 있다. 교만, 세상중심, 감정주의, 위선, 형식주의, 불결, 예배의 타락이 만연하여 있다. 교회 안에서 성찬식의 거룩함이 사라지고, 주일을 지키지 않으며, 예배 시 졸고, 가정에서 성경을 읽지 않고, 교인들 사이에 음담패설이 난무하여 서서히 청교도주의는 이성주의에 굴복해 갔다. 뉴잉글랜드에는 입으로만 예배하는 종교인들이 대부분이었다고 볼 수 있다.[6]

3) 사회·경제적 배경

18세기 초부터 비영국계 이민자들이 많이 들어와 스코틀랜드계 아일랜드인들이 곳곳에 정착하여 지역의 실권을 장악하였다. 많은 인구가 유입되면서 인구성장과 경제 분화가 일어났고, 이에 따라 사회가 빠르게 변화하였다.

초기의 식민지 마을은 밀집된 주거 형태와 강력한 교회의 권위를 기초로 한 가부장적인 사회구조를 가지고 있었다. 뉴잉글랜드의 인구팽창과 도시 발전은 주님과 교회의 물리적인 거리를 넓히는 결과를 낳았으며, 새로운 교회와 그 주변에 모인 사람들로 구성된 또 다른 마을들을 생성시켰다. 인구증가에서 비롯된 토지 부족은 마을 구성원들의 이탈을 야기했으며, 이탈한 가족들은 새로운 마을들을 개척하였다. 늘어난 마을들 간에 대립이 심화되었고, 새로 개척된 마을에서는 자유로운 사회 분위기가 생겨났다.[7]

---

[6] 양주선, 「조나단 에드워즈의 부흥운동과 선교사상이 근대선교에 끼친 영향」, 연세대 연합신학대학원 석사학위논문, 1996, 36.
[7] 최철준, 「조나단 에드워즈의 신앙감정론 특징연구」, 연세대 연합신학대학원 석사학위논문, 2005, 27-28.

보스턴, 뉴욕, 로드아일랜드 같은 대도시들의 출현도 식민지의 세속화를 촉진하였다. 대도시들에서는 새로운 사상이 유포되었고, 신문과 잡지 등이 유통되었으며, 사람들이 모여 담화를 나누는 장소가 제공되어 지적 영향력의 행사가 가능했다.

3. 제1차 대각성운동의 전개

1) 태동과 진행

"냉랭하고 무관심했던 기나긴 시절이 지나자마자, 대각성운동이 맑은 하늘에 몰아치는 천둥 번개와 같이 잠자는 교회를 뒤흔들었다." 이는 뉴잉글랜드의 한 목사가 남긴 기록이다. 대각성운동은 조나단 에드워즈의 목회기간 중 두 번에 걸쳐 일어났다. 그 중 첫 번째 영적 대각성은 그가 세 번째 목사로 부임했던 노댐턴(Northampton) 교회를 중심으로 일어났다. 당시 마을의 상황을 에드워즈는 다음과 같이 기술하였다.

> 수년 간 도시의 젊은이들 사이에 방탕한 생활이 매우 유행했다. 많은 젊은이들이 밤중에 자주 주점을 찾았고 그들 간에 음행이 성행했다. 남녀가 모여 주연을 벌이면서 밤을 지새웠고 그것을 희락이라 불렀다. 그들의 가정은 파괴되었고 도시는 가정 질서 확립에 완전히 실패했다.[8]

그러나 에드워즈가 목회한 지 얼마 되지 않은 1733년 말부터 종교적 분위기가 조금씩 변화해 갔다. 이는 두 가지 사건에서 발단되었다. 첫 번째 사건은 1734년 한 청년의 갑작스런 죽음과 신앙이 독실한 젊은 부인의 확신에 찬 죽음으로 시작되었다. 그들의 죽음으로 인해 사람들의 종교적 관심이 증대되었다. 두 번째 사건은 '읍 전체의 사교가'로 알려진 한 여인의

---

8) 양주선, 「조나단 에드워즈의 부흥운동과 선교사상이 근대선교에 끼친 영향」, 36-37.

극적인 회심이었다. 젊은이들은 교회에 모여 말씀을 연구하는 모임을 만들었고 노인들도 점차적으로 참여하기에 이르렀다.

이때 뉴잉글랜드에서는 알미니안주의가 풍미하며 교회를 흔들었다. 에드워즈는 "오직 믿음에 의한 칭의"라는 제목의 설교를 통해 사람의 행위는 아무리 선한 것이라도 구원받는 데에 조금도 유익을 주지 못하는 사실을 주장하고 다가 올 하나님의 진노를 무섭고 생생하게 묘사하며 회중들의 회개를 촉구하였다. 그 설교에 대한 반응은 놀라웠는데, 회중들은 성령의 압도하시는 능력으로 회개하며 행동의 변화를 일으켰다. 이 각성운동은 급속히 전 도시로 확산되었는데, 당시 상황을 에드워즈는 다음과 같이 기술하였다.

> 영원한 세계와 종교에 관한 일에 대한 크고 깊은 관심이 이 도시 전체와 각계각층의 사람들 사이에 퍼졌다. …그들은 영적이고 또 영원한 것들에 관한 것 이외에 모든 이야기는 옆에 제쳐 놓았다. 그들이 살아가는 데 꼭 필요한 것이 아닌 한 그들이 대화는 종교에 관한 것이었으며, 종교에 관한 것이 아닌 토의는 어떤 단체에도 용납되지 않았다. 이 도시의 노인이건 청년이건 영원한 세계에 대해 무관심한 자는 하나도 없었다.[9]

대각성은 서필드와 디어필드, 헤트필드, 웨스트 스프링필드와 롱 메도우 등지로 퍼져나갔고, 곧 코네티컷 주 전체로 확대되었다. 윈저, 이스트 윈저, 코벤트리, 더럼 등의 지역으로 퍼져나가 뉴잉글랜드 지역을 넘어 더 넓은 지역으로 파급되었다. 뉴저지의 일부 지역에서는 마을의 거의 모든 성인들이 성찬에 참여하였다. 이런 상황과 내적 은혜의 역사는 에드워즈조차 놀라워할 정도였다. 성령의 사역이 노년층으로부터 어린아이에게까지 나이와 상관없이 계속되었고, 매우 빠른 속도로 퍼져나갔으며, 사람들이 빠르고 크게 변화되었다. 이러한 역사는 그 강도가 아주 커서 많은 사람들이 각성과 죄의 회개에 이어 구원의 빛, 사랑, 기쁨을 체험하게 하였다.[10] 이러한

---

9) 박용규, 『근대교회사』, (서울: 총신대출판부, 1995), 348.
10) 조나단 에드워즈, 『놀라운 회심이야기』, (서울: 크리스챤다이제스트, 2002), 51-57.

신앙 부흥은 1736년 5월 이후 소강상태로 접어들었다.
 1740년 휫필드가 에드워즈의 초청으로 노댐턴을 방문한 것을 기점으로 1740년 12월부터 1741년 3월까지 신대륙의 부흥은 최고조에 달했다. 에드워즈는 엘리아셀 휠록(Eleazar Wheelock), 조셉 벨라미(Joseph Bellamy) 등과 함께 순회전도를 하였다. 특별히 에드워즈는 설교를 통해 죄의 회개를 촉구하였는데, 그가 설교할 때 모든 사람들이 지옥으로 미끄러져 들어가고 있음을 느끼며 비참한 심정에서 소리 내어 울부짖었기 때문에 그는 조용하기를 기다리기 위해 여러 차례 설교를 중단해야 했다.[11]
 대각성운동의 불을 붙인 에드워즈의 설교를 보고 어떤 비평가들은 그를 '지옥의 징벌'에 관한 설교를 하는 심판의 설교자, 저주의 설교자로 혹평했다. 그러나 당시의 활발한 주류 거래로 인한 방탕한 사회 풍조, 부정한 노예제도, 남녀간의 부도덕한 성적 타락과 신앙의 무관심 등의 사회 상황과 영적인 무관심무감각을 깨뜨리기 위해 그가 생활 속의 추악한 치부를 드러내며 양심에 호소하였던 사실을 고려해야 할 것이다.

2) 대각성운동의 쇠퇴

 1742년부터는 대각성의 불길이 현저하게 꺼져가고 있었다. 에드워즈는 이에 대해 "1742년 여름에 신앙에 대한 사람들의 열정이 시들해졌다. 그러나 가을과 겨울까지는 이전의 특별한 역사가 계속되었다"라고 언급하였다.
 첫 번째 대각성운동으로도 제거되지 않고 걸러지지 않은 형식주의는 이후에 더욱 확산되었다. 중요 인물의 극적인 회심의 충격마저도 변화를 가져오는 계기가 될 수 없었다. 왜냐하면 대각성은 인간의 힘으로 이루어지는 것이 아니기 때문이었다. 대각성운동의 쇠퇴는 이러한 중요 문제 앞에 서 있었다. 지도급 설교자들도 항상 사역을 성공적으로 이끌지는 못했다. 그 운동의 중심부에 있었던 사람들은 성공적 사역이 결코 인간의 손에 달려 있지 않음을 깊이 명심하고 있는 사람들이었다.

---
11) 조나단 에드워즈, 『균형잡힌 부흥론』, (서울: 부흥과 개혁사, 2005), 27-44.

4. 조나단 에드워즈의 부흥론

영적 대각성의 부름에 모든 사람이 기꺼이 응답한 것은 아니었다. 일부에서는 이러한 부흥운동에 신랄한 비난을 가했다. 집회에서 일어난 특별한 현상들 때문에 기독교가 일반인들에게 좋지 않은 인상을 갖게 되었다는 지적이었다. 그런 현상을 청중들이 따라 흉내를 내면서 집단적인 광란 상태로 발전되었다고 주장하기도 하였다. 그러므로 대각성운동의 여러 현상들은 성령의 역사가 아니라고 결론지은 사람들이 있었다. 1742년에는 부흥을 반대하는 의견이 거세게 일어나 격론이 벌어졌는데, 89장이나 되는 익명의 문서가 출간되어 부흥운동을 광신으로 치부하며 성령의 역사가 아님을 강변하였다.

이에 에드워즈는 설교를 통해 대각성에서 일어난 성령의 역사를 구체적으로 상세하게 입증하였다. 이렇게 하여 대각성운동의 성령 역사가 부흥신학으로 체계화되었다. 「노댐턴과 이웃 도시와 촌락들의 수백 명의 영혼들의 회심에 나타난 하나님의 놀라운 역사에 대한 기술」(1735); 「하나님의 성령의 역사의 뚜렷한 표적들」(1741); 「1740년 뉴잉글랜드의 신앙 부흥운동에 대한 의견」(1740); 「신앙 감정에 대한 논문」(1742-43년에 설교되고 1746년에 출판됨) 등의 저술들을 통해 대각성운동을 옹호하였다. 이 작품들은 하나님의 역사로서의 신앙 부흥에 대한 신학을 담고 있었다. 그의 부흥신학 설명은 에드워즈 시대 전에 발표되었던 어떤 것보다도 영속적인 가치를 가지고 있었다. 에드워즈는 이로써 오늘날의 복음적 사고의 형성에 가장 중요한 기여를 했다.

에드워즈 부흥론은 다음과 같은 특징을 보인다.

첫째, 신앙 부흥은 하나님의 주권적인 역사이다. 하나님은 성령을 통해 잠든 교회를 각성시킨다. 회개의 촉구에 이어 열매 맺는 삶으로 인도되는 것이 부흥이다. 그러므로 성령의 역사가 부흥의 핵심적 요소이다.

둘째, 신앙 부흥은 하나님의 계시된 목적들 중에서 중심적인 위치를 차지한다. 그리스도의 통치 영역이 확장되는 것이 하나님의 창조 목적이다. 그 목적은 그리스도의 구속으로 말미암아 성취되고 성령을 통해 만국을 다스림으로써 궁극적으로 성취된다. 신앙 부흥을 통해 그리스도의 지배를 더욱 강력하게 드러내는 것이 성령을 부어주시는 목적이기도 하다.

셋째, 신앙 부흥은 하나님의 역사들 중 가장 영광스러운 역사이다.

넷째, 신앙 부흥을 위해서는 이를 갈망하는 특별기도가 필요하다.

5. 제1차 대각성운동이 미국 사회에 끼친 영향

1) 긍정적인 면

제1차 대각성운동은 교회의 회중들을 청교도 신앙으로 환원시키는 영적 활력소를 제공하였다. 뿐만 아니라 여러 식민지에서 다양하게 신앙생활을 하고 있는 미국 개신교도들에게 식민지인의 신앙 정체성과 연합성을 제공하였다. 나아가 미국인에게 주신 하나님의 선교명령을 일깨워 그리스도 왕국을 신천지 미국 땅에 구현시키게 하였다. 이것은 신학적으로 후천년 왕국설의 정립을 가져왔다.[12]

(1) 신앙 회복

대각성운동의 결과 1세대 청교도들이 가졌던 순수한 신앙이 회복되었다. 회심한 사람의 수가 크게 증가하여 작게는 수천 명에서 50만 명까지 늘어났다(1740년대 식민지 전체 인구는 1백만이었다). 부흥운동의 중심지인 뉴잉글랜드에는 30만의 인구가 있었는데, 부흥운동이 한창 일어나고 있던 1730년대 말 2년 동안에 약 25,000명에서 50,000명의 새 교인이 생겨났다.[13] 코네티컷에 있는 여러 교회들에서는 1739년과 1740년 사이에 매년 평균 8명씩, 1741년과 1742년 사이에 매년 33명씩 늘었다. 중부 식민지의 경우 부흥운동에 참여한 교회는 참여하지 않은 교회보다 비약적인 수적 성장을 이루었다. 1741년에는 부흥을 찬성하는 목사가 25명, 1758년

---

12) 정준기, 『미국대각성운동』(광주: 복음문화사, 1994), 147-148.
13) 박용규, 『근대교회사』, 238.

에는 73명으로 늘어났다. 전체 교회수도 1660년에는 154개소, 1700년에는 373개소였으나, 부흥운동이 일어난 후인 1740년에는 1176개소, 1780년에는 2731개소로 비약적인 성장을 하였다.[14] 이것은 단순한 수적 증가가 아니라 신앙의 회복을 나타내는 지표였다. 대각성운동의 영향으로 기독교적 경건이 일어나게 되었고, 하나님의 말씀을 사랑하고 이웃을 섬기는 일의 실천이 증대되었다. 교인들은 중도계약을 철폐하고 교회를 정화하기를 열망했으며, 영원한 것에 큰 관심을 쏟았다. 이에 따라 성경연구가 활발해지고, 철저한 주일성수가 이루어졌다. 도덕적 이상도 왕성하게 추구되었다. 신앙적인 각성을 기반으로 사회적인 파급효과가 나타나게 된 것이었다. 영적 대각성운동은 교회에서 사회로 그 영향력을 파급시켜 갔다.

(2) 선교의식 고취

선교열이 고취되었다. 에드워즈의 경우, 노댐턴 회중교회를 사임하고 스톡브리지(Stockbridge) 인디언 촌락에 들어가 선교사로서 활동하기도 하였다. 에드워즈는 선교사로 활동하다 사망한 데이빗 브레이너드(David Brainerd)를 기려 그의 활동과 신앙에 대한 전기를 저술하였는데, 이 책은 즉각 영국, 스코틀랜드, 미국식민지에서 대환영을 받으며 읽혀졌고, 19세기와 20세기 초까지도 선교 사역자들과 복음전도자 운동자들의 필독서로 알려지게 되었다. 그의 글은 18세기 개신교 공동체에서 선교열정과 부흥사역의 헌신에 지대한 공헌을 하였지만 19세기 개신교 세계선교에 더 큰 영향을 주었다.

(3) 새로운 정체성 형성

대각성운동은 식민지 지역간의 평등의식과 미국인으로의 새로운 정체성을 형성시켰다. 부흥운동가들의 설교는 빈부의 차이나 계급의 차이를 뛰어 넘어 모두가 하나님의 자녀요, 모두가 하나님 앞에서 회개해야 하는 죄인임을 강조했기 때문에 서쪽의 변경 지역에서 거칠고 외로운 생활을

---
14) 양주선, 「조나단 에드워즈의 부흥운동과 선교사상이 근대선교에 끼친 영향」, 50.

하는 사람들에게 설득력을 가질 수 있었다.

부흥설교가 들은 하나님 한 분 아래 모든 사람이 구원받은 죄인으로서 평등한 사실을 역설하였다. 또한 교파·교회나 지역적 차이보다 그리스도 안에서 하나되는 통일성을 강조함으로써 정체성을 확립하는 데 기여하였다. 뿐만 아니라 자주정신과 민주정신을 고취시킴으로 독립운동에 기여하고 혁명 후의 국가 기틀을 형성하는 데에 큰 역할을 하였다.

(4) 사회적 파장

뉴잉글랜드 지방에서 최초로 일어난 반노예제도 운동 역시 에드워즈의 대각성운동의 결실이었다. 로드아일랜드에 있는 뉴포트 조합교회의 목사인 사무엘 홉킨스(Samuel Hopkins)는 1800년 이전에 흑인 노예화를 반대하는 설교를 하여 노예를 소유하고 매매하는 교인들을 놀라게 하였다.

(5) 교육의 발달

제1차 대각성운동의 영향은 교육 분야에도 영향을 미쳐 식민지의 9개 대학 중 6개가 부흥의 결과로 생겨나게 하였다. 1740년경에는 그곳에 고등교육기관으로서 하버드, 윌리엄 앤 메리, 그리고 예일대학이 있었을 뿐이었다. 부흥운동 후 대학설립의 필요가 커짐에 따라 1746년 장로교인들에 의해 뉴저지대학(프린스턴대학)이, 1764년 침례교인에 의해 로드 아일랜드대학(브라운대학)이, 1766년 화란개혁교회에 의해 퀸스 칼리지(랏거스대학)가, 1769년 회중교인 휠록에 의해 다트마우스대학이, 그 밖에 펜실베이니아대학과 제퍼슨대학이 새로 설립되었다.

(6) 개혁의 파장

사회전반에 걸쳐 인도주의적인 개혁이 추진되었다. 박애주의 정신이 고양되어 민간에 수다한 자선단체가 설립되었다.

2) 부정적인 면

(1) 분리

제1차 대각성운동은 감정을 히스테리에 이르도록 고조시키고, 죄의식을 낙심에 이르도록 확대시켜 광란과 황홀함을, 열광과 신앙을 혼동케 하는 여지를 허용하였다. 그런 가운데 목사들이 두 그룹으로 분리되어 교회가 분열되기에 이르렀다. 부흥을 지지하는 편의 리더는 조나단 에드워즈였다. 반대편은 부흥운동을 정죄하고 그 결과를 다만 일시적인 것으로 보았다. 이 반대편 그룹의 리더는 보스턴 제일 교회의 자유주의적 목사 찰스 촌시(Charles Chauncy)였다. 코네티컷에서 목사들의 총연합회는 순회 목사들을 정죄하였고, 나중에 의회는 그 실천을 금지하는 법안을 통과시켰다. 이로 인해 교회가 분열되었고, 부흥주의자들은 따로 새로운 교파를 형성함으로써 '분리주의자'로 알려지게 되었다. 후에 두 파가 대화합이 이루고 관계를 회복하게 되었지만, 구파(Old Light)와 신파(New Light) 사이의 교리 논쟁은 일반인들이 교회를 멀리하게 되는 원인을 제공하게 되었다.

(2) 목회질서의 혼란

충분히 교육받지 못한 목회자들이 대거 사역에 참여함으로써 목회질서의 혼란이 초래되었다. 그들의 성직 참여는 성직이 즉흥적인 소명이나 단순한 믿음으로 주어지는 것이 아니라 일정한 교육과정과 신앙훈련을 통해 주어지는 것이라고 믿어온 구파에게는 참으로 이해되기 어려운 일이었다.

6. 나가는 말

페리 밀러는 제1차 대각성운동을 단순한 '화약통'으로 묘사하면서 조나단 에드워즈는 도화선에 불을 붙였고 휫필드는 폭발시켰다고 설명하였다. 이러한 설명은 그가 그 사건을 단순히 성공하기에 유리한 환경 속에서 이루어진 '신앙 부흥운동'으로 생각한 데서 비롯되었다. 그러나 대각성운동의 당사자인 에드워즈는 이와 다른 점을 고백하였다.

> 여기서 우리는 일의 결과를 살펴볼 필요가 있다. 만일 검토 결과, 그 일이 하나님의 사역과 일치하는 것으로 판명되면, 우리는 하나님의 사역으로 알고 그 일에 참여해야 한다. 만약 하나님이 어떻게 이런 결과를 만드셨으며, 왜 그런 방법을 사용하셨는지를 우리에게 설명해 주실 때까지 우리가 하나님이 그렇게 한 사실을 인정하지 않게 된다면, 우리는 우리의 교만함에 대해 책망을 받게 될 것이다. …위대하신 하나님이 이 사역을 수행하시는 데 하나님의 방법을 사용하시는 것을 나는 보았다. 그 때문에 나는 하나님의 영광을 너무나 많이 보았고, 그의 절대 주권과 능력과 모든 풍성하심을 찬양했다.[15]

제1차 대각성운동은 성령의 강권적인 역사라고 조나단 에드워즈는 증거한다. 그는 18세기의 언어로 어떤 새로운 신학이나 신조를 제안했던 것이 아니었다. 다만 자신이 가장 옳다고 믿었던 칼빈주의 신학의 토대에서 설교, 부흥, 선교를 말했을 따름이었다. 그가 살던 그 시대는 기도와 활동을 위한 시대였고, 확장되는 세계에 대한 새로운 시야로 말미암아 생긴 기회를 붙잡는 시대였다. 그는 대각성운동을 통해 부흥된 교회가 청교도 신학에서 떠나지 않도록 그 교리적 토대를 지켰다. 독창성보다는 미래를 향한 연속성을 소중히 여겼다.

칼빈주의적 복음주의에 반대하는 사람들에게 청교도 전통을 대표해 스펄전은 다음과 말했다. "교회사에서, 오직 몇 가지 예외를 제외하고는, 정통주의 신앙에 의해 발생하지 않은 부흥운동을 당신들은 전혀 찾아 볼 수 없을 것이다. …아메리카 대륙으로 넘어가면 칼빈주의적 교리가 부흥에 적합하지 못하다는 거짓말은 얼마나 무식한 말인지 드러난다! 조나단 에드워즈와 우리가 인용할 수 있는 다른 사람들의 지도로 일어나고 있는 그 놀라운 진동을 보라."[16]

---

15) 라이안 머레이, 『조나단 에드워즈』, (서울: 이레서원, 2005), 241-242.
16) 라이안 머레이, 『조나단 에드워즈』, 672.

A History of Modern Christian Revivals

근현대 부흥운동사 서설 최재건(교회사)
독일 루터파 경건주의-근현대 부흥운동의 여명 김상식(교회사)
18세기 영국 복음주의 부흥운동-웨슬리 형제와 감리회를 중심으로 송정연(교회사)
조나단 에드워즈와 미국 제1차 대각성운동 장진경(교회사)
조지 휫필드의 부흥운동 주 진(선교학)
미국 제1차 대각성운동의 영향력 이혜원(교회사)
미국 제2차 대각성운동 정요진(교회사)
찰스 피니의 부흥운동 이상정(교회사)
무디의 부흥운동 정다운(교회사)
노르웨이 부흥운동 장진경(교회사)
케직 사경회 윤상림(교회사)
웨일즈 부흥운동 장진경(교회사)
한국 초기 부흥운동-원산부흥운동을 중심으로 최형철(교회사)
평양대부흥운동 김현숙(예배·설교학)
중국의 부흥운동: 1900-1937년 윤상림(교회사)
해방 후 한국의 부흥운동-80년대까지를 중심으로 임승훈(예배·설교학)
빌리 그래함의 부흥운동 강현구(교회사)
영국·미국·한국 오순절운동 김윤정(교회사)

05

조지 휫필드의 부흥운동

주 진(선교학)

1. 들어가는 말
2. 조지 휫필드의 생애와 부흥운동
3. 조지 휫필드의 신학사상
4. 조지 휫필드가 부흥운동에 끼친 영향
5. 나가는 말

1. 들어가는 말

조지 휫필드(George Whitefield, 1714-1770)는 존 웨슬리(John Wesley)와 더불어 18세기 영국 부흥운동의 주역으로 활약했고 특히 스코틀랜드와 미국 뉴잉글랜드 지역에서 기독교의 영향력을 크게 떨쳤던 위대한 설교가이다. 그는 22세에 영국에서 신앙 부흥운동을 일으켰으며, 25세 때는 신대륙에서 영적 대각성운동을 일으켰다. 미국 대각성운동 때 그가 끼친 영향력은 당시 미국인 중 80% 이상이 한 번쯤은 그의 설교를 들었고 1천만 명 이상이 회심했을 정도였다. 그의 사후 1세기가 지나 존 라일 (J. C. Ryle) 감독은 "18세기 인물들 가운데 그의 이름 앞에 누구라도 앞세우는 것은 불공평한 일이다"라고 말했다.[1] 이 같은 명성과 역량에도 불구하고 그 자신은 신앙과 인격이 잘 조화된 사람으로서 무명의 삶을 살고자 노력하였다.[2]

커다란 족적에도 불구하고 그는 동시대 인물인 존 웨슬리와 조나단 에

---

1) Martin Lloyd Jones, 『조지 휫필드』, 정영식 역 (서울: 새순출판사, 1996), 14.
2) Martin Lloyd Jones, 『조지 휫필드』, 15.

드워드보다 덜 알려진 감이 있다. 그에 관한 연구는 자연스럽게 '설교자 휫필드'로 한정되어 왔으며, 그의 설교에 나타난 신학 사상과 설교의 영향에 관한 연구가 대부분을 차지했다. 휫필드와 그의 부흥운동에 관한 최초의 연구는 그가 죽은 지 2년 후인 1772년 길리스 박사(Dr. Gilles)가 쓴 『조지 휫필드 목사의 생애와 약전』(Memoirs of the Life of the Reverend George Whitefield)에 의해 이루어졌다. 길리스는 거의 30년 동안 휫필드와 교분을 갖고 그에 관한 많은 자료를 섭렵하여 얻은 지식으로 그가 위대한 옥외 부흥설교자였으며 그의 설교를 통해 영국과 신대륙에 부흥운동이 일어났다고 기술하였다.[3] 뒤를 이어 당시의 개관시인이었던 로버트 사우시(Robert Southey)가 『웨슬리의 생애』(The Life of Wesley)를 저술하여 휫필드와 웨슬리를 비교하며, 웨슬리와 감리교도들을 비판하고 휫필드의 칼빈주의적 신학사상을 옹호하였다. 이후 로버트 필립(Robert Philip)은 『휫필드의 생애』(The Life Time of the Reverend Geroge Whitefield)라는 작품에서 휫필드를 웨슬리의 조력자 정도로 평가하였다.

휫필드가 18세기의 부흥운동가로서는 웨슬리보다 덜 조명을 받았을지라도 위대한 웅변가이자 설교자였던 것은 분명하다.[4] 그의 설교적 특성과 설교 내용, 설교에 나타난 신학에 관한 연구는 헤아릴 수 없을 정도이다. 국내의 연구 또한 그의 생애를 다루고 그를 능력 있는 부흥설교자로 부각시키는 연구가 대부분이다. 그중 박세환은 그가 위대한 팀사역자인 동시에 부흥사였으며 뛰어난 개인전도자인 사실을 조명하였다.[5] 또한 영국의 부흥운동을 일으키고 미국의 제1차 대각성운동에 영향을 끼친 18세기의 가장 위대한 인물인 점을 규명하였다. 송삼용은 휫필드의 일기를 연대기적으로 분석하여 그의 생애, 설교, 신학사상, 사역을 평가했다. 그의 인격

---

3) Arnold A. Dallimore, *George Whitefield: Evangelist of 18th-century Revival* (Elephant Catle: The Wakeman Trust, 1990).
4) 마틴 로이드 존스(Martin Lloyd Jones)목사는 그가 강단에서 설교 할 때 마치 "번갯불처럼 번쩍이는 섬광 우레소리"를 낼 정도로 강한 생명력을 가진 설교를 하였다고 설명하였다. Martin Lloyd Jones, 『목사와 설교』, 서문강 역 (서울: CLC, 1999), 75.
5) 박세환, 『조지 휫필드의 신학 사항과 설교』 (서울: 영문, 2002).

에 주목해 그가 겸손한 성품, 삶의 목표에 대한 확실한 주관, 성실성, 적극성을 지녔으며, 겸손한 성품으로 인해 존 웨슬리보다 상대적으로 덜 알려지게 되었다고 평했다.[6]

이 소고에서는 조지 휫필드가 어떤 계기로 부흥운동을 시작하였는지 사역 이전의 준비기를 먼저 살피려 한다. 그런 다음 영국과 미국에서 일으킨 부흥운동에 대해 알아보고, 설교에 나타난 그의 신학사상을 정리하여 그의 부흥운동의 성격을 규명한 후, 근대 부흥운동가로서 그가 끼친 영향력에 대하여 생각해 보려고 한다.

2. 조지 휫필드의 생애와 부흥운동

1) 부흥운동가로서의 시작

(1) 불우했던 어린 시절

조지 휫필드는 1714년 12월 16일 영국 글로스터에서 토마스 휫필드와 엘리자베스의 자녀 7명 가운데 막내로 태어났다. 그의 아버지는 벨 여관(Bell Inn)의 주인이었으나, 휫필드가 2살이었을 때 사망하였다. 아버지의 죽음과 어머니의 재혼으로 그의 어린 시절은 매우 가난하고 불우하였다. 특별히 여관이라는 환경으로 인해 그는 음주, 도박, 절도 등에 대해 죄의식을 느끼지 못하고 성장하였다.[7] 1726년 12세 때 세인트 메리 드 크립트 문법학교(St. Mary de Crypt Grammar School)에 진학하여 설교자의 자질을 갖추기 시작하였다. 그는 이 학교에서 라틴어를 습득하였으며, 해마다 학교를 방문하는 시의 자치위원들 앞에서 학생대표 연설을 할 정도로 연설능력이 뛰어났다. 연극 공연으로도 남다른 인정을 받았다. 1732년 18세 때는 옥스퍼드대학교에 속한 펨브로크대학(Pembroke College)에 진학하였다. 그는 근로 장학생으로 입학해 대학에서 수업료와 식비를 내지 않

---

6) 송삼용, 『위대한 설교자 조지 휫필드』 (서울: 생명의말씀사, 1998), 211-214.
7) 박세환, 『조지 휫필드의 신학 사항과 설교』 20.

는 대신에 부유한 학생들의 심부름과 잡일을 하였다. 이러한 성장 배경은 스스로 낮아지는 연습을 하게 하였으며, 성장한 후에 존경을 받는 인격을 갖추게 하였다.

(2) 옥스퍼드에서의 생활

옥스퍼드에서의 삶은 고단하였지만 그의 생애의 큰 전환점이 되었다. 물론 그가 대학에 진학하기 전에 종교적 확신이 아주 없었던 것은 아니었다. 대학 진학 전에 쓴 일기를 보면 토마스 아켐피스(Thomas a Kempis, 1380-1471)의 저작들을 읽으며 교회 종소리가 울리기 전 주의 전의 앞마당을 마음껏 밟고 싶은 마음이 있고 축복의 성찬이 끝난 후에도 여전히 영적인 목마름과 갈급함이 있다고 기술하였다. 따라서 대학 입학 전에 가졌던 종교적인 확신이 진학 후 기독교적인 신앙으로 강화되었다고 보는 것이 타당할 것이다.[8]

그는 옥스퍼드에서 자신의 삶에서 크게 도움을 받게 될 친구들을 사귀게 되는데, 이들은 엄격한 시간관리와 규모 있는 생활방식으로 인해 '메소디스트'(Methodist)라고도 불렸던 '신성클럽'(Holy Club)의 멤버들이었다. 이 모임에 속한 사람들은 아침 일찍 일어나서 긴 경건의 시간을 가지고 주일마다 성찬에 참여하였으며, 매주 수요일과 금요일마다 금식하며 옥스퍼드에 있는 두 감옥을 정기적으로 방문하였다. 또한 일주일에 두 번씩 밤마다 모여 6시부터 9시까지 기도, 헬라어 원어성경 연구, 고전연구, 그날의 자기반성과 다음날을 계획하기 등으로 한 순간도 시간을 낭비하지 않는 엄격한 자기훈련을 도모하였다. 이 모임에서 휫필드는 웨슬리 형제를 만났으며 함께 하나님의 나라에 확장과 그분의 통치하심에 대한 열정을 품었다.

(3) 회심에서 목사의 길로

휫필드는 옥스퍼드에서 신성클럽의 회원으로서 든 규례를 지키며 완전한 삶을 살고자 노력하였으나 영적인 고민을 떨치지 못했다. 이러한 금욕

---

8) Luke Tyerman, *The Life of Rev. George Whitefield* (London: Horder and Stouton, 1976), 7.

주의적인 신앙은 마침내 스코틀랜드 사람 헨리 스쿠걸(Henry Scougal)이 쓴 『인간과 영혼 속에 있는 하나님의 생명』(The Life of God in the Soul of Man)이라는 책을 통하여 무너졌다. 그는 금욕과 선행으로 천국에 갈 수 있다고 여겼던 잘못된 생각을 완전히 정리하고 중생의 필요성과 복음에 대한 인식을 분명히 하였다. 그 후 스쿠걸이 말한 '하나님의 생명'을 얻기 위해 잔혹하리만큼 노력하였으며, 1735년 사순절 제7주경에 기숙사의 병상에서 영혼 속에 영원히 지속되는 거룩한 하나님의 생명에 대한 체험을 하였다.[9] 또한 부활절 후 일곱 번째 되는 주간에는 로마서 8:15-16을 통해 놀라운 은혜를 체험하였다. 믿음으로 '양자의 영'을 받았고, 하나님의 용서하시는 사랑을 체험한 것이었다.

중생의 은혜를 체험한 후 어려서부터 목회자를 꿈꾸어 왔던 휫필드는 하나님의 부르심에 대한 강한 소명에 이끌려 옥스퍼드에서의 학위를 마치자마자 고향 글로스터로 돌아갔다. 그리하여 1736년 6월 20일 21세 때 글로스터 성당에서 주교 벤슨(Benson) 박사의 안수례를 통해 성공회 부사제로 서품 받았다.

2) 영국과 미국에서의 순례전도

(1) 영국에서의 옥외 집회

휫필드의 웅변적이며 영감이 넘치는 설교를 통해 고향 글로스터에 회개운동이 일어나자 런던 주변에 있는 웨스트민스터 교회를 위시하여 브리스톨 및 여러 지역에 있는 교회들이 그를 초청하였다. 그의 설교는 수많은 사람들에게 상당히 인기를 끌었고, 주일뿐 아니라 평일에도 그가 설교하는 교회에 청중이 빽빽이 차면서 전혀 새로운 부흥의 역사가 일어났다.

1738년 2월 존 웨슬리가 휫필드에게 미국 조지아에서 선교사역을 동역할 것을 권하자 그 제안을 받아들였다. 그러나 대서양을 건너 조지아에 머물면서 자기에게 주어진 소명은 선교가 아니라 영국과 미국을 순회하면

---

9) 휫필드는 그의 신성클럽 멤버 중에 가장 먼저 금욕과 율법에서 벗어나 믿음을 통해 구원의 확신을 얻었다.

서 복음을 증거하는 것이라는 사실을 깨닫고 3개월 만에 돌아왔다. 영국으로 돌아온 영국국교회에 복귀하기를 원하였으나 그를 견제하고 시기하던 런던 주변의 성직자들이 그를 열광주의자와 광신주의자라고 몰아세우면서 강단에 서는 것을 금지시켰다.

비록 기성교회들이 그에 대해 문을 닫고 국교회 성직자들이 그의 복귀를 반대하였을지라도 그의 복음전파에 대한 열정은 막을 수가 없었다. 그는 이전과는 다른 옥외 전도집회라는 새로운 전도방법을 고안해 냈다. 그리고 1739년 2월 브리스톨 근교의 킹스우드에서 탄광의 갱부들을 모아놓고 역사적인 첫 옥외 집회를 개최하였다. 이러한 옥외 집회는 선풍적인 인기를 끌어 매일 약 2만 명이 넘는 청중들이 몰려들었으며, 집회 참여자들 사이에서 회개와 용서의 대각성이 일어났다. 그러자 잉글랜드나 스코틀랜드 전역에 걸쳐 그의 설교를 듣기 위해 수많은 사람들이 몰려들었으며, 교회들이 앞을 다투어 그를 초청하기 시작했다. 바다 건너 신대륙에서도 그에 대한 소문을 듣고 그를 초청하였다.

(2) 미국에서의 순례전도

영국에서 옥외 전도집회를 통해 영적 대각성운동을 일으키던 휫필드는 1739년 8월 미국 필라델피아에 도착하였다. 이곳은 당시 신대륙의 주요 항구도시로서 경제의 중심지요 가장 개화된 도시였다. 휫필드가 1739년 11월 6일 크라이스트처치(Christ Church)에서 설교할 때에는 너무나 많은 사람이 몰려와서 교회당에 모두 수용할 수 없어 옥외로 나와 설교를 해야 했다. 필라델피아에서 뉴욕으로 여행하면서 집회를 가질 때마다 모이는 사람의 숫자가 많아져서 필라델피아에서는 8천 명, 필라델피아 근교인 작은 마을 네사미니에서는 5천 명이 모였고, 팩스매나와 같은 작은 마을에서도 1만 2천명이나 모였다.[10]

그는 1740년 가을에 뉴잉글랜드로 방문하였는데, 그곳은 이미 수년 전

---

10) 휫필드의 부흥운동은 당시 선풍적인 인기를 끌어 신문 헤드라인에 기재되었으며, 그가 가는 곳마다 인산인해를 이루었다. 오덕교, 「조지 휫필드와 그의 설교」, 『그 말씀』, 통권 27호(1994, 10), 125-126.

부터 학생들을 중심으로 부흥의 열기가 고조되었던 곳으로 그가 설교를 하자 영적인 대각성이 일어났다.[11] 1740년 10월 17일에는 조나단 에드워드가 목회하던 매사추세츠의 노댐턴에서 설교하였다. 그리하여 6년 전에 조나단 에드워드에 의하여 대각성운동이 일어났던 그곳에서 휫필드에 의해 다시 영적인 부흥의 역사가 일어났다.

(3) 스코틀랜드에서의 부흥집회

1741년 7월 29일 휫필드는 당시 유명한 장로교 목사였던 랄프 어스킨(Ralph Erskine)과 에벤에셀 어스킨(Ebenezer Erskine) 형제의 초청으로 스코틀랜드 에든버러에 도착하였다. 스코틀랜드에는 국교회의 교리와 행실의 완화를 지지하는 다수의 '온건주의자'들과 이를 반대하여 기독교의 근본 교리를 견지하고 기도의 효력을 믿으며 세상과 분리되어 사는 것이 성경적이라고 믿는 '복음주의자'들이 있었다. 휫필드를 초청한 어스킨 형제는 후자의 대표적인 지도자들이었다. 이들은 1730년대에 그들과 뜻을 같이 하는 여덟 명의 목사가 목사직을 정지 당하자 스스로 분리교회(The Secession)라는 그들만의 교단을 만들었다. 그들의 교회는 스코틀랜드 전역에서 사람들이 차고 넘쳤으며, 국교회 관리들과 상호 대치하고 있었다. 그런 상황에서 당시 전국적으로 선풍적인 인기를 끌던 휫필드를 초청하여 이권을 선점하려는 전략을 취하였다. 휫필드는 이들의 초청에 응해 왔음에도 불구하고 국교회에 대한 이들의 태도를 시작부터 공개적으로 비판하고 국교회에 속한 복음주의파와 협력하기 시작하였다.

1741년 7월 29일부터 3주 간에 걸쳐 열린 스코틀랜드 에든버러 옥외집회에서 첫 주일 저녁에만 약 만 오천 명 가량의 사람들이 운집했고, 그 주간의 평일 저녁집회에도 거의 비슷한 숫자의 사람들이 모여들었다. 에든버러에서 시작된 휫필드의 스코틀랜드 집회는 약 3개월 간 지속되어 북서쪽으

---

11) 보스턴과 캠브리지에서 설교할 때, 대학생들로 이루어진 수많은 청중들이 회개하였다. 그는 1740년 10월 12일자 일기에 다음과 같이 기록하였다. "학생들이 죄를 깨닫고 울고 통곡하는가 하면, 어떤 이들은 고통에 못 이겨 몸부림치고 기절하기까지 하였다. 그 후에 이들은 자기들이 죄로부터 놓임을 받았다는 희열에 넘친 모습을 보였다", 『조지 휫필드의 일기』, 1740년 10월 12일.

로 풀커크와 스털링, 북쪽으로 퍼스와 크리에프, 더 북쪽으로 쿠파와 던디 지역으로 파급되어 스코틀랜드 전 지역에 부흥운동이 일어나게 되었다.

(4) 캠버슬랭에서의 신앙 부흥

스코틀랜드를 처음 방문한지 일곱 달 만인 1742년 6월 3일에 다시 에든버러에 도착한 휫필드는 글래스고우 근처의 두 교구, 즉 킬싯과 캠버슬랭에서 다시금 놀라운 부흥운동을 일으켰다. 이 교구들을 담당하고 있던 목사인 맥컬록과 로브는 교구의 성도수가 퇴조하고 교회가 침체되는 상황에 대해 자신들의 영적인 책임을 의식하고 1742년에 휫필드를 초청해 영적인 대부흥을 일으키고자 하였다. 그 지역들에서 휫필드가 행한 한 주간의 부흥설교를 통해 많은 사람들이 회개와 각성을 하였으며, 특별히 그가 떠난 후 삼백 명의 사람들이 속죄와 교회 헌신을 언론을 통해 공개적으로 다짐하는 일이 벌어졌다.

이 소식은 큰 반향을 불러일으켰는데, 휫필드의 부흥사역을 의심하며 비판하던 많은 목사들이 이 사건이 단순한 감정의 폭발에서 비롯된 것인지 아니면 참으로 하나님의 역사인지를 살펴보게 만들었다. 그중 글래스고우의 존 해밀턴(John Hamilton) 박사는 "징벌에 대한 두려움에서가 아니라 하나님의 영광을 가렸다는 의식에서 비롯된 뉘우침"을 목격하였다고 증언하였고, 존 윌리슨(John Willison) 박사는 "나는 여자와 남자, 노인과 청년 등 많은 사람과 대화를 나눴으나 그들에게서 광신적인 것은 전혀 발견할 수 없었다. 전반적으로 볼 때 나는 캠버슬랭에서 일어난 일이 성령이 독특하고도 놀랍게 부어짐으로 말미암는 것이라고 생각한다"고 증언하였다.[12] 이렇게 캠버슬랭과 킬싯에서 부흥운동이 일자 남부 스코틀랜드의 여러 도시들이 휫필드의 부흥설교를 듣고자 앞을 다투어 그를 초청하였다.

1742년 가을 캠버슬랭에서 그가 두 번째로 옥외 집회를 개최할 때는 천연의 대형 야외경기장에서 예배를 드렸는데, 2만 5천 명의 사람들이 토요일부터 월요일까지 집회를 계속하며 밤새도록 찬송과 회개기도를 하였다.

---

12) *Whitefield: Life and Time*, Vol. 2, 122.

또한 많은 인파로 인해 주일 아침 8시 30분에 예배를 시작하여도 성찬식의 떡을 마지막 사람에 떼어줄 때는 해질녘이 되었다. 휫필드는 이 집회에서 하루 세 번 설교를 하였으며, 설교의 주된 내용은 고통스러운 죄의식에서의 회개를 통한 참된 해방과 자유에 대한 내용이었다.[13]

휫필드의 스코틀랜드 옥외 부흥집회가 연이어 성공하자 연합 장로회 측 사람들이 이를 시기하여 다른 교파인이 장로교의 성찬을 집행하였다고 비난하였고, 때로는 "그는 우상숭배교인 영국국교회의 일원인 추잡한 우상숭배자이며, 적그리스도의 앞잡이이다"라고 주장하였다.[14] 또한 휫필드가 고아원을 위해 모으고 있다고 주장한 돈이 사실은 대량으로 그의 주머니 속으로 들어가고 있다고 그를 비난하였다. 이러한 비난에도 불구하고 신앙 부흥은 도처에서 계속되었으며, 스코틀랜드 전역에 캠버슬랭의 신앙 체험이 소개되었다.

(5) 영국 귀족 사회에 일으킨 부흥운동

18세기 영국 귀족들은 복음에 이끌릴 것 같지 않은 사람들이었다. 대부분 귀족들의 삶은 불경건함으로 특징지어졌다. 그러면서도 상류사회의 예절과 평민들에 대한 우월권을 유지하는 일을 중요시하였다. 일반적으로 그들은 조상으로부터 물려받은 엄청난 부와 명성을 소유하고 있었지만, 술과 도박과 부도덕을 저지르는 일이 그들의 일상이었다. 그런 그들 가운데 헌팅턴 경과 그의 부인은 휫필드가 사역을 시작할 때부터 그의 집회에 참석하였으며, 헌팅턴 부인은 남편이 죽은 후 휫필드의 중요한 동역자가 되었다.

휫필드가 칼빈주의적 감리교의 지도자직을 포기하자 헌팅턴 부인은 그를 자신의 예배당 설교자 중의 하나로 지명하였으며, 귀족모임에 그를 초

---

13) *Whitefield: Life and Time*, Vol. 2, 129.
14) 어스킨 형제들은 "반 교황주의, 반 루터교, 반 감독제, 반 휫필드주의, 반 에라스무스 주의, 반 분파주의를 위해 고난 받는 남은 자들인 스코틀랜드 참 그리스도의 장로교회의 선언, 항의, 증거" (The Declaration, Protestant, and Testimony of the Suffering Remnant of the anti-Popish, anti-Lutheran, anti-Prelatic, anti-Whitefield, anti-Erastian, anti-Sectarian, ture Presbyterian Church of Christ in Scotland) 라는 서른두 쪽에 달하는 팸플릿을 발행하여 휫필드를 공격하였다.

청하여 많은 귀족들이 그의 설교를 통해 회심하게 하였다. 유명한 웅변가인 볼링브로크와 체스터필드 백작이 그의 설교를 듣고 회심하였으며, 당대에 가장 위력 있는 의회의원 중 하나였던 베스 백작이 헌팅턴 부인의 집에서 정기적으로 열리는 예배의 정식 일원이 되었다. 휫필드의 영향력은 왕가에까지 미쳤는데, 특히 웨일즈 공 프레더릭이 그의 설교에 감동을 받아 후원자가 되었다. 휫필드의 사역은 킹스우드의 광부들과 미국 노예들에게 적합한 것이었지만 학식이 있고 위엄이 있는 귀족들까지도 지대한 영향력을 끼쳤다.

3) 시련과 생의 마감

휫필드에게도 시련이 찾아들었다. 먼저 영국국교회가 그의 순수 복음운동을 광신자, 열광주의자, 신비주의자로 몰아 교회에서 설교를 못하게 만들었다. 이러한 상황은 미국에서도 반복하여 벌어졌다.[15] 그리하여 휫필드는 옥외 또는 야외 집회를 선택하게 되었고, 이를 끊임없이 방해하려는 세력들로 인하여 폭력과 살인의 위협을 견뎌야 했다. 다음으로 휫필드는 웨슬리 형제들과 교제하며 함께 부흥운동을 전개하였으나 나중에 교리논쟁으로 인하여 갈라서게 되었다.

1770년에 휫필드는 그의 일곱 번째이며 마지막이 되는 미국 여행을 감행하였다. 9월 29일 뉴햄프셔의 에스터에 모인 군중들에게 설교한 후, 매사추세츠 뉴베리포트로 말을 타고 갔는데, 그 다음날 56세의 나이로 숨을 거두고 말았다.

---

15) 휫필드가 제 2차로 뉴잉글랜드를 여행할 때는 과거와는 달리 가는 곳마다 반대에 부딪쳤고 많은 교회가 그의 설교를 허락하지 않았다. 하버드와 예일대학교는 그의 행위와 방법을 반대한다고 선언하기도 하였다. 그의 설교를 비판하였던 이유는 청중들이 비명을 지르거나 웃고, 기절하고, 환상을 보고, 경련을 일으키는 등의 현상이 속출하였기 때문이다. 하버드대학의 교수들은 '증언'(Testimony: 1744)이라는 글을 발표하여 그를 열광주의자와 백성들을 현혹케 하는 자라고 혹평하였다. 그럼에도 불구하고 수많은 사람들이 여전히 그의 설교를 들으러 모여들었고, 적지 않은 목사들이 그의 생애 마지막까지 그를 지지하였다. 김인수, 「조지 휫필드의 삶과 사상」, 『그 말씀』통권 27호(1994, 10), 104.

4) 부흥운동의 동역자들

횟필드의 부흥운동은 처음 시작했을 때와 같은 길을 좇아 계속되었다. 그는 영국에 머무는 동안 일 년에 한 번씩 스코틀랜드를 다녀왔으며, 미국도 네 차례나 방문하였다. 그의 헤아릴 수 없을 정도의 놀라운 부흥운동의 성과 뒤에는 그와 함께 하였던 많은 동역자들이 있었다.

(1) 찰스 웨슬리

존 웨슬리의 동생인 찰스는 횟필드와 마찬가지로 16년 동안 지칠 줄 모르는 열심을 가지고 옥외 설교자로 수고하였다. 그는 복음을 선포하는 일에 두려움을 몰랐으며, 그의 담대함은 폭도들을 무릎 꿇게 하였다. 감리교 공동체들을 창설하고 유지하는 일에 형 존 웨슬리의 위대한 동역자로 활약했으며, 횟필드와는 평생도록 서신을 주고받으며 격려하고 위로하는 친구 사이로 지냈다.

1750년 찰스는 신학사상에 어떠한 변화를 겪어 예정론을 어느 정도 받아들이게 되었다. 1752년에 그가 횟필드에게 보낸 편지에서는 횟필드와 신학적으로 함께할 뜻을 내비추었으나, 횟필드가 찰스와 존과의 관계를 염려하여 이를 만류하기도 하였다.[16]

(2) 존 케닉

모라비안 선교사가 되어 아일랜드에 파송되기도 하였던 존 케닉은 횟필드의 미국 사역에서 위대한 동역자가 되었다. 그 또한 횟필드 못지않은 위대한 부흥설교가였으며, 경건한 사람이었다. 횟필드는 세 번째로 미국에 갈 때, 존 케닉을 자신의 공동체들과 '장막' 일을 관장하는 감독으로 세워 모든 행정업무를 처리하도록 하였다.

그는 평생토록 모라비안 선교사로 봉사하며 40여 개의 공동체를 세웠고, 열 곳 정도의 교회를 개척하였으며, 횟필드와의 협력사업으로 미국의

---
16) *Whitefield: Life and Time*, Vol. 2, 344.

영적 대각성의 초석을 놓았다.[17]

(3) 호웰 해리스

그는 1735년 회심한 그 주부터 설교를 시작하여 하루도 거르는 일이 없이 때로는 하루에 두세 번씩, 한 시간 이상 계속되는 긴 설교를 계속하였다. 수년 동안 시장과 항구에서 설교하고, 야외에서 많은 무리들에게 복음을 선포하고 공동체들을 찾아다니며 활동을 계속하였다. 특히 런던에서 휫필드의 사역을 총감독하면서 일정한 수입도 없이 먹을 것도 제대로 먹지 못하는 형편 가운데서 충실한 동역자로 그와 함께 하였다.[18]

3. 조지 휫필드의 신학사상

1) 칼빈주의적 전도신학

휫필드는 웨슬리와 함께 신앙 부흥운동을 전개하였으나 구원에 대한 신학적 차이로 인해 결별하였다. 웨슬리는 알미니안주의적인 해석을 받아들인 반면에 휫필드는 항상 이를 거부하였다. 이 둘은 1741년에 결별하여 메소디스트의 두 그룹, 곧 웨슬리적 메소디스트(Wesleyan Methodist)와 칼빈주의적 메소디스트(Calvinist Methodist)로 나누어지게 되었다. 그는 특히 선택, 성도의 견인, 완전성화 등의 문제에 있어서는 웨슬리의 개념들에 반대하였다. 그에게 있어 칼빈주의적 신학은 단순한 이론이 아닌 사고의 틀이며 그의 삶을 지배하는 원리였다. 그가 증거한 부흥설교 속에는 칼빈신학의 주제인 하나님의 주권과 인간의 제한적인 구속, 전적인 타락, 무조건적인 선택 등이 깊숙이 배어 있었다. 그는 철저한 칼빈주의자이면서 전도에도 남다른 열정을 보였다. 그가 위대한 것은 철저한 칼빈주의자로서 전도의 효과와 목적을 달성하기 위해 즉각적인 회심을 강조하며 예

---

17) Arnold A. Dallimore, *George Whitefield: Evangelist of 18th-century Revival*, 244.
18) *Whitefield: Life and Time*, Vol. 2, 379.

수 그리스도를 통해 교파, 신학 간에 장벽을 허무는 방법을 선택하였다는 사실이었다.[19]

2) 은혜와 선택의 신학

횟필드는 자기 자신의 편지나 일기, 그리고 사적인 대화에서 자신을 '메소디스트'라고 지칭하였으나 이것은 오늘날 우리가 말하는 교파로서의 감리교를 가리키는 것이 아니었다. '신성클럽' 시절부터 유지해 온 철저하고 규모 있는 생활방식 때문에 메소디스트라고 부른 것이었다. 그는 구원에 대하여 인간의 행위에 의해서도 구원을 받을 수 있다는 알미니우스의 구원관을 철저히 배격하고 오직 예수 그리스도의 은혜와 하나님의 선택에 의한 하나님의 주권적 구원을 강조하는 칼빈주의자로 남았다.

1736년, 그가 미국을 떠나기 전에 그로스터주 스톤하우스에서 로마서 8:30을 본문으로 한 설교에서 하나님의 예정을 강조하였는데, 이것은 그의 신학적 입장을 분명하게 보여준 한 예가 된다. '미리 정하신 그들을 또한 부르시고'라는 성경구절은 자유의지를 주장하는 알미니안과 은혜와 선택의 교리를 주장하는 칼빈주의자들 사이의 핵심적인 논쟁 부분이다. 휫필드는 이 본문에 대한 주석적 설교를 통하여 칼빈주의적인 자신의 입장을 보여주었는데, 이것을 단순히 '은혜의 교리'라고 불렀다. 그는 설교에서 죄인의 회심 곧 거듭남을 특별히 강조하였으며 죄인의 회심에 있어서도 하나님의 은혜가 불가항력적임을 강조하였다. 또한 믿음으로 말미암은 의를 변함없이 가르쳤는데, 그 의는 우리의 행위로 인한 것이 아니라 예수 그리스도를 통해 주시는 전가된 의라고 하였다. 이를 종합할 때 휫필드는 칼빈주의의 신학적 주제인 하나님의 주권을 강조하는 은혜와 선택의 교리를 유감없이 잘 사용하고 있음을 볼 수 있다.[20]

---

19) 복음전파에 있어서는 칼빈주의를 내세우지 아니하고 예수 그리스도를 내세웠다. 그가 말하길 "도대체 칼빈은 무엇이고 루터는 무엇인가? 이름과 분당 그 이상의 것을 보자. 예수님으로 우리의 모든 것을 삼자. 그리하여 그분이 전파되도록 하자"라고 하였다. 그는 무엇보다도 그리스도의 이름 아래 하나로 연합되기를 원했다. Arnold A Dallimore, *George Whitefield: Evangelist of 18th-century Revival*, 216.
20) 오덕교, 「조지 휫필드와 그의 설교」, 115-116.

3) 참된 회개의 신학

휫필드가 영국과 미국의 신앙의 부흥운동을 일으킨 18세기 초엽은 산업화로 인해 고조된 빈부의 갈등과 신대륙 이주로 인한 경제적 빈곤으로 뜨거운 신앙을 유지하기 쉽지 않았다. 왜냐하면 이들이 종교보다는 세속적이고 현세적인 영달에 목말라 있었기 때문이었다. 또한 사회적으로 이성주의가 확산일로에 있어 하나님의 초자연적인 섭리를 부정하였고, 교회의 형식주의와 신학의 회의주의가 신앙의 열정과 선교의 열의를 앗아가고 있었다.

이런 상황에서 휫필드는 확신에 찬 회개의 신학으로 새로운 부흥의 불을 붙였다. 그는 진정한 죄의 참회 없이 하나님의 자녀가 될 수 없다는 확신을 가졌다. 또한 하나님의 자녀가 아니면 영원한 저주만이 있을 뿐이요 하나님의 사죄의 은혜 없이는 구원의 기쁨을 얻지 못한다는 사실을 강조하였다. 나아가 설교는 회심의 의미와 방법을 알려주는 것이라고 하면서 심장과 의지가 완전히 변화도록 해야 한다고 주장하였다. 이러한 참 회개를 통한 부흥의 신학은 신앙에 있어서 의지의 결단을 강조하는 것이었다. 이것은 단순히 교리에 대한 지적인 동의만이 아니라 하나님의 자유스런 은혜에 대한 전적이고 개인적인 응답이 있어야 한다는 것을 의미하였다. 그는 자기의 주장을 반대하는 사람들에게 "선택과 예정의 대학에 가기 전에 먼저 믿음과 회개의 유치원에 가라"고 외쳤다.[21]

휫필드는 설교를 통해 그의 신학을 확장하였는데, 치유될 수 없는 인간의 죄악성-어린아이도 여기에 해당되었다-과 원죄, 인간의 전적인 부패, 중생치 않은 인간의 적나라한 모습을 심도 있게 파헤치면서 참회를 매우 강조하였다.[22] 그는 오직 회개하고 믿음을 가지는 것만이 개인과 사회와 나라가 사는 길이라고 역설하며 영국민과 식민지인들의 영적, 종교적 무관심과 무지를 깨우치기 위해 부단히 노력하였다.

---

21) 김인수, 「조지 휫필드의 삶과 사상」, 105-106.
22) 회개의 중요성은 그의 설교 "회개하고 돌이키라"에 잘 나타나 있다.

4. 조지 휫필드가 부흥운동에 끼친 영향

1) 영국 교회와 사회에 끼친 영향

17세기 말엽부터 18세기 초엽까지 영국사회는 자연신론의 합리적 종교가 범람한 시기로 17세기부터 불기 시작한 문화의 세속화가 신앙의 세속화와 맞물려 그 위세를 떨치던 시기였다. 당시 영국교회는 계몽주의의 영향을 받은 합리주의 철학과 이신론(Deism)의 득세로 영적 고갈 현상이 두드러졌으며, 청교도 신앙의 퇴색과 지나친 형식주의로 인해 기독교가 도덕체계로 전락할 지경에 이르렀다. 성직자들의 설교는 도덕적 행위를 위한 논설에 불과하였고, 예배는 경직되었고 형식화되었다. 성직자들은 교구 일이나 교구민들을 돌보기보다 대 지주층이나 상인들과 결탁하여 교회재산을 늘리고 자리를 지키기에 급급했다. 이러한 교회의 부패와 타락으로 영국교회는 불신과 공개적인 무시의 대상이 되었다. 게다가 사회적으로 산업혁명 후에 발생한 빈부의 격차와 계급의 발생, 세속문화의 확산으로 혼란과 무질서가 야기되고 있었다. 이러한 상황에도 불구하고 영국국교회는 아무런 전도활동 및 사회정화활동도 전개하지 않아 전 영국이 음주와 도박으로 찌들어 있었다.

이러한 시대 상황 속에서 휫필드의 신앙 부흥운동이 일어나 영국 교회와 사회에 다음과 같은 영향을 끼쳤다. 첫째, 부흥운동과 회개와 회심에 대한 설교로 개인과 교회는 물론 국가 안에 새로운 기운이 일게 하였다. 영국국교회뿐 아니라 비 국교도인에 이르기까지 영적침체에서 일어나 새로운 활력을 얻게 되었다. 영국사회의 전반적인 현상인 무지, 방탕, 술취함, 타락에서 벗어나려는 새로운 각성이 일어났으며, 개인의 변화를 통해 사회가 점차 안정과 질서를 잡아가기 시작하였다. 특히 야외전도로써 소외당한 계층에 접근하여 개인과 사회를 변화시키는 데 큰 공헌을 하였다.

둘째, 영국국교회의 영적 소생과 메소디스트(Methodist)라고 불리는 단체의 창설에도 영향을 끼쳤다. 웨슬리의 복음주의운동과 더불어 휫필드의 영감 있는 설교는 새로운 활력을 불러 일으켜 메소디스트 창설의 직접적인 원인이 되었다.

셋째, 기독교교육을 강화시켰고, 무엇보다도 교회 본연의 사명인 전도와 선교에 대한 관심을 불러일으켰다. 그 결과 간접적이기는 하지만 윌리엄 윌버퍼스(William Wilberforce) 주도하에 일어난 노예폐지운동, 노동자의 인권을 보장하는 조합운동, 1832년의 선거법 개정 등 사회개혁운동에 일말의 영향을 끼쳤다.[23]

2) 미국 대각성운동에 미친 영향

신앙의 자유를 찾아 아메리카 신대륙에 온 청교도인들의 신앙의 불길은 100년이 지나는 동안 서서히 꺼져가고 세속주의와 무신론이 점증하면서 교회가 차가운 이성주의로 전락해 갔다. 그 결과 성직자들이 영국에서처럼 교회 일보다는 여우사냥, 경마, 대농장주의 초대에 더 흥미를 가졌으며, 신자들 가운데는 맹목적인 신앙 경향이 농후해져 갔다. 불신과 도덕적인 타락과 성적 무질서로 심히 부패해 있었다.

이러한 때인 1720년에 경건주의의 영향을 받은 화란 개혁교회 목사 데오도르 프렐링하이젠(Theodore J. Frelinghuysen)과 길버트 테넌트(Gilbert Tenant)가 동아일랜드와 버지니아에서 깊은 내적 변화의 필요성을 확신하고 회개의 필요성, 헌신적인 생활, 열성, 평신도의 중요성을 강조하여 부흥운동을 촉발시켰다. 이어 1734년부터 조나단 에드워드가 매사추세츠 노댐턴 지역에서 영적인 대각성운동을 일으켰다.

이와 같이 휫필드가 뉴잉글랜드를 방문하기 전에 여러 지역에서 부흥운동이 산발적으로 일어났으며, 그의 방문과 부흥운동은 이러한 영적 각성의 불씨를 살리는 계기가 되었다. 이를 자세히 살펴보면 다음과 같다.

첫째, 휫필드의 부흥운동이 고리가 되어 문화와 전통이 다양한 미국 교

---

23) 윌버포스(W. Wilberforce)의 노예폐지론은 1784-85년에 받아들인 복음주의 그리스도교 사상에 일부 기반을 둔 것이다. 또한 1787년 풍속 개혁을 위한 선언협회(Proclamation Society, 외설물 출판 억제를 목적으로 함)와 노예무역폐지협회(반노예제협회라는 명칭으로 더 잘 알려져 있음) 등의 창설을 도왔다. 이상규, 「휫필드의 신앙 부흥이 끼친 영향」, 『그 말씀』 1994년 10월호, 118-119.

회가 하나로 연결되었다. 그는 비록 철저한 칼빈주의자였지만 교파를 초월하여 부흥운동을 펼쳤으며, 교구 목사들과의 갈등을 해결하기 위해 자기 교회나 교파를 따로 세우지 않았다. 물론 한동안 칼빈주의적 감리회의 대표로 있었지만 그것도 포기하고 성공회, 장로교, 회중교회, 개혁교회 등 모든 교파를 대상으로 하여 교파의 상이점보다 공통점을 찾아 초교파적인 활동을 함으로써 분리주의자를 연합시켰다.[24]

둘째, 그의 설교와 부흥운동으로 인해 미주대륙의 교회가 성장하였다. 교회가 부흥하고 성도의 수가 급격히 증가하였다.[25]

셋째, 활발한 선교운동이 촉진되었다. 특히 뉴잉글랜드 지역에서 인디언 선교와 흑인 선교에 대한 새로운 바람이 불기 시작하였다.[26]

넷째, 그가 설교에서 기독교교육을 강조함으로써 고등교육에 대한 열의가 활발히 일어나 여러 대학들이 설립되었다. 개종한 사람들의 감격과 기쁨 그리고 하나님과 지역 사회에 대한 의무감, 젊은이들의 목회자가 되려는 열정으로 각처에서 대학이 설립되었다.[27]

5. 나가는 말

휫필드가 활동했던 18세기에 영국과 스코틀랜드와 미국에서는 사회구조의 급격한 변화로 혼란과 계층 간 격차가 극대화되고 도덕과 기강이 문란해졌다. 기독교계 역시 철학적·이성적 신앙이 주류를 이루며 영적 침체가 가속화되었다. 한편에서는 영적 염원이 높아져 일련의 각성운동이

---

24) W. W. Sweet, 『조지 휫필드 설교 사상 연구』(*The Story of Religion in America*), 159-162.
25) 크랙(Crag)은 1740년-1741년 휫필드의 설교로 인해 중부 식민지에서 부흥이 최고조로 이르렀으며, 그의 영향으로 장로교회와 침례교가 크게 성장하였고, 감리교회는 미국에서 가장 큰 교회로 자리잡게 되었을 뿐 아니라, 루터란 교회와 개혁교회도 생기게 되었다고 하였다.
26) 대각성운동 이후 1734년 존 사전트(J. Sargent)에 의하여 서부 매사추세츠 주 스톡브리지에서 인디언 자녀들을 위한 교육과 훈련이 시작되었고, 이후 데이비드 브레이너드(D. Brainerd)에 의하여 인디언 선교가 꽃피우게 되었다. 흑인 선교에도 장로교, 감리교인들이 앞장섰으며, 퀘이커 교도들은 노예제 반대운동을 벌였다.
27) 펜실베이니아대학(1755), 뉴저지대학(후에 프린스턴 1740), 장로교회의 하노버대학(1746), 브라운대학(1764), 퀸즈대학(후에 럿거즈대학, 1743)이 설립되었다.

자리를 잡아가고 있었다. 그러한 때 휫필드가 사회와 개인을 살리는 부흥운동을 시작했다.

그의 부흥설교는 칼빈주의적 전도신학, 은혜와 선택의 신학, 참된 회개의 신학을 지향하였다. 설교에는 칼빈신학의 주제인 하나님 주권, 제한적 구속, 전적 타락, 무조건적 선택 등의 사상이 깊숙이 배어 있었다. 그러나 철저한 칼빈주의자였음에도 불구하고 부흥운동에서 전도의 효과와 목적을 달성하기 위해 즉각적인 회심을 강조하며 예수 그리스도 안에서 교파와 신학의 장벽을 허무는 방법을 선택하였다. 비록 그의 부흥운동이 지나치게 감정에 호소하고 신앙체험을 강조하여 열광주의, 광신주의, 신비주의로 흐른 경향이 없지는 않았지만, 개인과 교회와 사회를 정화시키는 원동력이 된 것은 자명한 사실이었다.

그의 설교와 부흥운동을 통해 영국교회가 새로운 영적활력을 얻게 되고 개인이 변화되고 사회가 안정과 질서를 잡아갔으며, 메소디스트(Methodist)라 불리는 단체가 창설되었다. 기독교교육이 강화되었고 전도와 선교에 대한 관심을 일어났으며, 노예제폐지운동, 노동조합운동, 선거법 개정 등의 사회개혁운동에도 간접적인 영향을 주었다. 미국에서도 제1차 대각성운동을 더욱 활성화시키는 성과를 냈다. 교회를 성장시키고 문화와 전통이 서로 다른 미국교회를 하나로 연결시키는 고리가 되었다. 그 자신이 철저한 칼빈주의자였음에도 불구하고 자기 교회나 교파를 세우지 않고 초교파적인 부흥운동을 펼쳐 선교운동을 촉진시켰고, 특히 뉴잉글랜드 지역에서 인디언선교와 흑인선교 바람을 일으켰다. 고등교육에 대한 열의를 고조시켜 각처에 대학들이 설립되게 하였다.

이상과 같은 결실을 보면 이 시대에도 휫필드와 같은 설교가의 등장이 필요하다는 생각이 든다. 한국 개신교회는 세속주의, 성장주의, 물량주의로 중병에 걸려 있다. 휫필드의 부흥운동에서 그러했던 것처럼 한국교회의 말씀의 현장마다 참회와 부흥의 역사가 일어나야 할 것이다.

06

미국 제1차 대각성운동의 영향력

이혜원(교회사)

1. 들어가는 말
2. 제1차 대각성운동의 영향
3. 나가는 말

1. 들어가는 말

18세기 중반 미국 동북부 뉴잉글랜드[1] 지역을 중심으로 일어난 제1차 대각성운동(The Great Awakening)은 무기력에 빠져 있던 교회에 영적 쇄신을 가져다 준 부흥운동이었다. 당시에 사람들은 대각성운동을 "황량하고 메마른 시간"을 깨뜨려 영적인 생명력을 새롭게 불러일으킨 사건으로, 또는 오랫동안 타락의 길을 걸어온 교회를 완전히 소멸될 위기에서 건져낸 사건으로 인식하였다.[2] 오늘날도 제1차 대각성운동은 타락일로에 있던 청교도사회를 나락으로부터 극적으로 건진 운동이었다는 평을 받고 있다.[3] 보다 구체적으로는 경건주의와 칼빈주의 그리고 복음주의의 영향을 강력하게 나타내고 개인의 '회심'과 내적 각성을 중요시한 운동이었다

---

[1] 뉴잉글랜드란 미국 동북부 6개 주를 일컫는다. 메인, 뉴햄프셔, 버몬트, 매사추세츠, 코네티컷, 로드아일랜드가 여기에 속한다.
[2] Edith L. Blumhofer, Randall Balmer ed., *Modern Christian Revivals* (University of Illinois Press, 1993), 42; Gerald F. Moran, *Christian Revivalism and Culture in Early America: Puritan, New England as a Case Study* (Edith L. Blumhofer, Randall Balmer ed., *Modern Christian Revivals* 〈University of Illinois Press, 1993〉), 42-43.
[3] Gerald F. Moran, *Christian Revivalism and Culture in Early America: Puritan, New England as a Case Study*, 42-43.

는 평가를 받고 있다.

대각성의 초기 징조는 1720년대 뉴저지의 네덜란드 개혁교회에서 나타났다. 칼빈주의 영향권에 있던 네덜란드 개혁교회가[4] 형식주의와 무기력에 빠져 있는 것을 문제로 여긴 젊은 목사 프렐링하이젠(Theodore J. Frelinghuysen, 1691-1748)이 교인들에게 보다 깊고 체험적인 기독교 신앙을 강조함에 따라 그의 교회에서 부흥 물결이 일어났다. 부흥운동의 본격적인 점화는 1734-1735년 사이 매사추세츠 주 노댐턴(Northhapmton)의 목사 조나단 에드워즈(Jonathan Edwards, 1703-1758)에 의해 이루어졌다. 조나단 에드워즈는 목사이자 신학자로서 칼빈주의를 재해석하여 하나님의 권능에 의한 무조건적 구원을 강조하며 부흥운동을 이끌었다. 이렇게 하여 뉴잉글랜드 여러 지역에서 터가 잡힌 부흥운동의 물결은 1739년 조지 휫필드(George Whitefield, 1714-1770)가 등장하면서 1741-42년에 절정에 달했다. 그는 열정적이고 감정을 자극하는 독특한 설교방법으로 수많은 사람을 몰고 다니며 순회설교를 하였다. 그의 설교방법은 장로교인 길버트 테넌트(Gilbert Tennant, 1703-1764)와 제임스 데번포트(James Davenport, 1716-1757) 등의 순회 설교자들에게 이어지면서 뉴잉글랜드 부흥운동을 역사적 사건으로 만들었다.

역사적 사건으로서 제1차 대각성운동은 미국의 역사 서적이라면 일반 역사나 교회사를 불문하고 반드시 짚고 넘어가는 중요한 사건으로 자리매김 되고 있다. 그것은 이 운동이 종교적으로는 물론 사회적, 문화적으로도 큰 파급력을 나타냈기 때문이었다. 이 소고에서는 이처럼 역사적으로 중요한 위치를 차지하는 18세기 뉴잉글랜드 제1차 대각성운동의 전개과정을 짧게 개관한 후, 이 운동이 교회와 신학, 사회, 문화에 미친 영향을 집중적으로 살펴보도록 하겠다.

---

4) William G. McLoughlin, *Revivals, Awakenings, and Reform: An Essay on Religion and Social Change in America, 1607-1977* (The University of Chicago Press, 1978), 46-47.

2. 제1차 대각성운동의 영향

1) 교회에 미친 영향

1743년에 이르러 이러한 부흥운동이 과연 정당한가에 대해 회의론이 등장하였고, 1745년에는 여러 이견들로 인해 큰 파문이 일었다. 부흥운동 자체는 폭발적인 영향력을 몰고 왔다. 첫째로 등록교인의 수가 증대되었다. 그러나 이러한 수적 증가는, 이를테면 정확히 몇 명이 회심하여 새로 교회에 들어왔는지는 어느 학자들에 의해서도 정확히 기록되지 않고 있다. 단순히 '수천 명 혹은 다수'라고만 언급되고 있을 따름이다. 매사추세츠 하버드의 경우, 일 년에 최대 12명씩 교인의 수가 늘었고, 1739년부터 1744년까지 총 백여 명의 새신자가 생겼다고 하며, 라임 동부 교구는 60-70가구의 교인이 있었다가 1741-1744년 사이에 10명의 백인과 13명의 원주민이 새로 교회에 나왔고, 특히 1741년 7월에 32명이 들어와 최고치를 경신했다고 한다.[5]

등록 교인이 증가된 것보다는 교회에 관심을 가진 사람이 많이 늘어난 것이 더욱 중요한 결실이었다. 존 웹의 교회에는 3개월 사이에 550명이 목사에게 신앙상담을 하러 왔다. 특히 젊은 사람들이 '구원을 받으려면 내가 무엇을 해야 하는지'를 물어왔다. 교회와 야외 강단 외에도 가정이나 개인들끼리 기독교 모임을 갖는 일이 잦아졌다.[6] 자신이 속한 교회나 목사가 이런 복음전도에 관심이 없을 경우는, 교회를 나와 마음이 맞는 사람끼리 새로운 연합을 결성하고 평신도끼리 설교를 하곤 했는데, 이로 인해 점차 '청교도 부족주의'가 서서히 무너져 갔다. 대각성이 휘몰아 친 후, 사람들은 단순히 복음의 수용자가 되는 데에 만족하지 않고, 복음의 전달자로 나서려는 경향을 강하게 나타냈다.

에드워즈는 '회심'한 가지면 교인의 자격으로 족하다고 주장했다. 그

---

5) Christian History, II, 14, 20, Edwin Scott Gaustad, *The Great Awakening in New England* (Gloucester, Mass, Peter Smith, 1965), 104.
6) Edwin Scott Gaustad, *The Great Awakening in New England*, 105.

는 회심하여 교회에 나온 자라면 교인으로서의 모든 지위를 인정해 주어야 한다고 보았다. 결과적으로 기독교인 부모 밑에서 태어난 유아에게 세례를 주는 '중도 계약'(Half-Way Covenant) 사상이 파기되는 현상이 에드워즈 계승자들에게서 야기되었다.

부흥운동의 여파로 목사들의 설교방식이 많이 달라졌다. 빽빽한 설교문 대신 즉흥적인 설교가 그 자리를 대신했다. 또한 평신도 설교가들이 복음을 강조하여 설교하는 것에 대한 반작용으로 목사들은 자신의 전문성을 보여주기 위해 설교내용을 신학적으로-칼빈주의 혹은 알미니안주의를 내세우는 등으로-다듬어나갔고, 자신들의 영역을 지키고자 목사가 되는 과정을 더욱 전문화하고 어렵게 만들었다. 그 결과 교파들마다 목회자 양성을 위해 대학 설립에 열을 올렸다. 이때 부흥운동을 지지했던 장로교와 침례교 계통의 대학들이 문을 열었다. 장로교는 1746년에 프린스턴대학(Princeton University)을, 침례교는 1764년에 로드아일랜드대학(College of Rhode Island, Brown University)을, 네덜란드 개혁교회는 1766년에 퀸즈대학(Queen's College, Rutgers University: 뉴저지 주립대학)을 설립하였다.

부흥운동의 영향으로 1740년대에는 사회적인 계약보다 하나님과의 계약이 중시되었다. 교구 조직은 힘을 잃어갔으며, 사람들은 조직교회를 나와서도 소그룹을 통해 신앙을 이어갈 수 있게 되었다. 보수적인 사람들은 하나님의 사랑이라는 이름으로 교회가 찢겨나가는 당시의 상황을 비판했다. 이러한 소그룹 정신이 팽배해져서 수많은 교회가 생겨난 것이 대각성운동의 결정적인 영향이었다. 분열은 뉴잉글랜드의 전통적인 교구제도를 파괴시키고, 기존의 교회제도나 원칙들을 침몰시켜 갔다. 그러나 분열해 나간 교회들은 오래 버티지 못하였다. 어떤 교회들은 사라졌고, 어떤 교회들은 다시 기존 교회로 흡수되었다. 끝까지 살아남은 교회들은 후에 침례교가 되는 회중교회 그룹으로 되돌아갔고, 조직교회에 대항하여 끝까지 홀로서기를 고집했던 교회들도 있었다.

교파 간의 갈등도 발생하였다. 코네티컷주는 1720년대에 국교회, 퀘이커, 침례교의 종교 활동을 허락하는 관용정책을 채택하고 있었으나 1741

년에 부흥운동을 통해 생겨난 "장로회 혹은 회중교회"의 교회 설립과 목회자 안수를 금지시켰다. 장로회 교도들은 학교에도 못 들어갔고, 직장에서도 쫓겨났다. 그들은 박해를 피하기 위해 이름을 '침례교'로 바꾼 후에야 관용 정책의 혜택을 받을 수 있었다. 매사추세츠에서는 교회 분열보다 신학적인 분열이 더 심했다. 에드워즈 학풍에 서 있던 나다나엘 에몬스(Nathanael Emmons)는 교회들이 단결하여 연합체를 만드는 것에 반대했다. 그는 "교제는 연합을 만들고, 연합은 장로제를 만들고, 장로제는 감독제를 만들고, 감독제는 로마 가톨릭으로 가는 길이다"라고 주장했다.[7]

국교회는 부흥운동의 열풍을 경계했다. 그에 따라 그러한 열정주의자와 괴팍한 사람들을 경계하는 설교가 국교회의 분위기를 주도하였다. 하지만 휫필드가 영국국교회 목사라는 사실은 그들에게 커다란 혼란을 가져다주었다. 장로교는 대각성 중에 단연 주목을 받은 교단이 되었다. 1745년 이후 미국 장로교단은 공의회를 조직하고, 조나단 에드워즈, 콜맨, 웹, 쿠퍼 등 많은 학자들을 배출했다.

본래적으로 신학적 불일치가 심했던 침례회는 대각성운동의 영향을 크게 받았다. 부흥운동 전에는 대부분의 침례교회가 알미니안주의를 따랐다. 알미니안으로서 강한 영향력을 행사하고 있던 제레미아 콘디(Jeremiah Condy)는 초기에 칼빈주의로 점철되는 부흥운동에 강하게 반대했다. 하지만 부흥운동에 호의적이며 콘디의 알미니안주의에 반대하는 교회들이 분리해 나와 새로운 교회를 세웠다. 부흥운동의 물결이 잔잔해질 무렵에 침례교는 오히려 부흥운동의 거센 영향권 안에 들어갔다. 부흥운동으로 여러 교파에서 분리되어 나온 개교회들과 엄격한 회중주의자들이 침례교 밑으로 들어오면서 침례교단이 엄청나게 팽창하였다. 그에 따라 침례교의 주요 교회들이 칼빈주의를 받아들이게 되었고, 결국 침례교의 성격 자체가 변하게 되었다. 대각성 전부터 칼빈주의를 받아들이던 소수의 침례교회들은 대각성운동 기간에 엄청나게 성장하였다. 1740년에 겨우 6개였던 칼빈주의 침례교회가 18세기 후반에 이르러 325개로 늘어난다. 대각성 지지론자들과 침례교는 둘 다 교회의 갱신을 옹호했고, 국

---

7) Edwin Scott Gaustad, *The Great Awakening in New England*, 112.

가의 교회 간섭에 반대했다. 침례교는 서부개척 시대를 맞아 칼빈주의와 복음주의를 전면에 내세워 미국의 팽창과 더불어 팽창해나갔다.

제1차 대각성운동이 낳은 또 다른 결과는 교파 개념이 재구성된 것이었다. 교파주의(denominationalism)는 분파주의(sectarianism)와는 정 반대의 의미를 가진다. '분파'(sect)는 자기 하나만을 참된 교회로 보고 나머지를 모두 참된 교회가 아니라고 보지만, '교파'(denomination)는 포괄적이어서 다른 교회들도 참된 교회의 범주 안에 들 수 있다고 본다. 길버트 테넌트는 교파를 하나의 참된 교회 밑에 존재하는 수많은 가지들 중에 하나라고 설명하였다. 대각성운동으로 정립된 이러한 교파 개념은 교파들이 선교사업 등에서 일련의 연합활동을 할 수 있는 이론적 근거가 되었다. 교파들이 이제 성경과 소책자 배부, 교육, 자선 등을 위한 단체활동뿐만 아니라, 도덕적·사회적 갱신사업도 함께 추구해 나갈 수 있게 된 것이었다.[8] 이처럼 1차 대각성운동은 교파의 분리를 낳았지만, 반대로 개신교 전체를 복음주의적 메시지를 중심으로 뭉칠 수 있도록 하는 원동력이 되기도 하였다.[9]

2) 신학에 미친 영향

대각성운동의 시기를 거치면서 미대륙은 어느 때보다도 거센 신학적 도전을 받았다. 대각성운동의 선구자들이 활동하는 동안 일반 구원 대 특별 구원, 예수의 신성 대 인성, 이성 대 계시, 개혁 대 갱생, 무조건적 은혜 대 조건적 은혜 등의 신학 주제들이 격렬한 논쟁의 대상으로 떠올랐다.

대각성운동으로 인한 신학적 분열 역시 만만치 않았다. 우선 칼빈주의의 강세로 인해 대각성운동에 반대하는 것은 곧 칼빈주의를 반대하는 형세로 돌아갔다. 초운시(Charles Chauncy, 1705-1787)는 1741년경에는 칼빈주의적 신학을 견지하고 있었지만, 후에는 대각성에 반대하기 위해

---

8) Winthrop S. Hudson, John Corrigan, *Religion in America, sixth edition* (Upper Saddle River, New Jersey: Prentice Hall, Inc., 1999), 101.
9) Adrian Hastings ed., *A World History of Christianity* (Cambridge: Eerdmans,, 1999), 424.

대각성의 기반이 되고 있는 칼빈주의까지 반대(1758)하고 나섰다.

1741년 휫필드는 웨슬리와 그를 따르는 알미니안주의를 비판했으며,[10] 그 후 부흥운동 지지자들인 신파(New Light)가 그의 뒤를 따랐다. 신학교육을 받지 않았어도 부흥운동을 이끌어 가는 데 그다지 어려움을 느끼지 않은 신파의 소수 평신도 설교가들은, '인간의 앎'에 큰 가치를 부여하지 않았다. 하지만 회중주의자들과 장로교회는 이러한 반계몽주의적 흐름에 반대했다.

부흥운동의 여파로 부흥운동에 대한 입장에 따라 지지자들인 신파(New Light)와 반대자들인 구파(Old Light)가 나뉘었지만, 더 세분하면 신학적 입장에 따라 4개의 종파가 갈라졌다. 첫 번째는 부흥운동의 신학적 기반을 형성한 '신(엄격한) 칼빈주의자'이며, 두 번째는 정통신학의 왼쪽에 있었던 '알미니안'(자유주의자, Liberals), 세 번째는 대각성 전부터 존재했던 '구 칼빈주의자들', 마지막은 열광적인 부흥운동자들이며 신학적으로는 초보자였던 극단주의자였다.

신학적 입장에서 봤을 때, 신(엄격한) 칼빈주의자—혹은 에드워즈 추종자—는 대각성운동의 기념비적인 결과물인 '뉴잉글랜드 신학' 학파였다.[11] 신칼빈주의와 대각성의 관계를 살펴보기 위해서는 대각성운동 자체의 신학을 우선 살펴보아야 할 것이다. 1734년 노댐턴 부흥운동에서 에드워즈는 '믿음으로 인한 칭의'(justification)를 중심으로 하는 일련의 설교를 발표했다. 그리고 1745년 대각성을 지지하는 목회자들은 칼빈주의를 공식적으로 주목했다. 물론 에드워즈의 신학과 대각성운동이 정확히 일치하는 것은 아니며, 에드워즈의 신학으로 대각성이 발생한 것은 아니지만, 대각성은 확실히 에드워즈의 신학에 기반하고 있었다. 신칼빈주의는 당연히 구원에 있어서 신의 절대 주권을 자신들 신학의 중심으로 삼았고, 이것이 대각성운동의 신학적 기반으로 작용하였다.

이에 반해 알미니안(자유주의자)들은 대각성 이전부터 자연이성에 의한 사유를 중시하였다. 그들은 신의 주권만을 강조하는 것은 도덕을 심하게

---

10) Edwin Scott Gaustad, *The Great Awakening in New England*, 128.
11) Edwin Scott Gaustad, *The Great Awakening in New England*, 134.

훼손하고 일반 상식에 반한다고 신칼빈주의자들을 비난하였고, 부흥운동의 열광적인 측면 또한 비판했다. 그들은 칼빈주의의 핵심 교의를 비인간적·비합리적이고, 변호할 여지가 없는 것으로 치부하였다. 그들이 봤을 때 원죄는 무죄한 수많은 아기들을 지옥에 떨어뜨렸고, 예정론은 신에게 버림받은 사람을 만들었으며, 무조건적 은총은 모든 도덕적인 측면과 선행을 폐기시켜버렸다. 이성의 강조는 예수의 신성에 의문을 갖게 하는 결과를 가져왔다. 4세기의 아리우스가 18세기에 뉴잉글랜드에서 부활한 것 같았다. 뉴잉글랜드 유니테리언들은 종교에서 모든 신비로운 것들을 제거하려 하였고, 예수의 신성을 부정했다. 이들은 기독교 인식에 있어서는 진보적이었지만, 일반인들의 과도한 열광주의를 경멸한 점에서는 보수주의적이었다.[12] 하지만 알미니안들은 마침내 뉴잉글랜드에서 신학적으로 가장 발달한 학파를 이루었다.

온건파로 알려진 구 칼빈주의자들은 신학논쟁이 '신학적 미묘함'에 대한 과도하고 까다로운 관심에서 비롯되었다고 보면서, '넓은 아량'을 펼 것을 주장했다.[13] 또한 신학적 논쟁은 단지 언어의 논쟁에 불과하다고 주장했다. 1760년 에스라 스타일스(Stiles)는 알미니안들과 칼빈주의자들 간의 논쟁에 대해 다음과 같이 논하였다.

> 알미니안으로 불리는 자들은 예수의 은혜에 의한 구원을 믿으며, 칼빈주의자라 불리는 자들은 선행의 중요성을 결코 부정하지 않는다. 따라서 나는 그 두 입장의 근본적인 주장들이 어떤 중대한 차이점을 가지고 있는지 전혀 모르겠다.[14]

하지만 스타일스의 주장은 당시 뉴잉글랜드의 교회 분열 조짐을 억제하기 위해 신학의 차이를 최소화시킨 것이었다. 실제로 구 칼빈주의자들은 신학적 차이점들을 자각하고 있었다. 영적인 갱생 없이 도덕적인 개혁만 가지고는 사람이 의로워질 수 없다는 것을 대부분의 칼빈주의자들이 강하

---

12) 마크 A. 놀, 『미국·캐나다 기독교 역사』, 최재건 역 (서울: CLC, 2005), 136.
13) Winthrop S. Hudson, *John Corrigan, Religion in America*, 100.
14) Edwin Scott Gaustad, *The Great Awakening in New England*, 130.

게 인식하고 있었다. 구 칼빈주의자들은 또한 신앙에 대해서 뿐 아니라 위계구조를 갖춘 사회질서를 지향하는 점에서 청교도 전통을 유지했다.

극단주의자들은 다소 황당한 신학적 명제들을 들고 나와 사람들을 당황케 했다. 그들의 대표적인 사상은 임박한 종말론이었는데, 특히 데번포트는 하나님의 계시는 세상이 끝나가는 증거라고 말해 청중을 놀라게 만들기도 했다. 물론 극단주의자들만 천년왕국설에 관심을 가진 것이 아니었으며, 에드워즈도 지상에 건설될 예수의 왕국에 관심을 가졌다. 하지만 극단주의자들은 천년왕국설을 들먹여 회심을 종용하고 협박하는 수단으로 삼았다.

뉴잉글랜드의 대각성은 경건주의와 계몽주의 둘 다로부터 자극을 받았고 그 영향을 남겼다. 계몽주의는 사람들이 낡아빠진 교리의 늪에서 벗어나 궁극적인 진리를 추구하도록 자극했다. 개인의 경건한 종교적 삶을 강조하는 경건주의도 대각성운동의 커다란 유산으로 남았다.

3) 사회에 미친 영향

대각성운동은 몇몇 두드러진 지도자의 활동 이상의 의미를 가진다. 각성운동에 '대'(大)자가 붙을 수 있었던 것은 이것이 매우 광범위하고 일반적인 운동이었기 때문이었다. 모든 곳에서 부흥집회가 일어났고, 모든 사람이 부흥운동에 대해 친구가 되거나 적이 되거나 반드시 둘 중 하나를 선택해야만 하는 입장에 처해졌다. 또한 부흥운동이 미국 전역에서 일어났기 때문에, 이전까지 자신들의 유럽 출신지역의 영향을 받으며 서로 다른 관심사를 가지고 살아가던 사람들이 국가관이란 것에 눈을 뜨기 시작하였다. 각지에서 자발적인 부흥운동이 일어나면서 공통의 관심사를 갖게 되었고, 하나님이 미대륙에 특별한 운명을 내려주셨다는 것에 확신을 갖게 되었다. 이로써 미국인들이 응집력을 갖게 된 것이었다. 리차드 니버(Richard Niebuhr)는 "대각성운동이 미국 사회에 미친 영향은 결코 부정

---

15) H.R. Niebuhr, *The Kingdom of God in America* (Chicago: 1937), 126; Edwin Scott Gaustad, *The Great Awakening in New England*, 102에서 재인용.

할 수 없는 일이며, 대각성운동으로 뉴잉글랜드는 국가라는 개념에 대해 새롭게 각성할 수 있는 계기를 맞이하게 되었다"고 평했다.[15] 식민지인들은 부흥운동을 통해 '미국인'이란 정체성을 갖게 되었고, 이 대각성의 경험을 통해 서로 긴밀한 관계를 갖게 된 식민지는 미국 혁명 즉 독립 전쟁을 위한 전 단계 서 있게 되었다.[16]

대각성 시대에는 후천년설이 인기를 끌었고, 따라서 미래에 대해 밝은 전망이 당시에 나돌았다. 조나단 에드워즈는 바로 신대륙에서 천년왕국이 펼쳐질 것으로 기대하기도 했다. 결국 후천년설은 경건주의적 경향성과 결합해 종교적으로 경건한 사회에 대한 관심뿐만 아니라 정치적 자유에 대한 관심까지 고조시켰다.[17] 코네티컷에서는 17세기에 교회 교인만이 정치 투표에 참여할 수 있도록 법이 제정되어 있었고 18세기 초반까지도 이런 법에 반대하는 소리가 높지 않았으나, 소수 교파의 힘이 세어지면서 교회와 정치의 분리를 요구하는 목소리가 높아졌다. 국교회의 수가 처음부터 많지 않았던 매사추세츠에서는 교회가 보다 쉽게 정치로부터 자유를 얻었다.

복음주의 각성운동은 선교에 대한 관심을 증폭시켜 기독교 메시지가 원주민과 흑인노예 등 사회에서 억압받고 멸시받는 자들에게 더욱 직접적으로 전해지게 하였다. 원주민 선교의 경우, 데이비드 브레이너드(David Brainerd)와 엘리아잘 휠록(Eleazar Wheelock)이라는 두 명의 뛰어난 선교사가 원주민 선교에 뛰어들었다. 브레이너드는 "우리는 그들의 피부색 때문에는 멸시하지 않으나, 비기독교적인 기질과 행위들은 멸시한다. 그들이 기독교인이 되었을 때, 그리고 그렇게 행동할 때, 그들은 백인과 같은 대우를 받을 것이다"라고 하며 원주민 선교에 힘썼다.[18] 하지만 원주민에 대한 선한 의도와 순수한 관심이 증폭되었을지라도 땅에 대한 탐욕으로 인한 영국인 정착민들의 원주민 압박은 계속되었다. 그런 까닭에 원주민들에게 보편적인 복음의 약속을 전하는 일은 실패로 끝나고 말았다.

---

16) 윌리스턴 워커, 『기독교회사』, 송인설 譯(서울: 크리스챤다이제스트, 2003), 673.
17) Adrian Hastings ed., *A World History of Christianity*, 425.
18) 마크 A. 놀, 『미국·캐나다 기독교 역사』, 144.

대각성은 노예들 사이에서도 복음주의를 확산시켰다. 특히 길버트 테넌트는 매사추세츠 전도여행에서 많은 흑인들이 각성되고, 위대한 위로를 받아들이는 기쁨을 누렸다고 기록했다. 테넌트의 장로교 동료 사무엘 데이비스도 버지니아를 순회하는 동안 흑인에게 큰 관심을 보였다. 휫필드도 흑인 노예들에게 설교하려고 노력하였으나, 부흥운동을 이끈 첫 세대 가운데서는 노예제도 자체에 관심을 가지는 일이 거의 없었다.[19] 하지만 대각성은 흑인과 백인 사이의 문화의 간극을 메우는 역할을 하였다. 흑인들은 주요 부흥운동가들의 강한 칼빈주의 교리 안에서 오직 중요한 것은 하나님의 은혜뿐이라는 메시지를 들었다. 점차 흑인에 의해서, 그리고 흑인을 위해서 조직된 교회들이 모습을 드러내기 시작했다. 에드워즈의 제자인 사무엘 홉킨스(Samuel Hopkins, 1721-1803)는 뉴잉글랜드 노예제 존재에 대해 고민하기에 이르렀다.

4) 문화에 미친 영향

윌리엄 맥놀린(William McLoughlin)은 제1차 대각성운동을 과거의 사슬을 끊은 극적인 사건으로 보았다. 그는 뉴잉글랜드인들이 과거의 끈으로부터 스스로를 해방시키기 위해 "개개인의 머릿속에 잠재되어 있는 이상적인 사회질서와 하나님과의 관계에 대한 청사진으로부터" 벗어나 거대한 문화를 재교육시켰다고 설명했다.[20] 그는 코네티컷 대각성운동의 사회-심리학적 영향을 연구한 리처드 부시맨(Richard Bushman)의 용어를 빌어 부흥운동은 당시 사회가 봉착한 근대화의 위기와 공동사회로부터 아익사회로의 전환에서 야기된 '심리적 지각변동'이었다고 주장했다. 급격한 사회변화 속에서 안락함의 위기를 느낀 개인들이 대각성운동을 통해 새롭고 이상적인 길을 찾았다는 것이었다. 맥놀린은 사람들이 "하나님의 사역"인 대각성운동을 빙자해 "전통적 권위에 대항한 것을 변명했다"고 설명했다.[21]

---

19) 마크 A. 놀, 『미국·캐나다 기독교 역사』, 145.
20) William G. McLoughlin, *Revivals, Awakenings, and Reform*, 52-53.
21) William G. McLoughlin, *Revivals, Awakenings, and Reform*, 55-58.

그러나 사실 대각성운동은 문화적 도전행위였다기보다 변화하는 문화·인구학적 상황에 종교가 부응한 것이었다는 주장들이 제기되었다.[22] 그들에 따르면, 성직자의 권위 붕괴, 성직자의 집단적 열등화, 심리적 지각변동, 전통 권위에 대한 도전 등은 대각성운동 시기 뉴잉글랜드 교회의 정황과는 동떨어져 있는 것들이었다고 한다. 청교도 성직자들은 1690년 이전 몇십 년 동안 고용 방법의 변화로 불안정한 위치에 있었던 것이 사실이었으나, 1690년 이후부터는 여러 방법으로 교회 내에서 안정된 위치를 확보했다. 특히 잘 훈련된 새로운 목사들을 교구에 배치하여 부흥을 위해 헌신토록 하였다. 데이비드 홀(David Hall)은 교회쇠퇴 논쟁에서 교인들의 상태를 문제점으로 지적하였는데, 대각성운동 전야에 그들이 타락했다는 증거는 거의 찾아보기 어려웠다고 주장하였다. 교인들의 문제성은 1690년 전에만 해당되고 1690년 이후에는 전반적으로 교인들의 신앙이 강건해졌으며, 대각성운동이 일어나기 직전과 일어나던 시기에 평신도들이 교회와 교구에서 했던 활동들을 살펴보면 대각성운동이 결코 문화적인 도전행위가 아니었다는 것이 더욱 분명해진다고 하였다. 요컨대 대각성운동은 청교도의 전통에 대한 파괴적 저항운동이었던 것이 아니라, 오히려 청교도를 다시 살려보려는 대중적인 운동이었다는 것이다.

좀더 구체적으로 설명하면, 청교도 역사에서 소위 '침체기'로 불리는 대각성운동 직전의 시기에는 종교가 쇠퇴했던 것이 아니라 오히려 인구의 급속한 증가, 직업의 정체, 목회자들의 새로운 실험이 점철되고 있었다. 하버드대학교와 예일대학교가 목회자 훈련에 박차를 가하여 코네티컷과 매사추세츠 교구에서 훌륭한 목사들을 많이 배출하였다. 그런 바탕 위에서 대각성운동의 결과로 목회자 양성을 위한 고등교육의 수요가 급증하여 수많은 대학이 세워졌다. 장로교는 대학 설립에 앞장서 윌리엄 테넌트가 로그대학을 세운 본을 따라 많은 목회자들이 소규모의 사립 장로교 대학들을 설립해나갔다. 1746년 뉴욕 노회는 장로교 교육을 이끌 선두 대학으로 뉴저지 칼리지를 지정하였고, 이로써 프린스턴대학의 역사가 시작되었다.

---

22) Gerald F. Moran, *Christian Revivalism and Culture in Early America*, 47-48.

그리하여 1700년부터 1740년 사이에 대졸 출신 목회자들의 수가 10배로 증가하였다.[23] 전체 목사들 중 비(非)대학출신자가 1700년에는 12%였던 데 비해 1740년에는 3%만에 불과했다. 그 기간에 목사들이 봉급 및 교리 문제로 교인들과 논쟁하는 횟수가 현저히 증가하긴 했지만 그 때까지 목사직은 매우 안정적인 편이었다.[24] 교구의 불화로 악명이 높았던 코네티컷에서도 이 기간에 목사가 해임되는 경우는 매우 드물었으며, 5년간 5%를 넘지 않았다. 목사의 한 교회 재임기간이 17세기에는 16년이었으나 18세기에 들어서는 평균 26년으로 늘어났다.

대각성운동으로 촉발된 종교적 열광주의, 평신도와 목사의 순회설교, 대중 분리주의 등이 성직자의 권위를 심각하게 위협하였고, 분열을 야기하였다. 그러나 성직자들은 그러한 폭풍우를 놀라울 만큼 잘 견뎌내었다. 초기에 나타난 감정적 설교그룹과 이성적 설교그룹의 분리 현상도 곧 불식되었다. 그들은 목회자 네트워크를 다시 가동시켜 부흥운동을 자신들의 사역에 끌어들였다. 그들은 과거에 목사들이 부흥운동을 일으켜 교인들을 독려했던 방식에 새로운 습관을 덧붙여 각 사람이 교회에서 올바른 역할을 감당하고 교회가 순수한 교회로 거듭나도록 이끌었다. 그들은 대각성운동의 혼란 속에서 변화와 혁신을 기꺼이 받아들임으로써 자신들의 교회를 유지해 나갈 수 있었으며, 국교회, 침례교, 장로교의 성장에도 불구하고 교회의 기존 형태를 지속해 나갈 수 있었다.

그들의 주장에 따르면, 목사들이 옹호하던 기독교 문화가 사라져 간 것은 미국 독립전쟁이 일어나고 국가의 주권이 확립된 후에 시작되었다고 한다. 해리 스타우트(Harry Stout)는 '인류 평등주의 종교'로 명명되는 새로운 기독교 운동이 회중교회를 대신하여 힘을 얻기 시작한 것은 19세기 초의 일이었다고 설명하였다.[25]

---

23) 1,252명의 학생이 이 기간에 졸업하였는데, 558명(42%)이 목회자의 길을 걸었다. Gerald F. Moran, Christian Revivalism and Culture in Early America, 50.
24) 1700-1740년 사이에 목사들이 교인들과 심각한 논쟁을 벌이는 경우가 22%에서 47%로 늘어났다. 1700-1740년을 5년 단위로 나누어 목사 해임률(전체 목사 당 해임되는 목사 비율)을 살펴보면 다음과 같다 : 0.0, 2.5, 0.0, 1.2, 3.1, 2.5, 4.3, 1.0. Gerald F. Moran, *Christian Revivalism and Culture in Early America*, 50-51.
25) Harry S. Stout, *The New England Soul: Preaching and Religious Culture in Colonial New England*

3. 나가는 말

18세기 중반에 미국 뉴잉글랜드에서 일어난 제1차 대각성운동(The Great Awakening)은 개인의 회심과 내적 각성을 중요시하면서 무기력에 빠져 있던 교회에 영적 쇄신을 가져다 준 부흥운동으로 알려져 있다. 경건주의, 칼빈주의, 복음주의의 면모를 강력하게 나타낸 운동으로 기억되고도 있다. 또한 사회적 · 문화적인 파급효과도 커서 미국의 중요한 역사적 사건으로 주목받고 있다. 이 각성운동의 경험을 통해 식민지인들이 미국 국민으로서의 일체감과 정체성을 갖게 되었다는 설은 널리 일반화되어 있다.

1720년대에 뉴저지 네덜란드 개혁교회에서 프렐링하이젠 목사에 의해 일어난 부흥은 대각성운동의 발흥을 예고하였다. 그 후 1734-1735년 간에 매사추세츠주 노댐턴에서 조나단 에드워즈에 의해 대각성운동이 본격적으로 시작되었다. 그 후 1740-1742년에 조지 휫필드에 의해 절정에 이르렀고, 길버트 테넌트와 제임스 데번포트 등의 순회 설교자들에 의해 계속 전개되었다.

이 대각성운동은 교인수의 증가를 가져왔지만 교회에 대한 사람들의 태도 면에서 더욱 큰 결과를 나타냈다. 많은 사람들 즐겨 복음전도자와 설교자로 나섰고, 목사들의 즉흥적인 설교와 교회조직에서 벗어난 소그룹 중심의 신앙생활이 유행하였으며, 교파연합의 단체 활동이 태동하였다. 그런 와중에서 장로교가 크게 성장하였고 침례회도 칼빈주의적 성격을 분명히 하며 약진하였다. 이에 전문적인 목회자 양성을 고등교육의 수요가 급증하여 교단들이 다투어 프린스턴과 브라운을 비롯한 대학들을 설립하였다. 대졸 출신 목회자의 비율도 크게 높아졌다. 사회적인 계약보다 하나님과의 계약이 중시되어 교회가 정치로부터 분리되는 새로운 경향성도 나타냈다. 조나단 에드워즈는 회심만으로도 교회 회원이 될 수 있다고 주장하여 '중도계약'(Half-Way Covenant) 사상을 공격하였다.

(New York: Oxford University Press, 1986), 316, Gerald F. Moran, *Christian Revivalism and Culture in Early America*, 54에서 재인용.

신학적으로도 큰 파문이 일어 일반 구원 대 특별 구원, 예수의 신성 대 인성, 이성 대 계시, 개혁 대 갱생, 무조건적 은혜 대 조건적 은혜 등의 신학 주제들이 격렬한 논쟁에 휩쓸렸다. 또한 부흥운동에 대한 입장의 차이에 따라 부흥운동을 지지하는 신파(New Light)와 반대하는 구파(Old Light)가 나뉘었다. 보다 세분하면 '신(엄격한) 칼빈주의자'(혹은 에드워즈 추종자), '알미니안'(자유주의자), '구 칼빈주의자들'(온건파), 극단주의자로 4분되었다. '신(엄격한) 칼빈주의자'는 대각성의 결과물로서 기념비적인 '뉴잉글랜드 신학'을 창출하였다.

사회적으로도 제1차 대각성운동은 큰 영향을 나타냈는데, 무엇보다 국가관을 일깨워 미국 국민이란 정체성을 갖는 계기가 되었다. 각지에서 부흥운동을 체험한 사람들이 공통의 관심사를 갖게 되었고, 미대륙의 신적 운명에 대한 공통의 확신을 갖게 됨으로써 응집력을 갖게 되었다. 또한 후천년설의 유행 속에 미래에 대한 밝은 전망으로 경건한 사회와 정치적 자유에 대한 관심이 고조되었다. 선교에 대한 관심의 촉발로 사회에서 억압받고 멸시받는 원주민과 흑인들에 대한 선교가 시도되기도 하였다.

문화적으로도 구시대의 속박에서 벗어나 자유를 구가하려는 정신이 만연하여 새롭고 이상적인 길을 찾고자 했다. 이러한 때에 대각성운동이 돌파구가 되어주었으며, 교회들이 대각성운동의 혼란 속에서 변화와 혁신을 기꺼이 받아들임으로써 기존 형태를 지속시켜 나갈 수 있었다고 말해지기도 한다.

여하튼 미국의 제1차 대각성운동은 미국의 역사 뿐 아니라 그 이후 미국으로부터 뻗어나간 교회들의 역사에서도 중요한 위치를 차지한다. 따라서 앞으로는 대각성운동이 교계와 신학에 미친 영향 뿐 아니라, 국가, 사회, 문화에 미친 영향에도 더욱 깊은 관심을 기울여야 할 것이다.

A History of Modern Christian Revivals

근현대 부흥운동사 서설 최재건(교회사)
독일 루터파 경건주의-근현대 부흥운동의 여명 김상식(교회사)
18세기 영국 복음주의 부흥운동-웨슬리 형제와 감리회를 중심으로 송정연(교회사)
조나단 에드워즈와 미국 제1차 대각성운동 장진경(교회사)
조지 휫필드의 부흥운동 주 진(선교학)
미국 제1차 대각성운동의 영향력 이혜원(교회사)
미국 제2차 대각성운동 정요진(교회사)
찰스 피니의 부흥운동 이상정(교회사)
무디의 부흥운동 정다운(교회사)
노르웨이 부흥운동 장진경(교회사)
케직 사경회 윤상림(교회사)
웨일즈 부흥운동 장진경(교회사)
한국 초기 부흥운동-원산부흥운동을 중심으로 최형철(교회사)
평양대부흥운동 김현숙(예배·설교학)
중국의 부흥운동: 1900-1937년 윤상림(교회사)
해방 후 한국의 부흥운동-80년대까지를 중심으로 임승훈(예배·설교학)
빌리 그래함의 부흥운동 강현구(교회사)
영국·미국·한국 오순절운동 김윤정(교회사)

07
미국 제2차 대각성운동

정요진(교회사)

1. 들어가는 말
2. 제2차 대각성운동의 배경
3. 제2차 대각성운동의 전개
4. 대표적인 지도자들
5. 제2차 대각성운동의 반향
6. 제2차 대각성운동에 대한 반발
7. 제2차 대각성운동의 의미
8. 나가는 말

1. 들어가는 말

대각성운동은 미국 역사상 가장 광범위한 변혁운동을 유발하였다. 제1차 대각성운동으로 미주대륙의 거주민들이 신앙적으로 각성하게 되었을 뿐 아니라 국가적 자의식에도 눈을 뜨게 되었다. 그러나 이후에 영국과 전쟁이 벌어지고 독립을 쟁취한 후 신생 미국 국가는 전후 내적 갈등의 잔존과 새로운 유럽사조들의 유입으로 심각한 영적 위기를 맞이했다. 이런 상황에서 제2차 대각성운동이 일어났다.

이 글에서는 제2차 대각성운동을 전반적으로 개관하는 데에 목적을 둔다. 그러므로 대각성을 필요로 했던 정치적·사회적·종교적 배경과 독특했던 제2차 대각성운동의 전개과정을 먼저 간단히 돌아보고, 이 기간에 나타났던 영적인 거성의 활동과 영향을 살펴보고자 한다. 그리고 마지막으로 건국 이후의 시대적 필요와 계몽주의의 대두라는 정황 속에서 제2차 대각성운동이 어떠한 역사적 의미를 나타냈는지에 대해 생각해 보기로 한다.

2. 제2차 대각성운동의 배경

영국 조지 3세의 식민지 간섭과 각종 과세정책에 대항하여 식민지인들은 영국정부로부터의 독립을 꿈꾸게 되었다. 독립투쟁과 미국건국의 역사는 전제정치에 대한 반란기(1765-1775), 독립전쟁기(1776-1783), 전후 연방헌법 성립을 통한 미국 탄생기(1783-1787) 등 세 단계로 전개되었다.[1] 미국은 1776년에 독립을 선포하고 1789년에 합중국 헌법에 의거한 정부를 수립했다. 전쟁 동안 그들은 프랑스의 지원을 받았다. 이로 인해 기독교를 거짓된 신화라고 간주하는 계몽주의가 미국 안에서 양산되었고,[2] 기독교 안에서도 초자연적 기적과 예수의 신적인 면을 부정하고 도덕을 강조하는 이신론이 확산되었다.[3] 전쟁은 회중들을 분열시켰고, 특별히 감리교회가 영국과의 관계에 대해 의심을 받아 큰 타격을 받았다. 남부의 여러 주에서 국교가 폐지되고 뉴잉글랜드에서 교회와 국가의 결속이 비판받았던 것도 교회의 미래를 불확실하게 만들었다.[4] 결국 반기독교적인 풍조가 고양되고 많은 지도자들이 이신론을 추종하였다. 18세기 말과 19세기 초는 미국 기독교 역사상 신앙의 생명력이 가장 저조한 시기였다. 서부 개척지의 대다수가 종교적 무지에 빠져 있었고, 대학 교회들도 거의 몰락하였다. 일반인도 다툼, 음주, 신성모독의 발언 등을 일삼았다.

당시 전체 여론과 언론은 아직 반기독교적이지 않았다. 미국 독립전쟁에 많은 개신교인들이 참여했고 청교도주의가 이 혁명에 일정한 영향을 미치고 있었다. 건국의 지도자 존 위더스푼, 찰스 톰슨 등은 위대한 신앙인들이었다. 조지 워싱턴도 죽기 2년 전에 "신앙과 도덕은 시민사회의 가장 본질적인 기둥입니다"라고 말했다.[5]

당시에 신학에서 최소한 다섯 가지 주요 현상이 나타났다. 첫째, 복음주

---

1) 이경일 · 남철호 · 이정희, 『세계문화사』 (서울: 창문각, 1999), 228.
2) 이안 머리, 『부흥과 부흥주의』, 신호섭 역 (서울: 부흥과 개혁사, 2005), 185.
3) Barry Hankins, *The Second Great Awakening and the Transcendentalists* (Greenwood Press, Westport, Connecticut, 2004), 1.
4) 마크 A. 놀, 『미국 · 캐나다 기독교 역사』, 최재건 역 (서울: CLC, 2005), 214.
5) 이안 머리, 『부흥과 부흥주의』, 187.

의의 신학적 단일성이 깨어지기 시작하였다. 1800년 이전에는 미국 그리스도인들이 대부분 개혁주의자들이었으나 이후에는 다수가 알미니안주의적 성향을 띄게 되었다. 둘째, 복음주의가 약화되고 세속적인 경향이 강화되고 있었다. 셋째, 복음주의의 국가를 향한 태도가 변하고 있었다. 곧 하나님의 역사와 교회를 향했던 열정이 미국 자체를 향해 전이되고 있었다. 넷째, 복음주의신학이 미국 문화에 미치는 영향력이 점차 줄어들고 역으로 신학에 대한 문화의 영향력이 늘어나고 있었다. 다섯째, 교회 안에서 지성적 측면이 우세하던 현상이 변하여 1800년 이후로 일상적인 면이 우세해졌다.

이러한 배경에서 일어난 제2차 대각성운동은 복음주의 신학의 형성에 많은 영향을 주었다. 켄터키와 테네시에서 선풍을 일으킨 캠프 집회와 그보다 조용하면서도 그에 못지않게 강력하였던 뉴잉글랜드의 영적 부흥은 외적인 모습이 크게 달랐다. 중남부에서는 순회전도자들이 감정적인 부흥회를 주도하였던 반면, 뉴잉글랜드에서는 예일대의 총장 드와이트가 대학들과 그 지역 목회자들 사이에서 부흥운동을 주도하였다.

3. 제2차 대각성운동의 전개

제2차 대각성운동은 그것이 어디에서 시작되었는지 정확히 알 수 없을 만큼 광범위하게 일어났다. 제1차 대각성운동은 주로 동부해안과 연안지역을 강타했고, 상대적으로 인구가 적었던 1740년대의 사람들 사이에서 일어났다. 그러나 두 번째 대각성운동은 더 광대한 지역을 강타했고, 결과적으로 훨씬 더 많은 사람 사이에서 일어났다.

1) 동부지역

동부지역의 부흥운동은 해변을 따라 대학과 도시에 집중되었다. 1787년에 햄프던-시드니대학(Hampden-Sidney College)에서 부흥운동이 일어

나 워싱턴대학으로 확산되었다. 예일대학에서는 1802년에 부흥운동이 일어났다.[6]

티모시 드와이트(Timothy Dwight)가 1795년에 예일대학의 학장이 되었을 때, 예일대학은 프랑스 계몽운동의 이신론에 젖어 있었으며, 불신앙과 쾌락과 유행이 만연하고 있었다. 이에 맞서 드와이트는 두 가지 방면에서 노력하기 시작했다. 성경에 근거한 확신을 되살리기 위해 허심탄회한 논쟁을 시작했으며 신앙의 본질을 교류하기 위해 고안된 4년 주기의 설교들을 시작했다. 1795년부터 1802년까지 7년 동안은 학생들을 절제시키고 교화시키는 데 주력할 뿐이었다. 그러다 1802년에 부흥의 열기가 예일 캠퍼스를 휩쓸었다. 엄청나게 많은 학생이 목회 사역에 투신하는 놀라운 일이 급작스럽게 벌어졌으며, 그 숫자가 점점 많아졌다. 예일대학의 헤먼 험프리는 그가 담당한 4학급에서 13명만이 복음을 전도하는 목회자가 되었다는 사실을 기록했다. 그러나 다음 4년 동안 그 수가 69명으로 늘었고 "거의 모든 학생이 위대한 부흥에 압도되었고 영향을 받았다"고 기록했다.[7]

회중교회 뿐만 아니라 침례교와 감리교도 영적으로 각성하기 시작했다. 이 영적 각성운동은 뉴잉글랜드에서 대서양 중남부 및 중서부 개척지들로 널리 파급되었다. 동부의 교인들은 이 각성운동을 서부로 연장시키기 위해서 애썼다.

2) 서부지역

1800년 7월에 제임스 맥그래디(James McGready) 목사가 이끈 켄터키 가스퍼강(Grasper River) 유역의 캠프집회(Camp Meeting)와, 1801년 8월에 바톤 W. 스톤(Barton Warren Stone)이 이끈 켄터키 케인 릿지(Cane Ridge)의 캠프집회는 역사적으로 매우 중요한 의미를 갖는다. 특히 케인 릿지 집회는 6일 동안 계속 되었으며, 그곳에 억수같이 쏟아진

---

6) 『기독교대백과사전』(II) (서울: 기독교문사, 1984), 1056.
7) 이안 머리, 『부흥과 부흥주의』, 213-215.

비를 무릅쓰고 1만에서 2만 5천으로 추정되는 사람들이 몰려들었다.[8] 이 집회에서 장로교, 침례교, 감리교의 수많은 흑인과 백인 설교자들이 열정적으로 복음을 전했다. 그런데 케인 릿지에서 경련, 춤, 웃음, 달리기, 개 짖는 소리내기 등의 특이한 신체적 현상들이 벌어졌다. 이와 같은 집회에 대해 장로교 목사들은 매우 비판적이었다. 장로교 목사들은 이 집회를 주선하거나 참석하는 자를 처벌하기 시작하였다. 그렇지만 감리교와 침례교는 이러한 집회를 긍정적으로 받아들이고 정기적으로 개최하였다. 이 집회는 결국 감리교와 침례교의 양적인 급성장을 가져왔다. 1830년에 침례교와 감리교는 남부에서 뿐만 아니라 미국 전역에서 가장 큰 교단이 되었다.

4. 대표적인 지도자들

1) 프랜시스 애즈베리

제2차 대각성운동은 장로교가 아닌 감리교가 그 태동기를 이끌었다는 특징을 가지고 있다. 그리고 프랜시스 애즈베리는 제2차 대각성운동 초기 감리교 부흥운동에서 가장 중요한 역할을 한 사람이었다.[9]

프랜시스 애즈베리(Francis Asbury, 1745-1816)는 영국 버밍햄 근교에서 태어났다. 그의 부모는 영국 국교도로 감리교 신도회(Methodist Society)의 맴버였다. 애즈베리는 정규교육에 적응하지 못해 일찍이 학교를 그만두고 여러 가지 세속적인 일을 하다가 16살에 대장장이 견습생으로 일했다. 그 무렵에 회심을 경험한 후, 일주일에 5번씩 수 마일을 걸어서 지정된 감리교 신도회 모임에서 설교를 하였다. 아침 4시에 일어나 자정까지 사역을 하였는데, 이러한 습관은 일생 동안 지속되었다. 애즈베리는 마침내 1767년에 개최된 웨슬리안 회의(Wesleyan Conference)에서 순

---

8) 화이트·윅스·로젤, 『미국 기독교: 사례중심연구』(서울: 한국장로교출판사, 1998), 107.
9) Barry Hankins, *The Second Great Awakening and the Transcendentalists*, 14.

회 설교자로 파송받았다. 한편 미국에서 감리교운동이 활발하게 전개되고 많은 교인들이 증가함에 따라 그들을 위한 목회자가 필요하게 되었다. 1771년 존 웨슬리는 영국의 감리교 설교자들에게 "누가 갈 것인가?" 하며 도전을 주었다. 이때 애즈베리가 웨슬리의 말을 주님의 말씀으로 듣고 자원하였다. 미국으로 가는 배에서 그는 일기에 다음과 같이 기록하였다. "나는 지금 어디로 가는가? 신대륙으로 간다. 무엇을 하려는가? 명예를 얻으려고? 돈을 벌려고? 아니다. 나는 하나님을 위해 살려고 하는 것이다. 그리고 다른 사람들도 하나님을 위해 살도록 하기 위해서다."

애즈베리는 다른 사역자인 리차드 라이트(Richard Wright)와 함께 필라델피아에 도착한 후, 그 당시 많은 목회자들이 한 교회에, 특히 도시 지역에만 머물러 사역하는 것을 보고 매우 실망하였다. 그는 지역교회 중심의 목회를 하는 다른 교파들과 달리 감리교 체계를 순회제도로 바꾸었다. 그는 감리교 설교자들이 보다 많은 사람들을 찾아가 감리교 메시지인 자유 은총과 기독교인의 완전에 대한 설교를 하도록 격려하였다. 이 순회제도는 미국 감리교의 부흥에 대단한 성과를 가져다주었다. 감리교 순회설교자들은 말을 타고 다니면서 개척민들을 따라 어떠한 개척지든지 찾아가 복음을 증거 하였으며, 외딴 곳에 떨어져 살고 있는 정착민들을 찾아가 회심시켰다. 무엇보다 애즈베리 자신이 이러한 순회제도의 모범이 되었다. 45년 동안 30만 마일(50만 킬로미터)의 광대한 지역을 다녔고, 험산준령인 애팔래치아 산맥을 무려 60회 이상 넘나들며 1만 6000번 이상의 설교를 하였고, 224번 연회(annual conference)를 집례하였고, 4,000명 이상의 설교자들에게 안수를 하였다. 심한 비바람과 추위에도 쉬지 않고 순회전도 사역을 행하던 그는 결국 류마티스로 고생하였다. 천식과 늑막염까지 가중되어 불구의 몸이 된 마지막 2년 동안은 어디든지 어린아이처럼 데리고 다녀야만 했다.

그는 죽기 일주일 전에 식탁 테이블에서 베개를 의지하고 마지막 설교를 할 정도로 마지막 순간까지 복음을 증거하였다. 목회 여정에서 하나님의 나라를 위해 감당해야 할 가장 큰 어려움이 무엇이었느냐는 질문에 "지금까지 내가 얼마나 이루어 놓았느냐, 그리고 그것을 이루기 위해 내가 얼마나 어려움을 당하고 고생하였느냐 하는 것은 그리 중요한 문제가 아닙니다. 나에게 가장 중요하고 어려운 문제는 내 자신이 홀로 변함없이 그리스도의 의로움(義)에 서 있느냐 하는 사실입니다"라고 대답하였다. 그는 볼티모어에 있는 올리브산 공동묘지에 안장되었다.

애즈베리는 독립전쟁이 일어나기 전에 존 웨슬리가 직접 보낸 미국 선교사들 중에서 전쟁의 와중에서도 유일하게 철수하지 않고 남아 미국 감리교회에 엄청난 영향력을 끼쳤다. 미국의 독립에 반대한 웨슬리의 입장으로 인해 미국 감리교인들은 영국의 앞잡이라는 오해와 핍박을 받았다. 그러나 애즈베리는 영국으로 도망가지 않고 미국에 남아 있으면서 (때로는 숨어 있으면서) 흩어져 있는 감리교인들과 접촉하였다. 전쟁이 끝나갈 무렵 애즈베리는 명실상부한 미국 감리교회의 지도자로 부상하였다. 그의 지위는 웨슬리가 보낸 토마스 콕(Thomas Coke)을 통해 미국 감리교인들에게 성례전을 집례할 총리사(general superintendent)로 안수받음으로써 더욱 확고하게 되었다. 그러나 그는 웨슬리의 임시적인 임명을 거부하고 대신에 1784년 12월 24일부터 1785년 1월 3일까지 소위 '크리스마스 회의'(Christmas Conference)를 개최하였다. 이 회의에서 미국 감리교회는 영국 감리교회에서 독립된 '감리교 감독교회'(the Methodist Episcopal Church)라고 결정하였으며, 애즈베리와 콕은 종신직인 총리사(general superintendent)로 피택되었다. 얼마 후에 애즈베리는 웨슬리의 충고에도 불구하고 총리사보다는 감독(bishop)이라는 말을 즐겨 사용하였다.

애즈베리는 감리교회가 그의 사후(1816년)에도 계속 성장할 수 있도록 감독으로서의 그의 직책과 영향력을 사용하면서 총력을 기울였다. 애즈베리는 텐트집회(Camp Meeting)의 초창기 창시자였으며, 이 텐트집회를 감리교의 중요한 기관으로 만들어 복음을 증거하고 감리교를 부흥시켰다.[10] 한편 교회학교(Sunday school)를 활성화시키도록 독려하였고, 가장 먼저 감리교 교육을 위해 모금을 하였다. '독서운동'(Book Concern)을 일으켜 감리교 목회자들과 교인들에게 독서를 장려하였으며, 결국 미국의

---

10) Barry Hankins, *The Second Great Awakening and the Transcendentalists*, 14-15.

다른 교단보다 먼저 감리교 출판소를 설립하게 되었다. 애즈베리의 지도 아래 1776년에 5000명에 불과했던 감리교인들은 그의 사망 당시에는 214,000명으로 부흥되었다.

2) 찰스 피니

찰스 그랜디슨 피니(Charles Grandison Finney, 1792-1875)는 1821년 10월 10일에 극적인 회심 체험을 하였고, 그 후 즉시 유능한 부흥설교가가 되었다. 부흥사로서의 피니의 탁월한 성공은 1826년부터 1831년까지의 기간에 이루어졌다.[11] 그 기간에 피니는 뉴욕 중심부의 '부흥운동 중심지'를 두루 여행하며 집회를 인도해 수많은 사람들을 회심시켰다. 순회 설교가로서의 그의 위대한 성공은 그 자신의 신학 형성에도 영향을 미쳤다.

피니는 1832년에 뉴욕시의 캐던 스트리트 교회(Chathan Street Church)에 부임하였다. 뉴욕에서 이 장로교회의 목사로 있는 동안 그의 생애에서 가장 중요한 작품 가운데 하나인 『신앙 부흥 강론』(*The Lectures on Revivals of Religion*)을 출간하였다. 이 책은 신앙 부흥 기술에 관한 전문적인 안내서였다. 그는 그의 작품이 어떤 자연 과학이나 공학의 교재만큼이나 건전하게 과학적 법칙들에 의거하였음을 주장하면서 부흥을 이끄는 구체적인 방법들과 회심으로 이끄는 특별한 기술들을 설명하였다. 예를 들어 그는 기록된 설교를 반대하였는데, 그것은 기록된 설교가 자연적인 설교 흐름을 방해하고 감정을 가로 막으며 제스처의 사용을 적게 하도록 만들기 때문이었다. 피니는 변호사와 배우를 성직자의 모델로 삼을 것을 제안했다. 성직자들은 회중이 이해하도록 일상회화를 사용해 변호사와 같은 스타일로 설교해야 하고 회중들이 회개에 이르도록 '살아 있는 실체'로서의 청중에게 그 정신과 의미를 보여주는 배우들을 모방하려고 노력해야 한다는 것이었다. 피니가 감정주의를 지지한 것은 아니었다. 그는 예의와 질서가 항상 만연해야 한다고 보았고, 광신주의는

---

11) Barry Hankins, *The Second Great Awakening and the Transcendentalists*, 17.

진정한 신앙 부흥운동과 조화될 수 없다고 경고했다. 그러나 청중들이 깨어나 더 깊은 확신을 갖게 하기 위해 앞자리에 구도자 좌석(Anxious Seat)을 마련하는 것은 허용할 만하다고 생각했다.

신앙 부흥 책을 출간할 당시에 찰스 피니는 온전한 완전주의를 관조하고 있었다. 이 시기에 그의 주된 관심사는 보다 고상한 형태의 기독교인의 삶에 있었다. 감리교의 성화의 견해를 받아들일 수는 없었던 그는 성경을 연구한 후에 전적으로 고상하고 보다 견고한 형태의 기독교적 삶에 도달할 수 있는 것이며 그리스도인의 특권이라는 결론을 내렸다. 드디어 피니는 브로드웨이 장막교회에서 그리스도인의 완전에 관한 두 개의 설교를 하였다. 피니의 완전론은 율법폐기론적인 의미와 관련하여 뉴 헤이븐과 앨버니에서 상당한 논란의 대상이 되었으며, 뉴욕시에서도 다소 논란이 되었다. 피니는 금생에서 죄를 알지 않고 사는 것이 그리스도인의 특권이라는 의미에서의 완전 성화는 성경이 가르치고 있는 교리임을 확신하게 되었으며 그러한 상태에 도달할 수 있도록 풍부한 수단들이 제공되었음을 또한 확신하게 되었다.

피니는 칼빈주의가 운명론적 관념으로 귀결된다고 믿었다. 피니의 메시지는 전통적인 칼빈주의에 맞서서 사람들에게 자기의 의지를 발휘함으로써만 상황을 변화시킬 수 있다는 생각을 일깨우는 데에 목적이 있었다. 그는 칼빈주의 교리가 부흥운동에서는 사람을 넘어지게 만든 걸림돌이라고 생각했다. 전적인 타락의 개념을 거부하고 자유의지론을 받아들였다.

피니는 의도적으로 뉴 헤이븐(New Haven) 신학을 수용하고자 하였다. 피니의 구원교리는 나다나엘 테일러(Nathaniel Taylor)의 그것에 훨씬 더 가까웠다. 인간들에게 죄를 자각시키고 그들을 그리스도께로 인도한다는 테일러의 일차적인 목표는 피니의 간절한 열망과 자연스럽게 동화되었다. 피니는 그에게 맨 처음 신학을 가르쳐주었던 조지 게일(George W. Gale)의 신학적 입장 특히 인간의 전적 부패 교리에 동의하지 않는다. 게일에 의하면 인간은 전적으로 죄악적인 본성을 상속받은 존재였다. 죄악적인 본성은 인간이 복음의 조건에 응할 수 없게 만들었다. 두 번째 불일치점은 중생의 개념이었다. 게일에게 있어서 중생은 도덕적 변화보다는 물리적인 변화라 할 수 있는 본성의 변화를 의미하였다. 죄인은 성령이 인간 본성 속에 어떤 새로운 원리를 심어주기까지 중생에 있어서 수동적인 존재였다. 세 번째 불일치점은 속죄교리와 믿음에 관한 교리였다. 게일에게 있어서 예수 그리스도의 속죄는 택함 받은 자들에게만 국한된 은총이었다. 그것은 그리스도가 택함 받은 자들의 빚을 지불하는 문자 그대로 거래행위였다. 성령에 의해 인간 본성이 변화되기 전에는 믿음이란 불가능하다는 것이 게일의 생각이었다. 피니는 다음과 같이 게일을 비평했다. 그들이 만일 택함 받은 자라면 일정한 때가 되어 성령이 그들을 회심시킬 것이다. 만일 택함 받지 못한 자라면 자신을 위해 할 수 있는 것은 모두 다 자기 구원에 전혀 무익할 것이다. 피니는 그 반대로 각 죄인들의 구원은 자신의 선택 여하에 달려 있다고 설교하였다. 결국 피니와 게일 간의 이러한 차이는 피니로 하여금 게일의 신학과 설교 뿐만 아니라 장로교에 대해서도 불만을 느끼게 만들었다. 테일러의 견해는 아무런 문제 제기 없이 대부분 수용하였다.

1836년 이후에 피니는 존 웨슬리(John Wesley)의 성화 노선을 따라 완전주의 사상을 발전시켰다. 그에게 있어서 '완전'이란 괴로운 육체적 정신적 욕망이나 실수와 편견이 없는 상태가 아니라, 하나님의 법에 대한 완전한 순종, 충만한 그리스도의 사랑에 대한 체험을 의미하였다. 완전주의 교리는 성화된 그리스도인이 자신의 악한 충동을 억제하고 하나님의 법에 완전히 순종하는 가운데서 의무를 행할 수 있다는 의미였다. 하나님의 법은 보상적이고 징벌적인 자연적 강제력을 가지고 있다. 완전 성화는 하나님의 명령일 뿐만 아니라 성경에 명백하게 표현된 약속이다. 인간이 지상에서 자신의 도덕적 기능을 힘입어 천부적으로 이 완전한 성화에 도달할 수 있기 때문에 하나님께서 이를 명하셨다. 그에게 있어서 완전 성화는 각 개인의 책임이다. 그는 칭의와 성화가 오직 믿음에 의해서만 이루어진다고 했다.

피니는 자신의 『조직신학』에서 두 장에 걸쳐 그리스도인의 완전에 대해 논했다. 그의 성화개념은 '하나님의 법에 대한 완전한 순종'을 의미할 뿐만 아니라 '도덕적으로 하나님처럼 완전함'을 의미한다. 완전 성화 혹은 그리스도인의 완전은 체질적 변화나 지성적 변화나 감정적 변화를 의미하는 것이 아니라 자발적인 의지의 변화를 의미한다. 그 결과 성화를 과정(진행되고 있는 것)의 관점보다 실천(행하는 것)의 관점에서 규정한 경우가 더 많았다. 요컨대 완전 성화는 하나님의 법에 대한 완전한 순종이며, 하나님의 법은 오직 우리가 할 수 있는 것만을 요구한다. 그러므로 천부적 능력에 근거하여 완전한 성화에 도달할 수 있다. 완전 성화는 각 개인의 책임이다.[12]

5. 제2차 대각성운동의 반향

1) 여성과 흑인의 변화

19세기 초반의 부흥운동들은 여성을 교회의 일선에서 돋보이도록 만들었고, 심지어 때로는 일반 공공활동의 일선에까지 나서게 했다. 당시에 여성은 교회에서 다수를 이루고 있었다. 그런데 이때 사회적 여건이 달라지고 신학적 강조점들이 새로워지면서 여성이 더 많은 공적 사역의 기회를 갖기 시작했다. 가장 중요한 요인은 부흥운동가들이 새롭게 성결한 삶을 강조한 것이었다. 그 결과 성령의 역사에 대한 새로운 기대가 생겨났다. 여성들도 남성들과 마찬가지로 '이차적 축복'을 받을 수 있었다. 일단 받았다면 여성도 남성과 마찬가지로 경건한 일을 가능한 한 열심히 행해야 했던 것은 자연스러운 일이었다. 이러한 신학적인 지향성 속에서 여성이 부흥운동에서 비롯된 절제운동과 노예제폐지 운동 같은 사회개혁 운동에도 참여하게 되었다.[13]

한편 피식민지시대부터 노예제도는 많은 사람들의 양심을 괴롭혀 왔다. 미국의 독립이 다가올 즈음 노예제도를 갖지 말아야 한다고 주장하는 사람들도 있었다. 하지만 피식민지 주들이 영국에 대하여 공동전선을 펼치

---

12) 박용규, 「찰스 피니와 완전주의」, 『신학지남』, 1992.
13) 마크 A. 놀, 『미국 · 캐나다 기독교 역사』, 230-231.

고 있는 동안에는 그와 같은 주장이 먹혀들어갈 수 없었다. 그리하여 미국은 자유의 나라이면서도 노예제도를 그대로 실천하고 있었다. 노예제도에 저항했던 교파들이 더러 있었다. 1776년, 퀘이커교도들은 노예소유를 주장하는 모든 사람들을 공동체에서 추방시켰다. 미국 감리교를 영국으로부터 독립교회로 조직한 1784년의 '크리스마스 대회' 역시 감리교인들 가운데 노예소유자들을 쫓아냈다. 19세기 초에는 노예제도를 반대하는 무드가 북쪽과 남쪽에서 모두 강했다. 1817년 노예들을 사서 자유케 한 후 본국으로 보내자는 취지로 미국식민지협회가 생겼다. 북부의 노예폐지론은 계속해서 노예해방운동으로 발전했다. 1833년 미국노예제도 반대협의회가 '은혜의 나라'의 한 기관으로 생겼다. 1844년에 감리교 전국대회가 노예들을 소유하고 있는 조지아의 감독들을 정죄함으로써 교회가 갈라졌고, 그 결과 1845년에 남부감리회 감독교회가 생겼다.

2) 선교사역

19세기 초부터 제2차 대각성운동이 발한 에너지는 자원단체들에 의한 것이었다. 처음에는 지역별로 자원단체들이 생기고, 나아가서 전국 연합이 생겼다. 이들은 국내외 선교에 힘썼는데, 종종 교파적 노선을 배경으로 하기도 하였다. 1810년 '외국 선교를 위한 미국 선교국'이 밀즈의 지도 아래 윌리엄즈대학 학생들이 회중교회 총회에 인도 선교를 신청함으로써 급히 조직되었다. 이 선교국은 1812년 첫 번째로 5인의 선교사를 파송했다. 이어 '외국 선교를 위한 미국침례교 선교총회'가 등장하였으며, 1817년에는 장로교가, 1818년에는 감리교가, 1820년에는 감독교회가 각각 선교단체들을 조직했다. 국내 선교를 위해서도 자원단체들로서 1815년에 미국교육협회가, 1816년에 미국성서공회가, 1817-1824년에 미국주일학교연합이, 1825년에 미국소책자협회가 생겨났다.

영적 각성운동의 활력은 '자선의 왕국'에 곧바로 영향을 주었다. 지도자들은 선교적 열정으로 자원단체들을 이끌어 도덕적이고 인도주의적 운동을 통한 사회갱신을 추구했다. 이들은 사회적 부도덕, 풍기문란, 청소년의 비행 같은 사회악들과 안식일을 범하는 일 등을 제거시켰고 절제, 평화, 노예 폐지 등을 추진시켰다. 장로교총회와 회중교회 연합은 1811년에 절제운동을 벌였다. 비쳐는 1813년에 반복하여 금주에 대해 설교하였고 1827년에 책으로 출판하였다. 1826년에는 미국절제추진회가 조직되었고, 1846년에 메인주 의회에서 금주법이 통과되었으며, 마침내 1919-1933년까지 국가 차원의 금주령이 발효되었다.

3) 신학교 설립

복음주의적 영적 각성운동으로 여러 논란이 야기되고 새로운 교파들이 생성되면서 그 여파로 새로운 대학과 신학교가 많이 생겨났다. 1784년 네덜란드 개혁교회가 뉴저지에 미국에서 가장 오래된 역사를 가진 뉴브런즈윅신학교를 세웠다. 1794년에는 연합장로교가 오하이오의 제니아에 제니아신학교를 세웠다. 이 학교는 피츠버그로 옮겨가 피츠버그신학교가 되었다. 루터교는 1797년 뉴욕에 하트윅신학교를 세웠고, 이 학교는 나중에 베들레헴신학교가 되었다. 가장 시설이 좋고 여러 면에서 새 시대의 선봉이 되는 신학교는 1808년 회중교회에 의해서 설립된 매사추세츠의 안도버신학교였다. 장로교는 1812년 프린스턴에 프린스턴신학교를 세웠다. 1814년 회중교회는 메인에 방고신학교를 세웠고, 5년 후 하버드대학은 유니테리언들의 영향으로 신학부를 설치했다. 침례교는 1820년 뉴욕에 채밀턴신학교를, 같은 해에 장로교는 뉴욕에 오번신학교를 설립했다. 1822년에는 회중교회가 예일대학 내에 신학부를 두었다. 그리스도의 교회는 1836년 켄터키의 조지타운에 베이컨대학을 설립한 이래 1840년에 베다니대학을 설립하였다. 이후 많은 그리스도의 교회 대학들이 설립되었다. 이렇듯 제2차 대각성운동으로 기독교 대학이 급속히 증가하여 1860년에 그 수가 50개에 달했다.[14]

---

14) 김익진, 『제2차 대각성운동과 그리스도의 교회 환원운동』, 19.

6. 제2차 대각성운동에 대한 반발

보수파 칼빈주의자들은 뉴 헤이븐 신학이 부흥주의를 지지하고 유니테리언의 부흥주의 반대를 비판하기 위해 칼빈주의를 지나치게 약화시켰다고 우려했다. 이 때문에 1833년에 새로운 정통주의 교역자 연합회가 조직되었고, 1834년에는 하트포드에 신학교가 설립되었다. 호레이스 부쉬넬(Horace Bushnell)은 1847년에 나온 그의 저서 『기독교 양육』(*Christian Nature*)에서 부흥주의를 조심스럽게 비판하였다.

장로교 역시 논쟁으로 분열되었다. 1801년 케인 릿지 부흥을 이끌었던 바톤 W. 스톤(Barton Warren Stone)은 장로교에서 이단정죄를 받은 후, 1803년 켄터키 장로회 대회로부터 한 무리의 복음주의적 장로교인들을 끌고 나왔다. 그는 모든 교파들의 이름을 버리고 단순히 '그리스도인'으로 알려지기를 원하였다. 1807년 아일랜드에서 미국에 와서 분리파 장로교에 참여한 토마스 캠벨(Thomas Campbell) 목사는 교회의 일치를 주장하다가 분리파 노회로부터 치리를 받았다. 그는 1811년 5월 펜실베이니아에 브러시 런(Brush Run) 교회를 세웠다.

제2차 대각성운동의 부흥운동은 루터교에서도 신학적 긴장과 논란을 일으켰다. 19세기 초반 루터교에서 주도적 역할을 한 신학자 슈무커(Samuel Simon Schmucker)는 부흥주의적 실천을 받아들이는 미국 루터교를 좋아했다. 그 결과 교파주의적 루터교 사람들과 갈등했으며, 결국 분열과 탈퇴를 경험할 수밖에 없었다.

7. 제2차 대각성운동의 의미

19세기에 미국에서 일련의 부흥운동이 초교파적으로 수행됨에 따라 개신교에서 세력 집중이 이루어졌다. 미국은 독립을 성취한 후 사람들을 규합할 끈이 필요했다. 결과적으로 부흥운동은 사회 저변에 삶의 질서와 안정을 제공하여 미국 국가 건설에 공헌하였다.

둘째, 부흥운동으로 집합된 개신교 세력은 국가의식을 새롭게 고취시키고 새 국가인 미국이 지향할 방향을 제시하였다. 그것은 미국이 개신교 나라가 되어야 하며, 하나님의 왕국이 되어야 한다는 것이었다.

셋째, 하나님의 왕국을 건설하기 위해 교파를 뛰어 넘는 기독교 공동체 사역이 전개되었다. 수많은 준 교회들이 등장하여 교단과 교단을 연결시키고 미국 시민을 개신교화하는 데 정성을 바치기 시작하였다. 이미 거론한 바와 같이 미국교육협회, 미국주일학교연합회, 미국문서선교회 등, 무수한 기독단체들이 개별 교단이 할 수 없는 사역들을 섬세하게 진행시켰다.

넷째, 미국이 개신교 선교의 장을 새롭게 열었다. 미국외지선교회가 보스턴에서 1810년에 창립되었고 미국내지선교회는 1826년에 뉴욕에서 설립되었다. 신학교와 교회 안에 일어난 선교사 지망생들이 생명을 걸고 그리스도의 복음을 세계에 전하겠다고 하는 각성이 일어났다.

다섯째, 미국식 자원주의가 등장했다. 부흥설교에서 감동을 받은 자들에 의해 교회들, 준 교회들, 선교 단체들이 생겨났다. 이는 자발적인 동역과 협동으로 미국을 자비스러운 제국으로 만들겠다는 문화관의 표출이었다.

여섯째, 계몽사상의 인간 이성주의, 자유방임주의, 유토피아적 민주주의에 각성운동이 도전하였다. 부흥사역자들은 비록 바울, 어거스틴, 칼빈 같은 자들의 구속관에 수정을 가했지만, 그럼에도 불구하고 인간의 연약성, 죄성, 부패성을 강조하였다. 이러한 개신교의 노력은 후일 미국에서 공산주의나 급격한 사회주의 또는 환상적 유토피아 사상을 저지하는 데 막대한 위력을 발휘하였다.

일곱째, 개인구원과 사회구원이 평행적으로 이루어졌다. 술주정뱅이, 환락가의 사람들, 도둑들과 같은 사회 병리행위를 유발하는 자들이 치유되었다. 노예제도가 탄핵되었으며 음주행위가 현저하게 축소되었다.

그러나 제2차 대각성운동은 부정적인 점도 포함하고 있다. 일부 광신적인 신앙 표출이 있었고 교단 분열이 이루어졌다. 1837년 장로교단이 신파와 구파로 나누어지게 되었다. 신파 장로교는 어번 선언(The Auburn Affirmation)을 하고 칼빈주의를 완화시켰다. 사도 바울과 어거스틴 그리고 종교개혁자로 이어지는 구속관의 약화가 심화되고, 사회가 세속화로 치닫게 되었다.

8. 나가는 말

　19세기 초의 부흥은 미국의 사회와 교회의 윤곽을 재정리했다. 이신론과 혁명적인 시대에서 자극을 받은 복음주의 개신교회들은 이성적 종교의 입장에서 제2차 대각성운동이라고 알려진 기간에 그들의 자신감을 회복시켰고, 미국에서 가장 중요한 종교세력으로 위치를 확립시켰다. 변화가 요구되는 상황에서 복음주의자들은 그들의 신학과 방법을 재구성하였다. 감리교가 크게 성공하며 대중적인 호소력을 더했고, 알미니아니즘이 우세해졌다. 부흥주의자들은 죄인들의 자유의지, 구원문제에 있어서의 인간의 적극적 노력, 법의 제정과 적용을 통한 하나님 나라 추구를 강조했다.
　2차 대각성운동은 사회적, 종교적 청결운동이었다. 그것은 전쟁의 여파를 치유하기 위한 정화운동인 동시에 독립국가를 세운 후 범교회적으로 일어난 자기정립 운동이었다. 이 운동은 사회정의의 실현을 촉구해 남북전쟁에 영향을 주기까지였다.
　부흥주의 입장에서는 이 운동이 오히려 부흥적이지 않을 수도 있었다. 동부에서의 부흥운동은 학생들의 계몽주의 사상과 그런 학생들의 난잡하고 무절제한 삶에 대한 경고로써 일어났다. 그런 상황에서 부흥운동은 운동이라기보다는 교육에 가까웠다. 서부의 부흥운동은 제1차 대각성운동 때와 비슷하였다. 그러나 감정적이고 폭발적인 부흥이 일부 거부반응을 일으켜 분열을 일으켰다.
　종합하여 정리하면, 제2차 대각성운동은 계몽주의에 대항하여 벌어졌다기보다 계몽주의에 자극을 받아 생겨난 각성운동이었다. 이러한 성격은 선구자들의 설계와 당대인들의 요구를 좇아 적당한 장소에서 적합한 방법으로 제2차 대각성운동이 생겨났던 것에 근거한다.

찰스 피니의 부흥운동

이상정(교회사)

1. 들어가는 말
2. 제2차 대각성운동
3. 찰스 피니의 생애
4. 찰스 피니의 신학 사상
5. 찰스 피니에 대한 평가
6. 나가는 말

1. 들어가는 말

'근대 부흥운동의 아버지'라고 불리는 찰스 피니는 미국 건국 초기와 서부개척 시대의 혼란 속에서 일어난 제2차 대각성운동의 핵심 인물이다.[1] 피니는 남북전쟁 때의 링컨에 비견될 만큼 중요한 인물로, 또는 19세기 미국 기독교의 전형적인 인물로 평가되고 있기도 한다.[2] 그는 복음을 새롭게 해석하고 새로운 방법으로 전하여 신학적, 부흥운동사적으로 새 바람을 일으켰다. 그의 핵심사상인 성결론은 제2차 대각성운동 이후 노예해방, 남녀차별 철폐, 여권신장, 빈부차별 반대 등 많은 개혁 운동이 일어나는 이론적 근거가 되었다.

이러한 긍정적인 평가와 달리 칼빈주의자인 마틴 로이드 존스는 피니가 알미니안 신학의 영향을 받아 하나님의 절대주권보다 인간의 주권을 강조하였으며, 이로 인해 개혁신학의 퇴조와 부흥의 쇠퇴를 초래했다고 주장

---

1) Sidney E. Ahlstrom, *A Religious History of The American People* (New Haven: Yale University Press, 1972), 459; 박명수, 「19세기 미국과 찰스 피니의 부흥운동(1)」, 『활천』, 1997년 3월호, 47.
2) 박명수, 「19세기 미국과 찰스 피니의 부흥운동(1)」, 46.

하였다.³⁾ 피니 신학의 영향으로 여러 이단들이 등장했고, 유니테리언이 발흥했으며, 자유주의 신학이 유입되었고, 칼빈주의에서 알미니안적 복음주의로의 신학적 변화가 촉발되었다고 평가되기도 한다.⁴⁾

이 글에서는 피니가 활동했던 제2차 대각성운동의 역사적 상황과 전개를 간략하게 살펴보고, 피니의 생애와 신학 그리고 피니의 부흥운동의 특징 및 영향을 살펴본 후 결론을 맺고자 한다.

2. 제2차 대각성운동

1) 역사적 상황

18세기는 미국 독립전쟁과 프랑스 혁명이 발발한 혁명의 시대요, 계몽주의의 시대요, 기독교의 자연종교화 시대였다. 독일에서 경건주의운동과 선교활동이 일어났고, 영국에서 웨슬리의 복음주의적 부흥운동과 미국에서 조나단 에드워즈와 청교도들의 제1차 대각성운동이 일어났다. 이 같은 18세기의 역사적 흐름은 19세기로 이어졌다. 19세기에 있어서 유럽사회의 급격한 세속화, 낭만주의와 관념론, 산업혁명, 식민지 건설, 독일의 자유주의적 개신교신학, 영국의 복음주의 부흥운동과 옥스퍼드 운동, 유럽 대륙의 복음주의적 부흥, 미국의 제2차 대각성운동 등은 18세기의 유산을 물려받은 것이었다.⁵⁾

이러한 와중에서 미국은 독립전쟁을 치렀으며, 이후 미국교회는 영적 침체기를 맞이했다. 제2차 대각성운동 전까지 감리교는 들어오는 숫자보다 나가는 숫자가 더 많은 형편에 있었고, 침례교는 가장 냉랭한 계절을 맞이했으며, 장로교 총회는 국가적인 불경건을 규탄하고 있었다. 당시의 대학은 가장 불경건한 상태에 있었고, 대학교회들도 쇠퇴일로에 있었다.

---

3) 마틴 로이드 존스, 『청교도신앙: 그 기원과 계승자들』, 서문강 역 (서울: 생명의말씀사, 1990년), 17-18.
4) 피영민, 「찰스 피니의 설교 분석」, 『그 말씀』, 1996년 11월호, 120.
5) 이형기, 『세계교회사 II』 (서울: 한국장로교출판사, 1994), 370.

학생들은 회의적이었으며, 폭력과 도박과 음란이 일반화되었다.[6]

종교에 대한 관심이 널리 희박해져가고 합리주의와 이신론이 만연되어[7] 반기독교적 정서에서 이성을 사용하면 종래의 무지와 우둔함에서 해방될 수 있으리라는 사상이 팽배해 갔다. 또한 유니테리언주의와 자유주의 사조가 등장하기 시작했다. 이들은 회심과 인간의 죄성을 강조했던 전통적인 설교와는 달리 인간의 도덕적 의무를 강조하는 윤리적 설교로 변해 갔다. 결국 이러한 사조는 유럽에서처럼 기독교를 도덕적인 종교로 전락시켰다. 1787년에 제정된 미국 연방헌법이 1791년에 수정될 때 종교자유에 대한 규정과 함께 정교분리 원칙이 삽입되었다.[8] 이로써 미국 기독교를 지배하여 오던 정교일치 원칙이 깨어지게 되었고, 급속히 세속화되어 갔다. 이러한 시대사조와 분위기는 기독교계의 위기의식을 고조시켰으며, 회개와 각성을 외치는 목소리가 높아지게 만들었다. 이로써 제2차 대각성운동이 시작된 것이었다.

2) 대각성운동의 전개

18세기 말엽 미국에서 전개된 제2차 대각성운동은 두 시기(제1기: 18세기 말-1812년, 제2기: 1822-1842년)로 나뉜다. 제1기의 부흥은 1795년 뉴잉글랜드에서 에드워즈의 손자 티모시 드와이트(Timothy Dwight)에 의해 시작되었고, 제2기는 찰스 피니에 의해서 주도되었다.[9]

제1기의 부흥은 미국 동부의 뉴잉글랜드 지방에서 시작되었다. 에드워즈의 손자인 드와이트가 1795년에 예일대학 학장이 되면서부터 예일대학의 도덕적, 신앙적 분위기가 바뀌기 시작했고, 1802년에는 부흥이 일어나서 학생의 1/3이 신앙을 고백하게 되었다. 이러한 운동은 주위의 다트머스대학, 윌리엄스대학, 앰허스트대학 등으로 퍼져 나갔고, 중부의 각 주들

---

6) William. W. Sweet, *The Story of Religion in America* (New York: Happer & Brother Pulisher, 1950), 223-224.
7) Kenneth Scott Latourette, 『기독교사(하)』, 윤두혁 역 (서울: 생명의말씀사, 1983), 61.
8) 이주헝, 「18,19세기 미국 대각성운동 연구」, 장로회신학대학교 대학원 석사학위논문, 2004, 53.
9) 김명혁, 「현대 에큐메니칼운동의 역사적 배경 및 그 발전 과정」, 『신학지남』182호, 1978년 10월호, 241-242.

과 남부로 퍼져 나갔다. 이로 인해 침체에 빠져 있던 미국 기독교가 점점 회복의 곡선을 그리게 되었으며, 보편적인 불신앙이 퇴조되고 종교에 대한 관심이 확산되었다.

서부에서는 동부와 달리 1798년경 서부 개척지인 켄터키와 테네시에서 부흥운동이 시작되어 남부 캐롤라이나, 서부 버지니아, 펜실베이니아, 오하이오 북부에 이르기까지 부흥운동이 일어났다. 서부의 부흥운동은 야영집회의 형태로 일어났으며, 한 곳에 수일씩 머무르며 계속해서 열리는 연속집회에 사람들이 참석하였다.[10] 이 서부 부흥운동의 지도자는 장로교의 맥그래디(James McGready) 목사와 스톤(Barton W. Stone) 목사였다. 제2차 대각성운동은 1기에서부터 동부와 서부의 부흥운동 형태의 차이로 갈등을 빚었다. 동부에서는 크게 흥분되는 일이 없이 부흥운동이 진행되었던 반면, 서부에서는 통곡, 기절, 육체적 진동 등 특별한 현상들이 일어났다. 이러한 서부의 현상들에 대해서 동부의 뉴잉글랜드 사람들은 1798-1808년의 야영 집회를 야만스러운 감정의 폭발로 보았다.

제2차 대각성운동이 더욱 진전되면서 이를 절정으로 이끈 사람은 단연 찰스 피니였다. 동·서부 지역에서 제각기 일어난 부흥운동이 대각성운동 제1기에 해당된다고 한다면, 찰스 피니를 통한 부흥운동은 제2기에 해당된다. 찰스 피니는 열성적인 설교로 부흥운동을 이끌었고, 집회 시간을 전보다 길게 가졌으며, 거칠고 토속적인 구어체 언어를 사용하여 청중들을 매료시켰다. 설교 석상에서 특정 개인의 이름을 불렀으며, 구도자 모임을 따로 가졌고, 집회 장소의 앞자리에 통회자석을 만들기까지 하였다. 이러한 부흥운동은 1824년 뉴욕의 중서부에 있는 제퍼슨 카운티에서 시작해 북부 뉴욕을 통과하여 동부 쪽으로 허드슨강 가까이와 뉴잉글랜드 근처에 이르고 브라운스빌이란 큰 도시로 확산되었다. 피니의 부흥운동을 통한 회심자의 수는 25만 명, 혹은 50만 명 이상으로 추정되고 있다. 이러한 추정은 제2차 대각성운동에서 피니의 영향력이 얼마나 컸는지를 보여준다.[11]

---

10) 최종호,「미국의 대각성운동과 사회변혁의 관계」, 감리교신학대학원 석사학위 논문, 1997, 33.
11) 웨슬리 듀엘,『세계를 뒤바꾼 부흥의 불길』, 안보현 역 (서울: 생명의말씀사, 1996), 115.

3. 찰스 피니의 생애

찰스 그랜디슨 피니(Charles Grandison Finney, 1792-1875)는 신학교육을 별로 받지 못한 장로교의 목사였다.[12] 그는 1792년 8월 29일에 코네티컷(Connecticut)주의 워렌(Warren)에서 농부인 실베스터 피니(Sylvester Finney)의 일곱째 자녀로 태어났다. 그의 집안은 앵글로 색슨계의 후손이며 뉴잉글랜드 회중교회의 교적을 가지고 있었다. 부모님들은 둘 다 신앙심이 깊은 그리스도인이 아니었고 이웃에도 종교적인 사람이 거의 없었다.[13] 피니는 14세 때 하미톤 오네이다 학교에 입학하였다. 여기에서 피니는 일반적인 학문 외에도 말타기, 수영, 첼로를 능숙하게 훈련받았다. 20세쯤 되어 코네티컷 주로 이사했으며, 뉴저지(New Jersey)로 가서 교사로 일했다. 뉴잉글랜드에서 잠시 고등학교를 다녔으며 고등학교에 다니는 동안 예일대학에 진학할 생각을 했으나 선생의 만류로 더 이상 학교교육을 중단하였다. 그 후 부모의 권유로 1818년, 26세 때 집에서 멀지 않은 아담스(Adams)의 벤자민 라이트(Benjamin Wright) 법률사무소에 들어가 일하면서 법률을 공부하여 2년 후 변호사 자격을 얻었다. 피니는 법률가로 일하는 동안 그곳의 교회와 기도회에 나가면서 삶에 대해 많은 고민을 하였다. 드디어 29세 때인 1821년 10월 10일 영혼을 흔드는 회심을 경험하였다. 피니는 자서전에서 "1821년 가을의 어느 주일날 저녁에 나는 내 영혼의 구원문제를 즉시 결말짓기로, 가능하다면 하나님과 화해하기로 결심하였다"라고 회상하였다.[14]

피니는 회심 즉시 변호사 일을 버리고 그리스도인의 변호인으로서 일하기로 작정하였다. 사역을 위해 잠깐 동안 개인적인 신학 수업을 프린스턴 출신 조지 게일 목사(George W. Gale)에게서 받았다. 게일은 철저한 칼빈주의자였다. 피니는 "속죄, 중생, 신앙, 회개, 의지의 노예상태, 그리고 그와 비슷한 교리에 대한 그의 관심을 받아들일 수 없었다."[15] 피니는

---
12) 윌리스턴 워커, 『세계기독교회사』, 강근환 외 역 (서울: 대한기독교서회, 1994년), 536.
13) 헬렌 웨셀, 『찰스 피니의 자서전』, 양낙홍 역 (서울: 생명의말씀사, 1984년), 4.
14) 헬렌 웨셀, 『찰스 피니의 자서전』, 13.
15) 헬렌 웨셀, 『찰스 피니의 자서전』, 49.

1824년에 장로교 목사 안수를 받고 이후 1832년까지 8년 동안 순회부흥사로 활동했고, 1832년부터 1835년까지 뉴욕시에 있는 브로드웨이 장막교회에서 목회를 하였다. 1835년에 뉴욕을 떠나 오하이오에 아사 마한(Asa Mahan)이 세운 오벌린대학의 교수직을 맡게 되었고, 1851년에는 학장이 되어 1866년 은퇴할 때까지 15년 간 봉사하였다. 자신의 견해를 22개의 강의에 담아 『부흥론』(Revival of Religion)을 발간했으며, 『조직신학 강의』(Lecture on Systematic Theology)를 출간하였다. 그는 1875년에 사망했다.

4. 찰스 피니의 신학 사상

1) 피니와 칼빈주의

피니의 신학적 배경은 정통 칼빈주의였다. 그는 철저한 칼빈주의자인 게일이 주장하는 인간의 전적 무능력, 중생에 있어서 인간의 수동성 등을 비성서적이라고 생각했다. 피니가 반대한 것은 성령의 역사가 아니라 인간의 전적인 타락을 빙자하여 자신의 구원을 위해 아무런 노력도 하지 않는 수동적인 자세였다. 이런 자세는 결국 하나님의 구원역사에 적극적으로 가담하지 못하게 하여 하나님의 구원을 방해한다는 것이 피니의 생각이었다.

또한 피니는 칼빈주의자들과 달리 성령의 역사를 예기치 못했던 갑작스런 역사가 아니라 누구든지 믿으면 주시겠다고 약속한 일종의 하나님 나라의 법칙으로 보았다. 하나님이 이미 모든 것을 준비해두셨고 이제 차례는 인간에게 넘어왔기 때문에, 인간이 선택하여 받아들이고 결단하고, 죄를 끊어야 한다는 것이었다.[16] 피니가 하나님의 은총을 무시한 것은 아니었다. 하나님께서 인간을 구원하시기 원한다고 할지라도 인간이 그 은총을 받아들이기로 결단하지 않는다면 의미 없게 된다고 본 것이었다.

---
16) 베실 밀러, 『찰스 피니의 생애』, 유양숙 역 (서울: 생명의말씀사, 1977), 16.

2) 피니와 유니테리언, 유니버설리즘

미국의 독립을 이끈 토마스 제퍼슨, 벤자민 프랭클린 등은 도덕을 위해서는 종교가 필요하나 인간의 전적인 타락을 이야기하는 전통적인 칼빈주의는 새로운 이성의 시대에 적합하지 않다고 생각했다. 이들은 미국 헌법의 정치와 종교 분리가 종교를 미국의 공적인 영역에서 제거시키는 좋은 기회라고 생각했다.[17] 이런 계몽주의적인 사상을 기독교적으로 표현한 것이 유니테리언과 유니버설리즘이다.

유니테리언(Unitarian)은 삼위일체를 부정하는 사람들이며, 유니버설리스트(Universalist)는 모든 인간은 궁극적으로 구원받는다고 생각하는 만인구원론자들이다. 이들은 칼빈주의를 인간이 만든 교리와 성경을 혼동하며, 하나님은 예정된 자만 구원하는 무자비한 하나님으로 만드는 기독교의 잘못된 형태라고 보았다. 기독교 자체도 예수를 모본으로 생각하는 도덕적 종교이며, 모든 인간은 궁극적으로 구원을 받는다고 보았다. 이런 자유주의적 기독교는 결국 복음전파의 필요성을 부정하였다. 당시에 진보적인 기독교인들 가운데에는 이런 생각을 가진 사람들이 많이 있었다. 찰스 피니는 예정론도 반대했지만 만인구원설도 반대했다. 그가 강조한 것은 '누구든지 예수 그리스도를 믿으면 구원받는다'는 만인속죄설이었다. 피니는 이러한 이유로 부흥회를 이끌었다. 따라서 피니를 유니테리언이나 유니버설리스트와 동등한 펠라기안적 자유주의자로 보는 것은 잘못이다.

3) 피니와 뉴 헤이븐 신학

찰스 피니는 신학적 체계를 배우기보다는 성서를 배우는 데에 집중하였다. 그러나 그 역시 당시의 사상과 신학의 영향에서 자유로울 수 없었는데, 그는 당시의 뉴 헤이븐 신학(New Haven Theology)에서 영향을 받았다. 뉴 헤이븐 신학이란 전통적인 칼빈 신학을 19세기의 상황에 맞게 재해석한 것이었다. 뉴 헤이븐 신학의 대표자는 예일대학 교수 나다나엘 테

---
17) 박명수, 「19세기 미국과 찰스 피니의 부흥운동(1)」, 51.

일러(Nathaniel Taylor)였다. 테일러는 전통적인 칼빈주의를 버리기보다 현실에 맞게 새롭게 해석하려 하였다. 여기서 중요한 핵심 문제로 부각된 것은 인간의 본성 문제로, 테일러는 칼빈주의가 강조한 원죄론을 수정하였다. 그는 죄가 인간의 본성에 존재하는 것이 아니라 인간의 범죄 행위에 존재한다고 주장하였다. 정통 칼빈주의가 인간의 죄악된 본성에 초점을 두고 있는 반면에 테일러는 인간의 범죄행위에 강조점을 두었다.

이러한 테일러의 신학은 자연적으로 인간의 의지를 강조하였다. 그에 의하면 범죄는 필연적인 것이 아니라 인간 의지의 결단이다. 비록 범죄로 삶이 얼룩질지라도 인간은 죄를 반대할 수 있는 힘을 지니고 있다. 이와 같이 피니도 인간의 부패성을 부정하며 인간의 의지를 강조했다. 피니에게 있어서 죄는 마음의 선택의 문제이고 자유의지의 남용이었다. 따라서 그는 부흥운동에서 인간의 의지적 결단을 강조했다. 의지에 대한 강조는 부흥운동 이후 19세기의 미국에서 선교, 교육, 사회의 개혁운동이 가능해지게 했다.

4) 부흥론

피니의 가장 큰 관심은 부흥에 있었다. 후대에 가장 큰 영향을 준 것도 부흥에 관한 부분이었다. 피니는 "참된 기독교의 부흥이란 영적 침체 또는 영적 타락을 전제로 하는 것이다"라고 하였다.[18] 참된 기독교의 부흥은 이적이 아니라고 전제하며 "이적은 자연의 법칙을 무시하거나 중단시키면서 나타나는 신적인 개입인데, 부흥은 이런 의미에서 이적이 아니다. 물질과 정신의 모든 법칙이 적용되며 결코 무시되지 않는다"라고 말하였고, "부흥에는 정상적인 자연의 힘을 초월하는 것이 하나도 없으며, 부흥은 제정되어 있는 수단들을 올바르게 사용한 결과"라고 말했다.[19] 그런 만큼 피니에게 있어서 부흥은 방편들의 올바른 사용을 통해 논리적으로 기대할 수 있는 한 가지 결과였다.

---

18) 찰스 피니, 『찰스 피니의 부흥론』, 김원주 역 (서울: 생명의말씀사, 1998년), 12.
19) 찰스 피니, 『찰스 피니의 부흥론』, 16.

피니는 하나님이 역사하시는 방법을 두 가지로 나누었다. 하나는 이적이고 다른 하나는 법칙성을 따른 역사인데, 부흥은 후자에 속한다고 보았다. 피니가 이런 식으로 말하는 이유는 부흥이 일어나기를 바라면서 인간은 아무것도 할 수 없다고 생각하는 것을 제거하기 위해서였다. 다시 말해서 부흥에는 인간의 힘이 반드시 필요하다는 것이었다. "부흥을 사람이 적극적으로 나서서 일으켜 보려고 하는 것은 잘못이고 부흥은 하나님의 주권이기 때문에 사람은 하나님이 주시도록 기다려야 한다"라는 반론에 대해 피니는 이런 가르침은 사탄이 원하는 것이라고 단호히 주장했다.[20] 이상과 같은 관점은 후대에 이르러 부흥이 인위적인 수단으로 가능하다는 방식에 대하여 문을 열어놓았다.

당시에 청교도 칼빈주의 전통을 이어오고 있던 사람들은 부흥을 하나님의 주권적 역사로 보았고, 부흥은 하나님의 절대적인 역사일 뿐이며 인간의 노력여하에 있는 것이 아니라고 보았다. 그러나 피니는 이에 반대하여 부흥은 하나님과 진리전달자와 죄인의 작용에 의해 신인협조적으로 일어나는 것이라고 보았다. 이렇게 피니는 부흥에 있어서 인간의 책임성과 인격성을 중요시하였다. 결론적으로 찰스 피니는 부흥에 있어서 하나님의 역사하심을 인정하면서도 인간의 응답과 책임성, 인간 의지의 결단을 촉구하였다. 이것은 알미니안적, 웨슬리적 요소가 피니의 부흥운동에 포함된 것이라고 할 수 있다.[21]

5) 성결론

피니의 신학에서 가장 특징적인 것은 소위 오벌린 완전주의(Oberlin Perfectionism)라고 부르는 성결운동이다.[22] 이 명칭은 피니가 교수와 학장으로 있던 오벌린대학을 중심으로 이 성결운동이 전개된 데서 비롯되었다. 그는 인간에게 회개할 능력이 있고, 그것으로 칭의를 획득할 능력이

---

20) 찰스 피니, 『찰스 피니의 부흥론』, 25.
21) 김홍기, 『세계기독교의 역사이야기』 (서울: 예루살렘, 1995), 204.
22) 박명수, 「19세기 미국과 찰스 피니의 부흥운동(3)」, 『활천』, 1997년 6월호, 54.

있고, 성화를 지켜갈 수 있기 때문에 인간이 온전하여 질 수 있다고 간주하였다. 즉 "하늘에 계신 너희 아버지의 온전하심과 같이 너희도 온전하라"(마 5:48)는 명령은 인간이 복종할 수 있는 가능성이 있음을 시사하신 말씀이라는 것이다. 그러나 피니가 말하는 완전은 육체나 정신의 욕망이나 실수와 편견이 전혀 없는 상태는 아니었다. 하나님의 법에 대한 완전한 순종을 의미할 뿐이며, 이것을 지상에서 이룰 수 있다고 믿는 것이었다. 참된 신앙이란 하나님의 말씀에 순종하는 구체적인 삶으로 나타나야 한다고 보았으며, 이러한 피니의 신학이 성결운동으로 이어진 것이다.

정통 칼빈주의자들은 피니가 인간의 자유의지를 인정하고 도덕적인 책임을 강조하기 때문에 펠라기안이라고 주장하였다. 그러나 이것은 피니의 일면만 본 것이다. 피니의 성결론은 청교도의 핵심사상인 계약사상에 근거하고 있다. 피니에 의하면, 성경에는 옛 계약인 율법과 새 계약인 복음이 있고, 이 옛 계약 아래서 인간은 하나님의 법을 지키는 데 실패했으나, 새 계약 아래서는 하나님의 법을 준수할 수 있다. 그러면 새 계약의 핵심은 무엇인가? 그것은 그리스도와 성령이다. 새 계약 안에 사는 삶이란 성결한 삶의 원천인 그리스도 안에서 사는 삶이다. 따라서 그리스도 안에서 사는 사람은 성결한 삶을 살 수 있다. 자연인으로서 우리는 성결한 삶을 살 수 없지만 그리스도와의 연합을 통해서 성결한 삶을 살 수 있다. 피니는 그러나 이러한 그리스도와의 연합은 성령을 통해 이루어진다고 하여 성결을 위한 성령의 역사를 강조했다. 피니의 성결운동은 19세기 미국에 성결운동을 일으키는 원인을 제공했으며, 노예해방 운동, 남녀평등 운동, 가난한 자들을 위한 목회 등의 사회개혁운동으로 이어졌다.

5. 찰스 피니에 대한 평가

1) 사역의 특징

피니의 사역에서 교회부흥과 부흥집회의 새로운 방법을 도입시킨 점이 가장 손꼽히는 특징이 되고 있다. 피니는 장로교 목사였으면서도 교파를 초월하여 에큐메니칼 부흥운동을 실시하였다. 그리고 부흥의 촉진을 위해서 인간 편에서 순종하고 자발적인 활동을 하여야 한다고 주장하였다. 그 결과 오늘날의 교회 부흥회는 거의 피니의 방법을 따르고 있다. 피니는 설교 사역에서도 죄인의 회심을 유도하기 위해 강단 설교의 새로운 스타일을 창안해 냈고, 복음전도의 전체적인 흐름을 전환시켰다. 그는 며칠 동안 계속해서 집회를 여는 연속집회를 행했다. 4일 간 계속해서 집회를 열었고, 필요에 따라서는 20일 간 계속하여 집회를 열기도 하였다. 또한 설교 중에 청중이 결단하고 작정토록 이끌었으며, 믿기로 작정한 사람들은 손을 들게 하여 의사 표현을 하도록 하였다. 이것은 그들에게 성령이 부어졌다고 생각했기 때문에 결단을 요청한 것으로, 성령의 도움 없이 사람들이 결단할 수 없다고 생각하였다. 그리고 설교 중 의문을 가진 자들을 모아 '질의자 모임'(Inquirer meeting)을 가졌다. 그 전까지는 사역자가 단지 '말씀의 선포자'로만 생각되었으나, 피니는 사역자를 단순한 선포자만이 아닌 '설득자'라고 생각하였다. 전도 사역에서도 좀더 적극적으로 집집을 방문하여 상담하거나 전도하는, 지금의 축호전도 방법을 사용하였다. 이밖에도 당시 보통의 설교자들과는 달리 구어체로 설교했고, 평범한 말로 설교하였다.

2) 사회개혁 운동

피니는 이 세상에서 온전한 성결이 이루어질 수 있다고 믿었으며, 신앙이 삶에서 구체적으로 열매를 맺어야 한다고 보았다. 이런 태도와 신학적 신념은 그가 사회의 구체적인 문제에 관심을 갖고 개혁운동에 앞장서게 했으며, 그의 부흥운동이 개혁운동으로 이어지게 만들었다. 피니는 사회개혁운동으로서 먼저 노예제도 폐지운동을 실시했다. 그는 노예제도가 커다란 악이며 죄라고 지적하고 노예제폐지가 하나님의 뜻이라고 생각했으며, 성령은 개인의 죄에 관여하실 뿐만 아니라 사회적인 악한 제도에 대해서도 슬퍼하신다고 하여 전도운동과 사회개혁운동을 병행하였다. 그리스도의 재림을 준비하기 위해서도 미국이 가장 먼저 버려야 할 것이 노예제도라고 생각했다. 피니 자신은 적극적인 행동으로 나서지는 않았지만 노예제도는 분명히 죄악이며, 기독교인은 이것을 버려야 한다고 주장했다. 피니는 자신의 집회에서 결코 노예 소유자에게 성찬을 허용하지 않았다. 노예해방운동에 끼친 그의 영향력은 그의 설교를 들은 그의 제자들에게 나타났다. 19세기의 유명한 노예해방운동가의 한 사람인 웰드(Theodore Weld)는 피니의 부흥회에서 은혜를 받고 노예해방운동에 나섰다.

그의 부흥운동은 여권신장에도 크게 기여하였다. 피니는 부흥회 때 여자에게 기도를 시키며 간증을 하게 하였다. 이러한 행위는 그 당시 미국 사회에서 생각할 수 없는 일이었다. 여자는 남자가 섞인 공적 집회에서는 말을 할 수 없었으며, 모든 사회 활동에서 제약을 받았다. 이러한 상황에서 여자에게 기도를 시키고 간증을 하게 했다는 것은 중요한 의미를 갖는다. 또한 오벌린대학에 여자도 전 과정을 등록할 수 있게 하여 세계 최초의 남녀공학 대학이 되게 했으며, 여자에게도 신학학위를 수여하였다. 이렇듯 피니는 사회구조적으로 억압되어 있었던 여성의 지위와 권리를 부흥운동을 통하여 회복시키려 하였으며, 그것은 하나님 안에서 평등과 자유를 이루려는 신앙운동의 결과였다.

피니의 개혁운동은 가난한 자들을 위한 목회로 이어졌다. 당시의 교회들은 교회를 유지하기 위해서 재력이 있는 사람들에게 기부금을 받고 지정석을 내어주었다. 따라서 가난한 사람들에게는 교회의 문턱이 높을 수밖에 없었다. 피니는 이런 것이 비성서적이라고 주장했다. 그리하여 뉴욕에서 15년 간 목회하면서 가난한 사람들이 마음대로 와서 예배를 드릴 수 있게 했다.

또한 그의 부흥운동은 사회, 문화, 도덕, 교회 등 전반에 걸쳐 영향을 미쳤다. 성결운동은 금주운동으로도 이어졌고, 평화운동으로도 이어졌다. 또한 연초불매운동, 교도소 개혁운동, 매음금지운동, 흑인 개화운동 등에도 영향을 미쳤다.

사회개혁과 더불어 미국 대학생들 사이에 선교열이 고조되었다. 윌리엄

대학의 학생들이 하나님의 나라를 위하여 일하는 삶을 살기로 서약하며 신앙동우회를 조직하였고, 그 결과 1810년 미국외지선교 위원회와 미국 성서공회가 형성되었다.

3) 비판적 평가

피니는 인간의 부패성과 인간의 자유의지의 관계를 너무 논리적으로 생각하여, 인간의 부패성을 무시하고 인간의 자유의지만을 강조하는 오류에 빠졌다는 말을 듣는다. 죄인을 향하신 크고 놀라운 하나님이 은혜와 독생자를 아끼지 않고 주신 그 사랑을 인간의 반응, 곧 자유의지를 강조함으로써 약화시키고 있다는 것이다. 그는 인간의 부패성을 강조하면 인간의 자유의지가 손상될 수밖에 없다고 보았다. 그러나 성서는 이 모두를 강조하고 있고, 인간은 원죄아래 있는 존재임과 동시에 복음에 응답해야 할 존재라고 성서는 말하고 있다.

또한 피니는 하나님의 주권적 부흥이 아닌 부흥주의의 터를 놓았다. 부흥주의(Revivalism)란 사람들이 부흥을 촉진시킬 수 있으며 또한 특정 조건들을 만족시킴으로써 부흥을 일으킬 수 있다는 개념이다. 피니의 부흥운동은 인간중심적 부흥운동의 기원이라고 할 수 있다. 이러한 영향으로 사람들은 부흥을 특정 조건을 만족시킴으로 일으킬 수 있는 것으로 생각했다. 결국 부흥을 조작 가능한 것으로 생각하게 하는 부정적 영향을 미쳤다.

그의 부흥운동은 미국 장로교 분열의 빌미가 되었다. 미국 장로교는 제2차 대각성운동이 일으킨 부흥에 찬성하는 파와 반대하는 파의 두 가지 시각으로 나뉘었다. 부흥에 반대하는 파는 구학파로 남부지방을 중심으로 하였고, 신학파는 친부흥주의적인 북부지방 계열이었다. 피니의 신학은 교단분리에 직접적으로 원인을 제공하지는 않았지만 분열의 원인이 된 신학적 포용성 문제에 큰 영향을 주었다. 피니의 포용성 있는 관점은 신학의 큰 차이도-심지어는 자유주의마저도-용납할 수 있다는 담대함을 부여했고, 세속의 물결이 교회에 들어오는 것을 관용하게 했다. 이 포용주의는 결국 신학적 차이로 인한 장로교단의 분리를 초래했다.

6. 나가는 말

미국의 제2차 대각성운동의 가장 중심적 인물은 찰스 피니였다. 그의 부흥운동은 평범한 사람들의 눈으로 성경을 읽고 메시지를 전함으로써 큰 반향을 일으켰다. 당시에 정통 칼빈주의자들은 인간의 타락을 너무 강조한 나머지 구원을 위해서 별다른 노력을 하지 않았다. 여기에 대해 피니는 성서의 명령대로 자신의 구원을 위해서 노력할 것을 호소하고, 구원은 예수 그리스도를 구주로 모셔 들이는 결단을 통해서 이루어진다고 가르쳤다. 이러한 적극적인 메시지는 종래에 자신의 구원에 대해서 수동적이던 사람들을 적극적이 되도록 만들었다. 이로 인해 그의 부흥운동은 19세기 전반부에 놀라운 결과를 가져왔다. 그러나 이로 인해 칼빈주의자들에게 하나님 중심의 신학을 인간 중심으로 옮겨놓은 알미니안주의자 혹은 펠라기안이라는 비판을 받았다.

피니의 부흥운동은 또한 사회개혁 운동을 큰 특징으로 하였다. 그는 신앙인이라면 복음에 구체적으로 응답해야 한다고 보고 청교도의 계약사상을 좇아 새 계약 안에 있게 된 사람은 성령의 능력 안에서 그리스도와의 연합을 통해서 성결한 삶을 사는 것이 가능하다고 가르쳤다. 오벌린 완전주의라고 불리는 이러한 성결운동은 노예해방 운동, 여권신장 운동, 가난한 자에 대해 관심을 나타냈고, 19세기 사회 전반의 사회개혁운동에 영향을 미쳤다.

피니는 그리스도의 복음을 현실에 맞게, 균형잡힌 복음으로 재해석하고 증거하며 삶 속에서 실천했다. 하나님의 주권을 강조하면서도 인간의 응답과 책임을 간과하지 않았고, 개인적인 회심과 성결을 강조하면서도 이 개인적인 회심과 성결은 사회개혁으로 나아가야 한다는 신학을 제시하였다.

09

무디의 부흥운동

정다운(교회사)

1. 들어가는 말
2. 무디 부흥운동의 배경
3. 무디 부흥운동의 전개
4. 무디 부흥운동의 영향
5. 나가는 말

1. 들어가는 말

드와이트 리이먼 무디(Dwight Lyman Moody)는 19세기 후반 미국과 영국의 부흥운동을 대표하는 인물로 '남북 전쟁기 미국 개신교 부흥운동에서 가장 뛰어난 대표자'[1] '19세기 후반에 가장 명성을 떨친 인물'[2] '가장 효과적인 복음전도자'[3] 등으로 불려지고 있다. 그는 위인전기류 뿐만 아니라 교회사 저술들에서도 부흥사역자로서 주목을 받고 있다. 이 글의에서는 무디가 활동했던 시대와 무디의 생애를 간략하게 고찰한 후에 무디 부흥운동의 전개와 특색, 그의 메시지의 신학, 그리고 그의 부흥운동의 영향 등을 개관하고자 한다.

---

1) 윌리스턴 워커, 『기독교회사』, 송인설 역 (서울: 크리스챤다이제스트, 2004),730.
2) 마크. A. 놀, 『미국 · 캐나다 기독교 역사』, 최재건 역 (서울: CLC, 2005), 353.
3) 윌리엄. W. 스위트, 『미국교회사』, 김기달 역 (서울: 보이스사, 1994), 431.

2. 무디 부흥운동의 배경

1) 시대적 배경

무디가 활동하였던 19세기의 마지막 25년은 도금시대(Gilded Age)라고 불린다.[4] 이 시기에 미국은 산업화와 도시화로 급격한 사회적·경제적 변화를 초래하였다. 남북전쟁(1861-1865) 후에 건설된 거대한 공장들, 제철소, 대륙횡단 철도 등은 미국의 외적인 변화를 상징적으로 나타내고 있었다. 그러나 그러한 경제적인 번영의 혜택은 매우 제한된 소수만 누릴 수 있었다. 1860-1920년까지 인구가 3배 이상 증가하였고, 산업은 8배, 국민총생산이 30배나 증가하였으며, 도시에서 많은 일자리가 창출되었고, 도시의 인구집중이 급속히 진행되었다. 그러나 도시로 몰려드는 노동자들에게 적합한 사회복지 시설과 제도는 턱없이 부족했다. 빈부격차가 극심했고, 노동자들의 생활, 노동 환경이 매우 열악했다. 농민운동, 파업 등이 간헐적으로 계속되었고, 사회불안이 증대되어 갔다. 동시에 사람들의 관심도 윤리적이나 종교적인 것보다 경제적인 번영과 성공 욕구로 가득 차고 있었다.

미국은 사상적으로도 극심한 변화를 겪고 있었다. 특히 다윈의 진화론의 영향력은 생물학적인 영역에 국한되지 않았다. 다위니즘은 신관, 인간관, 사회관, 역사관 등에서 근본적인 인식의 전환을 가지는 새로운 틀이 되었다. 인간과 역사에 대한 진보주의 및 낙관주의는 죄 와 은총 같은 기독교의 기본교리를 새로 정의하게 할 만큼 지적인 힘을 더해 갔다.

이러한 변화들은 미국의 개신교계에 심각한 질문을 던졌다. 우선 사회적·경제적인 변화에 대한 미국 복음주의의 반응으로서 그간에 집중해 왔던 YMCA 등의 청년봉사활동, 검약과 근면, 개인의 영성과 구원 등의 대응이 이것으로 충분한가에 대한 질문이 일어나게 되었다. 사상적·신학적 도전들에 대해서도 새로운 설명이 요구되었다. 결과적으로 미국 개신교회는 '보수적 개인주의'를 바탕으로 한 복음주의와 사회구조의 변혁을 표방

---
4) Gilded Age는 '의사 황금기'라고 번역되기도 한다.

하는 진보적 개혁주의라는 두 가지 반응 형태를 갖게 되었다.

전자는 성경의 무오성과 절대적인 권위를 인정하는 정통 기독교의 전통 위에서 당시에 대두되던 진화론과 진보의 이론을 배격하였다. 대체로 이들은 종교적인 회심이 개인생활의 변화를 낳고, 그러한 변화가 사회 개혁의 근간이 된다는 믿음을 갖고 있었다. 따라서 사회구조에 대한 개혁을 외치기보다 개인의 영적인 구원에 초점을 맞추는 경향이 있었다.

후자는 개인주의나 방임주의를 거부하면서 복음전도보다 사회 구조 자체를 개혁하는 것에 중점을 두었다. '죄와 구'의 문제를 사회적인 맥락에서 새롭게 해석하였고, 고등비판을 수용하였다. 이들은 대체로 윤리의 모델로서 예수의 삶을 더 중시하는 경향을 보였다. 미국 사회 복음운동(Social Gospel)을 이끈 월터 라우센부쉬(Walter Rauschenbusch)는 이러한 진보적 개혁주의를 대표하는 한 인물로 산업사회의 착취와 노동자들에 대한 정부의 무관심을 비판하며 그의 메시지를 성서에서 찾았다.

2) 무디의 성장 배경

1837년 5월 2일, 드와이트 리이먼 무디는 매사추세츠주 노드필드의 한 가정에서 여섯 번째 자녀로(아들로서는 다섯 번째) 태어났다.[5] 무디의 가정은 그가 네 살 되던 해에 아버지 에드윈이 갑자기 세상을 떠난 후 경제적으로 매우 궁핍해졌다. 그로 인해 무디는 제대로 교육을 받지 못했다. 문법학교에 다녔지만 그것조차 중단될 때가 많아 그가 정식으로 받은 학교 교육이 5년도 되지 않을 것으로 짐작되고 있다.[6]

무디의 어머니가 1843년에 유니테리언 교파의 교인이 되었고, 다섯 살 난 드와이트와 다른 자녀들도 유니테리언으로서 세례를 받았지만, 무디는

---

5) 무디의 생애에 관하여는 대체로 Stanley B. Gundry, 『무디의 생애와 신학』 (서울: 생명의말씀사, 1985)과 무디의 아들 William. R Moody가 쓴 『디. 엘. 무디』 (서울: 생명의말씀사, 1995)를 참조하였다.
6) Stanley B. Gundry, 『무디의 생애와 신학』, 22. 그의 설교 원고와 편지들은 겨우 읽을 수 있을 정도였고, 문법적 오류와 잘못된 철자가 너무 많았으며, 구두점과 대문자 사용이 없었다고 한다. 건드리는 1962년 1월 13일 날짜가 찍힌 한 편지에서는 심지어 전혀 구두점이 없다는 내용을 밝히고 있다.

유니테리언 신학의 영향을 받았던 것으로 여겨지지 않고 있다. 노드필드라는 시골 마을에 있었던 유니테리언 교회는 보스턴의 지식인들 중심의 자유주의적인 유니테리언과 거리가 있었다고 한다.[7] 이곳의 유니테리언 교회는 그 지역에서 사교의 장으로서의 역할을 하는 데에 그쳤다.[8]

1854년에 무디는 노드필드를 떠나 보스턴으로 갔다. 경제적인 부를 찾아온 도시 이주민의 대열에 그도 포함되어 있었다. 그는 이곳에서 YMCA에 입회함으로써 복음주의를 접하기 시작했다. 애초의 입회 동기는 사회적이고 지적인 것이었으나, 어쨌든 무디는 이곳에서 복음주의적 기독교인들과의 친분을 쌓고 기독교 교리를 접하게 되었다. 그를 복음주의 개신교의 영향권으로 들어서게 만든 중요한 통로는 마운트 버논(Mount Vernon) 회중교회였다. 무디는 삼촌의 신발 가게에서 일을 하면서 삼촌의 권유로 예배에 정기적으로 출석하기 시작하였다. 1885년 4월 21일, 주일학교 교사의 구둣가게 방문을 받고 '인생을 그리스도에게 헌신하고 하나님의 사랑을 받아들이라'는 교사의 권유를 받아들였다. 그는 이 경험을 자신의 일차적인 개종 시기로 간주하곤 하였다. 그러나 이후에도 개신교 교리의 핵심적인 내용을 받아들이지 못한 면을 보이고 있었다.[9]

무디는 1856년에 시카고로 이주하여 구두점 점원이 되었다. 그는 매우 진취적으로 일했고, 성공에 대한 열망을 갖고 있었다. 한편으로 종교적인 관심도 계속해서 커져가고 있었다. 그는 어머니에게 보내는 편지에서 하나님의 교회가 부흥하는 것을 보고 싶은 열망을 표현하기도 하였다. 1857년 5월, 시카고의 플리머스 회중교회로 교인 명부를 옮기고 주일학교 운동에 참여하였다. YMCA 사업에도 깊이 관여하였다. 그는 주일학교에서

---

7) 무디가 복음주의자가 된 후 삼위일체 신앙을 갖고 있었던 것은 설교 곳곳에서 확인할 수 있다. D. L. Moody, 『무디의 명설교』 (서울: 솔로몬, 2004), 60.
8) Stanley. B. Gundry, 『무디의 생애와 신학』, 21. 유니테리언 교회는 1827년에 '정통파' 교회에서 분열함으로써 시작되었다. 사실상 순수하게 신학적 고려에서 생긴 것이 아니었기 때문에 당시에 사람들은 문제시 되고 있던 토마스 메이슨(Thomas Mason) 목사가 떠나면 두 파가 다시 결합될 수 있으리라고 기대했다. 유니테리언에는 좀더 급진적인 자유주의파와 '복음주의적 유니테리언주의'라고도 불리는 보수파가 있었는데, 노트필드의 유니테리언 회중은 보다 전통적인 보수파에 속한 교회였다고 이해된다.
9) Stanley B. Gundry, 『무디의 생애와 신학』, 25.

반을 맡을 수가 없자 자신의 반을 만들기 위해 거리에서 아이들을 모집하였다. 1859년에 무디는 교회의 도움 없이 범죄와 매음행위가 만연한 노드 사이드 시장 근처의 버려진 술집에서 주일학교를 시작했다. 교리 교육은 다른 교사들에게 맡기고 자신은 행정과 발전에 주력하였다. 1860년에는 드디어 전적인 복음 사역자의 길에 들어섰다. 이해 6월에 그는 시간과 열정을 전부 하나님의 복음을 전하는 데 바치기로 결단하였다.[10] 주일학교 운영이 매우 성공적이어서 1864년에는 일리노이 스트리트 교회(Illinois Street Church)로 발전하였다. 이 기간에 무디는 부흥운동가로서의 자질을 다져갔고, 성경과 복음주의적 기독교 교리에 대한 이해도 심화시켰다.

3. 무디 부흥운동의 전개

1) 부흥운동 전개과정

이 시기에 무디는 YMCA의 정식 직원이 되었는데, 그의 행동은 그다지 세련되거나 노련하지 못했다. 그는 때로 전혀 모르는 사람을 붙들고 '당신은 구원 받았습니까' 라고 물어서 사람들을 당황하게 만들었고, 주일학교 학생들을 찾아 무작정 거리와 뒷골목을 누비고 다니기도 했다. 어떤 사람들은 그를 '미친 무디' 라고 불렀다. 그러나 복음전도를 향한 열심만은 탁월했다. 시간이 지나면서 미숙하고 투박하던 행동은 점차 다듬어져 갔다. 남북전쟁 시기에는 미국기독교위원회에 속하여 전선 근처와 시카고에서 자주 집회를 열고 노래책과 전도지를 사람들에게 나누어 주었다. 시카고 빈민 구제사업에도 깊이 관여하였다. 무디는 '하루에 공부할 시간을

---

10) 무디가 이렇게 풀타임 사역자로 나선 계기는 무디의 아들이 기록한 무디의 전기에 비교적 자세하게 언급되고 있다. 무디의 주일학교에서 소녀반을 가르치던 젊은 여선생이 어느 날 무디의 가게로 찾아왔다. 그녀는 자신의 폐에 출혈이 있으며 자신이 곧 죽게 될 것이라고 말하면서, 자신이 죽기 전에 그의 반의 소녀들이 모두 하나님께로 돌아오게 하고 싶다고 하며 무디에게 도움을 요청하였다. 무디는 이에 아이들을 전도하며 매우 감동적이고 인상적인 경험을 하게 되었고, 자신의 전 생애를 전도에 바칠 것을 결심하였다.

5분도 내기가 힘들다'고 말할 만큼 바쁘게 매일을 보냈다.[11] 그러나 배움에 대한 열망이 컸던 그는 그만의 방법을 터득해 갔다. 배울 만한 사람들(특별히 목사님들 사이에 있을 때)에게 적극적인 자세로 묻고 토론하는 방법으로 지식을 얻곤 하였다. 물론 성서를 읽는 데 도움이 되는 책들도 열심히 읽었던 것으로 보인다.

   1873년에서 78년까지 만 5년 간은 무디 부흥운동의 절정기였다. 이 기간에 무디는 영국과 스코틀랜드에서 복음성가 파트너인 생키(Ira Sankey)와 함께 285차례 부흥집회를 인도하였다. 복음전도자로서 세계적인 명성도 얻었다. 영국에서 대중적인 명성을 얻은 후, 1875년에 미국으로 귀국한 무디는 곳곳을 다니며 성공적으로 집회를 인도하였다. 미국에서의 첫 번째 전도집회는 1875년 11월 브루클린에서 열렸다. 이후 필라델피아, 뉴욕, 시카고, 보스턴, 그 밖에 각 도시에서 대규모 부흥집회들을 인도하였다. 집회는 대체로 오후에 성경공부 시간을 갖고 저녁에는 부흥집회를 갖는 형식으로 진행되었다. 필라델피아 집회에는 7천에서 1만 3천 명이 모였고, 76년 2월 7일의 뉴욕 집회에는 7,8천 명이 모였다. 같은 해 10월 시카고 집회에는 약 1만여 명이 회집하였으며, 보스턴 집회역시 큰 호응을 얻었다.

   그 후에도 무디는 유명세를 타고 성공적으로 집회들을 이끌었다. 1978년에 그는 새로운 복음전파 방법을 취했다. 새로 채택된 방법은 네 가지 정도로 그 특징을 요약할 수 있다. 첫째로 그는 지역 교회들과 보다 긴밀한 협력 관계를 맺었다. 전에는 집회들이 비교적 대규모의 일회성 중심으로 개최되었다면 그는 지역의 복음주의적 교회들과 연합하여 집회 후에도 회중들과 새로운 개심자들이 지역교회에서 계속 신앙을 성장시켜 갈 수 있게 하였다. 또 기성교인들이 개인전도를 하도록 자극하여 각 지역교회들이 부흥되도록 도왔다.

   둘째로 집회의 영향력이 오래 지속되도록 기독교교육을 행했다. 그는 1879년, 고향에 노드필드 여학교를 세웠고, 1881년에 마운트 헐몬 남학교를 세웠다. 이 학교들은 지역교회를 위해 일할 그리스도인의 인격개발을

---

11) 이는 남북 전쟁 당시 무디가 동생 사무엘에게 보낸 편지에 나오는 구절이다.

위한 예비교육 제공에 설립목적을 두고 있었다. 무디는 이 두 학교의 핵심[12] 교과과정을 성경과 기독교교리 공부로 정했다. 1880년 9월에는 평신도들을 위한 여름성경수련회를 노드필드에서 처음 개최하였다. 1886년에 개최된 대학생 모임에서는 백 명의 해외선교 헌신지원자들(이른바 Mount Hermon Hundred)이 배출되었다. 이 일은 학생자원운동의 효시가 되었다.

그 밖에 그는 부흥집회, 학교, 성경공부 모임 등에 참여할 수 없는 보다 많은 대중들을 교육하는 방편으로 출판에 힘을 기울였다. 1870년대 후반에 무디는 설교집을 잇달아 출판하였고, 1894년 이후로는 기독교 정기간행물들과 서적들을 출판하였다.[13] 이들의 출간 목적은 모두 한결같이 복음을 전하는 일에 그 목적을 두고 있었다.

1899년 11월에 무디는 미주리주 캔사스 시에서 생애 마지막 집회를 이끌었고, 그 해 12월 22일에 타계하였다.

2) 무디와 생키의 연합사역

무디의 대중 전도집회는 아이라 생키(Ira Sankey)가 직장을 버리고 시카고로 와서 합류하면서 본 궤도에 오르기 시작했다. 무디와 생키는 1차 영국 전도여행 후 1870년 인디아나 폴리스에서 열린 YMCA 국제집회에서 처음 만났다. 그들은 함께 1871년 초 시카고에서 기념비적인 최대 규모의 대중집회를 처음 치러냈다. 1871년의 시카고 대화재로 교회당을 잃는 위기를 겪기도 하였다. 그러나 이후 필라델피아에서 뉴욕까지 헌금을 모금하여 대화재가 발생한지 2개월이 지난 12월 24일에 임시교회를 세웠다. 1년 후에 훗날 세계적으로 널리 알려진 에비뉴 교회 또는 무디교회를

---

12) 토레이(R. A. Torrey, 1856-1928) 뉴욕시의 법률가의 아들로 태어났고, 예일대학 재학 중에 무디를 알게 되었다. 예일대학 졸업 후 독일 라이프치히대학 대학원에서 신학연구에 힘썼다. 신학이론에 있어서는 철저히 보수주의적인 성향을 갖고 있었다. 1899년에 무디성서학원을 책임 맡았고 얼마 후 현재 무디 기념교회라 불리는 시카고시 교회 목사를 겸임하게 되었다.
13) 보다 자세한 출판물 목록은 Stanley B Gundry의 『무디의 생애와 신학』, 69 참고. 이 일은 오늘날 Moody Press의 기원이 되었다.

세웠다.

이후 73년 6월 17일에 영국 리버풀에서 무어하우스의 도움으로 성공적인 집회를 가졌으며 요크 지방 목사들의 부탁으로 5주간 집회를 연장하였다. 이후 무디 집회의 포스터에서는 '무디는 복음을 설교할 것이다. 생키는 복음을 노래할 것이다' 는 문구가 쓰여 있었다. 무디와 생키는 씬더랜드, 뉴캣슬, 에딘버러, 아일랜드 벧파스트 등에서 집회를 인도하였다. 집회 때마다 생키의 감동적인 찬송은 큰 감동을 주었다. 집회는 주로 오전에는 기도회로 모이고, 오후에는 성경을 가르치는 시간을 가졌고, 저녁에는 부흥집회로 모였다.

무디, 생키, 무어하우스 이 세 사람은 평생의 동역자가 되었는데, 사람들은 이들을 '무디의 전도단' 이라고 불렀다. 생키는 아름다운 찬송을 불러서 사람들의 마음을 감동시켰고, 무디는 힘찬 설교를 통하여 복음의 씨앗을 뿌렸으며, 무어하우스는 많은 상담을 통해 복음을 받아들인 자들을 돌봐주었다.

3) 학생자원운동

무디의 사역을 특징짓는 것 중 하나가 모트 등이 중심을 이룬 학생자원운동(The Student Volunteer Movement for Foreign Mission)의 발족이다. 무디가 1882년 영국 케임브리지에서 설교한 후 유명한 '케임브리지 세븐' 이라 불리는 학생들이 선교헌신을 다짐하였고, 뒤이어 많은 학생들이 중국과 세계 여러 선교지로 나갔으며, 미국의 학생선교운동에 영향을 주었다. 미국에서 학생들의 세계선교운동이 처음에는 프린스턴 선교회를 중심으로 활발히 전개되었으나, 프린스턴 선교회가 한계에 부딪치고 북미 학생운동을 주도할 공식단체가 필요하게 되었다. 1886년, 마운트 헐몬(Mount Hermon)의 집회에 89대학에서 251명이 참석을 하여 100명이 선교사로 헌신하였다. 이 일을 계기로 1888년에 학생자원운동(SVM)이 출범하면서 코넬대학 출신 모트(John R. Mott)가 회장이 되었고 프린스턴대학 출신 로버트 윌더(Robert P. Wilder)가 총무로 선임되었다. 윌더는

1886년부터 각 대학을 다니면서 학생들을 선교사로 초청하는 일을 계속하여 1936년까지 무려 20,500명의 대학생들이 해외선교사로 헌신하였다. 아펜젤러와 언더우드가 바로 그들 중에 포함되어 있었다. '이 세대에 세계를 복음화하자'(The Evangelization of the World in this Generation)라는 표어를 내걸었던 SVM은 1920년의 절정기 이후 급속히 쇠퇴하기까지 수많은 학생들을 세계선교에 참여시켰다.[14]

4) 무디의 설교 신학

신학교육은커녕 일반 정규교육조차 5년 이상 받았다고 보기 힘든 무디에게서 어떤 체계적인 신학사상을 발견하는 것은 무리가 있다. 그러나 무디에게 신학적 입장이 없었던 것은 아니었다. 스탠리 군드리(Stanley B. Gundry)는 무디의 신학을 '선포의 신학'(proclamation theology)이라고 명명했다.[15] 결론적으로 말하자면, 무디는 미국의 다른 복음주의자들과 마찬가지로 영혼 구원이라는 실제적 측면을 강조하는 '실용주의적 신학'을 갖고 있었다.[16]

무디는 스스로 자기가 기본적인 기독교의 메시지를 전달하고 있다고 말했고, 자신의 메시지를 '세 개의 R들'(Three R's)이라고 요약했다. 그 세 가지는, 죄로 인한 파멸(Ruin by Sin), 그리스도로 말미암는 구속

---

14) SVM이 쇠퇴한 이유에 대해 윌리엄 베흠은 지도부의 잦은 교체, 비대함, 유지비 충당의 어려움, 미국 내의 필요성 간파, 학생들의 선교 관심 이완, 선교사 교육 쇠퇴, SVM 본연의 설립목적에서 벗어난 인종문제, 경제적 형평성 문제, 제국주의와 같은 새로운 현안 몰입, 현지인 지도자들의 대거 양성, 사회복음의 대두로 인한 기독교 국가로서 미국의 독특성 희석, 신앙 부흥주의로 인한 기독교 신앙의 정당성과 해외선교사명의 당위성 상실, 등의 10가지 항목을 설명하였다. William H. Beahm, "Factors in Development of the Student Volunteer Movement For forein Misssions", Ph.D. Dissertation, University of Chicago, 1941, 14-15. 할레대학 교수 바르네크는 SVM이 내걸었던 "세계의 복음화를 우리 세대에" 란 구호가 성경적 근거를 갖지 못했고, 지나치게 전천년적인 종말관에 기울어져 건전한 교회생활과 인류의 창조적 문화생활을 누리지 못하게 했고, 피상적이고 열광적인 전도에 치우쳤으며, 목표가 공격적·인위적이었고, 문화제국주의적인 요소를 지니고 있었다고 지적하였다. 정준기, 『기독 학생운동사』, 270-283.
15) Stanley B. Gundry, 『무디의 생애와 신학』, 21.
16) McLoughlin, *The American Evangelicals*, 1800-1900 An Anthology (New York: Harper &Flow, 1968), 10.

(Redemtion by Christ), 성령에 의한 중생(Regeneration by Holy Ghost)이었다.[17] 결국 무디의 신학 전체는 이 세 단어로 요약된다고 할 수 있다.

(1) 인간관

무디의 설교를 분석해 보면, 인간에 대한 견해에서 상치되는 면을 발견할 수 있다. 모든 인간을 하나님 앞에 철저히 죄성을 가진 존재로 보았다는 점에서는 일단 칼빈주의적인 인간관을 전제하고 있었다.[18] 그는 인간을 아담의 타락 이후 근본적으로 사망에 이를 수밖에 없는 전적으로 타락한 존재라고 보았다. 또한 인간의 구원이 하나님의 주권적인 찾아오심에 의해 이루어진다고 보았던 점에서도 칼빈주의적인 인간관을 가지고 있었다.

> 아담이 범죄했던 그 순간부터 지금까지 인간은 하나님을 찾으려 하지 않았습니다. 그래서 하나님께서 먼저 인간을 찾아 나서야만 했던 것입니다. "인자의 온 것은 잃어버린 자를 찾아 구원하려 함이니라"(눅 19:10). 저는 그와 같은 말씀을 하신 인자는 에덴에서 "아담아 네가 어디 있느냐?"라고 말씀하셨던 바로 그분이심을 믿습니다.[19]

무디는 자주 "의인은 없고, 우리 모두 죄를 범하였기 때문에 여기에 예외란 없다"고 말하면서 인간이 저지르는 악을 지적하기도 하였다.[20]

다른 한편으로 인간에게는 '구원을 주시는 하나님을 믿을 수 있는 능력'이 있다고 하는 알미니안적인 견해를 보였다.

---

17) 마크 A. 놀, 『미국·캐나다 기독교 역사』, 354. 마크 놀은 무디가 고급신학을 해설하거나, 기독교인의 사회적 행동을 위한 세련된 신조들을 전파하지 않았으며 기독교인들의 감수성에 호소하는 강력한 주제들을 꾸밈없이 선포하였다고 설명하고 있다.
18) 여기서 '칼빈주의'라는 말을 사용한 것은 그의 인간관을 이해하는 데에 편의를 도모하기 위함이다. 주지하듯이 무디가 특정한 신학용어로 자신의 신학을 정리해내지 않았기 때문에 칼빈주의나 알미니안주의로 분류하기에 어려운 면이 있다.
19) Dwight Lyman Moody, 『무디의 명설교』, 81.
20) Dwight Lyman Moody. 『무디의 명설교』, 68. 여기서 무디가 지적하는 죄들은 술취함, 도박, 댄스, 극장가는 일, 주일을 지키지 못하는 일, 성적 방탕 등이다.

그러나 그들이 잘못을 깨닫고 하나님께로 돌아오는 순간, 그들은 용서받을 것이며 그들의 죄가 떠나갈 것입니다. 며칠 전에 어떤 분이 저에게 이렇게 말했습니다. "나와 그리스도 사이를 가로막고 있는 것은 나의 죄입니다." 저는 이렇게 답변했습니다. "그렇지 않습니다. 당신과 그리스도 사이를 가로막고 있는 것은 당신의 의지입니다." 죄인과 용서를 가로막고 있는 것은 자신의 의지입니다.[21]

이런 면은 칼빈주의적 견해와 모순되어 보일 수 있으나, '선포를 위한 복음'이라는 실용적인 특성을 고려하면 이해될 수 있는 부분이다. 구원에 대해 말하기 전에는 인간이 전적으로 타락한 죄인이라는 사실을 강조하지만, 복음을 받아들이도록 권고하기 위해서는 구원을 받아들일 인간의 책임과 의지를 강조하게 되었던 것이다. 이와 같이 인간의 전적인 죄성, 타락상을 경고한다는 면에서는 당시의 긍정적인 인간인식과 크게 차이를 나타냈지만, 완전히 비관적인 인간관으로 흘렀던 것은 아니었다.

(2) 구원관

구원관에서 무디는 정통적인 입장에 있었다. 무디의 구원관은 인간이 본성상 죄인이며 죄의 저주 아래 놓여 있으나, 하나님께서 사랑으로 인간을 대신하여 죄의 대가를 치르게 하신 그의 아들 예수를 구주로 받아들이기만 하면 구원을 받을 수 있고 성령으로 거듭날 수 있다는 것으로 요약된다.

무디가 구원의 원천으로서 특히 강조한 것은 하나님의 사랑이었다. 무디의 설교 중에는 하나님의 사랑과 은혜를 설명하기 위한 수많은 유비들이 등장한다. 그는 하나님이 의로운 분이므로 죄는 미워하시지만 죄인은 사랑하신다는 믿음을 선포하였다. 하나님은 노예가 아니라 아들을 원하시니 죄인들은 지옥불과 정죄의 공포에 의해 하나님께 나갈 것이 아니라 사랑에 의해 이끌림을 받아야 한다고 역설하였다.

---

21) Dwight Lyman Moody, 『무디의 명설교』. 219.

하나님은 여러분이 천국의 수정으로 만들어진 거리를 함께 걷기를 원하십니다. 하나님은 여러분을 한 가족으로 받아들여 천국의 아들과 딸이 되기를 원하십니다. 그럼에도 당신은 하나님의 사랑을 두 발 아래 짓밟으려고 하십니까? 아니면 당신은 지금 이 순간 당신 자신을 하나님께 드리겠습니까?[22]

무디는 이렇게 하나님의 사랑을 선포하고 구원에 참여하는 결단을 내리도록 유도하였다. 이것이 그의 설교의 핵심 주제였다. 이는 미국의 전통적인 부흥회에서 하나님의 심판의 무서움을 말하며 회개를 호소하는 설교들이 다수를 이루었던 것과는 좀 다른 형태였다.[23]

4. 무디 부흥운동의 영향

19세기 말에 미국에서 엄청난 대중집회들을 이끌고, 많은 학교를 세우고, 간행물을 발행했던 무디가 미국 사회에, 나아가 세계 여러 국가들에 상당한 영향력을 미쳤을 것은 부인하기 어렵다. 무디의 부흥운동의 영향으로서 널리 합의되고 있는 것은 해외선교의 새 장을 열었다는 점이다. 선교는 무디 자신이 끼치기를 원했던 영향력과 일치하는 부분이라고 할 수 있다. 무디가 주관한 성경공부모임에서, 특히 1886년의 대학생집회에서 세계복음화를 위해 헌신한 대학생들은 19세기 말과 20세기 초에 활발하게 펼쳐졌던 해외선교의 밑거름이 되었다. 그 영향이 우리나라에도 직접적으로 미쳤던 것은 두 말할 나위가 없다. 초기 개신교 주한선교사 게일은 장로교 한국선교 50주년 때 자신의 한국선교의 동기에 대해 다음과 같이 말했다.

50년전 이 지구상에는 네 명의 성자가 있었다. 무디, 테일러, 해버갈, 크로스비 등 네 사람이다. 두 사람은 열변가이고, 두 사람은 성악

---

22) Stanley B. Gundry, 『무디의 생애와 신학』. 258.
23) Stanley, B, Gundry, 『무디의 생애와 신학』, 56.

가이다. 이 성자들을 만난 사람으로서 어찌 선교사가 아니 될 수 있겠는가? 나는 그네들과 잠깐 동안 만났을 뿐이다. 그러나 그네들에게서 받은 영감은 지극히 컸다. 내가 한국을 향해 떠나는 날 저녁에 테일러는 내 손을 잡고 꿇어앉아 하나님께 간절히 기도해 주었다. 무디는 내가 밴쿠버에 왔을 때 거기서 부흥회를 인도하고 있었는데, 내가 한국을 향해 떠나기 전날 밤 나의 장도를 축복해 주었다. …이 분들 때문에 나는 한국에 왔다. 그들의 말이 어찌나 힘이 있었던지 그 영력과 설득력, 그 정성과 진실성은 잊을 수가 없다.[24]

무디의 영향력이 미쳤던 또 다른 영역은 에큐메니즘이다. 무디의 활동이 결정적인 영향력을 미쳤는지에 대해 결론을 내리기는 쉽지 않지만, 적어도 무디의 활동이 초교파적인 성격을 갖고 있었으며, 그런 활동이 교파 간 연합 활동의 길을 여는 데 일정 정도 기여했던 것은 사실이다. 이것은 무디 부흥운동 뿐만 아니라 부흥운동 전반의 공통된 성격이다.[25] 특히 무디 부흥운동의 초교파적인 성격은 그가 평신도 사역자였던 것과도 무관하지 않다.[26] 이러한 면은 그의 사위인 A. P. 피트도 그가 저술한 무디의 전기에서 지적하였다.

> 불신하였던 수천의 사람들이 구원을 받았고, 죄에 빠졌던 수천의 그리스도인들이 하나님과의 밀접한 자리로 나아갔다. 복음주의 정신이 일깨워졌고 도시 선교를 위한 커다란 회합과 다른 긍정적이고 활동적인 조직들이 설립되었다. 교파적 차이는 괄목할 만큼 파묻혔고, 모든 교파들의 성직자들은 공동의 단인 상실된 구원에 기초한 공동협력으로 이끌었다. 성서는 다시 펴졌고, 성서 연구는 놀라운 힘을 얻었다. 오랫동안 유지된 편견들은 일소되었고…[27]

이 밖에 조지 마스덴(George Marsden)은 무디가 20세기 초 미국의 보수적인 복음주의자들이 지녔던 반근대성의 기저에 있던 근본주의의 선구

---

24) 전택부, 『토박이 신앙산맥』 (서울: 대한기독교서회, 1997), 147.
25) G. W. 맥로린, 「부흥운동의 부흥」, 『기독교 사상』, 1959년 10월, 42.
26) Stanley B. Gundry, 『무디의 생애와 신학』, 37.
27) A. P. Fitt, 『무디의 생애』, 93.

자였다고 평가하였다. 마스덴은 근본주의의 가장 큰 교리적 특징인 성경 무오성 이론이 이미 무디에게서 나타나고 있다는 점에서 그를 근본주의의 선구자로 평가하고 있다. 그러할지라도 그가 자유주의 신학에 대한 방어 논리로서 성서의 무오성을 주장했던 것으로 보이지는 않는다. 그리고 성서 무오류성이 그 신학의 핵심적인 주장이었던 것도 아니었다. 무디의 주된 관심과 신학은 명백히 죄인의 구원, 십자가의 대속, 중생 등의 교리에 있었다.

일부 학자들은 무디의 부흥운동이 사회적으로 보수적인 성격을 갖고 있었고, 사회적 이슈들에 대해 기존 체제를 변호하는 입장에 있었다고 평가한다.[28] 또 무디의 메시지가 대체로 일을 열심히 하는 미덕이나 개인의 정직성을 강조하는 경향이 있어 중산층의 가치를 담고 있었다는 평가하기도 한다. 핀들레이는 무디의 부흥집회 방법론이 마치 사업가들의 그것과 같았다고 평했다.

무디의 부흥운동은 사회복음에 비해볼 때 개인의 영혼 구원에 더 초점이 맞추어져 있었다. 사회개혁을 위해 급진적인 목소리를 내기보다 체제 내에서의 구제활동에 더 힘썼던 것은 사실이다. 그러나 그가 의도적으로 중산층만의 가치를 대변하고 사회적 약자들을 외면했다고 보기는 어렵다. 무디는 그 당시 사회의 암울한 시대상 속에서 개개인의 영적인 구원을 통해서 보다 본질적인 회복이 이루어질 수 있다는 믿음을 가지고 있었다.

5. 나가는 말

무디는 19세기의 마지막 사반세기에 미국에서 산업화와 도시화로 초래된 급격한 사회적·경제적 변화로 많은 사회모순이 발생하고 다윈의 진화론 등으로 사상적인 혼란이 일어 복음주의에 대한 반성이 제기되던 시기에 부흥운동을 이끌었다. 그는 사회구조 자체의 개혁보다 기독교의 기존

---

28) 헨리 메이가 대표적이다. Henry F. May, *Protestant Churches and Industrial America* (New York: Harper & Brothers Publishers, 1949), 91.

전통 위에서 개인의 영적인 구원을 통해 근본적인 해결을 추구하는 입장에 섰다. 복음성가 파트너인 생키(Ira Sankey)와 함께 285차례 부흥집회를 인도하며 세계적인 명성을 얻었으나, 일회성 집회들의 성공에 만족하지 않고 지역교회와 연대를 도모하고 기독교교육사업과 출판사업에 힘써 전도집회의 효과가 지속되게 하였다. 그의 설교에 나타난 신학은 영혼 구원이란 실용성을 강조하는 까닭에 죄로 인한 파멸(Ruin by Sin), 그리스도로 말미암는 구속(Redemption by Christ), 성령에 의한 중생(Regeneration by Holy Ghost)으로 요약되는 '선포의 신학'이라고 불린다. 그의 설교의 핵심 주제는 하나님의 사랑을 선포하고 구원에 참여하는 결단을 내리게 하는 것이었다. 그의 부흥운동은 그의 대학생집회에서 촉발된 학생자원운동을 통해 해외선교운동을 크게 고조시켰고, 그 파급효과가 한국에까지 미치게 하였다. 초교파적인 활동으로 인해 교파 간 연합활동의 길을 여는 데 기여했다. 한편 근본주의와 중산층의 가치를 지지하는 사회적인 보수주의의 선구자적인 면을 보이기도 했다.

A History of Modern Christian Revivals

근현대 부흥운동사 서설 최재건(교회사)
독일 루터파 경건주의-근현대 부흥운동의 여명 김상식(교회사)
18세기 영국 복음주의 부흥운동-웨슬리 형제와 감리회를 중심으로 송정연(교회사)
조나단 에드워즈와 미국 제1차 대각성운동 장진경(교회사)
조지 휫필드의 부흥운동 주 진(선교학)
미국 제1차 대각성운동의 영향력 이혜원(교회사)
미국 제2차 대각성운동 정요진(교회사)
찰스 피니의 부흥운동 이상정(교회사)
무디의 부흥운동 정다운(교회사)
노르웨이 부흥운동 장진경(교회사)
케직 사경회 윤상림(교회사)
웨일즈 부흥운동 장진경(교회사)
한국 초기 부흥운동-원산부흥운동을 중심으로 최형철(교회사)
평양대부흥운동 김현숙(예배·설교학)
중국의 부흥운동: 1900-1937년 윤상림(교회사)
해방 후 한국의 부흥운동-80년대까지를 중심으로 임승훈(예배·설교학)
빌리 그래함의 부흥운동 강현구(교회사)
영국·미국·한국 오순절운동 김윤정(교회사)

10

노르웨이 부흥운동

장진경(교회사)

1. 들어가는 말
2. 노르웨이 부흥운동의 배경
3. 노르웨이 부흥운동의 전개
4. 노르웨이 부흥운동의 특징
5. 나가는 말

1. 들어가는 말

북구 유럽 중에 노르웨이는 루터교회가 국가종교인 나라이다. 노르웨이 부흥운동(1875-1914)은 국가교회가 종교적 관습으로 점유된 상황에서 일어나는 부흥의 특징을 잘 드러내는 경우이다. 16세기에 노르웨이 루터교회에서는 전례 전통이 발달해 있었고, 복음주의 신학이 잘 정립되고 확보되어 있었다. 이러한 전통 안에는 '부흥'에 대한 상투적인 반감도 잠재되어 있었다. 그런데 이러한 상황에서 부흥운동이 일어나 노르웨이 교회의 신앙에 생명력을 공급하였다. 이 글에서는 프레데릭 헤일(Frederick Hale)의 저서 『노르웨이의 부흥운동에 대한 견해』(*Insights from Norwegian "Revivalism"*)를 통해 우리에게 알려지지 않았던 노르웨이의 부흥운동에 대해 알아보고자 한다.

2. 노르웨이 부흥운동의 배경

1) 노르웨이의 종교적 상황

19세기는 경건주의와 낭만주의가 영향력을 떨치고 자연과학과 사회과학이 급격히 발전한 동시에 개신교가 제도적·지리적으로 크게 확장된 시기였다. 긍정적으로 본다면, 19세기는 개신교 역사상 가장 역동적이고 위대한 성장의 시기였다. 그러나 개신교는 전례 없는 도전을 받고 있었다. 정교분리를 추구하는 움직임이 제도권 종교를 공격하였고, 과학의 진보가 성서의 권위와 기독교 세계관을 의문시하는 판도라의 상자를 열어놓았다.

이러한 상황에서 유럽의 개신교 국가교회들은 학구적 신학, 정체된 신조주의, 전통에 매인 전례들, 성직자 중심의 신앙생활에 발목을 잡히고 있었다. 관료적인 루터교회 안의 여러 문제에도 불구하고 노르웨이 사람들의 신앙적 동질성은 1850년까지 파괴되지 않았다. 1900년까지 95%가 명목상의 교인으로 교회를 채우는 성원으로 남아 있었다.

국가교회들은 다른 한편으로 중요한 변화를 요구받고 있었다. 이교신앙 제한 완화, 영·미 교파들의 접촉 증가, 신앙조류의 변화, 교파 다원주의 등이 변화를 재촉하였다. 노르웨이 국민의 종교는 1814년에 공식적으로 루터교라고 공표되었다. 그러나 1845년에 노르웨이 의회가 '국교 반대법'을 제정함으로써 노르웨이인들에게 국가교회로부터 합법적으로 물러설 수 있는 구실을 제공했다. 이 법은 또한 최고법원이 더 이상 비국교도 사람들을 비기독교인으로 판결하지 않게 만드는 근거가 되었다. 그러나 이런 것으로 만족하지 않고 영국이나 미국, 기타 다른 세계에서 종교적 다원성에 물든 스칸디나비아 이민자들이 분리주의를 들여와 19세기 후반 수십 개의 연안도시에 비국교도들이 등장하는 발판을 제공하였다. 그들의 수가 천천히 증가하여 1876년에는 감리교, 침례교, 모르몬교, 가톨릭, 퀘이커 등의 비국교도들이 7,180명에 달했다.[1] 그 밖의 다른 비국교 교파에

---

1) 그들 중 2,775명이 감리교도였다.

속한 수백 명이 있었다. 19세기 후반에 복음적인 루터자유교회, 제7일 예수재림파, 구세군, 기타 다른 교파들이 새로이 발흥하였다. 1891년에는 법에 따라 등록한 비국교도가 30,000명이 넘었다. 노르웨이 국민의 98%가 아직도 명목상 제도교회에 남아 있었으나, 비국교도들은 지속적인 생명력을 보여주었다. 그들의 새롭고 다양한 복음전도 방법은 노르웨이의 신앙형태 속으로 들어가기에 좋은 도구가 되었다.

일반적 정체 속에서도 국가교회는 복음전파와 성례전 집전을 계속하였다. 해외선교 운동에서 참여하였다. 비국교도들도 선교활동에 나섰고, 공업지대와 시골지역에 복음을 전하기 위해 노력했다.

2) 노르웨이의 부흥 논의

신학적으로 19세기 후반에 모든 스칸디나비아 국가들은 계몽주의에 반대하여 고백적 행동과 루터교회의 정통성을 강화하였다. 국가종교로서 오랜 세월 정형화된 신앙생활을 독점적으로 전개해 온 루터교는 '부흥' 혹은 '부흥운동'에 대해 반감을 가지고 있다. '부흥'이라는 말이 비국교의 교파적 도전을 의미하기 때문이었다. 영어 사용 지역에서 무분별하게 사용되었던 '부흥'은 북유럽 국가들에서 사용되면서 즉각적으로 많은 의문을 발생시켰다. 예를 들면, '죽음에서 생명으로'라는 말은 과연 무엇의 소생을 가리키는지에 대해 의문을 표했다. 이 질문은 노르웨이 교회가 자신들의 상태를 죽음으로 생각하지 않았다는 데서 비롯된 것이기도 하였다.[2) 일반적으로 스칸디나비아에서 '부흥'은 문자적으로 '깨어남'을 의미하였다. 당시 교회는 이름뿐인 교인들이 영적으로 잠들어 있거나 교회기관이 형식에 고정된 죽음의 상태에 있었는데도 경건주의, 정통주의, 형식주의에 열중한 루터교회와 교회사가들은 '부흥'을 '살아남'보다는 '깨어남'으로 정의하고 이 개념을 사용하였다.

---

2) 제도교회 내에서는 교회의 상태를 죽음으로 인정하지 않았다. 교회의 상태문제는 19세기 키에르케고르와 여러 내부 비평가들이 교회의 죽음을 말하며, 성직자들의 영적 열정 부족과 교회 양육의 무기력에 대해 강력히 비판하기 시작하며 수면에 떠올랐다.

브레나르드 바이스베르게르(Brenard A. Weisberger)는 미국의 '위대한 부흥사들'의 역사를 서술하면서 '부흥'이란 1800년대 성직자들이 신중하게 선택하여 사용한 도덕적인 단어로 미국인들이 하나님과 그의 종들에게 가졌던 존경심의 회복을 위한 필요에서 제안되었고, 초기시대 경건을 회복하고 세속화된 세상을 꾸짖기 위해 구별된 것이라고 설명하였다. 리차드 카워딩(Richard Carwading)은 '부흥'을 비상하게 강한 종교적 열심을 가지는 기간과 여러 차례의 지엽적인 수적증가라는 두 가지 현상으로 보았다. 맥롤린(W. McLouhlin)은 문화에 끼친 영향에 주의하여 '깨어남'과 '부흥'을 구별하였다. '부흥'이란 개신교적 예배, 큰 집회에서 복음전도자들이 행하는 카리스마적인 설교, 그 영향으로 나타난 회심·구원·부활·중생의 개신교적 경험이며, '깨어남'이란 신앙과 가치에 대한 전반적 위기의식에서 한 세대나 그 이상의 기간에 신앙과 가치의 새 방향을 설정하는 것이라고 정의하였다. 노르웨이 부흥운동의 저자인 프레드릭 헤일(Fredrick Hale)은 교회의 부흥보다 개인의 영성에 초점을 맞추었다.

3. 노르웨이 부흥운동의 전개

루터교 제도교회는 노르웨이 국민에게 명목상의 충성을 요구하였지만, 1785년에 이르러 다양한 종류의 부흥운동이 시작되었다. 루터교회 신앙 부흥운동은 해외에서 온 복음전도자와의 관계 속에서 일어났다. 신앙 부흥운동 초기에는 노르웨이의 광범위한 시골지역에서 활동한 평신도 설교자들이 중심이 되었다. 1842년까지는 그들의 활동이 비합법적이었지만, 하우게(Hans Nielsen Hauge)는 그간에 상당히 두드러진 결과를 얻었다. 19세기 후반에는 많은 지방과 지역에서 부흥이 인정되었다.

평신도 설교자들이 소작농들에게 친밀한 시골방언으로 복음을 선포하였던 것은 매우 효과적이었다.[3] 수많은 경건주의 그룹이 제기한 교권반대

---

3) 당시 제도교회의 사역자를 양성하는 대학은 이와 매우 대조적이었는데, 성직자 예비생들은 대부분 노르웨이 사회의 특권층에 속해 있었고, 덴마크 문학의 영향을 받은 말투로 말하는 것이 보통이었다.

주의도 평신도 사역자들에게 이점으로 작용했다. 그러나 남부 노르웨이에서는 이러한 부흥이 일어나지 않았다. 닐 벨란드(Nils Belland), 요한 가라델(Johan Garadel), 가브리엘 홈(Gabriel Homme)은 노르웨이의 넓은 지역을 여행하며 대부분 명목상의 루터교 신자인 사람들을 상대로 설교하고 파라처치를 조직하였다. 19세기 말에는 평신도 설교자들이 합법화되어 좀 더 수월하게 선교할 수 있는 상황을 조성되었으나, 기성교회가 반발을 일으키기도 하였다.

1) 닐센 하우게

노르웨이에서 가장 큰 영향력이 나타냈던 평신도 설교자는 닐센 하우게(Nielsen Hauge, 1771-1824)이다. 하우게와 그의 추종자들의 활동은 특별히 남부 노르웨이에서 두드러졌다. 하우게파들은 대부분 교회 안에 깊이 스며들어 있었으며, 비밀집회로서 파라처치를 조직하여 당시의 교권반대주의에 큰 영향을 미쳤다.[4] 그들은 1842년, 비밀집회에 대한 법적인 제약이 국회에서 폐기된 후에도 평신도로서 활동하였다.[5] 하우게의 영향은 노르웨이 교회가 해외선교사역에서 주도적인 국가가 되게 만들었다. 또한 노르웨이가 스웨덴이나 덴마크보다 현저히 낮은 세속화의 경향을 보이게 만들었다.

그들은 1685년에 규정된 그들만의 예배의식을 사용하였는데, 탁월한 시편작가인 마그누스 란스타(Magus Brostrup Landstad)의 작품과 다양한 편집자들이 만든 교회음악, 일부 고친 찬송가를 사용하였다. 성경보급과 신앙서적 발간 등은 문맹퇴치에 기여하였다.

---

[4] 파라처치는 영적사역을 하는 사람이나 조직이 기성교회의 권위나 지배아래 있지 않으면서 교회 밖에서 교회와 더불어 존재하는 단체를 가리키며 다음의 특징들을 지닌다: 1. 지위는 교회에 종속 2. 존재는 교회와 동일 3. 기능은 때로 교회의 귀감(교회가 하지 못하는 일을 함) 4. 성취 면에서는 하나님의 경륜 가운데서 교회와 함께 활동함.
[5] 당시에 일반적으로 평신도 대비 성직자의 수는 3,000명 당 1명이었다.

2) 루드비그 호폐

루드비그 호폐(Ludvig Hope, 1871-1954)는 건축노동자로 베르겐(Bergen)의 순회사역자 양성 학교에서 일련의 훈련을 받았다. 그는 대부분의 평신도 설교자들보다 뛰어나 미리 작성된 설교문을 읽었어도 큰 감화력을 나타냈다. 그는 제도교회를 향해 다른 평신도 사역자들처럼 미온적인 태도를 가져 자주 국가교회를 '그리스도의 교회가 세워지는 동안 우리가 서 있는 발판'이라고 주장하였다. 아우구스부르크 신앙고백은 국가교회를 복음을 선포하고 복음에 따라 훈련하는 거룩하고 순전한 성례전에 모인 믿는 자들의 모임이라고 정의하고 있었지만 그는 이를 그대로 수용하지 않았다. 그는 또한 교회가 성도들의 양육기관으로서 부흥을 위해 사람들을 준비시킬 책임이 있다고 말했다. 호프와 그 추종자들은 성직자들이 선호하는 신앙고백을 거의 외면하고 대신에 자신들이 성경에서 찾은 신학적인 지표를 선호하였다.

3) 칼메리에르가테 선교의 집

19세기에 노르웨이 사회가 급속히 도시화되는 상황에서 신앙 부흥운동도 도시에 확산되었다. 수도인 크리스티아니아(Kristiania, 현재는 Oslo)는 1800년대에 10,000명의 주민을 가진 조용한 항구도시였으나, 1885년에는 인구가 13만 5천명으로, 1910년에는 25만 명으로 불어났다. 수도는 새로이 선교운동의 중심지가 되었다. '트라이더 서클'(Treider Circle)이 그 중심에 있었는데, 이 단체는 수도에 상업대학을 세운 오토 트라이더(Otto Treider)가 지도하고 여러 평신도들이 주축을 이루고 있었다. 이들은 칼메리에르가테(Calmeryergate)의 선교의 집(Mission House)을 중심으로 활동했다. 이 건물은 1890년대에 스칸디나비아에서 가장 큰 건물로 봉헌된 것으로 수용인원이 3,800석이었다.[6] 그곳에서 평신도, 성직자, 다양한 비국교 교파들이 공식적인 신앙 입회 없이 모인 소수의 사람들에게

---
6) 이 건물은 1888년에 국가교회에 봉헌되어 합법적으로 선교에 사용되었다.

설교하였다. 선교의 집은 성만찬을 실시하지 않았으나, 그곳에서 양육 받은 일부 루터교회 평신도들이 임명되지 않은 사람의 성찬식 집례를 허락하였다. 이 일로 선교의 집이 보수적인 교회에게 공격의 표적이 되었다. 공격자들 중에서 가장 유명했던 요르겐센(Jorgensen)은 신복음주의를 신봉한 사람으로 신학적인 면에서 보수적인 교회로부터 큰 호응을 얻었다. 선교의 집은 20세기에 이르도록 노르웨이 루터교회 내부의 도시 신앙 부흥운동으로서 가장 돋보이는 활동을 전개했다. 이러한 모습은 복음 선포를 위해 교회 밖에 공개토론의 장을 마련했던 앵글로-아메리칸의 전통과 유사했다.

4) 노르웨이 루터교 재단

노르웨이 부흥운동의 특색으로서 평신도 설교자는 파라처치의 결성과 긴밀히 연결되어 있다. 이중 가장 영향력이 컸던 단체는 노르웨이 루터교 재단(Norwegian Luther Foundation)이었다. 이 단체는 1868년에 결성되어 수도에서 기슬 요한슨(Gisle Johnson)에 의해 부흥운동의 하나로 성장하였다. 이 단체의 주요 목표는 복음전파와 신앙서적 보급으로 도덕심을 촉진하는 것이었다. 이들이 고용한 열두 명의 서적행상인들은 재량껏 자유롭게 복음을 전했다. 이것은 요한슨의 "필요의 원칙"(principle of necessity)을 실천한 것이었다.

요한슨과 그의 동료들은 대부분 평신도였는데, 복음전파의 필요성이 증가하는 때에 평신도의 설교가 금지되는 등의 여러 복합적인 상황 속에서 활동했다. 이들은 경직된 교회의 저항을 끊임없이 받는 가운데서도 서부 노르웨이에서 큰 영향력을 나타냈다. 1880년 초에 주요 선교단체들이 거국적으로 합병되어 '노르웨이 루터교 국내선교회'(Norwegian Lutheran Home Missionary Society)를 구성할 때 이들은 '필요의 원칙'을 포기하였다. 이 새로운 선교회 결성은 노르웨이 교회 성직자와 함께 한다는 협약 속에서 이루어졌다. 이 타협은 평신도 설교자들에게 선교활동의 발판을—특별히 경건주의 그룹 내에서—마련해 주었는데, 부흥운동과 루터교회

사이에서 견고히, 때로는 혹사당하며 유지되었다.

5) YMCA

외국에서 유래되어 국가교회의 한계를 뛰어넘는 YMCA도 자발적인 기독교 연합체로서 큰 활동을 펼쳤다. 노르웨이의 첫 지방 분소가 1869년에 세워지고 국가적 연합체는 1880년에 설립되었다. 연합체가 결성될 때는 루터교회 신앙고백의 특징이 언급되었다. 이 YMCA는 YWCA와 합병되면서 노르웨이에서 가장 큰 자발적 신앙단체가 되었다. 이 단체는 여러 비국교 교파들이 빠르게 성장하고 있는 시기에 영적으로 각성된 다수의 노르웨이 젊은이들이 국가교회에 대한 충성심을 가지고 머물러 있게 하는 데에 결정적인 역할을 수행하였다.

6) 요한 마테슨

노르웨이의 교파적 다원주의는 1850년에 시작되어 스칸디나비아 전역으로 확산되었다. 19세기 후반에는 비국교도들의 새로운 동향으로 상황이 크게 복잡해졌는데, 이것은 영국과 미국의 천년왕국설과 연관되어 있었다. 임박한 예수 재림에 대한 기대는 새로운 부흥이 일어나고 천여 명의 노르웨이인들이 새로운 교파들로 유입되는 계기가 되었다.

초기에 등장한 강력한 천년왕국 교파는 제7일 안식일 예수 재림교였다. 리더는 덴마크계 미국인으로 1878년에 노르웨이에 안착하였다. 요한 G. 마테슨(John G. Matteson, 1835-1897)은 수도에서 집회를 가지면서 임대한 극장의 좌석 한계인 1,000명을 자주 넘기곤 하였다. 마테슨은 1878년에 노르웨이 수도에서 재림주의자의 모임을 소집하였고, 1880년까지 다른 지역에서도 같은 활동을 지속하였다. 이들은 대부분 경건주의의 토대 위에서 남부 연안이나 공업지역, 그리고 수도의 타운(town) 지역에 거주하면서 활동하였다. 그러나 노르웨이 여러 지역에 파송된 재림교파의 서적행상인들의 열광적인 보고에도 불구하고 이 새 교파는 소규모로 남았으며, 십 년 동안 그 임원진은 변동이 없었다. 사회의 배척에 대한 두려움이 이 교파의 성장을 방해했는데, 재림교파에 의한 신앙 부흥운동으로 회복된 사람들이 노르웨이 주류 교회에서 멀리 떨어져 있어 마테슨으로부터 비롯된 부흥이 기존 교회와 충돌하는 일은 거의 없었다.

7) 노르웨이 선교 성약회

이 교파는 무디 전통과 미국 신앙 부흥운동의 종말론적 강조에 간접적인 뿌리를 두고 있었다. 프레데릭 프란슨(Fredrik Franson, 1852-1908)은 스웨덴 이민자로 젊었을 때 네브라스카(Nebraska)에서 회심을 체험하였고, 1870년 후반에 스칸디나비아에서 전개된 무디의 사역을 도왔으며, 아일랜드 복음주의자 존 넬슨 다비(John Nelson Darby)의 미래주의 천년왕국설의 강력한 옹호자가 되었다. 프란슨은 다비의 재림교리-'Secret Rapture'와 그리스도의 'any-moment coming' 교리 등—를 채택하였고, 무디가 사용했던 복음성가 가수 활용과 '후집회'(after-meeting) 등의 방법도 사용하였다.[7] 이후 1881년에 프란슨은 세계복음선교회를 조직하고 25년 간 대륙을 횡단하며 전도하였다. 프란슨은 비국교도와 루터교회 성직자 양쪽으로부터 저항을 받았는데, 비국교도와 경쟁하는 루터교회 성직자들로부터 더욱 그러하였다. 비국교 교파들 편에서는 프란슨이 성도들에게 국가교회에 남아 있도록 격려하는 것을 경계하였다. 1884년에 노르웨이 선교 성약회(Norwegian Mission Covenant)가 세워졌는데, 이 단체의 회원들은 루터교회 안에서 명목상의 교인으로 남아 예수재림교파에 비해 적대감을 덜 받았다.

8) 알베르트 룬데

무디 전통의 부흥운동은 개인적 통로를 통해 스칸디나비아까지 들어왔

---

7) 무디는 북구에서 사역하지 않았으나 그와 함께 사역한 복음가수 생키의 찬양들은 스칸디나비아어로 번안되고 대중적으로 출판되었다.

다. 이 운동은 20세기 들어 노르웨이에서 알베르트 룬데(Albert Lunde, 1877-1939)가 이끄는 작은 교파가 형성되는 데에도 영향을 미쳤다. 룬데는 경건주의 전통이 강한 남부 노르웨이에서 출생하여 1895년에 루터교회 평신도로서 미국으로 이주했다가 무디의 영향을 받았다. 그는 재세례파가 되어 조국으로 돌아와 노르웨이 남부지역과 서부지역에서 명망을 얻었다. 룬데는 노르웨이 수도의 밤 집회에서 5,000명의 사람들에게 설교하여 큰 결과를 얻었다. 그의 설교는 즉각적인 회심과 기독교의 개인적 윤리를 강조하였으며, 수도의 주교와 도시의 다른 고위 루터교회 성직자들로부터 환영을 받았다. 그가 세운 복음주의연합회(The Evangelical Association)는 1910년에 작은 교파로 발전되었다.

9) 오순절주의

노르웨이의 마지막 부흥운동은 1차 세계대전 발발 초기에 일어난 성령강림운동이다. 이 운동의 주요 리더는 토마스 볼 바레트(Thomas Ball Barratt, 1862-1940)라는 영국 감리교인으로 노르웨이 수도에서 목회한 경력이 있었다. 그는 1906년에 미국에서 성령세례와 방언을 경험하였다. 같은 해 말에 노르웨이 수도로 돌아와 부흥집회를 인도하였는데, 노르웨이에서 방언을 경험한 사람이 없었던 신문들과 기성성직자들로부터 전에 없이 강력한 반대를 받았다. 그럼에도 불구하고 바레트는 수도를 넘어 전국 여러 곳으로 집회를 늘려나갔다. 1913년까지 그의 재세례주의는 적대적 비판 아래 있었다. 1916년에 그와 그의 동료들은 그들의 모임을 교파로 전환시키기 시작했다. 그러나 이 일로 관료화가 시작되어 부흥운동이 활력을 잃게 되었다. 1870년대 노르웨이의 오순절주의자들(Pentecostals)은 복음주의 루터 자유교회를 능가하였고 노르웨이에서 가장 큰 비국교도 교파를 이루었다. 오순절주의는 노르웨이의 중요한 신앙요소로 자리잡게 되었고, 스웨덴과 덴마크로 확장되었다.

4. 노르웨이 부흥운동의 특징

19세기부터 20세기 초반까지 스칸디나비아 부흥운동의 형태는 다음과 같이 정리할 수 있다. 첫째, 19세기의 부흥운동은 스칸디나비아 교회로부터 합법성을 인정받지는 않았지만 별다른 방해를 받지 않고 자신의 역할을 감당하였다. 19세기 후반 루터교회의 생존력은 부흥운동이 끼친 활력에 힘 입은 것이었다. 여기에는 특별히 하우게(Hans Nielsen Hauge)의 공로가 컸다. 그러나 하우게파 없이도 노르웨이 루터교회는 말씀과 성례전의 강화로 무분별하게 부흥과 신앙 부흥운동이 확장되었던 다른 나라의 경우와는 달리 국가교회로 깊이 안착하는 모습을 보여주었다.

둘째, 부흥운동은 노르웨이 루터교회 안에 평신도의 역할강화라는 특별한 흔적을 남겼다. 부흥운동은 대부분 평신도 사역자들에 의해 인도되었는데, 이는 새로운 시도라기보다 하우게 전통의 연장으로 보아야 한다. 이 운동은 다른 스칸디나비아 국가들에서 일어난 유사한 부흥운동들에서도 평신도의 역할이 강화되는 계기를 제공하였다. 그러나 하우게파의 충성심으로 말미암아 부흥운동은 교회의 분리로 이어지지 않았고, 이는 또 하나의 노르웨이 부흥운동의 특색으로 남았다.

셋째, 부흥운동은 환경이 전혀 다른 두 지역에서 성공 사례를 보여주었다. 신앙 부흥운동은 대부분 전혀 다른 경건주의 전통—특히 남부와 남서부—을 가진 시골지역과 유입인구의 증가로 빠른 도시화를 이룬 연안 소도시에서 큰 결과를 얻었다. 앵글로-아메리칸의 종말론적 경향은 다양한 지역에서 영적인 관심을 고취시켰으며, 연안 소도시와 도시에서 더욱 그러하였다. 천년왕국 이데올로기는 루터교회와 다양한 비국교 교파들을 20세기 내내 새롭고 위대한 체험으로 인도하였다.

5. 나가는 말

스칸디나비아 부흥운동의 결과에 대해 그 손익을 평가하는 일은 어렵지 않으나 개인 신앙 양육에 어떤 영향을 주었는지 그 한계를 측정하는 일은 쉽지 않다. 스칸디나비아 교회사 연대기에는 부흥 경험을 통해 영적으로 완전한 변화를 이루도록 공헌한 인물들의 기록이 가득하다. 그러나 노르웨이 부흥운동(1875-1914)은 비국교도 교파의 성장 실패를 한 특징으로 보여주고 있기도 하다. 대부분의 비루터교 복음전도자들은 국가교회의 공식적인 통계 기록보다 대중들로부터 더 열광적인 호응을 받았다. 그러나 비국교도 교파의 크기와 종교적인 힘은 크게 증가하지 않았다. 이는 비국교 교파가입으로 당하게 될 사회적 배척에 대한 두려움과 오랜 세월 지켜온 신앙전통에 대한 스칸디나비안들의 충성심에서 이유를 찾을 수 있다.

 노르웨이 부흥운동은 경건주의에서 비롯되어 평신도 주도권의 강화라는 열매를 얻었다. 자원신앙단체가 결성됨으로써 대중들의 신앙 열정이 해외선교로 이어지게 하는 결과를 얻기도 하였다.

 노르웨이에는 북구의 다른 국가들보다 상대적으로 부흥운동의 영향을 받은 평신도들이 많이 현존해 있다. 그럼에도 불구하고 성례전을 강조하는 전례 전통이 계속 유지되는 국가교회로 남아 있다. 이것은 부흥으로 각성된 사람들을 제도교회가 흡수하였기 때문인데, 이 과정에서 초기 경건주의적 전통이 한 몫을 담당하였다. 이러한 경건주의 전통은 부흥운동의 특징을 파괴하지 않으면서 노르웨이 교회의 특징으로 남아 있게 하였다.

케직 사경회

윤상림(교회사)

1. 들어가는 말
2. 케직 사경회의 전개
3. 케직 사경회의 신학
4. 케직 사경회의 영향
5. 나가는 말

1. 들어가는 말

부흥운동들은 보편적인 특징과 시공간적인 제약에 따른 특수성을 동시에 가지고 있다. 케직운동이라 불리는 케직 사경회(Keswick Convention) 역시 이러한 보편성과 특수성을 함께 지니고 있었다. 케직 사경회는 1873-1875년 사이에 영국의 성결운동에서 시작하여 다른 부흥운동에 비해 조용하면서도 지속적인 영향을 끼쳤다. 그런데 그 출발을 감당했던 핵심적인 인물들은 19세기에 미국에서 '그리스도인의 고상한 생활'(The Higher Christian Life) 운동을 주도했던 자들로 퀘이커교도인 로버트 스미스(Robert P. Smith)와 장로교인 윌리엄 보드만(William Boardman)이었다. 그러나 그 출발과 달리 성결운동에 고착되지 않고 칼빈주의적이면서도 초교파적인 방향으로 나아갔다. 나아가 허드슨 테일러를 배출하는 등 세계선교에도 기여하였다.

본고에서는 이 운동의 태동과정을 살펴본 다음 이 운동의 진행방법, 다른 특징들, 신학, 이후의 부흥운동에 미친 영향 등의 제반사항들을 짚어 보도록 하겠다.

2. 케직 사경회의 전개

1) 케직 사경회의 배경

19세기 후반에 영국에서 '고상한 그리스도인의 생활'(The Higher Christian Life) 운동이 전개되었다. 이 운동은 19세기에 개인적인 성결을 증진하기 위한 여러 운동들 가운데 하나였다. 그러한 운동들로 '고상한 그리스도인의 생활' 외에 '완전성화', '제2차 회심', '더 깊은 영적 생활 운동'이 있었다. 이 운동의 주요 관심사는 어떻게 하면 실제로 제자도의 삶을 살 수 있을 것인가, 어떻게 하면 성결한 삶을 살고 죄를 이기며 하나님 안에서 안식을 누릴 수 있는가 하는 것이었다.[1] 개인의 성결문제가 크게 중시되었을 때 가장 광범위하게 퍼진 것이 '고상한 그리스도인의 생활 운동'이었다.

1850년대 이후 미국 오벌린대학의 교수들은 완전성화에 대한 확신들을 잃어버렸으나, 개혁주의 전통에서 다른 성결운동이 19세기 후반에 출현하였다. 이 새 운동은 '그리스도인의 고상한 생활운동'이라고 불렸다. 보드만(William E. Boardman)이 1857년에 출판한 같은 제목의 저서에 뿌리는 둔 이 운동은 1870년대 초반에 영국으로 건너가 스미스 부부(Robert and Hannah Pearsall Smith)의 사역에 의해서 절정을 이루었다.[2]

1873년에 스미스 부부가 영국에 도착하기 전에, 윌리엄 보드만의 『그리스도인의 고상한 생활』과 윌리엄 아더(William Arthur)의 『불의 혀』(Tongue of Fire)가 영국에서 널리 읽혀지고 있었다. 보드만은 50년 이상 인기를 끈 그의 저서를 통해 다른 교파 안에 있는 사람들에게 웨슬리안과 성화에 대해 전달하고자 하였다.[3] 아더는 인류를 위해 하나님께서 두 가지 위대한 약속을 행하셨는데, 하나는 속죄를 위한 그리스도의 강림이고

---

1) Arthur T. Pierson, *Forward Movement of the last Half Century* (New York: Funk & Wagnalls Co., 1900), 2-13.
2) 박명수, 『근대복음주의의 성결론』 (서울: 대한기독교서회, 1997), 125.
3) Mary F. Boardman, *Life and Labours of the Rev. W. E. Boardman with a preface by the Rev. Mark Guy Pearse* (New York: D. Appleton and Company, 1887), 134-6.

다른 하나는 중생을 위한 성령의 강림이라고 설명했다. 그런데 현실의 그리스도인의 삶에서는 두 번째 약속이 첫 번째 약속보다 더 위대한 것이었다. 성력의 사역은 신자들의 영혼을 정결케 하며 현재의 삶 속에서 신자들을 강건케 한다. 그는 따라서 그리스도인들은 위대한 오순절의 은사에 시선을 돌려야만 한다고 주장하였다.

1873년 봄 스미스와 보드만은 유럽 여러 단체의 목회자들과 기독교 사역자들에게 그리스도인의 고상한 생활에 대해서 강연하기 시작했다. 특히 영국 런던의 쿠존(Curzon) 예배당에서 열린 집회에는 나중에 케직운동의 신학자로 불리게 될 홉킨스(Evans Hopkins) 목사가 참석하였다. 다음 해 (1874)에도 런던, 맨체스터, 노팅힐 등에서 계속적으로 '성서적 성결 증진'을 위한 집회가 진행되었다. 특히 여름에는 캠브리지대학의 학생들을 중심으로 여름 캠프가 10일 간 진행되었고, 옥스퍼드에 이어 영국 전역으로 확산되었다.

무디가 영국에서 부흥회를 인도하고 있었을 때, 스미스 부부도 영국에서 종교집회들을 개최하고 있었다. 그런데 무디의 집회와 스미스 부부의 집회 간에 심각한 갈등이 벌어졌다. 무디는 비그리스도인이나 낙심자들에게 복음을 전하는 데에 주된 목표를 두고 있었으나, 스미스 부부는 구원을 넘어 더 수준 높은 그리스도인의 삶의 실현을 목표로 하고 있었다.

2) 케직 사경회의 태동

1875년에 이르러 스미스는 프랑스, 독일, 스위스 등으로 이 운동을 확산시키고자 했다. 이 해 6월에 23개국의 대표들이 모인 범세계적인 집회가 브라이튼(Brighton)에서 개최되었는데, 이 모임에서 케직운동이 태동되었다. 브라이튼 집회에 참석했던 몇 명의 목사들이 뜻을 모아 같은 해 여름에 영국 북쪽지방의 호수 휴양도시인 케직(Keswick)이란 곳에서 성결운동을 위한 집회를 개최한 것이었다.

그 후 매년 케직에서 정기적으로 성결을 위한 헌신과 성화의 삶을 위한 특별 교훈을 가르치기 시작하였으며, 그 운동은 전세계적으로 확산되었다.⁴⁾ 케직 사경회는 영적 생활을 더욱 깊게 하기 위해 시작되었지만, 오늘날 케직 사경회는 케직교훈(케직교리)을 가르치지 않고 있다.⁵⁾

브라이튼 회의는 초교파적 국제적 집회였던 반면, 케직 사경회는 영국인의 집회였고, 그 사경회 지도자들은 하포드-베터스비(Harford-Bettersby)와 홉킨스 가이 등, 대부분 영국교회의 성직자들이었다. 신학적으로 그들은 칼빈주의적 전통에 속하였다. 그들은 고상한 생활 운동의 극단적 가르침이 보수적인 복음주의자들의 반대를 야기했다고 생각하여 케직 사경회를 칼빈주의적으로 수정하였다. 그렇지만 고상한 생활운동의 본래 의도는 유지하고 있었다.⁶⁾

3) 케직 사경회의 진행방법

케직 집회는 전통적으로 5일 동안 일정을 진행시켜 왔다. 닷새 동안 5가지 주제들이 강조되는데, 그 주제들을 통해 성결증진을 위한 특별교훈이 제시된다.⁷⁾

첫째 날은 '죄'를 강조한다. 거룩에 대한 하나님의 기준과 인간의 실패에 대한 강한 메시지가 선포되며 깊은 죄의식과 영적 곤궁함을 일깨운다.⁸⁾ 이는 마치 로마서에서 사도 바울이 복음의 능력으로 나타난 그리스도의 의(롬 3:21 이하)를 전하기 전에 1장에서 3장까지 인간의 죄를 지적한 것과 같다.

둘째 날은 '승리하는 그리스도인의 생활을 위한 하나님의 준비'를 제시한다. 그리스도께서 완성하신 사역은 칭의 이상의 것을 제공한다. 즉 그리스도와 하나됨을 제공한다. 그리스도인의 승리하는 삶을 위한 하나님의 준비는 그리스도의 사역과 임재에서뿐만 아니라 성령의 내적 사역에서도

---

4) 김광열, 「19C 미국의 성결운동과 케직 교훈의 성화론에 대한 개혁신학적 평가」, 『신학지남』, 2000년 6월호, 182-183.
5) 제임스 패커, 『성령을 아는 지식』, 홍종락 역 (서울: 홍성사, 2002), 206.
6) 박명수, 『근대복음주의 성결론』, 165.
7) 김광열, 「19C 미국의 성결운동과 케직교훈의 성화론에 대한 개혁신학적 평가」, 183.
8) 멜빈 디이터, 『성화에 대한 다섯 가지 견해』, 김원주 역 (서울: 한국기독학생회출판부, 1991), 197.

찾을 수 있다. 삼위일체 중에 신자를 성화시키시는 이는 성령 하나님이시다. 성령은 신자가 죄를 범할 가능성을 제거하지 않으시며 믿고 선택하는 인간의 책임을 없애지도 않으신다. 오히려 그 반대의 일을 하시며, 자신을 하나님께 드리고 의뢰하는 신자가 영적으로 끌어내리려고 하는 자기 본성에 대해 성공적으로 저항할 수 있게 하신다. 케직파는 사람들이 영원한 상태에 이르기 전에는 완전해질 수 없다고 가르치며, 하나님의 알려진 뜻을 고의적으로 어기게 하는 유혹에 대해서는 계속해서 성공적으로 저항할 수 있다고 가르친다.

셋째 날이 매우 중요하다. 이 날의 주제는 '헌신'이다. 사람들은 자신의 실패와 무능력을 생각하고 하나님의 준비를 생각하면서 무조건 하나님께 양도하라는 도전을 받는다. "수요일 전에는 위기가 없다"는 케직파의 격언은 각 사람이 무조건적인 양도하라는 도전에 적절히 반응하려면 먼저 자신의 파탄과 하나님의 충분한 준비를 명백히 보아야 한다는 확신에서 나왔다.[9] 케직의 핵심적인 특징을 드러내 주는 것이 이 헌신이다. 구체적인 믿음의 결단과 헌신의 방법을 통해 중생한 신자가 새로운 차원에서 성화의 삶을 영위할 수 있다고 설명된다.

넷째 날의 주제는 '성령으로 사는 생활'이다. 이 주제 또한 매우 중요하다. 왜냐하면 케직파는 성령 충만한 생활을 하는 것이 모든 그리스도인의 생득권이라고 확언하기 때문이다. 순종하는 마음을 지닌 사람들은 성령으로 충만한 상태를 경험하는 것이다. 때로는 성령의 통제 하에 있는 상태와 '충만해지는' 경험을 구별하기도 하는데, '충만해지는' 경험은 특별한 때에 특이하게 성령 받는 경우를 말하는 것으로 본다.

다섯 번째 날에는 '봉사'를 강조한다. 원래는 케직 집회들에서 이 연속적인 네 주제 즉 죄, 하나님이 준비, 헌신, 성령 충만이 강조되었으나, 마지막 강조점으로 봉사가 추가되었다. 봉사는 새로 준비된 성도들이 성령의 능력으로 하나님과 다른 사람들을 섬기는 자신의 책임을 생각하게 한다. 그러나 봉사에 대해 특별히 한 가지 점이 강조되었는데, 이것이 어느덧 전도사업 혹은 세계전도운동으로 구현되어 케직집회의 특징이 되었다.

---

9) 멜빈 디이터, 『성화에 대한 다섯 가지 견해』, 198.

선교봉사를 위한 자원자들이 수천을 헤아렸다.[10] 그들은 자기 가정과 사회에서 그리고 해외로 선교사가 되어 나갔다.

4) 케직 사경회의 특징

케직운동은 일관된 신학체계에 천착하지 않았다. 케직이 취하는 갈라디아서 3장 28절의 '그리스도 예수 안에서 모두가 하나'라는 슬로건은 그들의 연합적인 성격을 잘 보여준다. 여러 교파와 교단에 속한 케직 사경회의 강사들은 케직이 개인적 의견이나 특정 교리의 선전장이 아니라는 데 동의하고 그 룰을 준수했다. 뿐만 아니라 신학 학위를 가졌어야 할 필요도 없고 목사가 아니어도 가능했다. 그렇다 해서 반지성주의를 위한 것은 아니었다. 세계적인 신학자들이 강사로 초빙되었었다.[11] 회중들도 신앙생활을 위한 강해를 듣고 성서적 경건에 대한 공통의 관심사를 놓고 인종과 교파를 넘어 서로 교제하는 것이 참석하는 목적임을 숙지하였다. 따라서 옆에 있는 성도를 의심하지 않고 주님을 함께 섬기는 형제로 보았다. 케직집회에서는 예배나 성경공부 등에서 회중 전체의 찬양이 이루어졌고 독창은 거의 행해지지 않았다. 찬양은 말씀을 표현한 것들이었다. 그들은 성령의 임재를 확신하기 위해 기도 안에서 하나님의 응답을 기다렸다. 자발적인 헌금을 위해 케직 천막에 나무로 만든 헌금함이 비치되었다.

첫 번째 케직 사경회에는 연인원 3,000명에서 10,000명 정도가 모였다. 이 사경회는 이전의 사경회들의 전례를 따라 진행되었는데, 성화와 성결을 위한 일곱 가지 가르침에 주목하였다.[12] 케직의 참가자들은 특히 자기를 쳐서 하나님께 복종하는 것을 성결한 삶을 위한 중요한 요소로 삼

---

10) 멜빈 디이터, 『성화에 대한 다섯 가지 견해』, 199.
11) 두란노서원출판부 편, 『케직 사경회』 (서울: 두란노서원, 1986), 13-14.
12) 1. 죄사함에 대한 의심과 모든 죄들 그리고 거룩한 삶을 방해하는 회의에 대한 즉각적인 회개, 2. 자기의지의 복종과 완전한 사랑과 예수 그리스도의 구주·주되심에 대한 복종을 통한 확신, 3. 하나님의 약속과 거룩한 삶의 능력에 대한 감사, 4. 자기 삶에 대한 자발적인 포기와 절제 및 자기 욕망과 자존감의 자리에 하나님이 모든 것이 되게 함, 5. 내면의 격정과 성품의 은혜로운 갱신 혹은 변화, 6. 성화·성결·봉사를 위한 구별됨, 7. 믿는 자에게 주어지는 오순절 은사인 성령 충만과 권능의 내주. Arthur T. Pierson, *Forward Movement of the last Half Century*, 32.

았다. 자존(self-dependence), 자기도움(self-help), 자기만족(self-pleasing), 자기의지(self-will), 자기추구(self-seeking), 자기방어(self-defence), 자기영광(self-glory)은 자기 삶에서 버려야할 중요한 요소였다.[13] 이러한 것들은 죄로, 그리고 성결한 삶을 해치는 치명적인 요소로 간주되었다. 극장, 댄스, 카드놀이, 경마, 오페라, 음주도 성결한 삶에 장애를 주는 버려야 할 요소로 제시되었다. 이러한 것을 금하기 위해 두 가지 실천적 규칙을 수행하게 했다. 첫째는 '나는 모든 것에서 나의 삶의 주님이시오 주권을 가시신 나의 주를 기쁘게 하기를 구한다"는 것이고, 둘째는 "나는 나의 이웃을 교화시키기까지 그에게 선한 것으로 기쁘게 한다"는 것이었다.[14]

이 모든 것들은 하나님의 의지에 자기를 복종시키는 것을 의미했다. 그렇지만 전적인 복종은 자기의 의지와 힘으로는 이룰 수 없고 성령의 충만함을 통해서만 이룰 수 있는 것이었다. 성령의 충만은 믿음으로 얻어진다. 케직의 가르침의 궁극적인 결과는 보다 높고 깊은 차원의 삶으로 나아가게 하였다. 성령의 내주와 사역의 가장 궁극적인 극점은 신자로 하여금 개인을 위한 그리스도를 선언하는 데 있다. '당신 안에 있는 그리스도'라는 슬로건은 케직에서 가장 중요한 개념이었다. 성령은 가장 먼저 그리스도에게 있는 것들을 취하시고 그것들을 믿는 자들에게 보여주신다. 그러면 그들은 그리스도를 증거하고 그리스도를 영화롭게 한다. 이러한 순차적인 단계는 철저히 성령의 주도 아래 이루어진다.

3. 케직 사경회의 신학

1) 죄의 문제

케직은 다양한 교파 출신의 견해를 수용하지만 기본적으로 '어떻게 죄

---

13) Arthur T. Pierson, *Forward Movement of the last Half Century*, 32-33.
14) Arthur T. Pierson, *Forward Movement of the last Half Century*, 34.

의 문제를 해결하면서 승리의 생활을 할 수 있느냐'에 주안점을 둔다. 케직 사경회 첫날에 가장 크게 부각되는 문제는 죄이다. 케직은 죄에 대해 전통적인 복음주의 견해를 갖고 있다. 죄는 율법에 드러난 하나님의 뜻을 따르지 않는 배역이고, 혼자 독립해서 살려는 자만이며, 인간 내부에 깊숙이 침식되어 있는 것이다. 또한 도덕적 불결이며, 영적 질병으로서 인간의 영성을 둔화시키고 악한 습관을 따르게 한다. 이 죄의 율법은 누구에게나 적용된다(롬 6:24, 25, 33; 8:2). 그리스도의 보혈의 공로로 죄와 성결이 한 마음 속에 동거할 수 없게 된다는 완전주의는 받아들이지 않는다. 케직은 죄에 대한 인간의 성향이 분쇄된 것이 아니고 성령의 주권적 역사에 의해 밀려난 것으로서 성령의 전적인 통제를 벗어나면 다시 나타난다고 본다.[15]

2) 성결

케직은 성화가 점진적인 성격을 지녔다는 견해를 반대한다(계 2:4,5). 점진적 성화론이란 처음 교인이 된 후에는 옛 사람의 본성이 강하기 때문에 죄에 대한 승리를 기대할 수 없으며 점차 본성이 자라면서 성화가 이루어지므로 신자 쪽에서 이 과정을 앞당길 수 없다는 이론이다. 케직은 기계적인 성화론을 배격하고 성결을 그리스도와의 산 교제를 통해 매순간 견지되어야 하는 것으로 본다. 옛 본성이 믿음의 연륜과 함께 점차 사라지는 것이 아니라는 주장이다.[16]

케직집회 강사들 가운데 더러는 그리스도인의 생활을 옛 본성과 새 본성 사이의 전쟁으로 보는 견해를 지지하였다. '옛 사람'과 '새 사람'이라는 성경용어는 사람의 옛 본성과 신생 때 부여받는 새 본성을 표시하기 위해 사용한다. 그러나 이러한 가르침은 케직파의 주된 가르침이 아니다. 성경에서 '육체'라고 부르는 옛 본성이 죄를 지으려는 본성을 의미한다는 데에는 의견이 일치한다. 많은 그리스도인들이 그렇듯이 '자연인'은 그렇

---

15) 두란노서원출판부 편, 『케직 사경회』, 31-32.
16) 두란노서원출판부 편, 『케직 사경회』, 32-36.

게 행동한다. 이러한 그리스도인들은 그리스도와의 연합으로 그리스도의 죽으심과 부활에 참여함을 통해 자유로워졌음에도 불구하고 속박 아래 있다고 할 수 있다. 모두가 이 입장을 주장하는 것은 아니지만 사람들은 대체로 '옛 본성'은 개선될 수 없는 것이라고 생각한다. 사람이 본성을 따라 생활하려는 성향을 고칠 수 있는 수단은 그와 반대 작용을 하는 성령의 능력이다. 그래서 거기에는 싸움이 있다. '믿음의 안식'이 있지만 '믿음의 씨앗'도 있다. 그러나 이 싸움은 옛 본성과 새 본성 사이의 싸움이 아니라 옛 본성과 성령의 내주 사이의 싸움이다.[17]

케직은 개인의 노력이나 헌신적인 봉사생활을 통해 성화될 수 있다는 입장도 배격한다. 케직은 성화를 신분상의 위치가 아니고 그리스도를 순종함으로써 얻는 조건적 체험으로 본다. 또한 케직에 있어서 성결은 중생 다음의 단계이다. 이것은 성령에 대해서도 마찬가지이다. 케직은 성령세례를 중생 이후의 2차적인 경험이라고 말한다.[18]

3) 믿음으로 얻는 성화

케직은 신자가 거룩에서 출발하는 것이지 거룩을 향해 나아가는 것이 아니라고 주장한다. 고린도전서 1:30의 "예수는 하나님께로 나아와 우리에게 지혜와 의로움과 거룩함과 구속함이 되었으니"라는 말씀에 대해 거룩도 십자가로 인해 그리스도 안에서 신자들이 받는 유산으로서 마음으로 그 교류를 청원해야 하는 것을 의미한다고 해석한다. 그렇기 때문에 성화도 칭의처럼 믿음으로 청구해서 받는 하나님의 선물이지 자아의 부정이나 결단에 의한 투쟁으로 이루어지는 것은 아니라고 믿는다. 신자들의 성화는 죄에 대하여 죽은 그리스도의 죽으심과 합류된 역사적 사실에 근거하고 있다. 그리스도는 우리의 거룩이며, 모든 거룩은 주님의 구속사역에 바탕을 두고 있다. 성령은 우리를 거룩케 하는 자이시다. 따라서 크리스천의 삶에서 성령의 정당한 위치가 확정되지 못하면 비록 법적 · 역사적으

---

17) 멜빈 디이, 『성화에 대한 다섯 가지 견해』, 201-202.
18) 두란노서원출판부 편, 『케직 사경회』, 36.

로 그리스도와 함께 십자가에 못박혔을지라도 로마서 7장의 '곤고한 자'의 형편을 면치 못한다. 그리스도가 우리를 위해 이미 얻은 것을 성령이 우리에게 나누어 주는 바, 이 거룩을 믿음으로 받아야 한다는 것이다. 그러나 그리스도의 부활의 열매를 체험적으로 받아 누리기 전에 육신의 모든 욕망과 죄에 대해 죽기로 동의하고 내가 아닌 하나님이 원하심을 따라 살기로 선택하는 것은 각 신자들의 소관에 속한다(롬 6:3-7; 골 2:11; 3:8-10). 케직의 신학자 메이어(F. B. Mayer)는 이것을 케직의 '심장과 골수'라고 하였다.[19]

성화, 거룩 혹은 경건은 세상을 피한다는 뜻이 아니다. 주관적인 경건이나 하나님과의 신비적인 교통을 추구하는 극히 개인적인 신앙체험이 아니다. 케직이 말하는 성화는 영적인 건강상태로서 성령 안에서 실천적 삶을 살며 하나님의 뜻을 날마다 수행하는 지상의 성도생활을 의미한다. 그리스도를 주인으로 모시고 그리스도께 복종하는 것이다.

성화는 지극히 중요한 일이다. 그렇지 않으면 아무도 하나님을 뵙지 못할 것이기(히 12:14) 때문이다. 죄의 문제를 염려하지 않는 자는 거룩하신 하나님, 곧 죄가 전혀 없으시고 또한 어떠한 죄도 묵인하시지 않는 분과 교제할 수 있는 자격이 없다. 하나님은 거룩하실 뿐만 아니라 사랑의 하나님이시다. 하나님께서 사람에게 바라시는 궁극적인 소원은 사람이 온전하게 회복되어 자신과 사람의 교제를 나누는 것이다. 그러나 여기에 죄라는 장애물이 있다. 이 죄를 제거하는 과정을 성화라고 부르며, 성화는 모두 하나님의 직접적인 은혜의 사역인 세 단계를 거쳐 일어난다.[20]

첫 번째 단계는 신분상의 성화인데, 이 단계에서 죄인은 하나님의 소유가 되기 위해 자신의 죄에서 떨어져 나온다. 사람은 세 가지 방식으로 죄에서 떨어져 나온다. 첫째로 용서를 받으며, 그로 인해 죄의 결과인 영구한 형벌이 제거된다. 둘째로 의롭다 함을 얻으며 그로 인해 죄책이 제거되고 죄의 기록이 소멸된다. 셋째로 용서를 받고 의롭다 함을 받은 사람이 거듭나고 죄악의 지배세력으로부터 자유로워진다. 모든 성도는 이렇게

---

19) 두란노서원출판부 편, 『케직 사경회』, 36-38.
20) 멜빈 디이터, 『성화에 대한 다섯 가지 견해』, 203-205.

세 가지 방식으로 그리스도의 구속의 죽으심을 통하여 이미 성화되었고(히 10:10), 거룩해졌으며(엡 4:24), 이렇게 해서 법적으로 성도라고 불린다(고전 1:2; 6:11). 이 첫 번째 요소가 진정한 하나님 자녀의 상태인 까닭에 '신분상 성화'라고 불린다. 성화의 두 번째 요소는 일상생활에서 그 사람의 공식적인 위치가 드러나는 것이기에 '경험적 성화'라고 불린다. 거룩함이란 법적인 신분 이상의 것으로 죄악적인 태도와 행동으로부터 구원받는 것을 의미한다. 세 번째 요소는 신자가 전적으로 그리스도를 닮게 될 때-즉 '우리가 그의 모습을 실제로 보게 될'(요일 3:2) 때-일어나는 완전하고 영구한 성화이다. 보통 '영화'라고 부르는 이 마지막 상태가 완전성화의 상태이다. 이것은 죄에 오염되지도 않으며 죄의 영향조차 받지 않는 상태이다.

4. 케직 사경회의 영향

케직 사경회는 영국뿐 아니라 전 세계적으로 다양한 영향을 끼쳤다. 각 시대의 복음주의 지도자들이 케직 사경회에 참석하였고, 각자의 환경 속에서 케직의 가르침을 다양하게 적용해 나아갔다.

아더 피어선(Arthur T. Pierson)은 그의 저서 『웨일즈 부흥운동』(1905)에서 웨일즈 부흥운동이 케직에서 형성된 기도모임에 기원을 두고 있다고 하였다. 홉킨스의 교인 중 제시 펜 루이스(Jessie Penn-Lewis)라는 여성은 1902년 케직 여성집회에서 메시지를 전한 것을 계기로 웨일즈에서도 케직 사경회를 개최하였다. 그 집회에 북웨일즈에서 온 여섯 명의 젊은 목사들이 참석하였다. 이들은 웨일즈 부흥을 위하여 기도하였다. 그 후 1904년 9월에 광부로 있다가 목회에 나선 젊은 이반 로버츠(Evan Roberts)가 웨일즈 부흥운동의 주역이 되었다. 모이는 곳마다 하나님의 임재가 경험되고 8시간 이상 기도회가 계속되었으며, 극장과 술집에서조차 찬송이 울려 나왔다. 이러한 여세를 타고 1905년에 약 300명의 웨일즈인들이 케직 사경회에 참석해 잉글랜드의 부흥을 위해 기도하였다.[21]

케직 사경회는 독일의 성결운동도 촉진하였다. 옥스퍼드와 브리튼 사경회 사이에 로버트 피어설 스미스는 자유교회의 지원을 받아 순회-십자군을 조직하여 활동하였다.

케직 사경회의 결정적인 영향은 해외선교의 증진에 있다. 영국의 부유한 중산층 신자들의 지원을 받아 해외 선교사들이 파송되었다. 케직 선교에 있어서 가장 두드러진 인물은 중국내지선교회를 설립한 제임스 허드슨 테일러(James Hudson Taylor)였다. 테일러는 물질과 기도의 도움을 받았다. 케직 출신 선교사들은 오늘날 많은 선교단체들에게 영향을 주었다. 특별히 케직에서 발행하는 *The Keswick Week*와 *Life of Faith*는 선교사들의 활동에 좋은 지침이 되었다.

케직 사경회는 대륙을 넘어 미국에도 영향을 주었다. 케직은 로버트 피어설 스미스, 브로드만, 아서 미한, 아만다 스미스 그리고 아더 피어선 등을 통하여 미국에 소개되었다. 미국의 오순절운동 또한 케직의 영향을 받았다. 그러한 자들로 알렉산더 다위(Alexander Dowie), 심프슨(A. B. Simpson), 고든(A. J. Gorden) 등이 있었다.

5. 나가는 말

이상으로 케직 사경회의 역사적인 배경과 태동과정, 진행방법과 특징 및 신학 등 케직운동의 전반저인 면모를 살펴보았다. 케직 사경회는 1873-1875년 사이에 미국에서 '그리스도인의 고상한 생활'(The Higher Christian Life) 운동을 주도하고 있던 퀘이커교도 로버트 스미스(Robert P. Smith)와 장로교인 윌리엄 보드만(William Boardman)이 1873년부터 영국에서 일으킨 성결운동에서 시작했다. 다른 부흥운동들과 달리 태풍과 같은 반응을 일으켰던 것은 아니었으나, 이후에 영국, 웨일즈, 독일, 미국 등 여러 곳의 부흥운동에 영향을 미쳤다. 특히 허드슨 테일러를 배출하는 등 해외선교에 큰 영향을 끼쳤다.

---

21) 두란노서원출판부 편, 『케직 사경회』, 26-28.

케직 사경회는 1875년 여름 영국북쪽의 호수 휴양도시인 케직(Keswick)에서 성결운동을 위한 집회가 처음 개최된 후 매년 정기적으로 개최되었다. 영국교회의 성직자들이 이끌면서 칼빈주의적이면서도 초교파적인 방향으로 수정되었다. 이 집회는 고유의 전통에 따라 매년 5일 동안 5가지 주제들, 곧 '죄', '승리하는 그리스도인의 생활을 위한 하나님의 준비', '헌신', '성령으로 사는 생활', '봉사'를 강론해 왔다.

케직운동의 가장 큰 특징은 다양한 교파출신을 수용하고 특정한 신학적 경향을 고수하지 않는다는 것이다. 그러므로 케직 사경회의 신학과 사상을 하나로 정리하는 것은 쉬운 일이 아니다. 케직은 다양한 배경을 가진 사람들이 모였고, 다양한 지도자들이 강의하였고, 현재도 계속 그렇게 하고 있다. 그러나 기본적으로는 새로운 신자의 획득보다 기존 신자의 성결과 성령 충만에 무게중심을 두어왔다. 그리스도인은 생활 속의 죄의 문제를 매순간 믿음으로 그리스도를 통해 성령 충만을 받아 해결하고 성결한 삶으로 나간다. 케직의 가르침이 중요한 것은 보편적인 기독교신앙 안의 기본적인 신념들을 간직하고 있다는 것과 보다 역동적인 헌신과 순종으로 자신을 이끌어 가는 데 있다.

A History of Modern Christian Revivals

근현대 부흥운동사 서설 최재건(교회사)
독일 루터파 경건주의-근현대 부흥운동의 여명 김상석(교회사)
18세기 영국 복음주의 부흥운동-웨슬리 형제와 감리회를 중심으로 송정연(교회사)
조나단 에드워즈와 미국 제1차 대각성운동 장진경(교회사)
조지 휫필드의 부흥운동 주 진(선교학)
미국 제1차 대각성운동의 영향력 이혜원(교회사)
미국 제2차 대각성운동 정요진(교회사)
찰스 피니의 부흥운동 이상정(교회사)
무디의 부흥운동 정다운(교회사)
노르웨이 부흥운동 장진경(교회사)
케직 사경회 윤상림(교회사)
웨일즈 부흥운동 장진경(교회사)
한국 초기 부흥운동-원산부흥운동을 중심으로 최형철(교회사)
평양대부흥운동 김현숙(예배·설교학)
중국의 부흥운동: 1900-1937년 윤상림(교회사)
해방 후 한국의 부흥운동-80년대까지를 중심으로 임승훈(예배·설교학)
빌리 그래함의 부흥운동 강현구(교회사)
영국·미국·한국 오순절운동 김윤정(교회사)

12

웨일즈 부흥운동

장진경(교회사)

1. 들어가는 말
2. 웨일즈 부흥운동의 태동
3. 웨일즈 부흥운동의 전개
4. 웨일즈 부흥운동의 특징
5. 나가는 말

1. 들어가는 말

웨일즈 대부흥(The Welsh Revival)은 17세기부터 웨일즈 지역 곳곳에서 영적각성운동의 싹을 보이다가 1904-1905년 간에 발흥하여 꽃을 피운, 20세기 초엽의 강력한 부흥운동이었다. 웨일즈 부흥운동은 영국과 미국에서 이미 진행 중이었던 부흥운동과 연계성을 지니고 있었으며, 전 세계에 파장을 미쳐 1910년까지 인도, 한국, 호주, 미국, 중국 등 세계 곳곳에서 일어난 부흥운동의 진원지 역할을 하였다.

웨일즈 부흥운동 자체에 관한 연구는 미진하다고 할 수 있다. 1905년 기성 교회의 피터 프라이스 목사가 웨일즈 부흥운동의 주역인 이반 로버츠에게 혹독한 비난을 퍼부어 많은 사람들에게 부정적인 인상을 심어주었던 것이 그렇게 된 이유의 하나가 되었다.[1] 그간 이반 로버츠에 관한 연구가 일부 진행되었고, 부흥운동을 경험한 제시 펜 루이스 여사가 쓴 『웨일즈 대부흥』, 스테드(W. T Stead)의 『웨일즈 부흥운동 이야기』(*The Story of the Welsh Revival*), 에반스(*Eifion Evans*)의 『1904년 웨일즈 대부

---

[1] 피터 프라이스 목사는 웨일즈 부흥운동을 천국의 영감이 아닌 육체적 열정의 산물로 폄하하였다. 그로부터 50년 후까지 많은 사람이 이러한 견해를 옹호하였다.

흥』(The Welsh Revival of 1904), 굿리치(A. Goodrich)의 『웨일즈 부흥운동』(The Story of the Welsh Revival), 캠벨 모간(G. Campbell Morgan)의 『웨일즈 대부흥』(The Story of the Welsh Revival). 제시 펜 루이스와 이반 로버츠가 함께 공저한 『성스런 전쟁』(War on the Saint) 등이 대체로 연구의 기초를 이루고 있다.

본고에서는 1969년에 출간된 에반스의 『1904년 웨일즈 대부흥』(The Welsh Revival of 1904)을 중심으로 웨일즈 부흥운동의 시작과 진행과정, 결과, 세계의 부흥운동에 미친 영향들을 살펴보고자 한다.

2. 웨일즈 부흥운동의 태동

1) 1904년 이전의 부흥운동

18세기 무렵에 전개된 복음주의적 부흥운동은 웨일즈를 그 후 1세기 이상 유력한 비국교도 지역으로 남게 하였다. 이때의 부흥운동은 19세기 전반으로 이어졌는데, 보통의 형태는 소규모적이고 산발적이었다. 1895년에 11만 명이 회심하여 두각을 나타내었고, 이 중 80%가 비국교도였다.

1866년에 글래스모건셔와 인접한 아버아본 지역의 부흥운동에서는 회심자의 수가 수백 명에 달했으며, 1871년 남부 웨일즈 지방, 뉴포트라는 도시에서 4개월 간 천여 명이 회심한 것으로 보고되었다. 1887년 웨일즈 서부와 북부, 주로 카마던에서는 109명이, 1890년대 몬 모스의 폰트뉴이드에서는 165명이, 같은 해 10월에는 50명이 회심하였다.

(1) 리차드 오웬의 부흥운동

1859-1904년의 기간에 큰 부흥운동이 두 번 있었는데, 그 중 리차드 오웬(Richard Owen, 1804-1892)의[2] 부흥운동은 더 널리 지속적으로 반

---

2) 리차드 오웬은 칼빈주의 감리교회에 속한 사람으로 충분한 교육을 받지 못했고, 가정예배와 성경 암송이 그의 신앙의 주축을 이루었다. 벨라에 있는 신학교에서 수학하였고, 1875년 무디를 통해

향을 일으켰다. 그 활동시기와 영역은 주로 1880년대 초기와 북웨일즈로 제한되어 있었지만, 13,000명의 회심자를 얻는 결실을 나타냈다. 오웬의 이름을 붙일 만한 부흥운동은 1882년과 1883년, 특히 카나번 지방을 중심으로 일어났다. 칼빈주의 감리교회만 1882년에 680명, 1883년에는 784명의 성도가 증가했다. 그는 집회가 열리기 전에 기도회를 진행하였다. 회심을 통한 성도의 삶의 변화는 '세이에트'(seiat)를[3] 통해 찾아볼 수 있다. 1884-1885년 앵글 시에서는 430명의 회심자를 얻었다. 오웬에게는 특별한 묘책이 없었다. 예배 전에 기도로 준비하고 송영 대신 마무리로 제언을 하는 방식을 충실히 고수하며 모든 결과는 성령께 의존하였다. 그의 설교는 복음을 간절히 촉구하고 하나님이 십자가에서 자기 아들을 통해 구원을 예비하셨음을 강조하는 정통적인 것이었다.

(2) 존 퓨의 전진운동

1872년 남부 웨일즈의 장로교회에서 부흥운동이 일어난다. 이를 인도한 사람은 존 퓨(John Pugh)였다. 그는 기성 교인들의 반대를 무릅쓰고 새 신자 초대를 위해 야외집회를 감행하였다. 과감한 모험을 감행한 결과 성도의 수가 크게 늘어나 천 명을 수용하는 템퍼런스 홀을 임대해야 했으며 그 곳도 주일 저녁마다 만원을 이루었다. 그는 여러 곳으로 사역의 장소를 옮기며 사역하였는데, 나름의 활동방침을[4] 가지고 있었다.

존 퓨가 주도한 '전진운동'(Forward Movement)은 적용 범위가 넓어 장차 카디프에서 뿐만 아니라 웨일즈 전역에서 영적 전쟁이 이루어 질 것을 예견하게 해주었다. 존 퓨는 첫 단계로서 초기 캠페인과 의욕적인 복

비회심자에 대한 책임과 열정에 영향을 받았다. 웨일즈 전통의 예배방식을 선호하였는데, 그 순서는 예배 후의 권면, 회심자 초대, 교회모임 공지로 이어졌다. 오웬은 예배 끝의 송영이 오히려 설교의 감동을 쉽게 사라지게 하고 합당한 영적 결실을 맺는데 방해가 된다고 생각하였다.

3) 세이에트(seiat)는 교회 내 성도의 친교모임인데, 부흥운동 이후 세이에트의 수가 증가되었다.
4) 웨일즈 전도운동 활동방침: 1. 교회를 저녁마다 개방해야 한다. 2. 모든 교인은 가정과 공공장소에서 그리스도인으로서 적극적으로 행동해야 한다. 3. 야외전도를 대규모로 준비해야 한다. 4. 사역은 청년과 청소년들 가운데서 계획해야 한다. 5. 사역자는 조언을 듣는 기회와 사역기간 중 철저히 훈련받는 기회를 자주 가져야 한다. 6. 교회는 무엇보다 하나님의 영과 성별을 추구해야 하며, 하나님 나라를 위해 쓰임 받는 것을 지고한 영광과 특권으로 생각해야 한다.

음전도, 둘째 단계로서 회심자들을 위한 장기적인 예배 처소 건립, 셋째 단계로서 헌신적인 사역자 육성과 재정 및 교단 후원 등을 계획하였고, 나름대로 결실을 얻었다.

(3) 셋 조슈아

셋 조슈아(Seth Joshua, 1858-1924)는 구세군 집회에서 회심을 경험했다. 그는 시장에서 성경을 판매하고 선술집 근처에서 야외 집회를 열어서 주변의 반대와 조롱을 받았다. 그는 인간이나 인간적 방식을 믿지 않고 하나님과 하나님의 메시지만을 믿었다. 존 퓨와 함께 카디프에서 사역을 시작하여 론다 벨리, 머서, 뉴포트, 스원시아 등 인구가 밀접한 여러 공업 지역에서 전개하였으며, 20세기 초반에는 웨일즈 북부 지방 렉섬까지 확대하였다.

존 퓨와 함께 한 전진운동은 1904년의 부흥운동을 촉진하는 수단이 되었다. 웨일즈 부흥운동은 단조로운 점도 없지 않았지만, 일반적으로 합의되는 정통주의의 맥락에 따라 전개되었다. 그러나 1904년에 이르러 역사적인 교파의 근본교리가 사소한 것으로 비쳐지기 시작하였다. 근본주의가 교회지도자들의 눈에 발전하는 사회에서 중요성과 적절성을 상실한 것처럼 보여 설교와 교회양육에서 등한시 되었다. 이러한 결과는 1904년 웨일즈 부흥운동이 교리적 균형감을 상실했다는 평을 받는 오점을 남기게 만들었다.

2) 1904년 부흥운동 이전의 신학

웨일즈 부흥운동은 사실상 교회생활에서의 영적 침체에 대한 반발로 일어났다. 이 영적 침체는 신학적, 교파적, 도덕적 문제에 깊은 영향을 주었다. 부흥운동이 일어나기 10년 전부터 기독교계를 이끈 교수들 사이에서 신학적 자유화 경향이 일어났으며, 그 강한 여파는 주로 웨일즈 지방에서 그들에게 교육받은 신학교와 목회자들에게서 감지되었다.

(1) 자유주의 발생

19세기 후반에 이르자 진화론의 영향을 받은 가장 파괴적이고 부정적인 성경비평을 옹호하는 입장이 득세하기 시작했다. 웨일즈 교회에 큰 영향력을 행사한 롤런드 윌리엄스 교수는 1860년대 진보적 자유주의 문학잡지 『평론과 리뷰』의 가장 급진적인 고등비평의 수용을 옹호했다. 다음으로 로버트슨 스미스는 독일의 구약비평을 실제로 보편화시켜 에버딘대학에서 구약학 교수직을 박탈당하였다.

성경에 대한 고등비평과 진화론은 『세상의 빛』이라는 찰스 고어의 작품으로 한 걸음 진보하게 되는데, 이 책은 계시보다는 진화론을, 속죄보다는 성육신을, 그리스도의 신성보다는 인성을 강조했다. 이러한 신학의 흐름은 교회의 쇠퇴를 가져왔다. 슐라이어마허 신학의 주관론은 성경에 대한 사변적 비평과 기독교 경험에 대한 심리학적 해석이라는 두 가지 결과를 초래하기도 하였다.

(2) 심리학의 출현

윌리엄 제임스는 19세기 후반의 심리학을 대표하는 인물이다. 제임스에게 있어서 종교는 주로 생물학적 반응이었으며, 회심은 본질적으로 '통상적이고 미숙한 현상'에 불과했다. 제임스는 중생이라는 기독교 체험의 본질을 다루면서 인간의 죄의 심각성과 계시를 내리시는 신적 활동을 외면하였다. 그의 이런 해석을 확실하고 적절한 것으로 인식하는 신학적 유행이 생겨났다.

(3) 진화론의 영향

데이비드 에덤스는 1884년 웨일즈 문화축제에서 헤겔에 대한 논문으로 최우수상을 받았는데, 1893년에는 웨일즈어로 기록된 '진화의 관점에서 본 타락, 성육신, 부활'로 상을 받았다. 이 글은 진화론의 원리를 영적인 가치기준으로 삼아 타락을 파국이 아닌 성취로, 성육신을 초자연적인 신적 중보가 아닌 자연발생 현상으로 격하시켰다. 이 새로운 사상조류는 진리의 객관적 기준이나 교리체제가 결여된 신학적 공백상태를 만들었다.

(4) 고등비평의 득세

성경 고등비평은 1904년까지도 맹위를 떨쳤다. 벨라신학교 교장인 루이스 에드워즈 같은 유능한 신학자조차 반대되는 사람들과 동일한 철학적, 이성적 전제에 입각해서 성경에 대한 전통적 견해를 옹호하는 절충적인 모습을 보였다. 루이스 에드워즈의 스콜라 철학은 그의 장점이기도 했고 단점이기도 했는데, 청교도 선조들의 확고한 성경중심주의보다 중세의 난해한 철학적 사색에 더 깊이 빠져 있었다. 이로 인해 성경의 완전성에 대한 믿음이 이성적 변증에 의해 훼손되는 역설을 보여주었다.

자유주의 흐름을 막기 위한 가장 효과적인 시도는 1902년 퀸딜란 존스에 의해 이루어졌다. 그는 웨일즈 장로교총회에서 성경본문을 건전하게 주석한 연설로 전통적인 프로테스탄트 신앙고백체계를 표현하였다. 퀸딜란 존스는 존 칼빈, 존 오웬, 토머스 굿윈의 작품에 근거해 논증을 펼치며 진화론과 고등비평이 완전한 불신앙으로 귀결된다는 결론을 제시했다.

(5) 교회의 침체

존재의 명분과 의미를 상실한 교회의 영적 파탄은 부흥운동 전에 여러 가지 불만들이 불거지게 만들었다. 사람들은 딱딱한 설교와 기도에서 돌아섰으며, 사교장소 정도로 가끔 교회를 방문하였다. 기금마련을 위한 바자회나 오페레타와 유사한 행사가 늘어났지만 영적 욕구는 무뎌지고 감퇴했다. 웨일즈의 영국국교회는 '이 시대의 가장 큰 죄악 중 하나' 인 종교적 무관심과 열정의 결여가 웨일즈 전역에 만연해 있다고 개탄하였다. 1900년대 웨일즈 장로교회의 북

웨일즈 협회가 제출한 보고서는 1890년대에 약 12,844명이 감소했다고 보고했다. 이는 농촌지역의 인구감소와 리버풀의 인구변동만으로는 설명할 수 없는 것이었다.

양적으로 광범위한 침체가 일어났지만 참 종교에 대한 관심과 갈망을 반증하는 많은 요소들도 나타났다. 예전에 일어났던 부흥운동에 대한 전기와 역사서가 출간되어 부흥을 향한 욕구를 반영했으며, 기독교 일간지

들은 좀더 심각하고 진지한 기도를 요구하는 글을 발표하여 대중에게 호소하였다.

3. 1904년 웨일즈 부흥운동의 전개

1904년 웨일즈의 부흥운동을 이끈 중요한 세 사람은 셋 조슈아, 조셉 젠킨스, 이반 로버츠이다. 웨일즈 부흥은 컨디건셔 마을의 순박한 칼빈주의 감리교회에서 시작되었다. 위의 세 사람은 각기 다른 방식으로 서로 연결되었다.

먼저 셋 조슈아는 존 퓨와 함께 전진운동을 펼치던 중에 안수를 받고 1904년부터 웨일즈 북부지방과 남부지방의 신흥도시를 순회하며 집회를 인도하였다. 조슈아 목사는 극적 회심, 구세군의 불같은 열정, 풍부한 청교도신학 서적 독서 등의 특징을 지니고 있었다.

조셉 젠킨스(Joseph Jenkins, 1809-1876)는 구세군이 보여준 복음전파의 열정에 매료되었다. 사회의 종교적, 도덕적 문제점을 지적한 구세군의 대규모 캠페인은 젠킨스에게 깊이 각인되었다. 젠킨스의 집회에 나오던 플로리 에반스라는 여성도가 기도모임에서 간증했던 일은 부흥운동의 촉발제가 되었다.

이러한 영적 각성이 일어나던 상황에서 웨일즈 부흥운동의 주역인 이반 로버츠(Evan Roberts, 1878-1951)가 등장하였다. 1904년에 성령 충만을 경험한 26세의 젊은 이반 로버츠는 부흥의 불길을 웨일즈 전역으로 파급시켰다. 그는 11,12년 전부터 웨일즈의 부흥을 위해 기도해 왔다.[5] 탄광부, 대장간의 견습공 등으로 시간을 보내던 그는 1903년 목회를 결심하고 공부를 시작했다. 1904년 봄에는 1859년 부흥운동의 전도자였던 데이비드 몰간 목사와 지난 세기 웨일즈 종교개혁자 하우얼 해리스가 겪은 것과 거

---

5) "나는 부흥운동에 관해 읽거나 이야기하다 온 밤을 지새우곤 했다. 부흥운동에 관해 생각하도록 나를 움직이신 분은 성령님이셨다. Eifion Evans, 『1904년 웨일즈 대부흥』 (서울: 부흥과 개혁사, 2005), 86.

의 동일한 성령의 임재를 체험하였다.

1904년 9월 29일 목요일 로버츠는 전진운동의 루이스, 셋 조슈아가 개최한 집회에 참석하여 강력한 성령의 임재를 체험하였다. 이 체험 후 로버츠는 성령의 인도하심으로 계시를 받고 여러 가지 환상을 체험하기 시작했다. 환상을 통해 믿지 않는 자에게 복음을 전하지 못하는 교회의 무능함을 절감하고 전도에 박차를 가하기도 하였다. 부흥의 불길이 웨일즈 전역에 번지자 로버츠는 자신의 환상이 옳다고 확신하였다. 각각의 환상은 하나님 나라의 승리, 사탄과의 영적 전투, 구원하시는 하나님의 능력과 같은 성경적 주제로 나타났다. 또한 이런 환상이 나타남과 동시에 부흥이 일어났으며, 그 부흥이 웨일즈를 비롯한 도처로 퍼져나가 환상이 예언적인 성격을 띠게 되었다.

로버츠는 환상을 따라 지금까지 하던 모든 여행 일정과 사역을 접고 고향으로 돌아왔다. 귀환 후 모리아에서 청년 17명을 대상으로 사역을 시작하였다. 지역 사람들의 특성이 본래적으로 과묵하여 영적인 것을 경험하거나 고백하는 일이 어려웠지만 모두 굴복하였다. 이는 그가 고향에서 이룬 첫 사역의 열매였다. 다음날 인근 골세이논의 리바누스 채플에서 놀라운 부흥을 위해 기도하며 자신의 환상을 제시하였을 때 20명이 그리스도를 구주로 고백하는 역사가 나타났다.

1904년 11월 5일 리바누스 채플에서 성령의 임재가 크게 나타났다. 5시간에 걸쳐 진행되었던 이 주일 저녁집회는 하나의 전환점이었다. 각 사람이 차례대로 더욱 강력한 성령의 임재를 구하며 두 번 기도하였는데, 두 여인이 성령의 충만을 받고 큰 소리로 소리치기 시작했다. 60여명의 신도들이 로버츠 곁으로 모여 울부짖고, 찬양하고 하나님의 자비를 간청했다. 기도가 계속되면서 그곳에는 회개의 영으로 더욱 가득 차게 되었다. 이 특별한 경험은 그 도시에서 화제가 되었고, 로버츠는 신학교로 돌아가기를 포기하고 사역에 집중하였다.

11월 7일 모리아 채플(Moriah Chapel)에 은혜를 사모하는 사람들이 운집하였다. 로버츠와 시드니 에반스가 모리아 채플과 피스가 채플에서 각각 말씀을 전했을 때 두 교회의 집회는 주일날 새벽 2시까지 지속되었고,

사람들로 넘쳐났으며, 성령의 강력한 역사가 있었다. 카디프의 영자 신문인 웨스턴 메일은 모리아 집회에 대해 다음과 같이 보고하였다.

> 놀라운 종교적 부흥운동이 지금 러퍼에서 일어나고 있다. … 놀라운 흥분이 압도하여 교회가 위치한 거리에는 끝에서 끝까지 사람들로 성시를 이루고 있다. … 상점의 점원들이 예배당의 자리를 잡기 위해 일찍 가게 문을 닫았고, 함석과 철공소 노동자들이 작업복을 입은 채 그 장소에 모여들었다.[6]

신문은 연일 웨일즈 부흥에 대한 흥미로운 기사를 실었다. 로버츠의 몇 마디 권면, 짧은 기도가 사람들의 가슴에 불을 지핀 것이었다. 부흥운동의 불길은 곧 다른 지역으로 강하고 빠르게 번져갔다. 은혜를 받은 많은 청년들과 복음전도자들이 여러 곳에서 집회를 열었고, 집회가 열린 곳마다 성령의 불이 임했다. 아만포드에서는 모든 참석자들이 하나님의 임재를 강하게 느껴 거의 다 흐느껴 우는 역사가 일어났다.

부흥운동이 더욱 확산되면서 사람들이 교파를 초월해 성령 안에서 웨일즈의 부흥을 위해 기도하였고, 기도회마다 사람들로 가득 찼으며, 찬양과 기도회가 8시간 이상 지속되기도 하였다. 로버츠의 집회는 보통 오전 7시 30분의 기도회, 오전 10시의 예배, 오후 2시의 예배, 오후 7시의 집회, 이렇게 네 번 열렸으며, 마지막 집회는 보통 한밤중이나 다음날 이른 아침까지 계속되었다. 런던 전역에서 로버츠의 집회에 사람들이 몰려들었고, 하루 4번의 집회 중 저녁집회 때는 사람이 많아 다른 교회에서 동시에 예배드리기도 하였다. 로버츠가 인도한 집회에서는 매번 8명에서 22명 정도가 주님을 영접하였고, 다른 지역에서도 밤마다 사람들로 교회가 가득 찼고, 사람들은 성령의 놀라운 역사에 감탄하였다.

1904년 11월에 접어들어 부흥운동은 카마던, 아만포드, 론다의 토니팬디, 런던, 웨일즈 북부지방, 베세즈다, 낸틀레이 벨리, 할레흐 인근의 에그린, 로슬레 너흐뤼고그를 비롯하여 수많은 지역으로 빨리 확산되었다. 다

---

6) 박용규, "웨일즈 대부흥운동", 한국교회사학연구원 월례 학술발표, 2006년 4월, 38.

양한 사람들이 쓰임을 받았는데, 이반 로버츠만이 아니고 북웨일즈의 교사 에반스 로이드 존스, 조셉 젠킨스, 중년의 농부 부인 메리 존스 등이 예배와 심방을 통해 복음을 증거할 때 강력한 성령의 역사가 나타났다. 1904년 12월에는 조셉 젠킨스를 통해 수많은 목회자들이 은혜를 경험했다.

남웨일즈에서 사역하던 로버츠는 런던과 북웨일즈로 달려가 2개월 간 사역하였다. 로버츠는 수천 명이 운집하여 기다리는 웨일즈의 수도 카디프에 가지 않고 북웨일즈의 탄광을 방문하여 집회를 열었다. 부흥운동이 한창 탄광지역에 몰아칠 때는 63m 아래 갱도에서 80명의 광부가 랜턴을 켜고 성경을 읽으며 찬송을 부르고 아멘을 외쳤다. 탄광이 있는 골짜기마다 부흥의 불길이 타올랐다. 부흥의 열기는 대단해서 로버츠가 도착하기 전에 200명에서 500명이 회심하는 역사가 일어났다. 사람들은 로버츠가 성령께서 허락하시는 한에서 주제넘지 않으려고 노력하는 로버츠의 정책이 성령의 인도하심을 받는 하나의 비밀이라고 생각했다.

1905년 가을로 접어들면서 로버츠의 영향력은 점차 감소되었다. 여러 곳에서 사역하던 그는 1906년에 자신이 탈진했음을 느끼게 되었다. 4월 중순 뱅고어에서 열린 집회에서는 사람들의 눈길을 거의 끌지 못했다. 로버츠는 펜 루이스 여사와 함께 사역했으나 가끔 열리는 잉글랜드 기도회에서만 공식적으로 사역하였다. 1907년부터 로버츠는 거의 전적으로 도고기도(intercessory prayer)에만 매달렸다.

1927년 고향을 방문하여 참석한 기도회에서는 참석인원이 3배 이상 증가하고 많은 사람들이 회심하는 결과를 얻기도 하였다. 그는 이 집회에서 영적 은사를 마음껏 펼치며 사역했다. 성령 충만을 강조했지만 이를 위해 안수하지는 않았다. 그는 여러 차례 장래의 일을 예언했는데, 1914년 이후부터 예수님의 재림과 관련해서 전천년설의 입장을 고수했다. 그 후 1930년부터 1951년에 세상을 떠날 때까지 카디프에 머물렀다. 그의 사역은 말씀의 사역이라기보다는 은사의 사역으로 남게 되었다.

4. 웨일즈 부흥운동의 특징

1) 긍정적 측면

(1) 기도회와 찬양

1904년 이전의 웨일즈의 부흥운동에서나 1904년의 부흥운동에서 부흥운동의 리더들이 동일하게 중시했던 것은 무엇보다 예배 전 준비기도회였다. 그들은 부흥을 간구하는 기도회를 장시간 가졌고, 로버츠는 하루 4번의 모임 때마다 먼저 기도회 시간을 가졌다. 기도회는 때로 새벽까지 지속되기도 하였다.

기도회와 함께 부흥운동을 이끈 다른 요소는 웨일즈어로 된 찬양이었다. 이들의 예배는 찬양->기도->간증->찬양의 순서로 인도되었는데, 사람들이 은혜에 충만하여 밤새 찬양을 부르는 때도 있었다. 그들은 자유롭게 시편을 노래하고 찬송을 불렀으며, 전문 찬양대나 악기가 없이도 온 회중이 함께 드리는 찬양으로 기름부음을 체험했다.

(2) 성령의 인도

부흥의 주역이었던 이반 로버츠는 사람들을 개의치 않고 오직 하나님과 성령 그리고 예수님께 속한 권능에 영광을 돌렸다.

> 부흥이 내게 속한 것이 아니라 하나님께 속한 것입니다. 나는 감히 그 부흥운동을 지시하려고도 하지 않습니다. 성령께 순종하는 것이 우리가 말할 수 있는 전부입니다. 모임과 활동 가운데서 우리를 인도하시는 분은 전적으로 성령입니다. … 성령께서 가르치는데 제가 왜 가르쳐야 합니까? 저 사람들에게 '당신은 죄인이다'라고 말할 필요가 있을까요? 그들에게 필요한 것은 구원입니다. … 집회는 스스로, 아니 그들 가운데서 그들을 지배하시는 성령의 통제를 받고 있습니다.[7]

---

7) Eifion Evans, 『1904년 웨일즈 대부흥』, 209.

(3) 사회적 영향력

부흥운동의 가장 두드러진 효과는 음주가 현저히 감소한 것이다. 앵글시의 랜파어에서 성업하던 술집들은 한 곳을 제외하고 모두 문을 닫았다. 1903년에는 음주와 관련되어 재판을 받은 사람이 10,528명이었으나 1906년에는 5,490명으로 감소하였다. 사람들은 웨일즈가 오랜 기간 금주운동을 펼쳤던 때보다 부흥운동이 전개된 지난 3개월 동안 사회적으로 훨씬 건강한 상태를 유지했다고 말했다.

1914년부터 1918까지 계속된 전쟁이 끝나고 교회가 계속 쇠퇴해 간 불운의 시기에 기도회와 사교모임과 주일학교가 영적인 열정을 유지할 수 있었던 것은 '부흥운동의 후예들' 덕분이었다. 부흥운동 기간 중에 회심했던 자들이 각 교단에 남아 있었던 것이다.

(4) 사도적 속성과 교회의 권징

웨일즈 부흥집회는 많은 면에서 사도적 속성을 보여주었다. "모든 것을 적당하게 하고 질서대로 하라"는 고린도전서 14:14이 그 배경이 되었다. 집회가 신약에 나타난 질서를 부흥운동 기간 내내 유지했던 것은 의식적이고 계획적인 시도 때문이었다기보다 부흥운동이 초기 기독교의 관행과 흡사했기 때문이었다. 까다로운 절차나 형식이 없었다는 사실은 부흥운동이 보편적인 영적 은사와 만인제사장의 원리에 기초하고 있었던 것을 보여준다. 부흥운동이 전개되는 동안 신약시대의 관행이 회복되면서 교회 구성원이 부도덕한 행실로 권징 받는 사례가 두드러지게 늘어났다. 이것은 사도시대의 질서를 회복하는 징후였다.

(5) 전 세계 부흥운동을 촉발시킨 원동력

1905년에 이르러 로버츠는 널리 알려져서 방문지마다 취재진들의 주목을 받았다. 이 부흥 소식은 프랑스나 이탈리아, 포르투갈 같은 천주교 국가에서 상세히 보도되었고, 프랑스, 독일, 미국, 영국 전역으로부터 현장을 목도하기 위해 웨일즈로 몰려들었다. 아일랜드, 스코틀랜드, 영국, 노르웨이, 프랑스, 스페인 그리고 아프리카에서 기도를 요청하는 편지가 답지했다. 로버츠는 이들 편지의 기도들이 전 세계적인 부흥운동을 선도하는 쪽으로 응답될 것이라고 확신했다.

웨일즈 부흥의 소식이 전해지는 곳마다 부흥의 불이 지펴졌다. 웨일즈 부흥은 웨일즈와 콘월 지역 전반에 강한 영향을 미쳤고 컴버랜드, 더함, 글로체스터셔, 햄프셔, 미들색스, 노텀버랜드, 워윅셔, 웨스트모런드, 요크셔에 영향을 주었다. 또한 아일랜드, 마다가스카르, 인도, 파카고니아, 유럽, 아프리카, 호주, 미국, 한국, 중국에까지 이어졌다. 웨일즈 선교사가 60년 간 활동한 인도의 아삼 지역에서 일어난 부흥과 1906년 미국에서 발흥한 아주사 오순절 부흥운동도 웨일즈와 무관하지 않았다. 아주사의 조셉 시무어는 웨일즈 부흥소식을 접하고 같은 역사를 구해 응답을 받았다. 또한 한국에도 1906년 9월에 내한한 존스톤을 통해 알려졌다. 존스톤은 웨일즈와 인도의 부흥을 확인한 사람으로 서울의 선교사 사경회를 인도하면서 이에 대한 소식을 전하였다. 이 소식에 한국의 선교사들과 한국 교회 지도자들은 강한 도전과 자극을 받았다. 이미 하디를 통해 부흥운동이 일어나 영적 분위기가 고조되어 있었던 상황에서 웨일즈와 인도의 부흥운동 소식은 대단한 힘이 되었다. 1907년에 한국에서 일어난 부흥은 1908년 만주 및 중국 부흥에 영향을 주었다.

2) 부정적 측면

(1) 로버츠의 사역 방법

로버츠는 부흥집회를 교회의 '내부 활동'으로 여겼다. '교회를 굴복시키고 세상을 구원하라'는 것이 로버츠의 내면적 신념이었다. 그의 설교는 항상 이 신념에 근거하였다. 부흥운동에 나타난 로버츠의 역할은 말씀사역보다 은사사역으로 보는 것이 더 적절하였다. 그런데 로버츠가 영적인 은사를 사용하는 데 있어서 성경적 안전장치를 항상 준수했던 것은 아니었다. 종종 말씀을 소홀히 하여 회중에게 올바른 이해와 성장에 필요한 가르침을 베풀지 못해 다소 과도한 감상주의를 초래했다.

그의 사역이 전혀 비성경적이거나 교리와 무관했던 것은 아니지만, 그의 설교는 주해보다 권고의 방식을 취하고 있었다. 또한 신학적이라기보다는 다분히 체험적이었다. 이 점은 1904년 웨일즈 부흥운동을 기존의 다른 부흥운동과 구별해 주는 특징이 되는 동시에 부흥운동의 쇠퇴를 가져온 계기가 되었다.

(2) 신학적 비판

피터 프라이스 목사가 로버츠의 부흥운동을 거짓되다고 폄하했던 그 비난의 근원에는 두 가지 사실에 대한 신학적인 반대가 있었다. 하나는 성령의 직접적이고 지속적인 통제 아래 있는 문제에 대한 것이고, 다른 하나는 고통이나 황홀경 등의 체험에 대한 것이었다. 그는 성령의 직접 통제가 그릇된 착각의 가능성을 내포하며 체험현상이 무절제를 야기한다고 주장했다.

(3) 웨일즈 부흥운동 내에서의 문제점

1859년의 부흥운동은 초기 단계에서 많은 반대에 부딪쳤으나, 1904년 부흥운동은 후기에 이를 경험하였다. 이전의 부흥운동과 달리 1904년 부흥운동은 웨일즈 주요 일간지에 보도되면서 광범위한 지역으로 빠르게 파급되었다. 또한 이전의 부흥운동은 신학적, 교리적으로 종래의 부흥운동과 상통하는 속성을 가졌는데, 1904년의 부흥운동에서는 기도, 간증, 찬송에서 인간의 감정이 더욱 두드러지게 표현되었다. 이것은 각 세대의 신학적 경향에 따른 것이었지만, 1904년 부흥운동은 교회의 신앙고백이나 기독교의 성격을 공고히 하는 방향으로 이끌지 못했다.

1859년의 부흥운동은 1904년의 부흥운동보다 성도의 체험을 평가하는 일에 더욱 신중했다. 그러나 1904년의 부흥운동의 경우, 신앙고백의 타당성을 인정하는 기준이 엄중하지 못했고 다소 피상적이었으며 주관적이었다. 기독교 신앙에 대한 이해, 지식, 소망에 대한 인식, 진리와 오류를 파악하기 보다는 뉘우침, 죄의 고백, 회심의 외적 체험, 용서의 기쁨, 구원의 확신을 경험적으로 고찰하는 것을 더 중요하게 생각했다. 이런 현상에 대한 신빙성이나 특성, 그리고 성경적 근거의 연구 필요성에 주목하는 사람은 거의 없었다.

(4) 견실한 설교의 부재

성경적 기준이 심각하게 결여되었다는 비난은 건전한 교리와 성경에 기초한 설교사역이 등한시되었기 때문이다. 이러한 사실은 부흥운동이 한창이었을 때에 싹텄는데, 영적 결실을 거두기도 전에 성도의 수가 감소하고 교회에 사람들의 발길이 뜸해지고 사회가 세속화되고 복음이 변질되는 결과를 가져왔다. 하나님의 모든 사역에서 말씀이 절대적 권위를 가지는 것은 하나님께서 정하신 원리이다. 부흥은 그 어느 사역보다 말씀에 더 큰 타당성과 중요성을 가진다. 그런데 부흥운동 기간 중에 하나님이 정하신 설교라는 도구를 무시하는 경향이 높아졌다. 부흥운동 이후 5-6년 동안에 이렇게 교회를 떠난 사람은 모두 20%에 달했다. 사실 로버츠는 기도를 회심의 원칙으로 간주했기 때문에 더 많이 기도하기 위해 간략하게 성경을 주해하고 가르쳤다.

(5) 양육의 부재

케직운동이 웨일즈 부흥운동의 모체였다는 주장도 있지만, 사실 케직 사경회에서 직접적으로 유래되었던 것은 아니었다. 웨일즈는 케직 사경회가 처음 열리기 전부터 지속적으로 부흥을 경험하고 있었으며, 이반 로버츠는 영국에서 새롭게 발흥한 성결운동이 아니라 웨일즈 칼빈주의 감리교의 전통에 서 있었다. 선포된 말씀에서도 케직의 성별이나 거룩의 강조가 아닌 구속과 구원의 확신을 선포하는 구별된 모습을 보여주었다.

그러나 부흥운동 회심자들을 대상으로 저술된 웨일즈 서적들은 사람들을 케직 사경회의 원리로 이끌었고, 기독교의 가치관을 정결과 성별, 그리스도를 따르는 삶, 성령 충만의 영역으로 한정시켰다. 이것은 성도들의 영적 유산이요 가장 큰 요청인 하나님의 경륜에 대한 비전을 회심자에게서 빼앗는 결과를 초래했다. 결국 웨일즈 부흥운동은 성도를 철저하게 양육하는 가르침의 사역을 베풀지 못했다. 또한 신흥 신학사조에 의해 부흥운동의 견실한 교리적 기초가 박탈되었고, 종교적 경험에 관한 새로운 심리학적 해석에 의해 부흥운동이 현혹되었다.

(6) 분리

부흥운동 후 회심한 사람들의 관심은 다양한 방향으로 분산되었다. 보수적인 신학과 영적인 것을 추구하는 방향으로 집중되기도 하였고 정치와 새로운 신학과 사회투쟁으로 기울기도 하였다. 그 결과 하나님에 대한 충성과 인간적 성향 사이의 갈등이 뚜렷해졌으며, 교회의 분리가 유일한 해결책이라고 생각하는 사람들이 많아졌다. 새로 대두된 급진교파, 독립된 선교본부, 사도적 오순절 교회는 타락한 것 또는 시대착오적인 것이라는 비방을 받았다.

기독교의 통일성과 다양성은 서로 상치되지 않는다. 1904년의 웨일즈 부흥운동은 처음으로 분리를 야기한 부흥운동이 아니었다. 칼빈주의 감리교회는 18세기 부흥운동의 직접적 결과로 영국국교회에서 분리되었다. 비슷한 시기에 뉴잉글랜드에서 일어난 강렬한 부흥운동으로 역시 교파가 분리되었다. 교회 연합론자들은 부흥운동이 연합의 효과를 가져왔다고 주장하지만, 교파 간 입장차가 분명해지고 교계 분열이 발생한 사실을 간과하고 있다. 역사적으로 볼 때 부흥운동이 교회의 분열을 초래하였던 사실을 부인할 수는 없다. 그런 점에서 분열을 피하는 최선의 방법은 부흥을 피하는 것이라 말할 수도 있겠지만, 부흥을 피하면 교회의 파멸이 뒤따르게 된다는 점도 기억해야 할 것이다.

5. 나가는 말

18세기 복음주의 부흥운동의 영향으로 유력한 비국교도 지역으로 남아 있던 웨일즈 지역은 19세기 후반에 시대환경 속에서 영적 침체를 경험하는 한편 부흥운동도 산발적으로 경험하고 있었다. 그러다 1904년에 이르러 존 퓨, 셋 조슈아, 조셉 젠킨스, 이반 로버츠에 의해 부흥운동이 본격화되었다. 이 부흥은 젊은 이반 로버츠에 의해 웨일즈 전역으로 확산되었다가 1905년 가을부터 시들어졌다. 하지만 이 웨일즈 부흥운동은 영국 전역은 물론 유럽 국가들, 미국, 인도, 한국, 중국 등 전 세계에 부흥운동을 파급시켰다. 웨일즈 안에서는 이 부흥으로 교회 안에서 성경적 질서가 회복되고 사회적으로 음주가 줄어드는 결과를 빚었다.

이 부흥운동에서 예배 전 준비기도회가 철저히 수행되고 웨일즈어 찬양이 뜨겁게 불렸다. 그들은 죄를 고백하고 회심과 용서의 기쁨과 구원의 확신을 경험하였다. 그러나 말씀보다 은사체험을 더 강조하여 과도한 감상주의를 초래했다. 결국 성도의 양육이 소홀히 되고 부흥운동이 쇠퇴되었다. 다양한 신학적 경향의 표출로 갈등도 심화되었다.

부흥은 성경에서 다양하게 묘사된다. 부흥은 하나님의 심판의 불꽃과 마른 땅에 흘러넘치는 은혜의 물결로서 사람들을 멸망에서 건지고 그들의 갈증을 해소해 준다. 부흥은 초자연적인 역사로서 회복과 성장을 가져다 준다. 기독교 역사는 교회 안에서 영적 불꽃이 부흥을 통해 타올랐다가 사그라지고 교회의 몸체가 커졌다가 나뉘는 현상으로 점철되어 왔다. 1904년 웨일즈 대부흥운동은 진정한 부흥의 전형과 교훈이 무엇인지를 찾는 자를 위해 생생한 사례를 제공한다.

A History of Modern Christian Revivals

근현대 부흥운동사 서설 최재건(교회사)
독일 루터파 경건주의-근현대 부흥운동의 여명 김상식(교회사)
18세기 영국 복음주의 부흥운동-웨슬리 형제와 감리회를 중심으로 송정연(교회사)
조나단 에드워즈와 미국 제1차 대각성운동 장진경(교회사)
조지 휫필드의 부흥운동 주 진(선교학)
미국 제1차 대각성운동의 영향력 이혜원(교회사)
미국 제2차 대각성운동 정요진(교회사)
찰스 피니의 부흥운동 이상정(교회사)
무디의 부흥운동 정다운(교회사)
노르웨이 부흥운동 장진경(교회사)
케직 사경회 윤상림(교회사)
웨일즈 부흥운동 장진경(교회사)
한국 초기 부흥운동-원산부흥운동을 중심으로 최형철(교회사)
평양대부흥운동 김현숙(예배·설교학)
중국의 부흥운동: 1900-1937년 윤상림(교회사)
해방 후 한국의 부흥운동-80년대까지를 중심으로 임승훈(예배·설교학)
빌리 그래함의 부흥운동 강현구(교회사)
영국·미국·한국 오순절운동 김윤정(교회사)

한국 초기 부흥운동
– 원산부흥운동을 중심으로

최형철(교회사)

1. 들어가는 말
2. 초기 부흥운동의 배경
3. 초기 부흥운동의 전개
4. 초기 부흥운동의 특징
5. 나가는 말

1. 들어가는 말

20세기 초두에 한국교회에서 원산부흥운동(1903), 평양대부흥운동(1907), 백만인구령운동(1909) 등의 부흥운동들이 전개되었다. 이 세 차례의 초기 부흥운동은 한국교회가 양적으로 교세를 신장하고 질적으로 도약할 전기를 마련했다는 점에서 중요한 의미를 지닌다.

평양대부흥운동의 뿌리가 된 1903년의 원산기도회는 감리교 선교사들의 모임으로 이루어졌다. 이때 일어난 부흥운동의 맥을 이어 1907년 1월 평양 장대현교회에서 대부흥운동이 일어났고, 이 부흥운동에 고무된 선교사들이 백만인구령운동을 전개하였다. 1907년 평양대부흥운동의 주역인 길선주를 시작으로 장로교에서 1920년대의 김익두와 길선주, 1930년대의 김인서와 주기철로 이어지는 복음주의적인 부흥사의 흐름이 형성되었고, 감리교에서는 1930년에 이용도 목사가 부흥운동을 이끌었다. 성결교 부흥운동으로는 1908년 구리개 전도관의 부흥운동, 1921년 이명직 목사의 경성성서학원 부흥운동, 1930년대부터 해방 후까지 이성봉 목사의 부흥운동 등이 일어났다.[1]

---
1) 박명수, 『한국교회 부흥운동 연구』 (서울: 한국기독교역사연구소, 2003), 95-190.

평양대부흥운동과 각각의 부흥사들에 대해서는 이후에 연구발제가 계속될 것이고, 원산부흥운동이 한국교회 부흥운동의 서론적인 성격을 지니고 있으므로, 이 글에서는 원산부흥운동이 어떻게 전개되었으며 어떠한 성격을 가지게 되었는지 살펴보고자 한다.

2. 초기 부흥운동의 배경

1) 시대적 배경

19세기 말과 20세기 초에 한국 사회가 겪은 주권상실, 경제상황 악화, 정치적 혼란은 백성을 동요시키기에 충분하였다.[2] 동학교도들의 2차 봉기 때는 남부 지방은 물론 평안, 함경도의 동학교도들도 호응하였다.[3] "평안도는 전쟁으로 인하여 피해를 크게 입었던 지역에 한하여 세금을 삭제했다"는 아펜젤러(H. G. Appenzeller)의 일기는[4] 이 지역이 당한 피해의 심각성을 알려준다. 1894년 청일전쟁의 주된 전장은 서북지역, 특히 평양이었다. 1894년 9월 15일부터 17일까지 사흘 동안 평양이 거의 파괴되었으며, 6만 명가량의 인구가 1만 5천 명으로까지 줄었다.[5] 스왈른(W. L. Swallen) 선교사는 선교사들 간의 지역분할로 원산을 떠날 무렵 원산에 있는 기독교인의 60%가 본래 함경도 태생이 아니라 서북지역 여러 도에서 들어온 사람이었다고 기록하였다.[6] 이는 전쟁으로 인해 사람들이 다른 지방으로 확산되었던 것을 보여준다. 1904년 2월 9일에 시작된 러일전쟁도 한국인들에게 지울 수 없는 상처를 남겼다. 전쟁과 사회불안은 한국선교에 방해요인으로 작용하기도 했다. 예를 들어 전쟁의 피해가 컸던 원산

---

2) James S. Gale, *Korean Sketches* (New York: Fleming H. Revell, 1898), 196.
3) 愼鏞廈, 『韓國 近代史와 社會變動』(서울: 文學과 知性社, 1980), 31.
4) Henry G. Appenzeller, 『자유와 빛을 주소서: 아펜젤러의 일기』, 노종해 역 (서울: 대한기독교서회, 1988), 109.
5) Roy E, Shearer, 『韓國敎會成長史』, 이승익 옮김 (서울: 大韓基督敎書會, 1966), 139.
6) Roy E, Shearer, 『韓國敎會成長史』, 200.

선교기지는 러일전쟁이 한창 절정에 달하던 1904년부터 1905년까지 잠시 폐쇄되었다.[7] 그러나 예상보다 교회를 떠난 사람들의 수는 적었으며, 흩어졌던 교인들이 다시 돌아오면서 교회야말로 참된 안식처라는 인식이 점증되었다. 러일전쟁이 한창이던 1904-1905년에 오히려 원산부흥운동이 정점에 달했다. 정치적 혼란과 부흥운동, 이 둘은 이 시대를 대변하는 가장 중요한 특징이 되었다.[8]

기독교가 민족수난기에 오히려 급격한 성장을 이룬 사실은 교세통계표에서 여실히 드러난다.[9] 초기에는 신도수가 완만한 증가 추세를 보이다가 1894-6년 사이에 급증하였다. 특히 장로교에서는 1895년에 2백 명 미만이던 세례교인이 1896년 이후 2천 명 이상으로 무려 10배 이상 성장하였다. 이 같은 급성장은 1905-1906년에 다시 나타났다. 1906년 이후에 감리교는 1만 명 이상, 장로교는 5만 명 이상의 교인수를 보유하게 되었다. 이러한 현상은 1894-1895년의 청일전쟁과 1903-1904년의 러일전쟁이 교인증가의 계기가 되었음을 나타내준다.

2) 지역적 배경

한국교회 초기에 서북지방에서 성장과 부흥이 두드러지게 된 이유는 여러 가지로 들 수 있다. 우선 서북지방은 중국을 드나드는 상인들과 학자들을 통해서 복음을 수용하기가 용이하였다. 선교보고서는 선교사들이 이 지역으로 들어오기 전에 이미 전도자들을 통해 성경이 반포되었음을 보여준다. "그들은 이미 복음을 들을 준비가 되어 있었고, 성경을 구입하기에 열심이었다. 한국의 모든 학자들이 중국 한학을 읽고 있었기 때문에 선교사들은 중국 기독교 문서를 통해서 즉시 복음을 전할 수 있었다. 그리하여 그 후에 복음서 번역본들과 소책자(쪽복음)들이 한글로 만들어지게 되

---

7) Lak-Geoon George Paik, *The history of Protestant Missions in Korea, 1832-1910* (Seoul: Yonsei University Press, 1971), 279.
8) 박용규, 『평양대부흥운동』(서울: 생명의말씀사, 2000), 31.
9) 한국기독교역사연구소, 『한국기독교의역사』 I (서울: 기독교문사, 1989), 254.

었다."¹⁰⁾ 이것은 서북지방이 성경공부와 부흥운동으로 다른 지역보다 더 왕성하게 교회성장을 이루는 근거가 되기도 하였다.

교회사가 백낙준은 서북지방의 한 특색으로서 서울이나 삼남지방처럼 양반과 상민의 차별이 심하지 않고 남녀의 내외도 별로 심하지 않으며 종교도 대다수 주민이 유교를 신봉하고 있으나 삼남지방에서처럼 그렇게 심하지는 않았다는 것을 꼽는다.¹¹⁾ 정치적인 면에서 북쪽 사람들은 높은 관직에 진출할 기회를 얻지 못한 관계로 교회에서 사회활동의 기회를 찾게 될 여지가 높았다. 경제적인 면에서도 비서북지역에 비하여 근면하고 개방적이며 상공업이 활발하였다. 한국사가 이광린이 지적한 것처럼 서북지역의 자립적 중산층들은 조선이 근대화를 추진하는 인적 배경의 한 부분을 이루고 있었다.¹²⁾ 이상과 같은 지리적, 문화적, 관습적, 정치적, 경제적, 종교적 여건이 1903년에 원산에서부터 시작된 서북지역 부흥운동의 배경이 되었다.

2. 초기 부흥운동의 배경

1) 영적 각성의 징후들

한국의 기독교인들이 집단적으로 '성령의 역사'를 체험하는 부흥회에 대한 언급은 1903년 원산부흥운동 이전으로 거슬러 올라간다. 1901년부터 남감리교 선교회의 송도, 곧 개성 선교기지가 담당한 지역에서 부흥운동의 징후가 뚜렷하게 나타났다.¹³⁾ 이곳에서 선교를 시작한지 4년째가 되는 1901년 10월에 미북감리교 선교회와 남감리교 선교회가 연합으로 개최한 신학반 수업에서 시종 "성령이 강력하게 임재하여" 참석자들의 "마

---

10) "Twenty Years of Protestant Mission in Korea" *The Korea Methodist*, Nov. 1904, 4.
11) 白樂濬, 『韓國改新敎史』 (서울: 延世大學校出版部, 1979), 285.
12) 이광린, 「개화파의 개신교관」, 『歷史學報』 66집, 40.
13) 송도, 곧 개성은 1897년 콜리어(C. T. Collyer)가 도착한 이후 남감리교 선교회의 거점이 되었다.

음이 뜨거워지면서 새롭게 다짐하는" 역사가 일어났다.[14] 성령의 역사는 1902년 송도의 사경회와 고난주일 특별기도회에서 다시 나타났고, 이듬해 1월 존스(George Heber Jones) 선교사가 서울 미감리교 선교회와 남감리교 선교회에서 속장과 권사들을 위한 성경반을 이끌 때 반복되었다.

이보다 더 강한 부흥의 역사는 1903년 송도의 신년기도회에서 나타났다. 1903년 1월 30일 크램(Cram) 목사의 인도로 구정 신년기도회가 시작되어 여러 날 동안 매일 오전 11시부터 12시 30분까지 전도하고 저녁에는 기도회를 가졌다. 시간이 지나 기도 열기가 더욱 고조되면서 영적 각성과 함께 성령의 역사가 회중에게 강하게 임하였다. 1903년 크램은 연례보고서에 신년 시즌의 부흥회에서 성령의 분명한 임재와 권능이 나타났다고 기술하였다. 그 현장에 있던 문경호 전도사는 송도에서 나타난 영적 각성 움직임을 아래와 같이 『神學月報』에 증언하였다

> 교인들이 날마다 점점 늘어 회당에 앉을 틈이 없게 모여서 예배를 하는데, 이때에 성신님 예전 오순절에 일백이십 인에게 감화하시듯이 이 예배당에 모인 형제자매들에게 각각 감화하시더니 하루는 전도할 시대에 온회중이 눈물을 흘리고 슬피 우는 것을 보고 또 하루는 형제 중에 가슴을 치고 대성통곡하는 것을 보고 또 하루는 기도할 때에 홀연히 마음이 비창하여 울면서 기도를 하였으며 … 또 하루는 서로 원수로 지내던 것을 오늘 다 주 앞에 풀고 서로 사랑하고 지내자 하여 … 둘씩, 둘씩 짝지어 동서남북으로 분하여 날마다 전도하니 거리거리 찬미소리요 전도하는 소리가 서로 연하여 그치지 아니하니 과연 천국이 가까웠더라.[15]

이런 경험으로 그들은 송도 백성이 모두 하나님의 백성이 되리라는 확

---

14) 박용규,『평양대부흥운동』, 32쪽에서 *Official Minutes and Reports of the Annual Session of Korea Mission Conference of the Methodist Episcopal Church*, 1901, 61을 인용하며 이 시기를 영적 각성의 첫 징후가 일어난 시기로 본다. 그러나 윤춘병은 한국교회 부흥운동이 감리교 노블과 존스 선교사에 의해 도입되었다고 주장한다. 1898년 12월에서 익년 1월에 걸쳐 평양 서문밖교회(남산)에서 노블 선교사의 인도로 열린 부흥회는 너무 뜨거워 시간을 연장해 가며 열렸고 모든 이들이 죄의 자복을 통해 기쁨을 얻었다고 한다. 윤춘병,『韓國監理教會成長史』(서울: 監理教出版社, 1997), 424.
15) 문경호,「송도에 전도함」,『神學月報』3, 1903, 111-112.

신을 갖게 되었다. 이 일은 기성신자들에게는 영적 각성의 기회를, 불신자들에게는 그리스도를 영접하는 기회를 제공하였다.

1903년 초, 부흥운동의 징조가 서울에도 나타났다. 서울의 권사들, 교회지도자들, 감리교 교회지도자들로 구성된 사경회가 1903년 1월 서울에서 열려 2주 동안 114명의 남녀 지도자들이 성경, 교회사, 교회정치와 교회론, 성서지리를 공부하였다. 이때 존스 선교사가 인도하는 집회에서 참석자들이 전형적인 옛 감리교 부흥운동을 경험하였다. 이 부흥회가 얼마만큼의 영적 각성과 회개의 역사를 나타냈는지 정확히 알 수는 없지만, 두 가지 사실은 능히 파악되고 있다. 첫째로 감리교 선교사들이 한국교회에서도 웨슬리의 부흥운동이 재현되기를 염원하고 있었다는 사실과 둘째로 후에 평양대부흥운동에서 행해졌던 공개적인 죄고백의 간증이 이미 1903년 초부터 실시되었다는 사실이다. 이러한 감리교 부흥운동의 열정과 공개적인 간증은 그 후 한국교회 부흥운동의 중요한 특징으로 자리잡았다.[16)]

평양교회는 청일전쟁 때부터 영적으로 깨어나기 시작했다. 청일전쟁 이후 수많은 사람들이 교회로 몰려들어 한국교회를 이끌 중심부의 터전을 마련하기 시작하였다. 1902년 12월 31일부터 1월 13일까지 평양에서 열린 장로교의 겨울 사경회 중의 주간 기도회와 저녁집회는 대단히 유익하고 성공적이었다. 이러한 영적 분위기는 1903년 6월 22일부터 7월 3일까지 조사들을 위해 개최된 사경회, 특히 그 기간의 새벽기도회를 통해 더욱 촉진되었다. 이곳의 모든 선교사역-복음전파, 남녀 사경회, 중학교와 보통학교, 의료 및 문서사역 등-에서 영적 각성과 성령의 역사의 중요성이 더욱 강조되었다. 더욱이 프란슨(F. Franson)이[17)] 입국한 일과 원산에서 일어난 부흥운동 소식은 평양 교인들이 더욱 영적으로 각성하도록 도전하였다. 1903년의 회기 중에 평양의 장로교회에서만 1,104명이 세례를 받았

---

16) 박용규,『평양대부흥운동』, 35.
17) 프란슨은 세계적인 부흥사이며, 스칸디나비안선교회의 창립자이다. 그는 원래 무디에게서 깊은 영향을 받았으며, 그의 부흥회 인도방법을 따랐다. 또한 중국내지선교회의 창립자인 허드슨 테일러와 기독교연합선교회를 만든 심프슨과도 깊은 관계를 맺고 있었다. 박명수,『한국교회 부흥운동 연구』, 43.

고, 1,063명이 학습을 받았다. 이 같은 성장과 각성의 움직임은 그곳의 감리교회에서도 뚜렷이 감지되었다. 1903년 7월 12일 평양에 도착한 감리교 노블 선교사는 평양 시내의 감리교회마다 주일에 평균 700명이 모였고 수요일에도 400명이나 모이는 것을 목격하였다.[18] 주일 오후 장대현교회에 갔을 때는 1,400명이 예배당을 가득 메우며 주일예배를 드리고 있었다.

2) 하디와 원산부흥운동

향후 한국교회에 영향을 끼치게 될 지속적인 부흥운동은 1903년 원산에서 처음 시작되었다. 원산에서는 캐나다 출신의 남감리교 소속 목사인 선교사 하디(Robert A. Hardie, 1865-1949)가 가장 중요한 역할을 하고 있었다.[19] 하디는 원래 토론토 YMCA와 8년 간의 계약을 맺고 한국에 파송된 독립 의료선교사였다. 처음에는 부산과 서울에서 일했으나, 1892년부터 원산으로 옮겨 진료소를 세워 전도와 의료사업을 병행했다. 계약기간이 만료될 때 마침 남감리교 선교부의 제안을 받고 1898년부터 남감리회 소속으로 사역을 계속했다. 하디는 원산에서 1909년까지 일했다.

하디는 원산에서 최선을 다해 의술을 베풀며 복음을 전했다. 하지만 기대만큼 결과가 나타나지 않자 그 원인이 성령의 능력의 결핍이라고 생각했다. 그 무렵 1903년에 미국 남감리교 중국선교회 소속의 화이트(Mary Culler White) 여선교사가 한국을 방문해 머물고 있었다. 이때 그녀는 선교사들에게 영적 진전을 위한 사경회와 기도회를 제안하였다. 1903년 8월 24일부터 30일까지 개최된 기도모임에 하디, 저다인, 화이트, 캐나다

---

18) 박용규, 『평양대부흥운동』, 38.
19) 하디는 스코틀랜드 혈통으로 1865년 6월 11일 온타리오 할디만에서 태어났다. 21세 때인 1886년 토론토 의과대학에 진학했으며, 게일(James S. Gale) 선교사의 권유를 받아 한국행을 결심하고 1890년 9월 30일 부산에 도착하였다. 그는 한국에서 45년 간 체류하며 한국교회를 위하여 봉사하였다. 그의 업적은 크게 셋으로 나눌 수 있는데, 첫째는 한국교회의 부흥운동을 주도한 것이고, 둘째는 1910년 감리교 협성신학교 교장으로서 교육서역에 헌신한 것, 셋째는 문서운동을 통해 한국교회의 발전에 기여한 것이다. 柳東植, 『한국감리교회의 역사 1884-1992』1 (서울: 기독교대한감리회, 1994), 252.

장로교의 맥컬리(Louise McCully) 등이 참석하였다. 하디는 여기에서 요한복음 14장 12-14절, 15-17절, 23-24절을 가지고 효과적인 기도의 세 가지 요소에 대해 발표하였다. 그것은 그리스도 안에 거함, 그리스도에 대한 믿음, 성령의 경험이었다. 그는 이를 준비하면서 자기 자신이 그러한 신앙생활을 하지 못하고 있었던 것을 알게 되었다. 자책 속에서 오랜 시간 기도한 끝에 변화를 체험하게 되었다. 그는 이 체험을 다른 선교사들에게 고백하며 나누었다.[20]

성령의 임재 체험으로 확신을 가지게 된 하디는 다음 주일예배에서 자신의 변화된 심경을 교인들 앞에서 공개적으로 고백하였다. 자신의 교만, 강퍅함, 믿음 부족을 고백하였다. 한국에 파송된 선교사들에게서 흔히 찾아볼 수 있는 민족적 우월감을 버리고 자기가 성령의 도우심과 인도하심을 의지하기보다 자기 능력과 학력과 실력을 의지하였으며 한국인을 미개한 민족과 무식한 백성으로 여기는 깊은 자만심을 품고 있었다고 토로하였다. 한국교인들은 하디가 공개적으로 자신의 죄를 고백한 일을 보고 신앙생활의 실제적 모습을 목격하게 되었다. 이 일은 원산부흥운동의 기폭제가 되었다.[21]

바로 이 무렵에 하디는 유명한 부흥사이자 스칸디나비아선교회(The Scandinavian Missionary Alliance) 회장인 프란슨(F. Franson)이 동아시아 순방 중 한국에 들러 원산에서 집회를 열고 싶어 한다는 연락을 받았다. 하디는 프란슨의 집회를 준비하기 위해 원산지방에서 사역하는 한국인 전도인들과 선교부의 한국인 직원들과 함께 매일 기도와 성경공부 모임을 갖기 시작했다. 모임을 시작한 지 며칠이 지났을 때 로스(J. B. Ross)의 병원에서 조수 일을 하던 최종손이 죄책감 때문에 며칠 동안 고민을 했다고 하면서 자기의 죄목을 적은 종이를 가지고 나와 읽으며 죄를 자백하였다. 며칠 후에는 독신 선교사 사택에서 일을 하던 강태수가 자기 죄를 자백했다. 그 뒤를 이어 양반 출신으로 로스의 어학선생으로 있던 진천수가 아내를 구박한 것과 교만, 위선, 탐욕을 품은 죄를 울면서 자백

---

20) R. A. Hardie, "God's touch in the great revival", *The Korea Mission Field*, Jan. 1914, 22-23.
21) 이덕주, 『한국 토착교회 형성사 연구』(서울: 한국기독교역사연구소, 2001), 131.

했다. 이로써 선교사에게서 시작된 '공개적인 죄의 자백'이 한국 교인들에게 확산되기 시작하였다.[22]

원산에 도착한 프란슨 선교사는 경험이 풍부한 복음주의 부흥운동가로서 일주일 간 집회를 인도하였다. 사죄와 성령체험의 열기가 압도하기 시작했고, 죄를 고백하려는 사람들로 인해 설교가 중단되곤 하였다. 그리하여 한 주일로 예정된 집회가 한 주 더 연장되었다. 집회가 끝날 무렵에는 대부분의 참석자들이 이런 회심의 체험을 하게 되었다. 이러한 부흥운동을 통해 일어난 원산 기독교인들의 변화는 개인의 내면적 변화에서 공동체의 도덕적 혁신으로 이어지게 되었다.[23]

하디는 프란슨의 집회 후 자신이 담임한 원산 감리교회에서 집회를 계속 이어갔다. 그 집회에서 한국인 교인들의 '집단적인' 회개운동이 일어났다. 1904년 1월말에 열린 송도 사경회에서도 마찬가지 현상이 나타났다. 이 집회는 하디, 캐롤, 노울즈, 저다인이 인도하였는데, 이때도 송도 인근 지방에서 올라 온 교인들이 공개적으로 죄를 자복하며 거듭나는 체험을 하였다. 참석자들의 신앙열기가 대단하여 집회가 예정보다 1주일 더 연장되었다.

이처럼 원산에서 본격화된 집단적인 부흥운동은 다른 지역으로 확산되었다. 그 후 하디는 강원도 동부지방의 지경 터와 새술막에서 사경회를 인도하였다. 9월 20일부터는 서울 정동교회에서 부흥집회를 이끌어 "죄 사유하심을 얻은 모든 형제자매들이 성신의 충만하심"을 받았다.[24] 교인들 외에 상당수의 배재학당과 이화학당 학생들이 죄를 공개적으로 자복하고 회개하였다. 하디는 10월 16일부터 평양에서, 11월 1일부터 인천 제물포교회에서 부흥회를 인도했다. 원산에서 시작되어 서울, 송도, 평양, 인천 등지로 확산되던 부흥운동은 이 운동을 실질적으로 주도했던 하디가 1904년 11월에 안식년 휴가를 얻어 미국으로 떠남으로 일단락되었다.

---

22) 이덕주, 『한국 토착교회 형성사 연구』, 132.
23) 이덕주, 『한국 토착교회 형성사 연구』, 134.
24) 「정동회당에서 부흥회로 모힘」, 『神學月報』11, 1904, 427.

3. 초기 부흥운동의 전개

하디가 없는 1905년에도 부흥운동이 1년 간 지속적으로 일어났다. 1905년 송도에서 신년부흥회가 구정을 기해 개최되었다. 송도교회는 이 특별한 절기를 기해 나라의 개화와 교회의 부흥을 위한 부흥회를 열었다. 모든 설교에서 강조된 것은 양심의 죄 문제와 거듭남과 성령의 역사에 관한 교리였다. 참석한 많은 사람들이 회개하였고, 중생을 갈망하였다.[25] 원산에서도 구정 사경회가 열렸는데, 집회 첫 시간부터 성령의 임재와 역사가 나타났고, 집회가 진행되는 동안 그 능력이 점점 더 강하게 나타났다. 같은 기간에 별도로 모인 여자 사경회에서도 "부인들이 죄를 용서함 받은 행복감에 충만함"을 체험했다.[26]

1905년 상반기에 진행된 부흥회는 ① 감리교회, 특히 남감리회 선교 지역에서 부흥이 지속적으로 일어고, ② 연례모임인 '구정' 사경회가 부흥회로 발전하고, ③ 송도와 강화에서처럼 여성들이 부흥을 체험하는 특징을 보였다. 1903-1904년의 부흥회가 하디의 개인적인 '지도력'(charisma)에 의존한 것이었다면, 1905년의 부흥회는 특별한 지도자 없이 지역 선교사들과 한국인 전도인, 전도부인들의 자발적인 참여로 이루어졌다.[27]

1905년 9월에는 미국의 남·북 감리회와 남·북 장로회, 캐나다 장로회, 오스트레일리아 장로회 선교부가 선교협의 기구로 창설한 재한복음주의연합공의회(The General Council of Evangelical Missions in Korea)가 초교파인 한국교회 부흥운동을 추진하기로 결의하고 선교사들이 각 지역에서 특별기도회를 시작하였다. 남·북 감리회와 북장로회 선교부가 함께 선교하던 서울의 경우, 1906년 구정을 기해 연합집회를 열기로 하고 10일전부터 서울시내 선교사들과 한국인 목회자들이 기도회를 시작했다. 그리고 음력 정월 3일(1월 28일)부터 보름 동안 연합부흥회가 열렸다. 이 때 "새로 믿기로 작정한 형제들도 사오백 명이요 이왕부터 믿던 형제자매

---

25) W. G. Cram, "A New Year's Revival in Songdo", *The Korea Methodist*, Mar. 1905, 54.
26) M. Knowles, "Women's Special Study Class in Wonsan", *The Korea Methodist*, Oct. 1905, 165.
27) 이덕주, 『한국 토착교회 형성사 연구』, 139.

중에 죄를 분명히 회개하고 고쳐 믿기로 작정한 이가 여러 백 명"에 이르렀다.[28] 남감리회와 캐나다장로회가 함께 선교하는 원산에서도 음력 정월 초하루인 1월 25일에 집회를 시작했다. 이때 "선교사와 한국인, 남자와 여자, 노인과 젊은이를 막론하고 눈물을 흘리며 흐느껴 울면서 자기 죄를 자백하고 죄씻음 받기를 갈망하는"[29] 현상이 나타났다. 미감리회와 북장로회가 함께 사역하고 있던 평양에서도 구정 사경회가 열렸다. 감리교인들은 남산현교회에서, 장로교인들은 장대현교회와 남문교회에 모여 집회를 했는데, 남산현교회는 400명의 새신자를, 장로교회 사경회는 450명의 새신자를 얻었다.

매년 1-2월이 부흥회의 계절이었다면, 8-9월은 선교사들의 휴양과 기도의 계절이었다. 1906년 8월 평양에서 선교사들의 장감연합 기도회가 1주일 동안 열렸는데, 그 인도자는 안식년 휴가를 마치고 돌아온 하디 선교사였다. 이 집회에서 많은 선교사들이 성령의 감동을 받았으며, 무르익은 영적 분위기가 하디의 간증으로 더욱 불타오르면서 놀라운 성령의 역사를 체험하였다.

1906년 9월 서울에서 열린 미국 북장로교와 남장로교 선교사 연례모임과 장감연합공의회에 참석하고 돌아온 평양의 선교사들은 몇 차례의 특별 집회를 갖고 하나님의 성령이 임하기를 기도했다. 그 결과 1906년 가을에 기도의 영이 선교사들에게 임하였다. 이와 같은 분위기 속에서 1906년 10월 특별 사경회가 평양 주재 장로교 선교사들과 교인들이 평양 장대현교회를 가득 메운 가운데 개최되었다. 하워드 존스톤(Howard A. Johnston) 목사가 이를 인도하며 인도와 웨일스에서 그리스도인들이 성령 충만을 받아 놀라운 부흥운동이 일어난 사실을 전해 주었다. 이때 길선주가 성령의 은혜를 체험하였다.

1906년 말 한국, 특히 평양지역의 영적 분위기는 이전과 비교할 수 없을 정도로 깊고 성숙해 있었다. 이와 같은 분위기를 힘입어 선교사들이

---

28) 박승명, 「련동교회 통신」, 『그리스도신문』, 1906년 3월 8일, 232.
29) W. Scott, "Canadians in Korea: brief historical sketch of Canadian Mission work in Korea", 미간행 논문, 1975, 56.

크리스마스 다음날부터 정오기도 모임을 갖고 1907년 1월 초순에 평양에서 열리게 될 연례 사경회를 위해 기도하기 시작했다. 선교사들뿐만 아니라 수백 명의 한국 그리스도인들이 오순절과 같은 놀라운 성령의 역사가 임하기를 위해 매일 한 시간씩 기도회를 가졌다. 이 기도모임은 원산에서 발흥했던 부흥운동이 평양대부흥운동으로 확대되는 결정적인 전기를 마련해 주었다.[30]

4. 초기 부흥운동의 특징

1) 죄고백과 기독교 윤리

부흥운동은 불신자 대상의 전도집회와 신앙인 대상의 각성집회로 나눌 수 있는데, 웨슬리 이후 서구 기독교의 부흥운동은 후자 쪽의 의미가 강했다. 초기 한국교회의 부흥운동도 불신자 대상의 전도집회보다 기성 교인들의 신앙 각성운동의 성격이 강했다. 부흥운동을 통해 불신자가 개종도 이루어졌지만, 그보다 이미 세례를 받고 목회자 및 교회 임원으로 활동하고 있던 '사역자들'이 부흥회를 통해 진정한 그리스도인(real Christian)으로 갱신되는(renewal) 경우가 주류를 이루었다.[31]

원산부흥운동으로부터 평양부흥운동에 이르는 과정에서 가장 두드러지게 나타난 현상은 공개적인 죄의 자백이었다. 하디의 공중고백은 회중 사이에서 부흥운동이 일어날 계기를 마련해 주었다. 하디가 자신의 결점과 믿음 부족 때문에 선교사역이 실패했던 것을 고백하고 용서를 구한 일로 원산부흥운동이 시작되었듯이 그 후 전개된 부흥운동에서도 죄에 대한 자각과 자백이 부흥운동의 주요 내용이 되었다.

이 회개와 공중고백은 고백자 상호간의 신뢰와 이해를 깊게 하여 공동체적 분위기가 형성되게 하고 윤리적 갱신이 수반되게 하였다.[32] 죄의 자

---

30) 박용규, 『평양대부흥운동』, 201.
31) 박용규, 『평양대부흥운동』, 134.

백은 배상 혹은 보상 행위로 이어졌다. 죄의 자복에 이은 보상행위는 1903년 원산부흥운동이 처음 시작될 때부터 나타났다. 죄를 깨달은 교인들에게서 '훔친 물건 되돌려주기' 같은 일이 이어진 것이었다.

이 같은 죄 의식은 새로운 윤리의식 형성으로 이어졌으며, 기독교인들은 도덕적 기준을 한층 더 높이게 되었다. 기독교가 들어오기 전에는 죄의식이 없이 행해지던 '봉건시대'의 습관적 행위들—축첩과 조혼, 노비제도, 술과 담배 등—이 부흥운동을 거치면서 새롭게 죄로 인식되기 시작했다. 나아가 한국의 기독교인들은 전통 종교를 기반으로 한 윤리체계와는 구별되는 '기독교적 윤리' 체계를 형성하게 되었다. 그러한 윤리는 교회공동체에서만 유통되는 것이 아니라 일반사회에도 영향을 끼쳐 근대화 개혁에 중요한 부분을 차지하게 되었다.[33]

2) 화해와 일치

부흥운동을 거치면서 선교사들이 한국인들을 달리 보기 시작했다. 동양인도 서양인과 같이 종교적 체험을 할 수 있다는 사실이 선교사들의 종교적 편견을 씻어 준 것이었다. 평양에서 활동하던 무어(J. Z. Moore)는 "이번 부흥회는 내게 두 가지를 깨우쳐 주었다. 첫째, 표면적으로 본다면 한국인들이 수천 가지 점들에서 서양인과 정반대가 되지만 본질로 들어가 근본적인 것으로 따지면 서양인과 한 형제로서 하나라는 것이다. 둘째로 동양인들의 경건생활이나 기도에서 보이는 단순하면서도 어린아이처럼 순진한 신앙은 풍부할 뿐 아니라 깊이가 있어 서양인이 배워야 한다는 점이다"라고 하였다.[34] 일부 선교사들이 '문화적 식민주의'(cultural colonialism)[35] 의식을 지녀 문화적 자존심이 강했던 1세대 한국의 기독교인들과 마찰을 빚어 생긴 틈새가 부흥운동으로 상당부분 메워지게 되었다.

---

32) R. A. Hardie, "God's touch in the great revival", *The Korea Mission Field*, Jan. 1914, 23-24.
33) 이덕주, 『한국 토착교회 형성사 연구』, 139-140.
34) J. Z. Moore, "The Great Revival Year", *The Korea Mission Field*, Aug. 1907, 118.
35) G. Lee, "How The Spirit Come to Pyeng Yang", *The Korea Mission Field*, Mar. 1907, 36-37.

또한 부흥운동은 한국교회에서 연합운동의 분위기를 고조시켰다. 국가별, 교파별, 선교부별로 한국에 유입된 개신교 교회들이 부흥운동을 통해 교파를 초월한 교회연합운동을 체험하였다. 1903년의 원산부흥운동은 캐나다 장로회와 남감리교 선교사들의 기도모임에서 비롯되었고, 1906년의 서울부흥운동은 서울지역 북장로회, 미감리회, 남감리회의 연합사경회를 매개로 하여 전개되었다. 1907년의 평양부흥운동 역시 1906년 여름부터 실시된 북장로회와 미감리회 선교사들의 연합기도회가 구체적인 동기로 작용하였다. 하디를 비롯해 저다인(Joseph L. Gerdine), 정춘수, 길선주 등 부흥운동의 주역들은 교파를 초월하여 부흥사로 활약하였다. 이 같은 초교파적 협력관계는 부흥운동을 활발하게 추진시키는 바탕이 되었다.[36]

이러한 분위기에서 1905년 9월 장로교와 감리교의 6개 선교부가 참여해 선교협의기구로서 '재한복음주의연합공의회'를 결성하였다. 이 기구는 교육, 의료, 문서 사업의 연합과 "한국에서 단일 복음주의 교회설립"을 목적으로 하였다. 연합공의회는 1906년 1월 각 교파 대표들로써 실행위원회를 조직하여 단일 개신교회를 조직하는 준비 작업에 착수했다.[37] 그러나 목사제도 및 교회의 조직과 운영에 관한 정치적인 부분에서 합의점을 찾지 못하다가 결국 1910년에 하나의 완벽한 정치체제를 만들려고 애쓰기보다 실제적으로 가능한 것부터 조화를 추구해 가기로 결의하여 단일교회 설립을 이루지 못하고 말았다. 그러나 이를 계기로 한국교회가 교회 일치 및 연합운동에 보다 적극적인 자세를 취하게 되었고, 연합공의회를 중심으로 연합기도회와 연합사경회가 더욱 활발하게 추진되면서 부흥운동이 초교파적으로 확산되었다.

3) 자립교회 형성

부흥운동은 교회자립(Self Support) 의지를 더욱 고조시켰다. 토착교회

---

36) "Korean Revival", *The Korea Mission Field*, Mar. 1908, 46.
37) "Minutes of 1st Meeting of Executive Committee of the General Council of Protestant Evangelical Missions in Korea", *The Korea Mission Field*, Apr. 1906, 111.

운영, 복음전도 비용의 자급, 교회자립은 네비우스 선교정책의 중요한 원리를 이루었는데[38], 부흥운동이 일어나면서 자립의지가 더욱 강하게 나타났다. 송도의 경우, 부흥회를 통해 하나가 되는 체험을 한 교인들은 스스로 교회를 짓고 선교를 지원하려는 결심을 하였으며, 그 지방 사역자 9명을 지원하기로 하였다. 부흥회의 영향으로 자립 경영을 결단하게 된 것이었다.[39] 무어 선교사에 따르면, 3년 전에는 진남포교회 교인들이 예배당 수리비를 요청했으나, 부흥운동 후 예배당 유지비 842원을 비롯해 3,354원을 교인들이 스스로 지출하였다.[40] 여성들은 이 같은 자립신앙을 성미(誠米)로 표현하였다.

한국교인들의 자립의지는 교회자치(Self Government)를 위한 노력으로 이어졌다. 한국 교인들에게 교회 자치는 선교사나 외국 선교부의 영향력으로부터의 독립을 의미하였다. 그 독립은 목회자와 교회임원 임면권과 치리에 관한 독자적 행사를 의미하였다. 부흥운동을 거치면서 자립의지가 한층 고양된 한국교회는 선교사들에게 지배받는 교회가 아닌 독자적 재량권을 행사하는 자치교회 설립을 추구하였다. 이 같은 노력은 목회자 '파송제도'와 총회연→지방회→구역회로 이루어지는 감리교의 하향식 체제보다 목회자 '청빙제도'와 당회→시찰회→노회→총회에 이르는 장로교의 상향식 체제에서 개체 교회의 '독립'이 더 보장될 수 있었다.[41] 그 결과 장로교 4개 선교부가 참여한 단일 장로교회로서 1907년 9월 대한예수교장로회 독로회가 설립되었고, 한국인 목사 7명이 안수를 받았다. 비록 처음에는 상당 기간 선교사가 노회장을 맡아 한국인 목사들을 안수하고 선교사들이 노회를 통해 지휘권을 유지했지만, 1907년에 외국교회에서 독립된 '대한국 독립노회'(the independent Presbytery of Korea)가[42] 조직된 사실 자체만으로도 큰 의미가 있었다.

---

38) 閔庚培, 『韓國基督敎會史』(서울: 大韓基督敎出版社, 1982), 191-192.
39) C. D. Horris, "Self-Support and Sacrifice", *The Korea Methodist*, Dec. 1904, 10.
40) J. Z. Moore, "The Great Revival Year", *The Korea Mission Field*, Aug. 1907, 114.
41) 이덕주, 『한국 토착교회 형성사 연구』, 152-153.
42) W. D. Reynolds, "Introduction to the Minutes of the Presbytery of Korea", *The Korea Mission Field*, Nov. 1907, 165.

4) 한국적 신앙양태 형성

부흥운동 초기에는 선교사들이 주도적인 역할을 하였지만, 중반 이후에는 선교사들이 통제할 수 없는 분위기 가운데 한국인 목회자들이 이끌었다. 그 결과 한국 고유의 종교적·문화적 전통에 뿌리를 둔 자발적이고 토착적인 신앙양태가 자연스럽게 형성되었다. 부흥운동이 전개되는 시기와 이후 한국교회에 나타난 두드러진 현상의 하나는 교인들의 적극적·능동적인 전도운동이었다.[43] 기독교의 본질적인 은혜를 체험한 교인들은 적극적으로 불신자 전도에 나섰다. 특히 부흥회의 오후 시간은 주로 전도에 할애되었다. 가가호호 다니는 축호전도는 한국교회 사경회의 전통이 되어 권면을 받지 않은 집이 없을 정도가 되었다.[44]

이 같은 무보수 자원봉사의 전통을 잘 보여주는 것으로 '날 연보'(Day Offering)가 있었다. 날 연보는 ① 돈이나 물질 대신 시간을 바치는 헌신제도로서, ② 바친 날(시간)에는 세속적인 일이 아닌 '하나님의 일'로서 전도에 종사하고, ④ 전도를 하되 일상적인 전도와 구별하기 위해 복음이 들어가지 않은 다른 동네에 가서 전도하는 한국 특유의 전도 방법이었다.[45]

또한 한국 교인들의 독창적인 기도운동으로 새벽기도회가 시작되었다. 한국교인들이 새벽에 기도했다는 기록은 1904년 북장로회 평양선교부 보고에 처음 나온다. 그 해 연초에 평양에서 거행된 겨울 부흥회 때 참석자들이 묵고 있는 집마다 동틀 무렵에 기도와 찬양을 드리는 것으로 하루를 시작하였다고 보고하고 있다. 좀더 구체적인 보고는 1904년 9월에 이화학당 부흥회와 관련한 것이다. 학교 개학을 맞아 배재학당과 연합으로 원산부흥운동의 주역이었던 하디가 인도하는 학생부흥회가 열렸는데, 이 부흥회를 위해 준비 집회를 하던 학생들이 자발적으로 새벽기도회를 가졌다. 이처럼 새벽기도회는 선교사의 지시에 의한 것이 아닌, 한국교인들에 의해 자발적으로 발생한 신앙양태이다.

---

43) 데밍(C. S. Deming)은 이런 모습을 보고 한국인은 타고난 전도자라고 극찬하였다. C. S. Deming, "The Korean Christian", *The Korea Mission Field*, Jun. 1906, 153-154.
44) G. S. McCune, "The Wonder of It", *The Korea Mission Field*, Mar. 1907, 44.
45) 이덕주, 『한국 토착교회 형성사 연구』, 147.

부흥운동 기간에 형성된 또 다른 독창적 신앙양태로 통성기도가 있었다. 부흥운동이 원산에서 시작된 후 가장 두드러지게 나타난 현상은 '공개적인 죄의 자백'이었다. 이 같은 통회자복이 평양부흥운동을 거치면서 '통성기도'로 발전하였다.[46]

5) 비정치화

부흥운동의 또 다른 결과는 한국의 기독교인들의 비정치화가 한층 심화된 것이었다. 선교사들은 정교분리 원칙을 한국의 기독교인들에게도 적용시켰으며, 이 같은 원칙은 부흥운동을 거치면서 더욱 고착되었다. 1895년에서 1907년까지 교인이 급증하는 것에 대해 선교사들은 정치적인 동기가 있다고 보고 정교 분리정책을 취하였다.[47] 선교사들은 한국교회가 정치적으로 강하게 나가면 일제 식민지정책의 희생물이 될 것이라 예견하고 한국교회를 보호하고 희생을 줄이려 하였다. 정미 7조약이 체결된 후 수주 동안 평양 교인들은 시내 거리를 돌아다니며 저항하지 말고 조용히 있기를 권면 받았다.[48] 이러한 비정치적인 선교정책은 한국교회의 현실 참여의식을 둔화시키는 결과를 가져왔다.[49]

교회의 비정치화는 민족운동과 관련해서 교회를 더 이상 의지하지 못하게 하였다. 그로 인해 민족주의자들이 교회를 떠나는 현상이 나타났는데, 특히 부흥운동을 거치면서 정치적인 영향력을 바라며 찾아오는 사람들이 현격하게 줄어들었다.[50] 친일파 선교사로 유명한 해리스(M. C. Harris) 감독은 자신 있게 "교회에서 더 이상 정치적인 문제와 관련된 설교나 연설은 들을 수 없다는 보고를 받았다"고 증언하였다.[51] 이런 사상은 이후 길선주, 김익두, 이용도, 이성봉 등으로 이어지는 한국 부흥사들에게 수용되었다.

---

46) 이덕주, 『한국 토착교회 형성사 연구』, 350.
47) 閔庚培, 『韓國民族敎會形成史論』 (서울: 延世大學校出版部, 1992), 48.
48) "Editorial", the Korea Mission Field, Oct. 1907, 155.
49) 주재용, 「한국교회 부흥운동의 사적비판」, 『기독교사상』 (1978년 9월), 70.
50) C. D. Morris, "Yeng Byen Station", The Korea Mission Field, Oct. 1907, 158.
51) M. C. Harris, "Observation in Korea", The Korea Mission Field, May. 1908, 69.

5. 나가는 말

국가의 주권을 빼앗기고 동학농민전쟁과 청일전쟁 및 러일전쟁으로 백성들의 삶이 피폐해진 상황 속에서 신앙인들은 오히려 영적인 각성을 준비하고 신앙을 굳건히 지키고자 하였다. 서북지역은 개방적인 분위기에서 복음과 성경을 빠르게 수용하여 부흥운동의 시발점이 되었다. 1903년 8월 하디의 '자복'으로 시작된 원산부흥운동은 선교사들과 한국인들의 집단적인 회개운동으로 전개되어 1904년 말까지 서울, 송도, 평양, 인천 등지로 확산되었다. 이 기간에는 하디가 주로 인도하였고 남감리회와 캐나다 장로교 선교사들이 초교파적으로 참여하였다. 이후에는 1905년과 1906년에도 서울, 송도, 원산, 평양 등지에서 활발하게 부흥운동이 일어났고, 1906년 8월 이후에는 원산, 평양, 서울, 목포, 재령 등지에서도 본격적으로 일어났다. 이는 1907년 1월 장대현교회의 평양대부흥운동으로 연결되었다.

원산부흥운동은 기독교의 본질적인 신앙체험으로서 죄를 고백하고 신앙인으로서 윤리적인 삶을 살도록 결단하는 대각성을 가져왔다. 이 과정에서 선교사와 한국인 사이에 회개와 화해가 이루어지고 교파간의 협력이 강화되었다. 부흥운동은 자립교회 형성의 토대를 마련하였으며, 날 연보, 성미, 통성기도, 새벽기도회 같은 한국적 신앙양태를 형성하였다. 선교사들의 정교분리 원칙이 부흥운동을 거치면서 더욱 고착되어 한국교회의 현실참여의식을 둔화시켰으며, 이런 현상은 이후의 부흥운동에서도 계속되었다.

원산부흥운동은 민족적 고난의 시기에 영적 대각성을 통해 교회의 부흥과 성장을 가져 왔고, 이후에 펼쳐지는 부흥운동의 도화선이 되었다. 이 부흥운동들은 한국교회가 한국사회에 든든히 자리매김하는 토대를 마련하였으나, 민족이 고난당하는 현실에서 교회가 응답해야 하는 사명을 '비정치화'로 대응하는 한계를 보였다.

14

평양대부흥운동

김현숙(예배 · 설교학)

1. 들어가는 말
2. 평양대부흥운동의 배경
3. 평양대부흥운동의 발흥과 확산
4. 부흥운동의 결과
5. 평양대부흥운동의 특징
6. 나가는 말

1. 들어가는 말

한국교회가 현재 공통으로 직면하고 있는 과제의 하나는 부흥이다. 2007년은 평양에서 대부흥운동이 일어난 지 100년이 되는 해이다. 우리나라 기독교역사에서 큰 줄기를 마련했던 평양대부흥운동이 어떻게 태동되었으며 어떤 영향을 미쳤는지를 살펴보는 것은 오늘날의 새로운 부흥과 영적 대각성을 준비하는 시점에서 꼭 필요한 일이라고 생각된다. 그런 점에서 평양대부흥운동의 발흥 및 전개 과정과 그 영향 등 전반적인 면모를 살펴보고 더불어 다른 민족의 부흥운동과의 차이점과 공통점은 무엇인지를 고찰해 보기로 한다.

2. 평양대부흥운동의 배경

1) 원산부흥운동

평양대부흥운동의 연원을 추적하다 보면 1903년에 하디(R. A. Hardie)

가 주축이 되었던 원산부흥운동에 이르게 된다. 하디는 선교의 성과가 별로 없음이 자신의 충만하지 못한 영성 때문이라고 공개적으로 회개기도를 하여 원산부흥운동의 불씨를 일으켰다. 원산부흥운동을 통해 많은 사람들이 성령을 체험하였는데, 은사체험은 원산과 그 주변지역에 국한되었으나, 다른 많은 지역에서 이 소식을 듣고 성령을 간구하는 집회가 벌어졌다. 1906년 평양에서도 하디를 강사로 초청하여 일주일 간 기도회를 가졌다.

2) 정치적 현실

1904년의 러일전쟁과 을사조약으로 한국은 국권을 상실하게 되었다. 이에 대한 민족적 의분으로 여러 곳에서 의병들이 일어나 항일투쟁이 시작되었는데, 그리스도인들은 그 와중에서 의병과 일본당국 모두에게 관대한 취급을 받았다. 일본인에게 붙잡힌 한국인이 성경책을 소지하고 그것을 읽을 수 있으면 무사통과시켰다. 이것은 성경을 읽는 버릇을 기르게 하고 찬송을 부르게 하는 한 기회가 되었다. 외적인 면 뿐만 아니라 내적으로도 신앙이 더 성숙해졌는데, 그들은 위기의 상황에서 기독교에 소망을 두고 민족을 위해 기도하였다. 한편 뉴욕의 존스톤(Howard A. Johnston) 목사를 통해 듣게 된 인도와 웨일즈의 부흥운동 소식은 한국 교회에게 부흥에 대한 열망을 더해 주었다. 교인들은 여러 달 동안 매일 기도회를 열었다.[1]

3) 성경공부와 기도회

사경회와 새벽기도회는 평양대부흥운동의 직접적인 원인이라고 할 수 있다. 1906년 가을 평양 장대현교회 교인 300-500명이 새벽에 예배당에 나와 어려운 상황에 놓여 있는 국가를 걱정하며 기도하였다. 기도의 열기가 뜨겁게 이어지는 가운데 평안남도의 남자 도사경회가 1907년 1월 2일

---

1) 곽안전, 『한국교회사』(대한기독교서회, 1961), 110-115

부터 15일까지 장대현교회에서 개최되었다. 이 사경회는 아침 경건의 시간과 30분 간의 찬양, 선교사들과 한국인 교사들이 지도하는 3시간의 성경 공부, 오후 전도, 저녁 특별 전도집회의 순서로 진행되었다. 보통 800명에서 1천 명이 모였으며 이들은 각 교회의 지도자급에 속한 사람들이었다. 사경회와 연결된 저녁집회에는 1,500명 이상이 참석했는데, 여자들은 자리가 없어서 별도의 네 장소로 분산시키고, 학생들은 숭실학교 강단에 모았다. 평양대부흥운동은 선교사들의 말씀공부와 한국 지도자들의 기도가 어우러져 이룩된 성령의 역사였다.[2]

3. 평양대부흥운동의 발흥과 확산

1) 부흥운동의 발흥

저녁 집회가 시작된 1월 6일 저녁에 길선주는 세속적 유혹에 깊이 빠져 영적 기근에 허덕이는 이들을 향해 "맛을 잃은 말라빠진 사람들아"라고 하며 정곡을 찌르는 메시지를 전했다. 길선주의 메시지를 들은 모든 참석자들은 통회의 기도를 올리기 시작했다. 14일 저녁 집회에서 윌리엄 헌트(William Hunt)가 설교한 후에 그레함 리(Graham Lee)가 통성 기도를 요청하자 성령의 놀라운 역사가 일어났다. 블레어(W. N. Blair) 목사가 고린도전서 12:27을 읽고 우리는 다 그리스도의 몸이요 한 지체들이라고 하는 설교를 한 후에 부흥회의 불길이 시작되었다. 다음날 밤에는 신비로운 체험을 하게 되었는데, 교회당에 들어설 때 하나님의 영이 임재함을 느꼈다. 모두 전심으로 성령의 인도하심에 따라 큰 소리로 울부짖었고, 눈물과 감격으로 밤을 새워 기도하기 시작했다. 그날 성령의 역사는 강력한 회개와 함께 강권적으로 역사했다. 1월에 평양에 떨어진 성령의 불길은 2월에 개학과 함께 여러 학교로 퍼졌다. 숭실전문과 숭실, 숭덕, 광성, 숭의 등의 중학교 학생 약 2,500명 사이에 급속히 확산되었고, 심지어 초등

---

2) 김인수, 『한국기독교회의 역사』 (쿰란출판사, 1997), 247

학교 학생들까지도 부흥운동에 동참했다. 학생들은 수업을 중단하고 사경회에 참석하였으며 평양 장로회신학교 학생들이 개강하여 학교에 모였을 때 교수들이 학생들을 위해 특별 사경회를 열었다. 이곳에서도 강한 성령의 역사가 일어나서 사역자로서 새로운 각오로 훈련을 받게 되었다.

이때 길선주의 역할은 1904년 웨일즈 부흥운동의 로버츠와 비교될 만했다.[3] 이후에 그는 제일 먼저 서울에 가서 회개를 촉구하는 사경회를 열었다. 서울에서도 집회들마다 그의 명성을 듣고 몰려드는 사람들로 가득 차고 예외 없이 회개의 역사가 일어났다. 이 일은 두 가지 면에서 준비된 것이었다. 하나는 서울교회들이 지난 3년 동안 사경회를 통해 성령의 역사를 사모해 왔으며, 지난 9월 뉴욕의 존스톤이 서울 사경회 동안에 웨일즈와 인도에서 있었던 성령의 역사에 대한 소식을 알려 준 것이었다. 서울 집회는 평양대부흥운동이 일어난 직후에 바로 열려서 영적 분위기가 더욱 고조되어 있었다. 2월 중순 이후 한 달 동안 매일 기도회를 가졌고, 사람들은 불신 영혼들을 위해 중보기도 했으며 매일 기도와 간증집회가 열렸다. 4월 8일에는 기도의 날을 가져 전 기독교인들이 서울의 성령의 역사를 위해 기도했으며 선교사들과 학생들도 합심해서 기도했고 4월에도 부흥운동은 계속 되었다. 성령의 역사로 인해 영적 각성운동이 수반되면서 신앙생활 전반에 걸쳐 놀라운 변화가 일어났다.

2) 전국으로의 확산

평양부흥운동의 불씨는 이 운동의 또 다른 주역인 그래함 리(Graham Lee) 선교사를 통해 평양 근교 지역으로 옮겨졌다. 선천에서 겨울 남자 사경회 동안에 평양과 마찬가지의 역사가 일어났고, 의주의 겨울 남자사경회에서도 강한 성령의 역사가 임했다. 해주에서도 강력한 부흥운동이 일어났다. 평양에서 열린 감리고 신학회에 참석하여 영적 각성운동을 경험하고 돌아온 사람들이 고향교회와 이웃 마을에 부흥의 불을 전했다. 해주 지역은 서북지역에서는 영적 상태가 그다지 좋지 않아 부흥운동에 대

---

[3] 박용규 『평양대부흥운동』(서울: 생명의말씀사, 2000), 231.

한 반응이 미진했다. 그러던 중 그 지역에서 영향력이 있던 곤미교회 담임목사를 통해 부흥의 불길이 당겨졌다. 그는 어머니를 찾아가 죄를 고백하고 용서를 구한 후 7명의 교인들과 산에 올라가 해주에서도 영적 각성 운동이 일어나게 해달라고 간절히 기도하기 시작했다. 다음날 성령의 역사가 시작되어 시간이 지날수록 더 강하게 임했다.

대구에서도 선교사들이 며칠 후에 있을 겨울 남자 사경회에서 평양과 같은 성령의 역사가 일어나기를 사모하면서 매일 기도회로 모였다. 헌트(W. B. Hunt)가 대구로 내려가면서 이런 열기가 더 강해졌는데, 선교사들은 자신들만 모이던 기도모임을 한국인들과 함께 모이는 아침기도회로 바꿨다. 소망대로 남자 사경회에 성령이 임했고, 대구 시내 중심과 전역으로 확산되었다. 영적으로 힘든 곳으로 알려진 공주에서는 윌리엄즈(F. E. C. Williams)의 기도 후 공주 시내가 떠나갈 듯한 통성기도를 하였고, 삼일 후에 성령의 은혜를 받기 시작했다.[4] 공주에서도 성령의 역사는 회개로 나타났고, 죄를 자백하고 서로 화해하게 되었다. 스왈른(W. L. Swallen)은 광주로 가서 동일한 성령이 역사하는 힘 있는 집회를 계속하였고, 집회가 열리는 곳마다 성령의 충만한 역사가 일어났다.

평양에서 시작된 오순절 성령의 역사는 한 달도 되지 않아 전국으로 퍼져 나갔다. "부흥운동은 1월부터 6월까지 계속되었고, 평양 시내교회를 새롭게 만든 후 시골과 멀리 남부까지 한반도 전역의 모든 선교부들이 부흥운동의 영향을 느낄 수 있을 만큼 확산되었다."[5] 한국교회는 민족적 시련의 비극을 헤쳐 나갈 수 있는 힘과 담력 그리고 희망찬 신앙을 소유하게 되었다.[6]

3) 중국으로 확산

평양의 부흥운동은 중국에도 번져 나갔다. 1907년 중국교회 지도자 2명

---
4) 박용규, 『평양대부흥운동』, 327.
5) 박용규, 『한국기독교회사』 1(서울: 생명의말씀사, 2004), 895.
6) 민경배, 『한국의 기독교』(서울: 세종대왕기념사업회, 1975), 56.

이 평양에서 일어난 성령의 역사를 보기 위해 내려와서 비록 집회가 끝난 후에야 도착했지만, 길선주와 다른 교회지도자들을 만나 자세한 내막을 듣고 만주로 돌아가 그것을 전했다. 비슷한 시기에 중국 주재 조나단 고포스(Jonathan Goforth) 선교사도 평양에 내려와 한국의 주요 선교지를 방문하고 중국으로 돌아가 기독교인들에게 부흥운동의 소식을 전해 주었다. 소식을 들은 사람들은 부흥의 역사에 감동하여 사모하게 되었고, 만주에서도 역시 회개와 영적 각성운동이 일어나게 되었다. 이곳에서도 평양과 마찬가지로 죄에 대한 회개와 자백, 사죄와 용서의 기쁨이 있었고, 재산을 공유하고 나라를 위해 헌신하는 변화가 일어났다.

4. 부흥운동의 결과

1) 양적 성장

1907년 전국교회에 부흥의 물결이 휩쓸고 지나간 후에 나타난 결과 중 하나는 교회의 양적, 영적 부흥이었다. 한국에 파송된 선교사들은 처음부터 순회전도를 모든 선교사들의 가장 중요한 의무로 이해했고, 부흥운동에 절대적으로 영향을 미쳤던 그레함 리, 블레어, 스왈른, 클락, 마펫 등은 무디 부흥운동의 영향을 강하게 받은 시카고의 맥코믹신학교 출신이었다. 따라서 그들은 부흥운동에 있어서 긍정적인 시각을 가지고 있었다. 한국에 파송된 선교사들의 상당수가 이 같은 신학교육을 받았거나 아니면 무디의 영향과 학생자원운동의 영향을 받아 한국에 파송된 선교사들이었기 때문에 복음에 대한 열정이 대단했다. 아펜젤러에게서 볼 수 있듯 감리교 선교사들 역시 구원의 열정이 남달랐다. 따라서 선교사들의 이러한 구원 열정이 한국교회에 영향을 미쳤던 것은 부인할 수 없는 사실이다. 선교사들의 복음주의 정신과 사상을 계승한 장·감의 한국인 지도자들은 이 민족을 살리는 길은 복음화의 길이라고 확신했다. 사경회 참석자들은 오전에는 반별로 성경을 체계적으로 공부하였고, 정오에는 지역과 민족

복음화를 위해 뜨겁게 기도하였으며, 오후에는 나가서 지역 사람들에게 복음을 전했다. 저녁의 전도집회는 영적으로 재충전을 받거나 자신들이 전도해서 데려온 이들이 복음을 받아들이고 거듭나는 것을 목도하는 시간이었다. 사경회는 복음의 열정을 가진 이들이 말씀을 배우고, 간절히 기도하고, 전도하는 것을 실천하는 분위기를 형성했다. 1907년 가을에 한국인 남녀에게 한국에서 가장 필요한 것이 무엇인가라는 주제를 놓고 심포지엄이 개최되었을 때 많은 사람들이 복음화와 계몽이라고 대답했던 것으로 보아 복음화의 열정이 대단했던 것을 알 수 있다.[7] 실제로 교회성장에 대해 언더우드가 제시한 통계자료에 의하면, 1906년부터 1907년 사이에 장로교인의 수는 54,987명에서 73,844명으로 증가하여 34%가 증가했다. 감리교회도 역시 증가했는데 18,107명에서 39,613명으로 118%나 증가를 나타냈다.[8] 부흥운동에는 교육에도 영향을 미쳐 1년 사이에 130개 이상의 학교가 증가 되었다. 자연히 학생수도 증가하여 기독교의 영향권이 확대되었다.

그런데 한국교회의 성장과 부흥이 전적으로 1907년의 대부흥운동에서 기인했다고만 볼 수 없다는 의견이 있다. 만일 성장이 1907년의 부흥에 의해 촉진된 것이라면 1907년까지의 교회 성장률은 적었을 것이라는 결론이 나오게 된다. 그러나 통계에 의하면 부흥운동이 교회성장의 시초가 되지 못한다. 부흥은 교회가 성장일로에 있던 19년 간의 후반기에 이루어진 것이었다. 따라서 대부흥운동이 폭발적인 교회성장의 직접적인 원인이 되었다고 할 수 없다. 백낙준은 "그러한 부흥이 비기독교인들을 개종시키는 운동이었다고 하기보다는 기독교 신자들에게 영적 생명을 되찾게 하는 일이었다"라고 지적하였다.[9] 대부흥운동은 분명 신자들을 영적으로 각성시키고 변화시키는 계기가 되었다. 그러나 영적인 각성이 양적 성장에도 얼마간은 영향을 미쳤을 것이라고 생각한다. 당시의 부흥운동이 없었어도 계속교회가 성장했을지는 알 수 없는 일이다. 전도의 열정과 운동은 결국

---

7) "A Symposium on Korea's Greatest resent Need," *The Korea Mission Field*, Nov. 1907, 161.
8) 김인수, 『한국기독교회의 역사』, 256.
9) 白樂濬, 『韓國改新敎史: 1832-1910』(서울 : 延世大學校出版部, 1973), 46.

구원운동에 열심을 내게 되어 1909년 "백만 심령을 그리스도께로"라는 목표와 함께 백만인 구령운동으로 이어졌다.

2) 영적 성장

부흥운동은 한국인에게 기독교의 참된 진리를 깨닫게 하였다. 부흥운동을 통해서 교인들은 그리스도인이 된다는 것이 무엇을 의미하는지 비로소 깨닫게 되었고, 의식의 변화는 자연히 삶의 변화로 이어져 구별된 삶을 살게 했다. 처음부터 한국인들은 그리스도인의 삶이 세상 사람들과 차이가 나야 한다고 배웠고, 또 그렇게 실천하는 것을 게을리 하지 않았다. 사경회는 말씀공부를 근간으로 하면서도 종종 삶의 적용과 관련된 주제, 예를 들면 조혼, 교육, 청결, 흡연 등을 주제로 집회를 했다. 금연과 금주를 강조하기 시작한 것도 그 즈음이었는데, 사경회에 참석하는 동안 금연에 성공하는 경우도 많았다. 부흥운동이 일어났던 다른 나라들과 달리 우리나라는 전통적인 기독교 국가가 아니었으며 이방신들을 섬기는 나라였다. 따라서 한국인에게 선한 것이 기독교적 가치관이나 관점에서 죄가 될 수 있었다. 축첩, 노비 소유 등은 유교적 관점에서 죄가 아니었으나 그것들을 죄로 인식하게 되었고, 당시에는 거의 모든 마을에 성황당이 있을 정도로 미신이나 귀신, 우상숭배가 보편적이었다. 한국인들의 전통적인 종교사상이 기독교를 받아들이는 요인으로 작용하기도 했지만 종교 혼합주의로 흐를 소지가 있어 선교사들은 기독교와 전통 종교를 철저히 분리시켰다. 이로 인해 영적으로 거듭난 후에 그전에 섬기던 우상을 불태우는 일들이 일어났다. 무당들 가운데에서도 주님께 돌아와 무속 행위를 중단하고 섬겨 오던 귀신의 상을 부수는 경우가 흔히 일어났다. 예수 믿은 후에 지켜야 할 사항은 주일성수, 금주, 금연, 결혼, 노름 금지, 노예와 인신의 매매 금지에 이르기까지 다양했다. 결과적으로 부흥운동에서 비롯된 영적인 대각성은 개인 안에만 머무르지 않고 사회변혁의 동인이 될 수 있었다. 한 개인이 신앙으로 바로 설 때 그와 그의 가족, 이웃, 사회 전체가 변혁되는 일이 기대될 수 있었다. 북감리교 선교회의 해리스 감독은 1908

년 볼티모어에서 열렸던 북감리교 총회에서 이렇게 보고하였다.

> 이 부흥운동의 효과는 전적으로 훌륭하였다. 즉 교회의 신앙수준이 더 높아졌고, 미리 자상(仔詳)한 성경교육이 있었으므로 광신은 거의 없었으며 정신이상과 같은 사건도 하나도 없었고, 수천 명의 신도가 바른 마음의 자세를 가졌으며, 다수인에게 성직의 소명을 받게 하였고, 그보다도 더 많은 교회들이 성경말씀을 공부하려고 무려 2천명의 대집회를 한 장소에서 거행하였으며, 수천 명이 글 읽기를 배우고 기독교를 알아보려고 문의하였고, 술주정꾼, 도박꾼, 도적놈, 오입쟁이, 살인, 도박, 광신적 유학자들, 구태의연한 불교 신도들, 수천 명의 잡신을 섬기던 사람들이 다 그리스도 안에서 새 사람이 되었으니 옛것은 모두 다 지나가고 말았다.[10]

해리스 감독이 대표적인 친일인사이기는 했지만, 평양대부흥운동이 일어난 후에 평양에서 주일에 불신자들마저 가게 문을 열지 못할 정도로 개혁의 분위기가 강하게 조성되었던 것은 사실이었다.

3) 기독교 토착화

새벽기도회가 보여주었듯이 평양대부흥운동은 서양에서 들어온 기독교가 한국의 종교로 토착화되는 계기가 마련되었다. 길선주는 예수를 믿은 후에도 믿기 전에 행하던 관성교의 새벽 예불습관이 몸에 베여 있었다. 나라가 어려운 상황에 놓여 있는 것을 걱정하며 같은 교회의 장로인 박치록과 함께 새벽에 나가 기도하기 시작했는데, 얼마 후 300-500명의 교인들이 모이기 시작했다. 함께 기도하는 사람들이 많아지자 교회의 공식적인 허가 없이 매일 수백의 교인들이 모이는 것이 좋지 않다는 판단에 정식으로 당회의 허가를 얻어 제도화하였다. 물론 새벽기도회는 대부흥이 일어나기 전부터 시작되었지만 대부흥이 일어나는 데에 큰 역할을 했고, 이후에도 한국교회 토착화의 밑거름이 되었다. 새벽기도회는 목회자와 일

---

10) 백낙준, 『한국개신교사』, 391.

반교인들이 영적인 힘을 얻고, 자기의 죄를 통회하고, 소원을 아뢰어 응답을 받는 귀한 시간이 되었다.

또한 이 기간 중에 철야기도가 시작되었다. 저녁집회가 밤늦게까지 계속 되었으므로 멀리서 온 교인들이 집에 돌아가지 않고 교회에 남아 철야하면서 기도하고, 다음 날 새벽기도회에 참석함으로써 철야기도라는 새로운 형태의 기도가 시작된 것이다. 이렇게 해서 평양대부흥운동은 기독교는 더 이상 서양만의 종교와 문화가 아니라 우리 종교로서 발전하는 계기가 되었다.

4) 연합운동

부흥운동의 결과로서 돋보이는 것 중의 하나가 연합운동이다. 부흥운동 기간 동안에 4개 장로교와 남북 감리교 선교사들은 한국 복음화를 위한 협력의 필요성을 더 절실히 느꼈다. 이후에 장로교와 감리교가 연합 사경회로 모였고, 서로 강단을 교류하였다. 길선주 목사는 여러 감리교회에 다니면서 사경회를 인도하였고, 감리교회 목사들도 장로교회에서 집회를 인도하였다. 선교사들은 교육과 의료 사역을 협력하였다. 미션 스쿨의 공동 운영은 선교사들만의 협력으로 끝난 것이 아니라 선교사와 한국교회 지도자들에게 교파를 초월하여 장감이 협력할 수 있는 분위기를 조성하는 데 적지 않게 기여했다. 1907년을 전후하여 한국교회가 부흥하면서 주일학교 역시 급성장 했는데, 더 많은 교사들과 효율적인 조직운영과 지원이 필요하여 장감이 공동으로 협력해야만 했다. 그 결과 세계 주일학교협회의 한국 지부가 결성되었다.

선교사들은 전도구역을 분할하여 전도사역에 혼란을 일으키지 않도록 협정을 맺었다. 1907년에는 남감리교와 북장로교 선교부 사이에 합의가 성립되어 강원도 북부로 3분의 2와 서울 이북의 경기도 지방은 남감리교에서 맡고, 강원도 남쪽으로 3분의 1과 서울서 동쪽과 서쪽에 있던 남감리교의 모든 구역은 북감리교에서 맡게 되었다. 1908년에는 남감리교와 캐나다 장로교 사이에 합의가 이루어져 원산 이남의 함경도 지방은 남감리교가 맡고 그 외의 함경도 지방은 캐나다 장로교 선교부가 맡게 되었다. 서울 이남의 충청북도 지방은 북장로교가 전도하고, 충청남도는 북감리교, 전라도는 남장로교에서 각기 맡아서 전도하게 되었으며, 동남쪽으로 경상남도는 호주 선교부가 맡고, 나머지 지방은 북장로교 선교부가 맡기로 하였다.

이 구역 배정은 1936년에 장로교측의 주장으로 폐지될 때까지 27년 동안 유지되었다. 선교사들은 단일교회를 세우는 일은 실패했을지라도 그나마 합의를 통해 상호 '예양'이라도 행할 수 있었던 것에 의의를 느꼈다. 이에 기존 교회재산이나 인원 등을 새로 배정받은 다른 선교부로 양도하는 일을 순순히 이행하였다. 그러나 이 연합은 분할을 위한 연합이었다. 각 지역의 교인들은 선교사들에 의해서 교파가 결정되었고 일순간에 바뀌었으며, 지역에 따라 서로 다른 교파로 나뉘게 되었다. 그리고 일단 나뉘고 난 뒤에 교파는 넘을 수 없는 장벽이 되었다.

기타 장감 선교사가 함께 전도여행을 다니는 경우도 많았는데, 1907년 가을에도 장로교 선교회의 스왈른과 감리교 선교회의 존 무어가 함께 전도여행을 떠났다. 이와 같은 연합활동은 교파를 초월한 '백만인 구령 운동'의 추진으로 이어졌다.

5) 비정치화

비정치화는 부흥운동이 낳은 대표적인 부정적인 결과로 손꼽힌다. 1905년 을사늑약이 체결되고 한국이 일본의 식민지가 되어가면서 반일의 소리가 높아가자 선교사들은 무력항쟁의 소지가 높아간다고 판단했다. 이에 교인들이 정치에 개입하지 않고 영적인 데로 치중하도록 이끌었다.

그런데 교인들의 편에서 생각하면, 암울했던 당시의 그리스도인이라면 민족의 고난이나 식민지적 상황에 무심하거나 외면할 수 없었을 것이다. 실제로 1905년 9월에는 길선주가 나라를 위한 기도회를 갖자는 발의를 했고 공의회가 이를 받아들여 전국교회에 일주일을 국가를 위한 기도주간으로 선포했다. 그해 11월에는 상동 감리교회에서 전덕기, 정순만의 인도로 매일 수백, 수천의 교인들이 모여 국가를 위한 기도회를 개최하였다. 1907년 7월 정미조약이 발표되고 고종이 퇴위하는 정황에서 한국교회는 세계교회에 한국교회를 위해 기도해 줄 것을 부탁했다.[11] 그들은 기도로서 국가를 위한 힘을 비축하고, 기도회로 항일을 구체화했다. 선교사들이 도모한 한국교회의 비정치화는 이를 따랐던 한국교인의 입장에서 민족 현실에서 손을 떼겠다는 의미가 아니라 하나님의 섭리 안에서 하나님의 방법으로 해결하고자 했던 나름대로 신앙인의 면모를 보여준 면도 있었다. 하지만 신앙생활로써 시민적 책임을 대체하고자 하였던 것은 당시에 기독교가 받았던 국가적 기대를 저버린 일이었다고 할 수 있다.

6) 기독교에 대한 인식 변화

영적 각성운동을 통해 변화의 역사가 나타나자 교회에 대한 시각이 달라졌다. 점점 기독교에 대한 태도가 긍정적으로 바뀌었다. 짧은 역사를 지닌 기독교가 일부 한국인들의 심령과 국지적이나마 한국사회를 변화시킨 것은 비기독교인을 놀라게 했다. 그러나 교회가 국권회복운동보다 신앙운동에 전념하는 것에 사회지도자들이 실망하고 떠나는 계기도 되었다.

대부흥운동을 통해 한국교회 지도자들과 선교사들의 갈등도 해소되었다. 선교사들은 그동안 인종적·문화적·영적 우월의식을 지니고 있었고, 언제나 가르치는 태도를 취했다. 배우는 사람의 입장에서는 은연중에 열등감이 생겨났고, 눈에 보이는 혹은 보이지 않는 갈등들이 있었다. 그러나 대부흥운동을 통해 선교사들도 자신들이 역시 죄인임을 확인하였다. 복음이 동서양의 차이를 넘어선다는 것을 깨닫고 예수 그리스도 안에서 한 형제이며 지체라는 것을 인정하게 되고 서로 이해가 더욱 깊어지는 계기가 되었다.

---

11) 김인수, 『한국기독교회의 역사』, 333.

5. 평양대부흥운동의 특징

1) 선교지 부흥운동

평양대부흥운동은 독특한 특징들을 가지고 있다. 우선 기독교권 문화가 아닌 선교지에서의 부흥운동이란 특징을 갖는다. 기독교가 전해진 지 30년도 채 되지 않아서 일어났다는 것은 놀라운 일이다. 또한 영적으로 침체된 시기에 일어났다기보다는 오히려 기독교가 빠르게 성장하고 교인들도 영적으로 깨어나고 있을 때 일어났다.

2) 말씀과 기도를 통한 운동

하디의 원산부흥운동을 포함하여 부흥운동들은 일반적으로 특정한 인물들을 주축으로 전개되었다. 그러나 평양대부흥운동은 말씀연구와 기도, 두 가지를 행하는 사경회에서 시작되었다. 물론 평양에서 대부흥이 일어나기까지 많은 영적 지도자들이 수고하였지만, 그 시초는 사경회에서 비롯되었다. 사경회는 1890년에 최초로 일곱 사람이 언더우드의 집 모퉁이에 있는 작은 방에 모여 성경을 공부함으로써 시작되었다. 사경회는 네비우스 선교정책의 일환으로 시작되었는데, 사람을 개종시키는 것은 사람의 힘이 아닌 하나님의 말씀이므로 될수록 빨리 안전하고 명확한 성경을 주어야 한다고 믿었기 때문이다.[12] 사경회는 일 년에 두 차례 여름과 겨울에 지교회의 지도자들을 선교지부로 모아 6주에서 두 달 간 성경을 집중적으로 가르쳤다. 다음은 헌트 목사의 사경회에 관해 설명이다.

> 전체 교회의 교육, 즉 남녀노소 유무식을 막론하고 모든 교회 신자들의 교육은 주로 성경을 교재로 사용하는 사경회를 통해서 조직적으로 수행되고 있으며, 이러한 사경회 중에서 어떤 것은 그 참가자들이 각 분야로부터 모이게 되는 대표적인 성질의 것도 있고 또 어떤 것은

---

12) 김인수, 『한국기독교회의 역사』, 198.

어느 특정한 부류의 사람들에게만 소용되는 부분적인 것도 있었다. 또 어떤 것은 남자들만이 참가하는 것도 있고 어떤 것은 여자들만이 참가하는 것도 있었는데, 대개의 경우는 비록 남녀의 좌석이 구별되기는 했을지라도 남자들과 여자들이 함께 참가하여 가르침을 받았다. 이러한 사경회는 어떤 때는 전적으로 선교사들이 맡아서 가르쳤고 어떤 때는 선교사들과 몇 명의 조사들이 합동으로 가르쳤는데, 대개의 경우는 조사들만이 지도하였다. 이러한 사경회의 목적은 성서 연구였지만 그러나 기도와 상담과 실제적인 전도 활동도 이 사업의 중요한 목적의 일부분이었다.[13]

사경회 운동으로 전국에 영적 각성의 분위기가 형성되었고, 신약성경이 간행, 보급되면서 복음의 열정이 고조되었다. 부흥회 때마다 읽혀진 성경 본문들이 있었는데, 그것은 요한서신들과 바울의 고린도전서 12장이었다. 이 성경 본문들은 숙독되고 되풀이하여 전파되었는데, 일치와 사랑을 주제로 하여 선교사나 한국교인들 사이의 벽이나 갈등을 허물고 한 몸으로 그리스도의 지체를 이루고자 하였다.

사경회에서는 기도도 중시했는데, 저녁집회의 기도 중에 성령이 임했다는 점에서 기도는 부흥운동에 중요한 역할을 했다. 한국 사람들은 본래 하늘에 기도하는 습성이 있었는데, 기독교를 받아들인 후에는 헛된 신이 아닌 살아 계신 하나님께 열심히 기도했다. 특별히 민족적으로 매우 어려운 시기여서 나라와 교회와 가정을 위해 기도할 일이 많았고, 기도 시간도 많아졌던 것은 당연한 일이었다. 대부흥운동 기간에 새벽기도회, 철야기도회, 통성기도가 발달한 것은 두드러진 특징 중 하나라고 볼 수 있다.

3) 회개와 자백

원산부흥운동에서처럼 평양대부흥운동에서도 성령의 역사의 징후가 죄에 대한 회개와 고백으로 나타났다. 1월 6일 저녁집회가 끝날 무렵에 처

---

13) W. B. Hunt, "Annual Report of the Board of Foreign Missions of the Presbyterian Church U.S.A" (New York: 1910), 서명원, 『한국교회 성장사』, 이승익 역 (서울 : 大韓基督教書會, 1966), 61에서 재인용.

음으로 성령의 역사가 나타났는데, 헌트의 증언에 의하면 "힘 있는 6명의 남자가 극심한 심령의 고통 가운데 자신들의 죄를 통회하고 용서를 구하는" 성령의 임재가 이어졌다.[14] 그 날부터 그곳에 집단적 혹은 개인적으로 성령의 임재가 죄의 고백과 함께 나타났다. 저녁집회에서는 참석자들 모두가 자신의 죄를 통회하고 대중 앞에서 자신의 죄를 고백했다. 처음에는 자신들이 의식한 가운데 회개의 역사가 있었지만 성령께서 강권적으로 죄악을 철저히 통회하도록 역사하셨다. 이를 통해 인간관계도 회복되었다. 저녁 집회 뿐 아니라 성경공부반에서도 예외 없이 많은 사람들이 눈물을 흘렸는데, 그것은 죄에 대한 슬픔과 용서의 기쁨에 의해 흐르는 눈물이었다. 그래함 리 목사에 의하면 사람들은 잇달아 일어나 자기들의 죄를 고백하고 소리를 내어 울며 마룻바닥에 엎드려 주먹으로 마룻장을 치며 과거에 지은 죄를 통회하였다. 어떤 사람이 죄를 고백한 후 견딜 수 없는 심정으로 울음을 터뜨리면 온 회중이 울음바다를 이루기도 하였다. 이처럼 죄를 고백하고 울고 기도를 하느라 시간이 가는 줄도 몰라 새벽 두시까지 집회가 계속되는 일이 예사였다.[15] 블레어 선교사는 화요일의 집회에 대해 이렇게 기술하였다.

> 전부터 우리가 알기는 교회의 제직들끼리 피차 감정이 좋지 못했다. 그런데 이날 밤에 그 중의 하나가 일어나서 자기가 이때까지 어느 장로를 미워하고 있었노라고 고백하고 그 잘못을 뉘우쳤다. 그러나 그 당사자는 잠잠히 앉아 형제를 미워하고 있음을 뉘우치는 표시가 없었다. 이때 나는 그 사람이 강대 뒤에 여러 장로들과 함께 고개를 푹 숙이고 앉아 있는 것을 보았다. 나는 머리 숙이어 그를 도와주십사 하고 하나님께 간구하고 고개를 들어 그 사람을 바라보았다. 그러자 그가 벌떡 일어나더니 앞으로 나가 강대상을 붙잡고 자기의 죄를 간증하기 시작했다. "나는 이때까지 하나님을 거역하는 죄를 범하고 있었습니다. 나는 교회의 장로로서 나의 형제인 장로님을 미워하였을 뿐 아니라 방목사를 미워하였습니다" 하며 나를 돌아보더니 "나를 용서하실 수 있습니까? 그리고 나를 위하여 기도하여 주실 수 있습니까?"라고 하였다.[16]

---

14) W. B. Hunt, "Impressions of a Eye Witness", *The Korea Mission Field*, Mar. 1937.
15) 곽안전, 『한국교회사』, 117.
16) 곽안전, 『한국교회사』, 118.

그날 밤에 인간으로서 범할 수 있는 죄는 다 고백되었다. 선교사들은 흩어져서 강단에서 내려가 몹시 애통하는 사람들을 붙들고 위로하며 하나님께서 그들의 죄를 용서하여 주실 것이라고 말하였다. 그들은 체면도 잊고 자신의 죄를 고백했는데, 처벌을 받는다거나 다른 사람에게 책망을 받는다거나 죽임을 당한다 하더라도 문제가 되지 않았다. 다만 하나님의 용서하심을 받는 것이 소원이었다. 죄를 공중 앞에서 고백하는 것이 좋은지 그른지에 대한 논쟁도 있었다. 그러나 범죄한 심령 위에 성령이 내려서 그것을 고백하지 않을 수 없었고 또한 막을 도리도 없었다. 회개는 울며 죄를 고백하는 것으로 끝나지 않고 남에게 손해를 끼친 사람들은 손해를 배상함으로써 화목을 이루는 데로 나아갔다. 그들은 교인들에게 뿐 아니라 불신자에게도 손해배상을 했다.

사경회 동안 회개의 역사가 일어났던 첫 번째 원인은 회개의 영이 강권적으로 임했기 때문이고, 두 번째는 원산에서부터 요한일서가 사경회의 텍스트로 사용되었다는 것이다. "만일 우리가 우리 죄를 자백하면 그는 미쁘시고 의로우사 우리 죄를 사하시며 우리를 모든 불의에서 깨끗하게 하실 것이요"(요일 1:9), "빛 가운데 있다고 하면서 그 형제를 미워하는 자는 지금까지 어둠에 있는 자요"(요일 2:9) 등, 요한 일서에는 죄의 자백과 형제를 사랑하는 내용들이 주제를 이룬다. 그러므로 대부흥의 특징은 죄의 용서와 형제의 허물을 용서하는 일이며 사랑을 깊이 체험하는 것이 되었다. 이것은 서구 기독교인과 한국 기독교인의 화해에도 영향을 미쳤고 철저한 죄의식과 고백은 초기 한국교회가 권징과 치리를 철저히 행하며 엄격한 훈련을 하도록 영향을 미쳤다.

3) 통성기도

평양에서 성령의 역사는 시내가 떠나갈듯 한 회개의 기도소리와 함께 임했다. 본래 통성기도는 평양대부흥운동 이전에는 보기 힘든 매우 낯선 기도방식이었다. 그것이 한국교회에 처음 소개된 것은 1906년 가을 존스톤 박사를 통해서였다. 그는 한국을 방문하여 "웨일즈 부흥회에서는 공적 기도를 인도하는 인도자만 기도하지 않고, 각 사람이 다른 사람을 의식하지 않은 채 큰 소리로 통성기도를 하였다"라고 알려주었다.[17] 1월 18일 그 현장에 있던 스왈른 선교사는 "월요일 밤 성령의 은혜가 임했다. 성령께서 놀라운 권능으로 현시하셨다. 간단한 예배가 있은 후 온 회중이 일치단결하여 드리는 통성 기도는 마치 파도처럼 그 열정과 강도가 올라갔다 줄어들었다 했다"고 증언하였다.[18] 통성기도는 철저한 회개, 성령의 임재를 간구, 나라의 장래에 대한 우려가 한데 어우러진 간절한 기도로서 평양대부흥운동의 특징을 이루었다.

6. 나가는 말

평양대부흥운동의 배경, 확산, 결과와 특징에 대해 살펴보았다. 오늘날 이 운동에 대한 한국교인들의 주된 관심은 2007년에 평양대부흥운동 100주년이 기념행사로서 그치지 않고 다 시 한번 그 때처럼 부흥의 역사가 일어날 수 있는가에 있다. 대답은 결국 마른 뼈가 가득 쌓인 골짜기에 섰던 에스겔처럼 "주께서 아시나이다"라는 말로 돌아가게 된다. 평양에서 일어났던 대부흥의 역사는 인간 선교사들의 의도와 염원을 바탕으로 하였으나 이 운동이 이처럼 일어날 것은 미처 예상치 못했던 일이었다. 하나님께서 말씀과 기도로 준비된 심령에 성령을 부어 주셨듯이 우리도 그렇게 준비되어 있어야 할 것이다. 사경회가 교회의 지도자들이 말씀을 배우고 연구하며 기도하는 모임이었다는 것을 기억해서 운동력 있는 하나님의 말씀으로 깨어 기도한다면 부흥의 역사가 더 빨리 찾아올 것이다. 앞으로 임할 대부흥을 예비하면서 평양대부흥운동이 비판받는 여러 가지 문제점들에도 유의할 필요가 있다.

---

17) 곽안련, 『한국교회와 네비우스 선교정책』, 박용규 · 김춘섭 역 (서울 : 대한기독교서회, 1994), 195.
18) W. L. Swallen, "Letter to Brown", Jan. 18, 1907.

A History of Modern Christian Revivals

근현대 부흥운동사 서설 최재건(교회사)
독일 루터파 경건주의-근현대 부흥운동의 여명 김상식(교회사)
18세기 영국 복음주의 부흥운동-웨슬리 형제와 감리회를 중심으로 송정연(교회사)
조나단 에드워즈와 미국 제1차 대각성운동 장진경(교회사)
조지 휫필드의 부흥운동 주 진(선교학)
미국 제1차 대각성운동의 영향력 이혜원(교회사)
미국 제2차 대각성운동 정요진(교회사)
찰스 피니의 부흥운동 이상정(교회사)
무디의 부흥운동 정다운(교회사)
노르웨이 부흥운동 장진경(교회사)
케직 사경회 윤상림(교회사)
웨일즈 부흥운동 장진경(교회사)
한국 초기 부흥운동-원산부흥운동을 중심으로 최형철(교회사)
평양대부흥운동 김현숙(예배·설교학)
중국의 부흥운동: 1900-1937년 윤상림(교회사)
해방 후 한국의 부흥운동-80년대까지를 중심으로 임승훈(예배·설교학)
빌리 그래함의 부흥운동 강현구(교회사)
영국·미국·한국 오순절운동 김윤정(교회사)

15
중국 부흥운동: 1900-1937년

윤상림(교회사)

1. 들어가는 말
2. 부흥운동 전야
3. 중국교회의 부흥
4. 나가는 말

1. 들어가는 말

논란의 여지가 있겠지만, 부흥도 인간의 계획과 의지만으로 이루어지지 않는다. 부흥에는 우리가 연구할 수 없는 하나님의 섭리와 계획이 있고, 우리의 연구대상이 되는 부흥사와 부흥의 현상과 결과가 있다. 역사 위에서는 모든 사건이 시공간적인 제반 조건들과 유기적인 관계를 맺듯이 부흥도 그러한 성격을 지닌다.

중국교회의 부흥운동도 마찬가지이다. 중국 대륙이 가지는 특징과 그 사회에서 일어난 다양한 사건들과 맞물려 일어났다. 중국교회의 부흥하면 떠오르는 핵심인물은 조나단 고포스(Jonathan Goforth)이다. 그의 활동에 의해 조용하던 중국교회가 만주로부터 역사상 주목할 만한 부흥의 역사를 시작했다. 이 글에서는 1900-1937년 사이의 중국교회의 부흥운동을 다룬다. 조나단 고포스를 중심으로 하여 만주부흥운동과 그 영향을 살펴보고, 중국인 기독교 지도자들의 활동상, 1900년대 이후 각 시대의 부흥현상, 중국 부흥운동의 특징 등을 살펴보기로 한다.

2. 부흥운동 전야

1900년경까지 중국에는 주목할 만한 부흥운동 같은 것들이 없었다. 중국의 개신교회는 매우 미약했고 산재되어 있었기에 1890년대에 하나의 교회라도 살아남을 수 있을 것 같지가 않을 정도였다. 1889년에 약 37,000명의 개신교도가 있었는데, 이들은 지난 60,70년 간 외국인 선교사들이 매우 힘들게 노력해서 얻은 결실이었다. 이들은 마을 주변에 퍼져 있었으며 외국인 선교사들이나 중국인 기독교인들이 인도하는 소규모 집회에 참석했다. 거의 1900년까지 중국 내부의 통신망 및 운송체계의 부족함에 더하여, 개신교 공동체의 산재는 중국교회에서 부흥의 문제가 거의 관심 밖의 일이 되게 만들었다.[1]

그러나 1900년 이후 수년 내에 마치 피니나 무디가 이끈 것과도 같은 부흥이 중국에서 일어났다. 주된 원인은 중국에서 기독교를 수용하는 분위기가 극적으로 변한 데 있었다.[2] 세기가 바뀌는 1900년에 중국에서 기독교와 기독교인의 근절을 목적의 하나로 삼은 의화단 운동이 발발했다.[3] 이 의화단사건 이후 실질적으로 서구화가 계속되었고, 중국의 새 정부는 교육과 경제 및 정치를 개혁했다. 그런 가운데 처음으로 프로테스탄트 기독교가 비약적인 증가세를 이루었다. 교회와 기독교 학교들이 급속도로 성장했다. 1890년대 후반에는 세례교인이 100,000명에 미치지 못했는데, 1906년에는 교인수가 178,000명에 이르렀다. 많은 중국인들이 기독교를 중국의 미개발 상태와 국가적 약함의 딜레마를 해결하는 열쇠로 보았다.

---

1) Edith L. Blumhofer and Randall Balmer (edt), *Modern Christian Revivals* (Chicago: University of Illinois Press, 1993), 161.
2) Edith L. Blumhofer and Randall Balme (edt), *Modern Christian Revivals*, 161.
3) 토착운동 단체인 '의화단'은 비윤리적인 유럽 사업가들의 손에 중국이 당하고 있는 학대에 반발하여 봉기하였다. 1899년 12월 31일에 의화단에 의해 한 선교사가 살해당했다. 중국 황후는 모든 외국인들을 국외로 추방한다는 교서를 발표하였다. 이후에 대학살이 일어나 189명의 개신교 선교사들과 자녀 및 수천 명의 중국 기독교인들이 죽었다. 고포스 부부는 탈출에 성공했으나 심하게 다쳤다. 세계는 의화단 사건에 군사적으로 대응해 무수한 중국인들을 죽였고, 북경을 포위하여 옛 질서를 무너뜨렸다. 중국에 다시 평화의 기운이 찾아오자 사람들은 기독교에 대해 더 많은 것을 배우기 위해 교회로 몰려들기 시작했다. 엘마 타운즈 · 더글라스 포터, 박현식 · 장기혁 공역,『세계 10대 부흥의 역사』(서울: 가리온, 2002), 66.

이러한 이유로 1900년 후에 훨씬 더 많은 기독교 공동체가 부흥운동을 일으키는 상황 중에 있었다. 부흥운동이 일어난 또 다른 요소는 1904년에 웨일즈 대부흥운동 등이 세계적인 평판을 얻는 가운데 부흥운동에 대한 기대심이 세계에 확산된 것이었다. 미국인들이 웨일즈를 주목하며 부흥을 희망하였듯이 많은 중국인들도 그러하였다.

선교사들과 중국인 기독교 지도자들이 한결같이 영적 갱생의 표징을 보고해 왔으므로, 어느 단일한 사건이나 개별 인물을 지적하기가 쉽지 않다. 그럼에도 불구하고 중국 안팎에서 평판을 얻은 최초의 중국 부흥운동이 1908년 만주에서 일어났다. 이 만주부흥운동의 중심에는 1888년에 처음으로 중국에 파견된 캐나다 장로교의 조나단 고포스(Jonathan Goforth)가 있었다.[4]

3. 중국교회의 부흥

1) 만주부흥운동

삶 자체를 부흥운동으로 정의할 사람이 있다면 그는 조나단 고포스(Jonathan Goforth)이다. 그는 1887년에 토론토 녹스대학(Knox College) 학생이었을 때 미국의 부흥사 D. L. 무디가 이끈 대학복음화운동의 영향을 받았다. 사역을 준비하고 있던 고포스는 중국 선교활동을 기록한 허드슨 테일러의 책을 읽고 중국선교에 헌신하였다.[5] 고포스와 그의 아내 로잘린드는 장로교의 후원 아래 하남성에서 사역하였다. 그는 하남 지방 북부에 소규모로 선교지를 개척했다. 십년 뒤에 고포스와 그의 동료는 이 지역에 작은 교회 네트워크를 만들었다. 1900년에 그들은 의화단사건을

---

4) Edith L. Blumhofer and Randall Balmer (edt), *Modern Christian Revivals*, 162.
5) 고포스는 테일러에게 조언을 구하며 서신으로 연락하였다. 중국내지선교회는 이 일을 환영하였다. 테일러는 그에게 "무릎으로 전진하라"(go forward on your knees)는 답장을 보냈다. 엘마 타운즈 · 더글라스 포터, 『세계 10대 부흥의 역사』, 65.

당하여 가까스로 모면할 수 있었다.6) 1901년 말에 중국으로 돌아 온 고포스는 자신의 영적 상태와 선교 진행과정, 모든 것을 불만스럽게 여겼다. 그가 헌신하는 교회는 죽어 있는 것처럼 보였다. 그는 웨일즈 부흥운동의 기록들을 열심히 읽었고, 1905년에는 찰스 피니의 업적에 대해서 공부하기 시작했다. 이때 다른 선교사들과 중국교회의 성직자들도 그들의 교회, 학교, 병원의 영적 갱생에 대하여 글을 쓰며 경험하기 시작했다. 이로 인해 더욱 역동적인 교회 성장이 기대되었다. 중국에서는 집회 기간에 다른 지방의 중국인 전도자나 선교사를 초대하는 관행이 증가하고 있었다.

한국에서 온 소식들도 기대를 높였다. 고포스는 "종교계가 한국의 경이로운 부흥운동 이야기로 깜짝 놀랬다"고 진술했다.7) 중국에 이러한 사실들이 알려졌을 때 캐나다 장로교 해외선교부 총무가 중국에 있다가 고포스와 함께 초청받고 한국을 방문했다. 평양지역에서 고포스는 감리교와 장로교 선교사들이 인도 북동부 지역과 웨일즈에서 일어난 대부흥 소식을 듣고 매일 기도하며 하나님을 기다린 지 다섯 달 만에 강력한 부흥을 체험했다는 사실을 알게 되었다. 고포스는 이 부흥이 일어난 직후에 한국을 방문하고 깊은 감명을 받았다.8) 고포스와 선교부 총무는 만주에 있는 스코틀랜드와 아일랜드 장로교 선교부에 잠시 들려 그들의 한국 경험을 보고하였다.

고포스는 1908년 초에 만주로 돌아와서 장기간에 걸친 설교 여행을 했다. 고포스는 만주의 수도 심양(瀋陽, 묵단)에서 집회를 인도했다. 심양의 선교사들은 비협조적이었으나, 한국 평양에서는 이 집회를 위해 영적으로 소생한 그리스도인 3,000명이 특별 기도를 하고 있었다. 이러한 실망적인 상황에도 불구하고 하나님은 한국 성도들의 기도 소리를 들으셨다. 그의 설교의 극적인 반응으로 만주부흥운동(the Manchurian Revival)이 일어났다. 이로써 부흥사로서의 고포스의 명성이 확고해졌고 전국적으로 개신교가 관심을 끌게 되었다.

---

6) Edith L. Blumhofer and Randall Balmer (edt), *Modern Christian Revivals*, 162.
7) Edith L. Blumhofer and Randall Balmer (edt), *Modern Christian Revivals*, 163.
8) 웨슬리 듀웰, 『세계를 뒤바꾼 부흥의 불길』, 안보헌 역(서울: 생명의말씀사, 1996), 306.

심양 집회 후 고포스는 중국 전역을 다니며 집회를 인도하기 시작했다. 고포스는 1909부터 1910년까지 2년 간 중국의 6개 성(province)에서 30차례 집회를 열었다. 만주에서도 더 작은 규모의 부흥운동들이 계속 일어났으며, 1910년 이후에는 중국에서 전문적인 부흥운동가나 전도자가 아주 많이 활동하게 되었다. 중국교회는 그런 부흥운동들을 지원할 만큼 계속해서 충분히 발전하고 성장해 갔다. 고포스도 전문 부흥사로서 전국에서 집회를 인도하며 더 유명해졌으나, 캐나다와 영국에서 그의 '감정적인' 방법이 일부 의심받기도 했다. 그는 1910년에서 1917년 사이에 하남성으로 돌아와서 일하는 동안 근대주의 사상이 발달하는 것을 보며 점점 좌절하기 시작했다.[9] 1917년 이후에 캐나다 선교부는 그가 중국을 마음대로 이동하도록 허락했고, 1935년에 선교사역을 끝낼 때까지 만주에서 활동했다.

고포스는 만주부흥운동의 일반적인 양상에 대해 자백과 회개로 인한 감동의 집합체를 이루었다고 말했다. 고포스는 감동을 주는 웅변가는 아니었다. 꾸밈없이 죄와 자백과 회개의 필요성에 대해서 설교했으며, 성령의 능력에 대해서 말했다. 그는 단순하게 "여러분들은 기도할 수 있는 기회를 가지고 있습니다"라는 말로 결론을 맺었다. 고포스가 이렇게 기도를 권유한 후에는 공개적인 죄의 고백이 따라왔다. 우상숭배, 도적질, 간음, 도박, 아편흡입, 부모에 대한 불순종, 증오, 다투기 좋아함, 거짓말, 사기, 당 짓기, 공금 유용 등 그 내용이 실로 다양했다.[10] 장로나 목회자들도 자주 이 고백에 참여했다. 죄와 오랜 분노를 공개적으로 고백하고 용서를 구하는 일을 통해 그들은 감정적으로 압도되었다.

또 다른 현상도 나타났다. 목소리가 커지고, 사람들이 쓰러졌다. 감정적인 해방은 이 경험의 주요한 부분이었다. 이 운동에 대해 호의적인 기사는 중국선교 역사상 가장 훌륭한 영적운동이라고 평하고, 사람들이 흐느껴 울고, 비명을 지르고, 신음소리를 낸다고 기술하였다.

고포스가 인도한 부흥집회의 또 다른 특징은 치유였다. 산동집회 엿새

---

9) Edith L. Blumhofer and Randall Balmer (edt), *Modern Christian Revivals*, 164.
10) 엘마 타운즈 · 더글라스 포터, 『세계 10대 부흥의 역사』, 70.

째 되던 날, 첫 예배 시간에 성령의 불이 회중 위에 어찌나 강하게 임하던 지 많은 사람들의 질병이 치유되었다. 그때 어떤 치유가 이루어졌는지에 대해서는 언급이 없지만 아무튼 많은 사람들이 동일하게 놀라운 체험을 한 것은 틀림없었다. 예기치 않은 치유의 역사는 다른 성에서도 일어났 다.[11]

고포스는 그의 자서전인 『나의 영으로』(By My Spirit)의 마지막 부분에 서 "우리는 성령께서 부흥을 일으키실 수 있도록 어떤 희생이라도 치를 준비가 되어 있는가"라고 질문하였다. 그는 하나님께서 일으키시는 부흥 의 길을 준비하는 데 있어서 없어서는 안 될 요인으로 '기도', '성경으로 돌아가기', '예수 그리스도를 만왕의 왕과 만주의 주로 높이기' 등의 세 가지를 들었다.[12]

2) 1910년대

근현대 중국의 부흥운동에서 새롭고 주요한 요소가 1910년경에 나타났 다. 1910년 이전에는 영적 갱생을 위한 집회나 전도집회를 이끌 만한 유 능한 중국인 목회자나 성직자들이 알려지지 않았다. 전국적으로는 물론 지역적으로조차 알려진 중국인 부흥운동가가 없었다. 최초의 전국적인 명 성을 떨친 중국인 부흥운동가는 딩 리메이(Ding Limei)였다.

딩은 1871년에 태어났으며, 산동 지방에 있는 칼빈 마티어 성경학교 (Calvin Mateer's Christian Academy)를 1892년에 졸업했다. 딩은 수년 동안 산동에서 교사로 근무한 후 목회에 임했다. 그도 1900년 의화단 사 건 때 간신히 도망쳤다. 그의 생애의 전환점은 1909-1910에 찾아왔다. 목 사인 그는 그의 모교인 오늘날의 산동연합대학(Shandong Union College)에서 1909년 봄에 집회를 인도했다. 집회 기간에 부흥의 역사가 일어났고, 100명이 넘는 학생들이 목회의 길로 들어섰다. 몇 개월 후, 딩 은 북중국 기독교 학교에서 비슷한 영향을 끼쳤다. 그는 1910년 북중국의

---
11) 웨슬리 듀웰, 『세계를 뒤바꾼 부흥의 불길』, 320.
12) 웨슬리 듀웰, 『세계를 뒤바꾼 부흥의 불길』, 323.

YMCA 연회에서 조직된 '목회를 위한 중국학생자원운동'(Chinese Student Volunteer Movement for the Ministry)에서 전임사역자로 일했다. 이 운동은 물론 1880년대 미국의 학생자원운동을 모델로 한 것이다.[13]

몇 년 동안 딩은 중국 전역의 전도 및 부흥운동 집회에 참여하였고, 기독교학교의 집회에는 꼭 참석했다. 그는 1910-1918년에 많은 학생들에게 상당한 영향을 주어 '중국의 무디'라고 불려지기까지 했다. 그러나 무디나 고포스와는 많이 달랐다. 딩의 대상은 늘 학생이었으며, 어떤 장치를 써서 감정이 흐름을 이끌지도 않았다. 학생들은 딩의 영향을 받아 목회의 길을 선택하였다.

신해혁명과 5 · 4 운동이 정치적인 분기점을 이루었던 1911-1919년에 대규모 복음화 운동이 일어났다. 만주 왕조를 타도한 후에 공표된 새 공화국 헌법은 신앙의 자유를 포함하고 있었다. 이 기간에 많은 국제적인 명성을 떨치는 복음전도자들과 부흥운동가들이 중국을 방문하였다. 미국 YMCA와 학생자원운동 연설가인 존 모트(John Mott), 쉐어우드 에디(Sherwood Eddy), 부크먼(F. N. D. Buchman) 등이 중국을 여행하며 대도시에서 천 명이 넘는 대중 앞에서 설교했고, 도시 중류층과 국립학교 학생들과 접촉했다. 그런데 그 방문자들이 한 일은 부흥운동이라기보다는 복음화운동이였고, 주로 비기독교인들을 대상으로 한 것이었다.[14]

3) 1920년대

그러는 동안 '개인구원으로 국가와 인류에 봉사하는 기독교'를 지향하는 모트, 에디, 딩의 입장과 갱생과 재헌신을 부단히 강조하는 고포스의 입장 간에 긴장이 발생했다. 이 긴장은 근본주의자 대 근대주의자의 국제적인 논쟁으로 분출되었다. 1920년대까지 중국은 다른 국가와 마찬가지로 부흥운동의 필요성을 주장하는 근본주의자들이 대다수를 차지했다. 1911년과 1919년 사이에 중국 민족주의가 고양되면서 또 다른 긴장이 중

---
13) Edith L. Blumhofer and Randall Balmer (edt), *Modern Christian Revivals*, 165.
14) Edith L. Blumhofer and Randall Balmer (edt), *Modern Christian Revivals*, 166.

국인 기독교 지도자들과 외국인 선교사들 간에 발생했다. 딩을 포함하여 중국인 목회자들, YMCA 간사들, 교육자들, 교회행정 담당자들은 외국 선교부에 지배를 당하고 불평등한 대우를 받았다.

이 두 가지 긴장은 1920년대에 극적으로 일어났다. 1919년의 5·4혁명은 민족주의를 널리 확산시켰다. 외국인 지도자, 학교, 병원, 중국인 목회자들을 포함하는 기독교회가 규탄의 대상이 되었다. 모트, 에디, 딩 리메이 등에게 매료되던 대중이 사라졌다. 1927년까지 강력한 황실반대 세력인 사회주의자들과 국민당이 중국의 정치구도를 재편하였다. 선교사들을 포함한 외국인들이 1927년 봄까지 대부분 추방되었고, 중국 기독교인들의 활동도 둔화되었다.

이러한 재앙의 기간에도 부흥운동은 계속되었고 오히려 1920년대 후반부터 1930년대까지 괄목할 만하게 교인의 증가가 이어졌다. 이런 것들이 가능했던 것은 부흥운동의 몇 가지 부분이 변했기 때문이었다. 우선 전에 선교사들에게 영향을 받았던 학생들이 개교회에서 모임을 이끌었다. 두 번째 이유는 근본주의자들이 근대주의자들보다 예상 밖으로 더 강한 세력인 것을 증명한 데 있었다. 그들의 위상은 1900년부터 1920년 사이에 더욱 강화되었다. 주류 교파 선교회들이 사실상 중국 개신교의 주요 기구들을 장악하고 있었다. 대도시의 교회조직이 학교, 병원, 중국정부와 외국 영사들 사이의 중재역할, 영향력 있는 월간지 Chinese Recorder를 담당하고 있었다. 이 시기에 남침례교, 복음주의 스칸디나비안 그룹, 중국내지선교회, 제칠일안식교, 오순절교회, 기타 독립 선교사들과 근본주의 교회들이 급속히 성장하였다. 그런 가운데 선교사 자신들과 중국인 개종자들이 영적 쇄신을 위해 노력했고, 열정적인 선교사들이 계속 새로 주입되었다.

1920년대에는 자립적인 중국인 기독교 지도자들과 조직들이 새로운 세대 가운데서 등장하였다. 자립적인 중국 기독교 지도자들은 1900년대 초부터 활발히 활동해 왔다. 20세기 초에 상해의 장로교 목사들이 '중국기독교연합'(The Chinese Christian Union)이란 중국인만의 조직을 결성했다. 1906년에 그들은 자립적인 중국인 단체를 만들었고, 이듬해에는 지역 내의 다른 교회들이 뒤따라 선교회로부터 독립하였다. 1910년까지 그들은 『중국 기독교』(The Chinese Christian)라는 신문을 간행했는데, 이 신문은 후에 『거룩한 소식』(The Sacred News)으로 바뀌었다.

이 단체 외에 '중국예수독립교회'(the Chinese Jesus Independence Church)라는 교회 연합체가 생겼다. 이 연합체는 1920년에 100개 이상의 회원교회를 두었고, 매년 전국적인 집회(meeting)를 가졌으며, 완전한 내규를 갖추고 그들만의 신문을 발행했다. 이들은 1920년대에 계속 성장했으며, 회원교회들의 다수가 전에 장로교나 조합교회에 속해 있었으며, 대부분은 도시 중산층을 이루고 있었다.

1912년 초, 이에 비견되는 운동이 중국 북부에서 일어났다. 규모는 작았지만 산동 지방의 자치교회 연합체로서 북경과 천진의 도시를 대표할만한 했다. 이러한 자치교회들은 전적으로 복음적이었지만, 열렬한 근본주의는 아니었다. 그 중 많은 사람들이 1920년대 후반과 1930년대의 부흥운동에 참여했으나, 부흥주의의 지도자가 될 것을 강요받지는 않았다.

또 다른 급진적인 중국 자립교회 분파가 1910년대 후반에 모습을 갖추었다. 1917-1919년 중국 북부에 형성된 '참된 예수교회'(True Jesus Church)는 오순절파의 신앙형태를 좇으면서 외국인을 매우 배타적으로 대했다.[15] 이들은 외국 선교부와 매우 불화했다. 1920년대에 이 교회는 하남성과 호남성과 같은 내륙 중심 지방에서 아주 빠르게 성장했다. 이들의 교리는 유니테리언, 오순절주의, 제칠일 안식교가 혼합된 것이었다. 이들의 배타주의는 에큐메니칼을 허락하지 않았다.

기타 1920년대에 중국을 방문해서 대중적인 호응을 얻은 외국인 부흥운동가들이 있었다. 그들은 1922년과 1926년에 중국에 온 성경운동의 리스(Seth Cook Rees)와 윌켄스(Paget Wilkes) 등이었다.[16]

---

15) 엘마 타운즈 · 더글라스 포터, 『세계 10대 부흥의 역사』, 71. 만주부흥운동은 토착적인 중국교회를 설립하도록 도움을 주었다. 산동지역의 부흥운동을 주도했던 장로교회의 장로인 장링쉔(Changm Ling-Shen)은 아주사부흥운동에 몸담았던 선교사들이 중국에 왔을 때 오순절파의 체험을 지지하였다. 그는 다른 두 명과 동역하여 참된 예수교회(True Jesus Church)를 설립하였는데, 이는 토착적인 안식교 오순절 분파였다.
16) Edith L. Blumhofer and Randall Balmer (edt), Modern Christian Revivals, 170.

4) 1930년대 이후

기독교에 대한 반감이 커진 가운데 중국인 기독교 지도자들이 1900년 전후에 태어난 새 세대로 채워졌다. 이들은 기꺼이 자력으로 독립하여 목회하고자 했다. 이들 가운데는 여성들도 있었다. 왕 밍따오(Wang Mingdao, 1900-1991)는 1950년대에 국가 권력에 저항하여 투옥되었다가 1979년 석방되기까지 장기간 구금되어 있었던 일로 서방세계에 잘 알려져 있다. 왕은 나중에 오순절운동에서 손을 떼었으나, 1920년경에 성령강림을 체험하고 구원의 확신을 가졌다. 그는 엄격하고 다소 독단적인 사람이었으며, 곧잘 선교사들을 비판하였고, 자유주의 신학을 소리 높여 반대하였다. 그는 1920년대 후반부터 해마다 반년씩 지방을 돌며 부흥운동과 복음주의 및 근본주의 교회들에서 전도집회를 이끌었다. 새로운 교파를 만들지 않고 다른 이들과 친분을 유지하며 20년이 넘도록 대중적인 기독교 잡지를 계간으로 발행하였다.

워치만 니(Ni Duosheng; Watchman Nee, 1903-1972)는 1930년대부터 그의 저작들이 번역되어 왔기 때문에 전세계적으로 알려졌다. 그는 1920년대 중반 이후에 영국의 독신 여성 선교사 마거릿 E. 바버에게 영향을 받았다. 바버는 1909년에 침례를 받고 성공회 선교단을 떠나 독립교파의 자비량 선교 사역자가 된 사람이었다. 한편 니토솅(워치만 니)은 형제단 스타일의 토착적인 중국 교파인 '작은 모임'(Little Flock)을 이끌어 많은 추종자를 가지게 되었다.[17] 그의 부흥집회와 전도모임은 소규모로 가정집에서 모이는 경우가 많았다. 깊이 있는 기독교인 삶의 영성(spirituality)을 강조하여 많은 사람들이 따랐다. 그러나 기성 집회에서 초대받는 일이 거의 없었던 그는 선교회나 외국 기독교인들에 대한 적개심을 그의 목회의 특징으로 하였다. 그의 추종자들은 'Little Flock' 혹은 'Assebly Hall'이라는 전국적인 새로운 교파를 형성하고 상하이에 본부를 두었다.[18] 왕 짜이 (Wang Zai; Leland Wang, 1898-1975)는 복주 출신의 워치만

---

17) 엘마 타운즈 · 더글라스 포터, 『세계 10대 부흥의 역사』, 71.
18) Edith L. Blumhofer and Randall Balmer (edt), *Modern Christian Revivals*, 171.

니의 동료이자 대중적인 음악목회자로서 1920년대 초반에 순회하며 부흥설교를 행했다. 사역 초기부터 국제적인 관계를 가졌고, 1930년대에 전도협회를 만들어 홍콩, 서아시아, 북미 지역을 종종 돌아보았다.

1937년 이전 십년 동안에 이 같은 화려한 부흥운동가들의 중 일부가 상해에 있는 벧엘 선교단(Bethel Mission)의 '벧엘 밴드'(Bethel Band)와 연합했다. 벧엘 선교단은 독립적이며 자립으로 운영하는 성결운동 사업체(병원, 교회, 성경교육학교)로 두 명의 중국인 자매 의사인 포에비(Phoebe)와 메리 스톤(Mary Stone; Shi Meiyu)과 미국인인 제니 휴(Jennie Hughes)에 의해 설립되었다. 세 명 모두 감리교 선교회에 속해 있었으나 자유주의신학에 반발하여 1920년대 초에 선교회를 떠났다. 벧엘은 성결운동 네트워크를 통해 켄터키에 있는 애스베리 컬리지(Asbury College)와 연대하였고, 때로는 리스(Seth Cook Rees)와 같은 국제적인 성결 부흥운동가들이 순회할 때 이 집회들을 인도하는 역할을 했다. 벧엘에서 훈련받은 젊은 중국인들이 부흥집회를 인도하였는데, 그들 중에서 존 성(John Sung, Song Shanjie)과 앤드류 기(Andrew Gih, Ji Zhiwen)는 부흥설교가가 되었다. 1935년에 이 전도단은 해산되었으나, 그간 50,000마일이 넘게 여행했으며, 133개의 도시를 방문했고, 모든 교단의 교회에서 거의 3,400 번의 부흥집회를 열었다.

이들 중에서 앤드류 기는 1980년대에 죽을 때까지 홍콩과 중국에서 유명한 부흥운동가로 활동했다. 존 성(1901-1944)은 1934년에 벧엘전도단을 떠나서 이후 2년 동안 가장 많은 논쟁을 일으키는 부흥운동가가 되었다. 존 성은 복건(福建)의 목사의 아들로 1919년에서 1927년까지 미국에서 공부하여 1926년 오하이오 주립대학에서 화학박사 학위를 받았다. 뉴욕의 유니온신학교에 입학했고, 이 학교에서 자유주의 신학과 고등비평을 접하면서 정신적인 위기를 맞아 1927년에 몇 개월 동안 요양소에 머물렀다. 결국 어린 시절에 배웠던 근본주의로 돌아왔다. 그는 무례할 정도로 직설적이고 자신이 동의하지 않는 것-특히 자유주의 신학자나 목회자들-을 신랄하게 규탄하였다. 존 성의 부흥운동은 신유를 강조하였고, 아주 감정적이었으며, 극적이기까지 했다. 목회자와 교단 지도자들을 비난하기를 주저하지 않았다. 그는 1930년대 중반의 중국 부흥운동가 중에 가장 강력한 인물로 일부 교회에서 지속적인 반대를 받았지만 많은 사람들에게 매우 존경받았다.

1937년 중일전쟁 전에 일어난 주목할 만한 부흥운동으로 1930년대 초의 '산동부흥운동'이 있었다. 중국 북부의 심장부인 산동 지방은 오랜 기간 미국 장로교과 남침례교의 주요 선교지가 되어 왔다. 또한 1세기에 걸쳐 중국인의 분파운동이 일어난 곳이었다. 1899-1900년의 의화단 사건이나 1919년의 '참된 예수교회' 같은 것들이 그것이었다. 그런데 두 가지 요인에 의해 이곳에서 부흥운동이 일어나게 되었다. 한 가지는 노르웨이 선교사인 메리 몬슨(Mary Monsen)의 활동이었다. 몬슨은 1920년대 후반 남침례교의 초기 산동사역에 큰 영향을 주었다. 그녀의 방법은 간단했다. 그녀는 먼저 자신의 간증을 한 다음에 '당신은 중생하셨습니까'와 '당신은 성령으로 충만하십니까'라는 개인적인 두 가지 질문을 던졌다.[19] 또 한 가지 요인은 중국인 지도자들이 이끄는 오순절운동이었다.[20] 1930년대에 시작된 이 운동은 중국인 부흥운동가들과 더불어 느슨하게 조직된 새로운 '영적 은사 협회'(Spiritual Gifts Society, Linger hui)라는 단체를 탄생시켰다. 대체로 장로교 선교사들은 이 운동을 의심스럽게 여기며 언론 기사를 통해 무분별함과 미신적 행태가 과도하다고 비판하였다.

1937년 중일전쟁의 시작은 선교단과 중국교회에 새로운 상황을 전개시켰다. 따라서 1937년은 선교나 중국 부흥운동 모두에게 중요한 분기점이 되었다. 중국은 1937년부터 45년까지 계속된 전쟁은 중국을 황폐화시켰고, 1946년에서 1949년까지 이어진 시민전쟁은 중국을 혼란 상태에 빠뜨렸으며, 1949년 이후 새로운 공산당 정부는 모든 종교적인 행위들을 금지시켰다.

1980년 이후에 중국에서 공식적으로 재출현한 기독교는 초기 부흥운동 전통과의 연속성을 나타냈다. 기독교인들은 자신들의 정체성을 자랑스럽게 재정립했다.[21] 젊은 새 개종자들 가운데서 역동적인 전도자들이 배출

---

19) 웨슬리 듀웰, 『세계를 뒤바꾼 부흥의 불길』, 336.
20) Edith L. Blumhofer and Randall Balmer (edt), *Modern Christian Revivals*, 173.
21) Edith L. Blumhofer and Randall Balmer (edt), *Modern Christian Revivals*, 174.

되었고, 교회에서 성장한 부흥운동의 지도자들은 특별히 지방일 경우, 1920년 이후의 오순절파적인 특징을 보였다. 오늘날 중국에는 1949년 전에 존재했던 것보다 몇 배나 더 큰 역동적인 개신교 기독교 공동체가 있다. 이 공동체의 특징 중의 하나는 부흥운동의 재개이다. 이러한 씨앗은 20세기의 초, 즉 1930년까지 뿌려진 것이었다.

4. 나가는 말

이 주제에 관해 강조되어야 할 두 가지 사항이 있다. 먼저 중국의 부흥운동이 1908년의 만주부흥운동에서 시작되어 1937년까지 광범위하게 전개되었다는 점이다. 만주부흥운동은 캐나다 장로교 선교사인 조나단 고포스가 웨일즈부흥운동과 평양대부흥운동의 사례를 좇아 이끌었다. 그러므로 그 운동들은 많은 부분에서 미국이나 영국 부흥운동가들의 전통—무디 스타일과 성결운동과 오순절 부흥운동이 포함된다—과 비슷해 보인다.

다음으로 중국의 부흥운동이 점차 중국인 지도자들에 의해 인도되었다는 점이다. 중국인 부흥운동 지도자들은 1910년대부터 부상하기 시작했다. 최초로 전국적인 명성을 떨친 딩 리메이가 그 대표적인 인물이었다. 1920년대에는 근본주의와 자유주의(근대주의)가 대립하기 시작하고 민족주의가 고조되면서 보수적이면서 반외세적인 교회지도자들이 활동이 두드러지기 시작했다. 왕 밍따오, 워치만 니, 왕 짜이, 존 성, 앤드류 기 등은 자립적이었으며 외국 선교기관에 적대적이었다. 1930년대에 부흥운동을 강조한 단체들도 신학적으로 보수적이고 근본주의적이었다.

그러나 1937년 중일전쟁과 중국 내전으로 혼란이 계속되고 1949년 중국정부가 출범하면서 모든 종교적인 행위들이 금지되었다. 세월이 흘러 1980년 이후 기독교가 공식적으로 재출현하였을 때는 초기 부흥운동이 연속되는 현상이 나타났다. 새 개종자들 가운데서 역동적인 전도자들이 배출되었고, 부흥운동 지도자들은 특별히 지방일 경우에 1930년대까지 존재했던 오순절파적인 특징을 보였다.

A History of Modern Christian Revivals

근현대 부흥운동사 서설 최재건(교회사)
독일 루터파 경건주의-근현대 부흥운동의 여명 김상식(교회사)
18세기 영국 복음주의 부흥운동-웨슬리 형제와 감리회를 중심으로 송정연(교회사)
조나단 에드워즈와 미국 제1차 대각성운동 장진경(교회사)
조지 휫필드의 부흥운동 주 진(선교학)
미국 제1차 대각성운동의 영향력 이혜원(교회사)
미국 제2차 대각성운동 정요진(교회사)
찰스 피니의 부흥운동 이상정(교회사)
무디의 부흥운동 정다운(교회사)
노르웨이 부흥운동 장진경(교회사)
케직 사경회 윤상림(교회사)
웨일즈 부흥운동 장진경(교회사)
한국 초기 부흥운동-원산부흥운동을 중심으로 최형철(교회사)
평양대부흥운동 김현숙(예배·설교학)
중국의 부흥운동: 1900-1937년 윤상림(교회사)
해방 후 한국의 부흥운동-80년대까지를 중심으로 임승훈(예배·설교학)
빌리 그래함의 부흥운동 강현구(교회사)
영국·미국·한국 오순절운동 김윤정(교회사)

16

해방 후 한국 부흥운동
- 80년대까지를 중심으로

임승훈(예배 · 설교학)

1. 들어가는 말
2. 해방 이후
3. 1950년대
4. 1960년대
5. 1970년대
6. 1980년대
7. 나가는 말

1. 들어가는 말

한국교회가 세계 기독교 역사상 그 유례를 찾을 수 없도록 단기간에 급성장을 이룬 요인은 여러 가지이겠으나, 가장 현저한 것으로 심령부흥운동(心靈復興運動)과 각성운동(覺醒運動)을 꼽을 수 있다.[1] 한국에서 부흥운동이 하나의 종교적 운동으로 처음 나타난 것은 1903년의 원산부흥운동에서였다. 그 후 크고 작은 부흥운동이 꾸준하게 발흥하였다. 1907년 평양대부흥운동, 1920년대 길선주 및 김익두의 부흥운동, 1930년대 이용도의 부흥운동, 해방 후와 전후 재건 부흥운동, 1960년 전후의 오순절 부흥운동, 1970년대 이후의 대규모 대중전도운동 등이 그 대표적인 사례들이다. 이 부흥운동들이 한국교회와 사회에 끼친 부정적인 영향이 없지는 않았으나, 영적인 생명력을 더해 주었던 사실은 부인할 수 없을 것이다. 이 글에서는 광복 이후부터 80년대 전후까지 한국교회에서 일어난 부흥운동을 개관하고 그 내용과 특징들을 살펴보고자 한다.

---
1) 김진환, 『한국교회 부흥운동사』(서울: 서울서적, 1993), 19.

2. 해방 이후

8.15 해방은 민족적, 정치적 의미를 지닌 동시에 한국교회에게는 종교적 해방의 의미까지 지닌 것이었다. 일제의 기독교탄압은 처음에는 교회 외적인 파급력을 그 대상으로 삼았으나, 말기로 가면서 기독교의 교리, 신앙체계 모두를 위협하였다. 일제의 탄압은 교회의 영향력이나 각종 사업을 위축시켰을 뿐만 아니라 교회의 존립과 신앙전통의 계승 자체를 위태롭게 만들었다. 그러므로 해방은 교회의 자유회복을 의미하는 것이었다.

1) 북한교회 재건운동

교회 재건운동은 전국에서 지체 없이 시작되었다. 신사참배를 거부하다가 구금되어 고생했던 교역자들, 곧 20명의 '출옥성도'들은 기성교회의 현실 타협적 행태를 비판하고 참회의 모습을 보일 것을 요구했다. 이들은 8월 17일에 출옥하자마자 순교자 주기철 목사가 시무하던 산정현교회에 모여 신사참배한 한국교회를 위한 통회와 속죄의 기도를 올렸으며, 한국교회재건 기본원칙을 발표하였다.2) 이 회의는 또한 공산정권의 탄압을 대비하여 북한교회의 강력한 결속을 다짐하였다. 1945년 12월 1일에는 평양 장대현교회에서 북한 5도연합회가 조직되었다. 평양노회가 중심이 되어 북한 5도 16노회에 연락을 취하여 결성한 것이었다.3)

---

2) 재건원칙은 다음과 같았다. 첫째, 신사에 참배한 교회의 지도자들은 모두 권징의 길을 택하여 통회 자복한 후 교역에 나설 것, 둘째, 권징은 자책 혹은 자숙의 방법으로 하되 목사는 최소한 2개월 간 휴직하고 통회 자복할 것, 셋째, 목사나 장로의 휴직 중에는 집사나 혹은 평신도가 예배를 인도할 것. 넷째, 위의 교회 재건의 기본원칙을 전국 각 노회와 지 교회는 반드시 실시할 것, 다섯째, 교역자 양성을 위한 신학교를 시급히 복구 재건 할 것 등이었다. 김광수, 『한국기독교재건사』, (서울: 기독교문사, 1981), 40.
3) 이 연합회가 결의한 중요안건은 다음과 같았다. 첫째, 북한 오도 연합노회는 남북통일이 완성될 때까지 총회를 대행하는 잠정적 기관으로 한다. 둘째, 회의헌법은 개정 이전의 것으로 하되 남북통일 총회가 열릴 때까지 그대로 사용한다. 셋째, 전교회는 신사참배의 죄과를 통회하고 교역자는 2개월 간 자숙할 것을 원칙으로 한다. 넷째, 신학교 운영은 연합노회 직영으로 한다. 다섯째, 죠국의 기독교회를 목표로 독립기념 전도회를 조직하여 전도교화운동을 대대적으로 전개한다. 여섯째, 북

북한 공산주의자들은 이 기관의 행동을 경계하였다. 더구나 기독교 사회민주당과 같은 정당이 출현하고 신의주에서 학생봉기가 발생하자 교회 세력을 부르주아 잔재요소로 간주하고 그 근절을 계획하였다.[4] 1946년 11월 28일에는 기독교 연맹을 조직하여 김익두 목사와 산동 선교사로 갔던 박상순 목사를 감언과 공갈로 가맹시켰다. 그런 다음 교회를 공산주의 선전에 악용하였다. 교회 이름으로 남한을 공격하면서 김일성을 절대 지지하고 선거에 솔선수범한다는 해괴한 결의문까지 발표하게 하였다. 이 연맹에 가입하지 않은 목사들은 투옥과 추방을 당했다. 신학교도 강제 통합되었다. 1946년 9월 창립된 감리교의 성화신학교와 장로교의 평양신학교에는 각각 600여명의 학생들이 등록되어 있었다. 1949년 연말이 가까이 오면서 북한정권은 기독교도 연맹을 시켜서 '기독교신학교'로 개교케 하였다.[5]

2) 남한교회 재건운동

남한에 있는 교회들은 미군의 진주 때문에 신앙의 자유를 누렸다. 그런 가운데 일제가 강요한 교파합동의 교단을 그대로 존속시키려는 움직임이 일었다. 1945년 9월 8일 새문안교회에서 감리교의 변홍규, 이규갑 목사가 장로교의 김관식, 송창근, 김연주 등 여러 목사들과 함께 그 존속을 의논했다. 교단 지도자들은 끝까지 건국과 교회와의 불가분리의 관계를 역설하면서 교단을 존속시키는 방향으로 여론을 유도하려고 온갖 노력을 다하였다. 그러나 일제 강점기에 밀려났던 변홍규, 이규갑 등이 호응할 까닭이 없었고, 여기에 합세한 수십 명 감리교회 목사들도 감리교는 새로이 재건되어야 한다고 선언하며 퇴장하고 말았다.

한교회를 대표한 사절단을 연합군사령관에게 파견하여 감사의 뜻을 표하기로 한다. 김광수, 『한국기독교재건사』, 42.
4) 민경배, 『韓國基督敎會史』 (서울: 대한기독교출판사, 1972), 341.
5) 김광수, 『한국기독교재건사』, 46.

(1) 감리교회의 재건운동

새문안교회에서 열린 교단대회에서 대회의 불법성을 지적하고 퇴장한 이규갑, 변홍규 등은 곧바로 동대문교회로 가서 감리교의 재건을 주장하며 재건 중앙위원회를 결성하였다. 대회위원장으로 이규갑 목사를 추대하였고, 동부, 중부, 서부의 세 연회를 조직한 후 동부연회는 변홍규 목사에게, 서부연회는 이유용 목사에게 각각 회장을 맡겼다. 그런 다음 감리교회의 재건을 국내외에 선포하였다. 그러나 그 과격성 때문에 호응하는 교회의 수가 많지 않았다. 1946년 1월 감리교신학교를 재건·설립하고 변홍규 목사가 교장에 취임했을 때도 전국교회의 반응은 냉담했다. 재건파에서 장석영을 감독으로 선출하고 기독교 조선감리회를 조직한 것은 1948년의 일이었다. 재건파에 반대한 부흥파에서는 1946년 9월 기독교 조선감리회의 '부흥'을 선언하고 감독에 강태희를 선출하였다.

(2) 장로교회의 재건운동

장로교에서는 경상남도의 교회들이 남한에서 가장 먼저 교회재건을 위해 일어났다. 이는 순교자 주기철, 최상림 그리고 출옥성도들인 손양원, 주남선, 한상동 등의 목사들이 다 경남사람으로 다년간 그곳에서 목회하여 영향력을 갖게 되었기 때문이었다.[6] 1945년 11월 3일에 제47회 경남노회가 개최되어 재건노회가 정식으로 조직되었다. 여기에서 결정된 중요한 안건은 현역 교역자들에게 자숙을 강조한 것이었다. 그 내용은 목사, 전도사, 장로 등이 일제히 자숙하되 일단 교회를 사임하며, 자숙기간이 끝나면 교회는 교역자에 대한 시무투표를 행하여 그 진퇴를 결정하는 것 등이었다. 현역 교역자들은 자숙이 마음에 들지 않는다고 하여 암암리에 이를 폐기시키려고 시도하였다. 얼마 후 이를 알게 된 노회원들은 제47회 정기노회에서 사태의 책임을 묻고 임원진의 총사퇴를 요구하였으며, 출옥성도 주남선 목사를 노회장으로 추대하여 교회 재건운동에 박차를 가하였다.

1946년 6월 12일부터 4일 간 서울 승동교회에서 소위 남부총회가 개최되었다. 북한의 교회가 포함되지 아니한 남한교회만의 총회였기 때문에

---

6) 김광수, 『한국기독교재건사』, 27-28.

남부총회라고 부른 것이었다. 남부총회는 재야 교역자인 배은희 목사를 회장으로, 함태영 목사를 부회장으로 하여 총회를 소집하였다. 남부총회가 결의한 중요안건은 헌법을 남북통일이 될 때까지 그대로 사용할 것, 제27회 총회에서 범과한 신사참배 결의를 취소할 것, 조선신학교를 남부총회 직영신학교로 한다는 것이었다.

(3) 침례교회(동아기독교)

해방이 되자 동아기독교회에서도 김용해, 백남조 노재천, 신성균 등 목사들의 주도로 즉시 재건운동이 일어났다. 1946년 9월 노재천 감목(監牧)의 소집으로 충남 강경에서 대화회가 열려 교회의 체제를 총회로 바꾸고, 감목정치를 회중정치로, 안사는 장로, 감노는 장로, 통장은 권사로, 총장 및 반장은 집사로 개칭하며, 파송제로 하던 제도를 청빙제로 바꿀 것을 결정하였다. 1947년 9월 경북 예천의 대화회에서는 미국 남침례교회와 유대관계를 갖자고 하는 제의가 있어 이를 승인하고 도미하는 우태호 목사를 통해 교섭하였다. 그 결과 미국 남침례교회가 그동안 해오던 중국선교 대신 한국선교를 시작하기로 하고 정식관계를 체결하였다. 1949년 9월 강경에서 모인 총회에서 교단 이름을 '동아기독교'에서 '침례교회'로 바꾸기로 의결하여 침례교회 시대가 시작되었다.

(4) 성결교회

성결교회 역시 교회 재건에 박차를 가하였다. 1945년 11월 그들은 서울에서 총회를 열고 박현명 목사를 총회장으로 선임하였고, 교단신학교였던 경성신학교를 서울신학교로 개명하였으며, 이건 목사를 교장으로, 이명직 목사를 명예교장으로 세웠다. 박현명, 김유현, 김응조, 최석모 목사를 교수로 임명하고 70여 명의 학생들로써 개교하였다. 또한 『활천』을 복간하고 과거 이사회와 총회로 이원화되어 있던 교회의 행정제도를 의회제도로 일원화하기로 결정하였다. 따라서 교회의 재건이 급속히 진행되고 거의 제 모습을 찾게 되었다.[7]

---
7) 김인수, 『한국기독교회사』(서울: 한국장로교출판사, 1994), 319.

해방이 가져다준 신앙의 자유는 한국교회의 지형을 교파교회의 모습으로 재건, 환원시켰다. 이러한 변화로 교단별 부흥운동이 가속화되었다. 그런데 해방 후에 교파 분열이 민족 분열에 선행하는 오점을 남긴 것,[8] 한국교회 안의 일제 잔재를 방치한 것, 일제의 강압에 의한 '신사참배와 태양신'에 대한 굴복을 철저히 회개하지 못한 점 등의 문제점들을 남겼다. 이는 한국교회가 하나님과 민족 앞에서 거듭날 수 있는 기회를 상실했으며, 민족사 상에서 일제잔재 청산을 부르짖을 수 있는 예언자적 기회를 상실하였음을 의미한다. 한국교회는 이내 반공의 보루로서 이데올로기적 피난처에 편승하였다.

3) 이성봉 목사

이성봉 목사는 해방 후 가장 두드러진 부흥사로서 길선주, 김익두, 이용도 목사 이후 한국교회 부흥운동의 맥을 이었다. 그는 해방을 만주 무순교회에서 맞이하고 1945년 9월 15일에 귀국하였다. 그가 귀국한 이유는 첫째로 무너진 제단을 다시 수복하라는 주님의 명령 때문이었고, 둘째로 만주에 어려운 시련이 닥칠 것이라는 예감이 들었기 때문이다. 그는 신의주에 가서 교역자를 불러 모아 부흥집회를 시작하였다. 그러나 공산당의 핍박으로 남한에 내려와 서울신학교 이사장으로 1년 동안 재직하였다.[9]

그는 정치적 · 사회적 · 종교적 무질서와 경제적 빈곤 속에서 허덕이는 백성들과 성도들에게 복음으로 용기를 주고 일으켜 세우는 것이 무엇보다 시급하다고 생각했다. 해방 후에도 계속되는 민족의 시련을 보면서 고난을 극복하는 비결로서 위로와 희망의 메시지를 전하였다.[10] 그는 천막집회에서 무려 일만여 명의 회중에게 설교를 하기도 하였고, 어떤 때는 불과 10여 명 내외의 집회를 가지기도 하였다. 그러나 한 사람의 영혼을 귀

---

8) 이만열, 「해방 50년, 한국교회사를 어떻게 볼 것인가?」, 『한국기독교와 역사』제4호, 1995, 8-7.
9) 이성봉, 『말로 못하면 죽음으로』(서울: 성봉선교회, 1985), 12-13.
10) 이성봉 목사는 고통과 시험이 올 때 근심하거나 두려워하지 말고 기쁘게 여겨야 할 이유는 (1) 범사가 하나님께로부터 오기 때문이며, (2) 환난은 그 사람의 인격과 신앙을 시험하는 시금석이기 때문이고, (3) 환난 고독은 즐거움의 근본이기 때문이며, (4) 환난은 하나님의 자녀들을 훈련시키는

하게 여겼던 까닭에 숫자가 적다고 낙심하지 않았다.

이성봉 목사는 유재현 목사와 삼각산에 임마누엘 수도원을 설립하였고, 임마누엘 출판사를 설립하여 문서전도에 힘썼다. 6·25때 유재현 목사는 납치되어 행방불명되었고, 이성봉 목사는 목포에서 부흥운동을 소규모로 전개하다 집회 도중 붙잡혀 취조 심문을 당할 때 '천국지점'이라는 명답으로 총살당하지 않고 풀려났다.[11] 그는 초교파적으로 안 가는 데가 없이 부흥집회를 인도하였다. 가장 많이 집회를 인도하였을 때는 1년에 82군데의 부흥집회를 인도하였다. 그의 집회에서는 신유의 역사도 많이 나타났다. 1953년 5월 23일부터 1955년 4월 27일까지는 임마누엘특공대를 조직하여 900여 교회를 다니며 전도집회를 했다.[12] 임마누엘 특공대는 춘천제일교회를 필두로 하여 모두 69군데에서 전국적인 특공부흥운동을 전개시켰다. 그는 이 임마누엘 활동을 전개하면서 교회의 모든 용어를 전쟁용어로 바꾸었다. 부흥사는 특공대이며, 담임목사는 대장이요, 교인들은 장병이며, 부흥집회는 전투이며, 낙심한 신자는 부상병이며, 성공적인 부흥회는 고지 탈환이었다. 이러한 용어 사용은 전쟁 후의 상황에 적절할 뿐만 아니라 전도가 영적 전쟁임을 표현하는 것이기도 하다.[13]

1957년 성결교단 창립 50주년 희년기념 전도사업을 앞두고 그는 희년 준비성회를 1955년 4월 27일부터 1956년 3월 18일까지 이끌었고, 1957년

하나님의 도구이기 때문이라고 했다. 또한 환난 당하는 자가 기도해야 하는 이유를 (1) 기도하면 환난 고통이 왜 오는지 알게 되며, (2) 그 환난이 신기하게도 물러가기 때문이고, (3) 기도하면 그 환난을 박차고 힘차게 넘어가는 용기를 얻게 되기 때문이라고 전파했다. 이성봉, 『사랑의 강단』 (서울: 생명의말씀사, 1993), 23-32.
11) 이성봉, 『말로 못하면 죽음으로』, 121-130.
12) 여기에는 특별한 목적이 있었는데, (1) 성지임을 믿음으로써, 하나님의 뜻은 연약한 교회, 가난한 자의 친구라고 믿음으로써 (2) 시대가 너무 자유주의에 흘러 교회자체도 법적질서가 없고 무질서하여 이단과 세속화를 방지하기 어려우므로 내부결속이 시급히 요청되었고 (3) 내가 나를 쳐서 복종시키지 않으면 타인에게 복음을 전한 후에 내가 버림을 받을까 두려워서 (4) 타인을 위하여 대를 구하고 타인을 위해서는 소를 구하는 뜻에서 (5) 약소교회를 동정하여 고루고루 은혜를 나누기 위하여 (6) 새 시대 남북통일을 위한 전도훈련과 작전계획이다. (7) 환영하는 헬라에 가지 않고 십자가 기다리는 예루살렘에서 밀알같이 땅에 떨어져 썩어서 많은 열매 맺는 주님 자취를 조금이라도 밟아보려는 심정에서 된 것이다. 살든지 죽든지 괴로우나 즐거우나 이 몸에서 그리스도만이 존영을 받으소서(1954. 5. 25)라는 다짐을 필역하였다. 이성봉, 『말로 못하면 죽음으로』, 130-131.
13) 박명수, 『한국교회 부흥운동 연구』 (서울: 한국기독역사연구소, 2003), 181.

5월 15일부터 그 해 12월 29일까지 희년 전도대회를 조직하여 복음을 전파하는 부흥운동을 전개시켰다. 때마침 퍼거슨 목사가 내한하여 전국적으로 이성봉 목사와 두 팀으로 나누어 분산하여 합동으로 부흥집회를 갖게 되었다. 또한 1959년에는 동양선교회 주선으로 미국 복음주의협의회(NAE) 총회에 한국대표로 참석하기 위해 갔다가 8개월 간 순회 부흥사역을 하였다. 그는 미국에 있는 일본인, 흑인, 백인, 한인 등에게 만나는 대로 복음을 전하였다.

미국에서 돌아온 후인 1961년에 한국성결교회가 분열되자 이성봉 목사는 성결교단에 불이 꺼졌다고 통회하며 불 꺼진 제단을 다시 뜨겁게 일으키는 것이 그의 마지막 사명이라고 다짐하고 전국 1일 1교회를 순회집회를 단행하였다. 1961년 9월 23일부터 1963년 2월 17일까지 480교회를 순회하며 집회를 인도하였다. 1963년에는 여름 도봉산에서 80일 동안 절식기도하면서 『부흥설교진수』를 집필하였고, 민족의 통일을 갈망하며 '통일수염'을 길렀다. 1965년에 성결교단의 합동총회가 7월 23일 아현교회에서 열렸을 때는 부축을 받으며 강단에 올라 '주를 사랑하자'라는 주제로 마지막 설교를 하였다. 합동 총회를 마친 뒤 10일 만인 1965년 8월 2일 66세를 일기로 하나님의 부름을 받았다.

이성봉 목사의 부흥운동은 몇 가지로 분석·평가되는데, 첫째로 그의 부흥운동은 성결교회의 사중복음에 근거하고 있었다. 그는 언제나 중생, 성결, 신유, 재림을 강조하였다. 그가 전한 복음은 추상적인 것이 아니라 구체적인 삶 속에서 변화를 이룩하자는 것이었다. 둘째로 건전한 복음주의에 근거하고 있었다. 그는 자유주의가 아니었지만, 정통주의나 율법주의자도 아니었다. 더욱이 성서에 기초하지 않고 신비주의에 빠지는 것을 매우 경계하였다. 항상 좌로나 우로나 치우치지 않는 균형잡힌 신앙을 강조하였다. 셋째로 언어사용에서 시대적인 감각을 갖고 있었다. 6·25 후에 그가 만든 임마누엘 전도대는 철저하게 전쟁의 용어를 사용하여 실감나게 전도하였다. 넷째로 인쇄매체와 방송매체를 선교에 이용하였다. 자신의 일정을 『활천』을 통해 알림으로써 집회를 미리 광고했고, 집회에서 나타난 은혜를 『활천』에 실음으로써 널리 알렸으며, '천로역정'을 방송으로 강해하기도 하였다. 그의 부흥집회에는 이런 외적인 요소 이상의 것이 있었는데, 그것은 그의 삶이었다. 그는 항상 어려운 교회를 생각하고, 어려운 교역자들을 도왔으며, 교단의 직책을 탐하지도 않았다. 이렇게 하여 이성봉 목사의 부흥운동은 한국기독교의 부흥운동사에 한 획을 그었다.

3. 1950년대

해방의 기쁨을 다 누리기도 전에 한반도와 한국교회는 전쟁의 비극을 경험하였다. 북한군에 의하여 약 60여명이 교역자들이 체포되어 옥사하거나 납북되었다.[14] 6·25전쟁을 통해 파손된 교회 수는 장로교가 152개, 감리교가 84개, 성결교가 27개, 구세군이 4개 교회였으며, 기타 교회들에서도 손해가 컸다. 순교·납치당한 자는 장로교 177명, 감리교 44명, 성결교 11명이었다.[15]

1953년의 휴전 이후 한국교회는 비약적인 발전을 거듭하여 1959년까지 거의 복구하였다. 그러나 저명한 인물들이 납치되거나 순교를 당했기 때문에 교회에 지도자들 결핍되었다. 그 결핍으로 일어난 일들이 바로 이단종파 운동이었다. 또한 50년대 들어 교단들의 대분열이 일어났다.

1) 교계 상황

(1) 이단종파의 운동들

전후의 어려움을 해결하기 위해 교인들의 신앙은 열광적인 경향을 띠게 되었고, 교회 안에 여러 가지 사이비 이단운동들이 나타나게 되었다. 나운몽의 '용문산기도원 운동', 문선명이 주도한 '세계 기독교 신령협회', 박태선이 주동한 '한국 예수교 전도관등이 대표적인 이단운동들이었다. 나운몽은 1940년 6월 용문산의 일부를 매수하여 애향숙(愛鄕塾)이라는 사

---

14) 김양선, 『한국기독교 해방 10년사』 (서울: 예장 총회교육부, 1956), 10.
15) 김광수, 『한국기독교재건사』, 76-77.

설학원을 세우고 계몽운동을 전개하였다가, 일제의 간섭이 심해지자 폐쇄하고 서울로 올라왔다. 그는 서울 수표교교회에 출석하여 장로로 장립되었다. 해방 후 다시 애향숙을 개원할 목적으로 1947년 4월 용문산에 들어가 기도원을 세워 전력하다가 성령의 체험을 하고 입신, 방언 등의 신비체험을 하였다. 그리고는 곧 전도운동에 박차를 가해 전도서 4:12에 나오는 '삼겹줄'을 토대로 기도운동, 부흥운동, 문서전도를 전개했다. 그러나 기성교회는 나운몽의 기도원을 이단시하였다. 그 이유는 애향숙의 수련방법이 비성서적이었고, 그가 경영하는 기드온성경학교와 기드온신학교의 성서해석이 '동양적 특수 신령철학을 제창하여 주역으로 성경을 해석했기 때문'이었다.[16]

나운몽은 '삼각산 기도단'이라는 조직을 만들어 철저한 독재체재로 이 단체를 이끌어 가면서, 피라미드 형식으로 조직을 확대해 갔다. 장로회 경북노회는 조사단을 파송하여 조사케 한 후에 1956년에 대구 서문밖교회에서 모인 제55회 정기노회에 교인들의 출입을 금지시켰다. 1956년 9월에 새문안교회에서 모인 장로교 총회는 경북노회의 결의를 추인하고, 그들을 비성서적 내용을 가르치고 교회질서를 문란케 하는 자들의 집단으로 규정하였다. 다른 교단들도 비슷한 결정을 내려 나운몽 집단은 한국교회에서 이단집단으로 낙인찍혔다.

전도관 창설자인 박태선은 창동교회에서 김치선 목사에게 장로안수를 받았고, 1955년 3월에는 김 목사와 스완슨 부흥사를 초빙하여 함께 대대적인 부흥회를 인도했다. 그 후 박태선은 그 자신을 신구약에 예언된 감람나무로 자처하고 소사, 덕소에 이른바 '천년성'을 만들어 전국의 열광적인 신자들을 이주시켜 신앙촌을 건설하였다. 이때부터 전성기에 오른 박태선은 감람나무가 나타났으니 이제는 종말에 이르렀다고 예언하고, 자기가 주의 보혈을 받았다고 하여 일종의 피가름 사상을 고취시켰다. 1955

---

[16] 예를 들면, 『구국설교집』 제5집에서 다음과 같이 주장하고 있다. (1) 공자, 석가도 신이 보낸 동방의 선지자요, 신의 뜻을 따라 내렸다. (2) 복음이 전파되기 전 세대인은 유 불교를 통해서 구원받은 사람들이 있다. (3) 유·불교가 기독교 안에서 조화된 천국이다. (4) 진리는 형에 있지 않고 질에 있으니 진리라면 유교, 불교, 기독교가 하나이다. 김성준, 『한국기독교사』(서울: 한국교회교육연구원, 1980), 268.

년 7월 한국기독교연합은 박태선의 전도관을 사이비운동이라고 규정하고 그의 오류를 단죄하는 성명서를 발표하였다.

또한 문선명의 세계기독교통일신령협회(통일교)가 일어났다. 문선명은 1954년 5월에 유효원과 함께 서울 청파동에서 통일교를 발족시켰다. 통일교의 최대 목표는 세계의 모든 종교사상과 정치제도를 교주 문선명을 중심으로 통일하여 지상왕국을 건설하는 것이었다. 예수는 영에는 성공하였으나 육에 실패한 불완전한 구세주이지만, 문선명은 영육이 아울러 성공한 완전 구세주로서 능히 세계통일을 이룰 수 있다고 주장하였다. 통일교는 피의 순수성을 강조하면서 하와와 사단과의 관계가 성적 교통이었으니 만큼, 이 피의 순결이 횡적으로 한국에서 비롯되어 전 세계에 미치는 것이 중요하다고 주장하였다. 그리고 가족적인 이미지로서 순혈의 전수과정을 종교적 의례로 승화, 변성해서 합동결혼을 집행하였다. 통일교의 반기독교적이며 분파적 특징은 다음과 같다. 첫째, 십자가 공로를 부인한다. 예수는 할 일을 다 이루지 못하고 돌아가셨기 때문에 누군가가 다시 와야 한다고 주장한다. 둘째, 그 교훈이 사뭇 경험적이다. 셋째, 신비주의로 일관되고 있다.

박태선의 전도관운동과 문선명의 통일교운동은 한국교회와 사회에 심대한 영향을 끼쳤다. 많은 교회가 이들 때문에 상처를 입었고, 수많은 가정이 파괴되었으며, 개인의 영혼이 파멸되는 비극을 초래하였다. 이 집단들은 아직도 그 세력들이 쇠진되지 않고 오히려 정치, 경제, 문화, 교육 분야에서 그 힘을 과시하고 있다.

(2) 대교단의 분열상

전후에 민족의 강토가 나뉘면서 교회도 나누어졌다. 한국기독교의 주축을 이루던 장로교는 첫째로 신사참배 문제로 인한 분열, 둘째로는 자유주의 신학사상 대두로 인한 분열, NAE와 WCC의 대립으로 인한 분열을 경험했다. 1945년 해방을 맞았을 때 한국교회는 해방 전에 교회가 안고 있던 문제들을 극복하고자 하였다. 그 하나가 그리스도의 공동체를 본연의 모습으로 재건하는 일이었다. 교회의 정통이 일제의 강압 하의 신사참배나 일본 기독교조선교단 통합 때문에 파멸되었다고 보고, 그 이전의 순수 정통으로 돌이키고자 하였다. 이후 소위 고신파의 분립이 1950년 4월에 표면화되기 시작하였고, 또한 소위 고등비평과 역사적 비판 등의 신학적인 이유로 갈등이 빚어졌다. 김재준과 박형용 두 거목이 대립하면서 장로교 총회에서 새로운 장로회신학교를 개교하였다. 예장총회는 '대한민국에 예장총회는 하나밖에 없다' 는 성명서를 제출하였고, 조선신학교 측은 1954년에 대한기독교장로회라는 교단을 조직하였다. 이후 기장은 1957년 10월에 한국기독교연합회(NCC)에 가입하였고, 같은 해에 한국 세계기독교봉사회에 가입하였으며, 1959년에는 동남아시아기독교협의회와 세계교회협의회(WCC)에 가입하여 독립된 교회기구로서 출발을 다짐하였다.[17]

그런데 예장은 1959년에 다시 합동파와 통합파로 분립하였다. 합동파는 1960년 12월 비상사태 속에서 고신파와 합동해서 대한예수교장로회 합동총회를 조직하였다. 복음주의협의회(NAE)측의 목사들이 WCC를 용공적이라고 공격하고, 한국교회의 반공이념과 신앙의 순수성 보존을 위해 WCC에서 탈퇴할 것을 주장하다가 1959년 대전총회 후에 서울 연동교회에 모인 통합파와 서울 승동교회에서 모인 합동파로 분립하였다. 합동파는 당장 WCC에서 영구 탈퇴 하고 어떠한 형태의 에큐메니칼 운동도 반대하며, 한국 NCC와도 관계를 단절한다고 선언하였다.

감리교도 유형기 감독의 재선 문제로 내분이 커져 1954년 3월 정동교회에서 열린 제6회 총회에서 헌법을 개정해서라도 그를 재선시키려는 총리원측 인사들과 개헌을 반대하는 호헌 인사들이 대립하였다. 그해 6월에 호헌파는 호헌대회와 신도대회를 열어 총리원측의 불법을 공격하고 1955년 3월 총회와 연회에서 김응태 목사를 감독을 추대하며 완전히 분립하였다.

분열을 일삼는 한국교회 지도자들의 행태는 많은 성도들에게 실망과 분노를 안겨주었다. 1950년대는 전쟁과 대교파들의 분열로 인한 혼란기였으나 아이러닉하게도 교회는 크게 성장하였다.

---

17) 김인수, 『한국기독교의 역사(하)』 (서울: 장로회신학대학교 출판부, 1998), 591-594.

2) 부흥운동의 동기

(1) 전쟁으로 인한 국민 대이동
이북에서 다수의 기독교인들이 이남으로 피난 왔다. 이들은 면면촌촌 다니면서 거주지를 마련하고 또한 전도하여 교회를 세워 교회를 성장시켰다.

(2) 열심 있는 축호전도
성도들이 축호전도에 힘썼고 선교사들도 열심히 전도하여 사람들이 교회로 몰려오게 되었다.[18] 급진적 부흥요인 중에는 축호전도도 있었으나 구호물자를 얻고자 교회에 나오는 일도 있었다.

(3) 인구이산으로 인한 지역사회의 전통문화 파괴
전화(戰禍)는 낡은 전통문화를 파괴하고 새로운 것을 받아들일 수 있는 풍토를 만들었다. 기독교는 영생의 말씀으로 권면하고, 용기를 북돋아 주고, 구호물자로 도움을 주며, 고아원을 지어 고아들을 수용함으로 국민들에게 호감을 주었다.

(4) 공산주의 침략을 막아준 미국에 대한 좋은 이미지
기독교국가인 미국이 남한을 공산주의자들의 침략으로 구해 주었다는 생각이 일반화되었다. 또한 초대 대통령 이하 다수 고관들이 기독교인이었던 점도 한 요인이 되었다.

(5) 대교파 분열이 교회 부흥의 원인
교파들이 분열하면서 교계에 부정적인 영향도 끼쳤지만 한편으로 상호 경쟁적인 전도로 교회성장의 요인이 되었다.

---

18) 예를 들어 미국 남장로교회 선교지인 호남지역에 있어서는 1948년에는 세례 교인수가 14,818명이었던 것이 1958년에는 3배가 넘는 40,881명으로 통계되었다. 김진환, 『한국교회 부흥운동사』, 209.

3) 교파별 부흥운동과 밥 피얼스, 빌리 그래함의 방문

대한예수교장로교 총회에서는 아직 전쟁 중인 1952년을 '전도 총동원의 해'로 정하고 첫째로 1월부터 3월까지는 개인 신앙 부흥을 도모하고, 둘째로 4월부터 5월까지는 개인 전도를 하며, 셋째로 6월부터 8월까지는 집단전도를 행하고, 넷째로 9월부터 12월까지는 교회의 전체적인 부흥을 위해 힘쓰기로 하였다. 이 4단계 전도운동은 상당한 부흥을 가져왔다. 감리는 1953년을 '웨슬리 회심기념 250주년'으로서 전도집회의 해로 정했다. 1954년이 장로교와 감리교에게 미국선교 70주년이 되는 것을 기해 장로교는 무교회면 '5백 교회 설립운동'을, 감리교에서는 '1백처 교회 신설운동'을 전개하여 나름대로 결실을 거두었다. 성결교회도 1952년 3월의 '춘계대부흥운동'으로 상당한 교세확장을 가져왔다.

세계적인 부흥사인 밥 피얼스(Bob Pierce)와 빌리 그래함(Billy Graham) 목사 같은 유명인사들도 잇달아 한국을 방문하여 전도집회를 개최하였다. 이 집회들은 한국 신앙 부흥을 이루도록 크게 고무하였다. 피얼스 목사는 6 · 25전쟁 전년에 내한하여 초유의 대부흥운동을 일으킨 이래 전후에 다섯 차례나 찾아와 대부흥집회를 열었다. 특히 1955년에는 막대한 비용을 지출하며 서울, 대구, 부산 등 주요도시들에서 대부흥회를 개최하여 수만 명의 결신자를 얻었다. 빌리 그래함 목사는 1952년 12월 15일과 1956년 2월에 내한하여 부산과 서울에서 각기 전도강연회를 대대적으로 개최하여 수많은 결신자를 얻는 데 성공하였다.

4. 1960년대

1) 60년대 부흥운동

1960년 4 · 19혁명으로 민주당 정부가 들어선 데에 이어 5 · 16군사쿠데타로 박정희 정권이 집권하였다. 이러한 혼돈된 사회에서 민족의 상처를

위로하고 재생할 힘을 길러주는 부흥운동이 일어났다. 철저히 내세적이고 현실 부정적이면서도 대단히 경험적이고 감각적으로 접근하여 천국이 이 땅 위에 물리적으로 이르기를 갈망하는 신앙형태가 많이 일어났다. 1960년대 들어 한국교회에는 정신적 가치보다는 물량적 가치를 더 추구하는 세속화의 물결이 강하게 밀어닥쳤다.[19] 이 시기에는 한국기독교 부흥운동이 성령운동을 부르짖으며 산간에 기도원을 세우며 하나님의 종을 강조하는 등으로 신흥종교적인 성격을 띠기도 하였다. 기성교회의 기반을 이탈하는 분파운동의 경향이 나타났고, 신앙양태가 토착화, 말씀영해, 은사운동을 지향하는 기도원과 산상집회 중심의 부흥운동으로 변모되어 갔다.

1965년 개신교 전래 80주년을 기해 김활란 박사의 초청으로 1964년 10월 16일 이화여자대학교에서 75명의 교계 인사들이 모임을 가졌다. 여기에서 김활란 박사는 초교파적으로 참여하는 전국복음화운동의 방안을 제기하였다.[20] 1965년 5월에는 중국인 부흥사 조제광 박사를 초청하여 집회를 가져 성황을 이루었다. 이 운동은 한국교회가 복음화운동에서 힘을 모을 수 있다는 가능성을 보여주었다.[21]

이 시기 교회부흥의 특징은 집회 중심적이었다는 것이다. 대규모 부흥집회 외에도 개교회마다 연례적으로 부흥회를 개최하였고, 이를 통해 교세를 확장하였다. 부흥회는 대체로 월요일 밤부터 토요일 새벽까지 보통 14시간의 설교시간을 가졌는데, 설교 메시지는 부흥회의 필요성, 회개촉구, 성도들의 윤리와 규범, 신유의 역사, 교인의 의무, 영과 육의 기쁨과 평안, 성령 충만한 삶, 축복의 비결, 시험과 승리 등으로 구성되었다. 이 기간의 부흥회 실태와 성격에 모순됨과 불순함도 없지 않았으나, 이 부흥회들로 인해 교회가 크게 부흥된 것은 부인하기 어렵다. 특히 오순절 계통의 순복음교회는 부흥회적인 성령운동으로 폭발적인 교세확장을 이루

---

19) 손학종, 『한국교회 부흥회와 교회성장의 관계에 대한 연구』 (양평: 아세아연합신학대학원, 1996), 72.
20) (1) 2,3개월 준비회합을 갖는다(헌신기도, 설교). (2) 각 교회, 학교 중심 기도회 조직, (3) 개인전도요원 훈련, (4) 2명씩 방문전도, (5) 유년, 장년 지역집회, (6) 구역연합집회, (7) 전도에 대한 표어를 앞세운 행진, (8) 한 곳에서 전도대회 개최. 이영헌, 『한국기독교회사』 (서울: 컨콜디아사, 1983), 380.
21) 이영헌, 『한국기독교회사』, 381.

었다.

2) 조용기 목사

해방 이후 오순절운동 교회가 재건되면서 하나님의 성회가 세워졌다. 조용기 목사는 미국의 현대 오순절운동과는 차별화 된 한국형 삼박자 신학을 형성하였으며, 이는 순복음의 교리로 토착화되었다. 50년대 말 60년대 초에 그는 여의도 순복음교회 불광동 천막 교회에서 삼박자운동을 시작하여 폭발적인 반응을 일으켰다. 그는 가난하고 교육을 제대로 받지 못한 사람들이 가장 쉽게 이해할 수 있는 표현방법을 생각하다가 박수를 치며 찬양을 부르는 것에 착안하여 영적, 육적 생활적 구원의 단계와 조화가 있는 전인적 구원을 한 박자, 두 박자, 세 박자라는 독특한 용어로 표현하는 방법을 창안하였다.[22]

이 삼박자축복으로 인해 기복신앙이 한국교회 안에 확산되었고, 축사, 신유, 방언, 축복이 한국교회에 자리잡게 되었다. 오중복음이[23] 이론이요 교리라면 삼박자축복은 실천 적용이었다. 삼박자축복의 성경적 근거는 요한삼서 2절에 나오는 "사랑하는 자여 네 영혼이 잘됨같이 범사에 잘되고 강건하기를 간구하노라"는 구절이었다.[24] 삼박자의 축복을 받지 못하게 하는 것은 미움, 분노, 탐욕, 완전주의, 죄책감, 두려움, 좌절감 등으로 나타나는데, 이것을 이기기 위해서는 성령세례와 금식기도로 정과 욕심을 못박아야 하는 것이었다. 그의 메시지는 현세 기복적이며 자기 확신, 자기 암시적이다.

조용기 목사의 삼박자운동의 신학을 긍정적으로 연구한 이영훈은 삼박자가 예수 그리스도의 십자가 대속으로 회복된 인간의 영혼, 육체, 생활 환경의 삼중적인 축복을 전제하면서 여의도 순복음교회가 짧은 기간 내

---

22) 국제 신학 연구원 『여의도 순복음교회 신앙과 신학 I』 (서울: 서울서적, 1992), 34.
23) 중생의 복음(The Gospel of Salvation), 성령 충만의 복음(The Gospel of Fullness of the Holy Spirit), 신유의 복음(The Gospel of Divine Healing), 축복의 복음(The Gospel of Blessing), 재림의 복음(The Gospel of Second Coming).
24) 영산연구원, 『오중복음과 삼중복음』 (서울: 서울서적, 1991), 123-133.

급성장을 이룬 요인이 되었다고 하였다. 그리고 토착화를 이룬 신앙이라고 하여 그 신학적 배경을 한국사회 현상에서 찾았다.[25] 물론 이러한 삼박자운동은 강렬한 복음전도, 교회개척운동과 양적부흥운동, 대형부흥집회운동, 뜨거운 기도운동, 신유와 방언 등의 은사운동으로 한국 개신교에게 역동성을 부여하였다. 그리하여 1960년대 초에 전체 개신교인수 100만 명이 30년 만에 1000만 명으로 증가하는 데에 큰 공헌을 하였다.

문제점들도 나타냈다. 그의 신학은 하나님 나라의 사랑과 희생 없이 하나님의 사랑과 정의를 생각하지 않고 희구함으로써 기독교적이라기보다는 많은 부분 무속적이며 세속적이며 다분히 기복(祈福)적이다. 또한 성령의 사역을 교회 안에 가두어 놓음으로서 창조의영, 생명의영, 우주적 그리스도의 영, 생태학적 치유의 영으로서의 포괄적이고 우주적 성령의 활동을 교회론 중심으로 제약하였다는 점이다.

5. 1970년대

1970년대는 화해와 대결, 협상과 투쟁으로 점철되었다. 그런 가운데 1960년대 종교 활동의 결과로 종교인구가 급증하여 기독교인이 7백만 명을 넘어서고 1백만 명이 넘는 대형집회가 몇 차례씩 거듭되었다. 1970년대에는 대규모 전도부흥운동(Mass Evangelistic Revival Movement)이 두드러지게 많았다. 1973년에 '빌리 그래함 한국 전도대회'가 개최되었다. 대회장 한경직 목사는 개회인사말에서 대회목적을 '오천만을 복음화시키는 것'과 교파를 초월한 대중전도라고 밝혔다. 이때 부산, 춘천, 대전, 전주, 광주, 대구 등지에서 예비 지방전도 대회를 가지고 서울대회를 5월 30일부터 6월 3일까지 여의도 5.16광장에서 열었는데, 연인원 334만 명이 모였고 4만 4천여 명의 결신자를 얻었다.[26] 서울과 지방에서 총동원된 연인원은 4,711,588명, 결신자 수는 81,842명, 수금된 헌금은

---
25) 서광선 외, 『한국교회 성령운동의 현상과 구조』 (서울: 대화, 2000), 17-21.
26) 김진환, 『한국교회 부흥운동사』, 260.

33,813,191원이었다.

1974년 8월 13일부터 18일까지는 한국대학생선교회에 의해 여의도광장에서 '예수 혁명, 성령 폭발'이란 집회가 개최되었다. 이 대회는 '민족의 가슴마다 그리스도를 심어 이 땅에 성령의 계절이 오게 하자'라는 표어 아래 진행되었다. 이때 국내 결신자 수는 27만 여 명, 외국인 결신자 수는 1,192명을 얻었다.[27] 그 후 전도부흥집회가 외국 자본에 의해서 외국인 강사에 의해 주도되는 것에 대한 민족적인 자각에서와 1907년 평양대부흥운동 70주년을 기념하기 위해 한국인 부흥사들이 초교파적으로 단결하여 한국인에 의해 자주적이고 범국민적인 성회를 여의도광장에서 열기로 합의하였다.[28] 1977년 8월 14일부터 18일까지 '민족복음화를 위해서! 한국인에 의해서! 오직 성령으로!'라는 주제로 집회가 열렸으나, 교역자, 선교사, 신학자들의 협조가 부족했고 모였다가 흩어진 집회라는 인상이 짙었다. 대규모집회 외에도 당시 2만여 교회마다 개교회적으로 거의 1년에 한 두 차례씩 부흥사를 초빙하여 심령 대부흥회를 가졌다. 이러한 양상도 당시 부흥운동의 중요한 몫을 해냈다.

6. 1980년대

1980년대에는 5·18광주항쟁과 같은 민주화운동과 노사갈등이 첨예화되었다. 이러한 정치적 소용돌이 속에서도 한국교회는 꾸준히 성장했다. 1970년대에는 양적으로 성장했으나 내적으로 충실치 못했었다는 비판이 있었는데, 80년대에 들어서면서 각 교회들은 내적 성숙을 위해 활발히 움직였다. 개교회들은 성경공부, 찬양의 활성화, 제자 훈련 등을 통해 질적 성장을 도모하여 80년대 한국교회의 특징을 이루었다. 이 무렵에 대형교회들이 많아져서 세계최대의 교회, 세계 제일의 감리교회와 장로교회가 생겨났다. 각 교단들이 선교 100주년을 맞이하는 선교정책을 펴기 시작했

---

27) 김진환, 『한국교회 부흥운동사』, 261-262.
28) 이만신, 『교회성장과 부흥회』(서울: 청파, 1990), 121.

고, 해외선교에도 큰 관심을 갖고 적극적인 노력을 기울였다.[29]

대규모 대중집회는 '80 세계복음화 대성회를 시작으로 거의 2년마다 개최되었다. '80 세계복음화 대성회(1980. 8. 12-15)는 내용의 충실을 기하려는 집회였는데, 민족복음화와 세계복음화를 위해 53개 지역 예비집회를 가졌고, 전도훈련과 교육을 실시하였다. 연인원 1,650여만 명이 참석했고, 세계 60개국 5,000여 명의 교회지도자가 참석했으며, 70만 명의 새 신자를 얻었고, 10만 명의 세계선교 지망생을 얻었다.[30] 1984년에는 한국기독교 백주년대회가 8월 16일부터 19일까지 연인원 350만 명이 참석한 가운데 열렸다. 이 대회에 20개 교단 25개 기독교기관이 연합으로 참가하였다. 1986년에는 '86 아시안게임에 맞추어 아시아 복음화를 위한 '86 아시아복음화대성회가 9월 15일부터 18일까지 광림교회, 여의도 순복음중앙교회, 충현교회, 강남침례교회 등에서 분산 개최되었고, 외국 대표 306명이 등록하는 등 10만여 명이 참석했다.[31] 1988년에는 '88 세계복음화대성회(8. 15-18)가 제24회 서울올림픽을 겨냥해 영적 성화를 먼저 점화하자는 취지에서 개최되었다.

1990년대에 들어와서도 '성령의 햇불을 세계로 확산시키자' 는 취지로 '92 세계성령화대회가 8월 15일부터 16일 양일간 여의도광장에서 열렸으며, 연인원 1백만 명이 참석하였다.[32] 일부 부흥사들은 1995년을 통일 원년으로 잡고 '95 희년 대성회를 준비했다. 그런데 부흥사들이 주축이 되어 이끌어온 이러한 대규모 집회들이 이제는 호응도나 인원동원 면에서 많이 약해진 모습들을 보였다.[33] 양적인 전시효과나 외형적인 부흥은 두드러졌지만 개개인의 결단과 구원의 확신 문제에는 대규모 집회가 소홀하다는 비판을 들었다. 1992년 7월 14부터 17일까지는 잠실올림픽 경기장에서 한사랑 선교회에 의해 '92년까지 서울인구 50%를 복음화하자는 새로운

---

29) 이종윤, 전호진, 나일선 공저, 『교회성장론』(서울: 엠마오, 1983), 264.
30) 『크리스챤신문』, 1980년 8월 23일자.
31) 세계복음화운동 협의회, 『88세계 복음화 대성회 기록집: 성령의 불길을 온 세계로』 (서울: 세계복음화운동 중앙협의회, 1989), 52-54.
32) 『크리스챤 라이프』, 1992년 9월호, 47-47.
33) 김우영, 『부흥회와 교회성장』 (서울: 쿰란출판사, 1996), 83.

형태의 '미스바 서울 50 전도행진' 집회가 개최되었으나 호응도는 미약했다.

1980년대에도 개교회들이 부흥회를 연중행사로 열었고, 부흥회적인 목회를 하는 교회가 크게 성장하였다. 전국 목회자 409명의 설명에 의하면 1년에 한 번, 혹은 수년에 한 번 부흥회를 가지는 교회가 93.7%로 나타났고, 이것이 목회에 절대 유익이 있다고 보는 목회자가 63%나 되었다. 이처럼 부흥운동, 부흥회, 부흥사가 목회와 밀접하게 연결되어 있었다. 그러나 부흥회가 교회의 현상유지 수단으로 체질화되고 교인들의 열정을 고조시키고 붙들어 두기 위해 일상화되었다는 지적도 있다.

7. 나가는 말

일제시대에 감시와 억압의 대상이었던 한국교회는 8.15 해방 교회재건을 도모하다가 휴전 이후에 본격적인 부흥운동을 전개하였다. 그러나 전후의 혼란과 불안으로 여러 가지 사이비 이단운동들이 태동하였다. 60년대로부터 두드러진 한국교회 부흥운동은 주로 계획적인 대중집회-메머드급 연합집회나 개교회의 부흥성회-로서의 전도집회나 열광적인 부흥성회의 형태를 보였다. 그렇게 된 이유는 첫째로 당시 미국에서 선풍적인 반향을 일으킨 대규모 복음전도대회와 조용기 목사의 삼박자운동 등의 영향을 들 수 있다. 둘째로 보다 근원적인 면, 즉 한국인의 종교적 심성과의 연관성을 들 수 있다.

열광적인 분위기에서 신앙적 공감대를 형성하며 사죄의 확신을 고취시켰던 대중집회는 경제적 곤궁함과 정신적 좌절감과 싸우던 대다수 한국민의 심성에 큰 감명을 주었다. 그리하여 한국교회의 부흥운동의 초석이 되었고, 신앙인들에게 긍정적인 사고를 갖게 해주었으며, 교회에 활력과 단결된 힘을 불어넣었다. 그런데 대중집회에 대한 무속적 신앙의 영향을 무시할 수는 없다.

대중집회가 가졌던 몇 가지 문제점을 지적하자면, 첫째로 내용 면에서 물량주의의 늪으로 빠져 들어갔다. 예수만 믿으면 물량적인 복을 받는다는 부흥사의 말이 설교에서 큰 비중을 이루고 있었다. 둘째로 교육면에서 개별 교인들을 훈련시키지 못하였다. 수많은 군중이 모여 마치 운동경기를 관람하거나 연극을 보는 것과 같은 착각을 불러일으켰다. 그러므로 많은 수에도 불구하고 열매 맺는 신자들이 많이 나오기는 어려웠다. 셋째로 역사의식이 결여되었다. 대부분의 집회는 전반적으로 영혼 구원만 강조했지 사회구원은 외면했다. 사회와 역사에 대한 책임을 소홀히 하여 균형 있는 성장을 이루지 못했다.

앞으로 한국교회의 부흥운동은 어떻게 새로운 옷을 입어야 할까? 먼저 선교 지향적인 운동이 되어야 할 것이다. 자기가 속한 교회나 교단만 부흥되면 된다는 생각보다 모든 하나님 나라 전체가 소생하고 부흥해야 한다는 생각을 가져야할 것이다. 또한 부흥운동을 단순한 은사운동과 같은 체험의 차원으로 그치지 말고 성령의 역사가 인격과 삶의 변화로 이어지는 진정한 영적 각성운동으로 이어져야 할 것이다.

A History of Modern Christian Revivals

근현대 부흥운동사 서설 최재건(교회사)
독일 루터파 경건주의-근현대 부흥운동의 여명 김상식(교회사)
18세기 영국 복음주의 부흥운동-웨슬리 형제와 감리회를 중심으로 송정연(교회사)
조나단 에드워즈와 미국 제1차 대각성운동 장진경(교회사)
조지 휫필드의 부흥운동 주 진(선교학)
미국 제1차 대각성운동의 영향력 이혜원(교회사)
미국 제2차 대각성운동 정요진(교회사)
찰스 피니의 부흥운동 이상정(교회사)
무디의 부흥운동 정다운(교회사)
노르웨이 부흥운동 장진경(교회사)
케직 사경회 윤상림(교회사)
웨일즈 부흥운동 장진경(교회사)
한국 초기 부흥운동-원산부흥운동을 중심으로 최형철(교회사)
평양대부흥운동 김현숙(예배·설교학)
중국의 부흥운동: 1900-1937년 윤상림(교회사)
해방 후 한국의 부흥운동-80년대까지를 중심으로 임승훈(예배·설교학)
빌리 그래함의 부흥운동 강현구(교회사)
영국·미국·한국 오순절운동 김윤정(교회사)

17

빌리 그래함의 부흥운동

강현구(교회사)

1. 들어가는 말
2. 빌리 그래함 부흥운동의 배경
3. 빌리 그래함 부흥운동의 전개
4. 빌리 그래함 부흥운동에 대한 평가
5. 나가는 말

1. 들어가는 말

근대 역사에서 양적으로 기독교의 메시지를 가장 많이 전한 사람은 아마도 빌리 그래함(Billy Graham)일 것이다. 그는 각종 부흥회와 라디오, TV방송, 신문, 잡지 등을 통해서, 또 왕들, 대통령들, 수상들과의 대면을 통해서, 냉전으로 인해 왕래가 없었던 공산권 지역에까지 세계 6대륙 곳곳의 방문을 통해 끊임없이 복음을 전했다. 그는 '20세기의 가장 두드러진 개신교 복음전도자'[1], '세상에서 가장 사랑받는 복음전도자'[2], 등등의 수식어로 묘사되었고, 그런 만큼 20세기에 영적·사회적·정치적으로 많은 영향을 끼쳤다.

이 글에서는 부흥운동가로서의 빌리 그래함의 행적을 살펴보고 그의 운동의 결과를 살펴보고자 한다. 더불어 그의 어떠한 면과 어떠한 여건이 수많은 사람들을 집회장소로 이끌어냈고 변화시켰는지에 대해 살펴보고자 한다. 우선 시대상황과 그의 생애를 간단히 돌아본 다음, 여러 전기문을 통해 그의 부흥운동의 행적을 추적해 보고자 한다. 그리고 그의 부흥

---

[1] 마크 A. 놀, 『미국·캐나다 기독교 역사』, 최재건 역 (서울: CLC), 603.
[2] 서우드 엘리엇 워트, 『빌리 그래함』, 장밀알·하미경 역 (서울: 예영커뮤니케이션, 1999), 1.

운동의 성공조건과 영향 등을 분석해 보고자 한다.

2. 빌리 그래함 부흥운동의 배경

1) 시대적 배경

제2차 세계대전은 핵시대의 개막으로 끝을 맺었다. 원자 대학살의 그림자 아래 전후 미국에서는 미국 역사상 가장 출산율이 높은 소위 '베이비붐' 세대가 자라났다.[3] 미국은 번영의 시대로 접어들면서 세계가 일찍이 꿈꾸어보지 못했던 풍족한 소비사회를 경험하게 되었다. 열심히 노력하는 자에게 사회적, 경제적 성공의 기회가 주어졌고 수백만의 인구가 이러한 여유를 누리기 위해 교외에 정착했다. 반면에 가난한 흑인들 및 소수 민족들은 도시 중심가를 점거했다.

또한 냉전의 시대가 전개되었다. 미국은 소련이 서구세계에 동조자들을 가지고 있어 더욱 위험하게 생각했다. 미국에서 좌익들이 공격받기 시작하여 적색 공포가 절정에 달했던 시기에는 교회에 등록한 자가 아니면 반미적인 경향을 가진 자로 여겨졌다.[4] 이러한 이유들에서 교외의 교회들이 급성장했다. 1950년대와 1960년대 초기는 각처의 유복한 교인들에 의한 아름다운 교회건축의 시대라 할 수 있었다. 이러한 시기에 빌리 그래함의 복음협회가 설립되었다.

한편에서 흑인민권운동이 성장하고 있었다. 미 정부는 1949년에 군대 내부의 인종분리를 철폐하였고, 1952년에 대법원 판결을 통해 공립학교 내의 인종통합을 명령했다. 일부 백인들도 인종분리 철폐를 지지했다. 전국교회협의회(The National Council of Churches)와 여러 큰 교파들도 인종분리를 반대했다. 그러나 인종차별 행위는 계속되고 있었다. 흑인민권운동과 더불어 여권신장운동도 같이 일어나고 있었다.

---

3) 후스토 L. 곤잘레스, 『현대교회사』, 서영일 역 (서울: 은성, 1987), 381.
4) 후스토 L. 곤잘레스, 『현대교회사』, 382.

2) 개인적 배경

윌리엄 프랭클린 그래함(William Franklin Graham)은 1928년 11월 7일 프랭클린(Franklin Graham)과 머로우 그래함(Morrow Graham) 부부의 슬하에서 출생했다.[5] 그래함 가(家)는 남연방의 오래된 가문으로 노스캐롤라이나 샬롯(Charlotte) 교외에서 농사를 지었다. 그는 엄격한 부모 밑에서 일반적인 학교생활을 하며 장난치기를 좋아하는 전형적인 시골 소년으로 성장했다.[6] 이러한 성장기에 모디카이 함의 전도집회에서 죄를 깨닫고 그리스도에게 생애를 의탁하였다.[7] 빌리 그래함과 그의 죽마고우이자 동역자인 그래디 윌슨은 단상 앞으로 나가 결신자가 되었다.

그의 어머니가 복음전도자 보브 존스(Bob Jones)에게 감명을 받은 일로 인해 그는 1936년 고등학교를 졸업하고 테네시(Tennessee) 주의 보브 존스 학교에 입학했다. 이내 어머니의 추천으로 플로리다 성경학교(Florida Bible Institute)로 옮겼다. 이 두 학교 모두 인가를 받지 않은 학교였다. 1940년 9월에는 휘튼대학에 입학하여 인류학을 전공하였다.

플로리다 성경학교 재학 중에 빌리 그래함은 천막성전이나 형무소, 여러 교회들을 찾아가 설교하곤 했다. 그런 가운데 1939년 침례교 목사 안수를 받고[8] 1940년부터 탬파 복음교회의 부목사로 사역하기 시작했다.[9] 그 후 1943년에 웨스턴 스프링스(Western Springs)의 작은 교회에 담임목사로 부임하여 18개월 간 사역을 하였다.

---

5) 크리스토퍼 캐서우드 편, 『5인의 복음주의 지도자들』, 김영우 역 (서울: 엠마오, 1987), 255.
6) 빌리 그래함은 12년 동안 어머니의 회초리와 아버지의 혁대에 수백 대를 맞았다고 한다. William Martin, *A prophet with honor: The Billy Graham Story* (New York: William Morrow and Co., 1991), 52.
7) 빌리 그래함은 자서전에서 이 일에 대해 '마지못해 어쩔 수 없이' 갔었던 집회에서 자신을 그리스도에게 드릴 순간이 왔음을 느꼈다고 기록하였다. 빌리 그래함, 『빌리 그레이엄 자서전』, 윤종석 역 (서울: 두란노, 2001), 50.
8) 빌리는 아내 루스 벨을 만나기전까지 여러 번 실연을 경험했는데, 특히 1938년의 에밀리 캐버내프(Emily Cavanaugh)와의 파혼으로 큰 상처를 받고 이후에 평화를 찾기 위해 기도와 말씀에 집중하였으며, 이때에 찾은 평안함을 전하기 위해 목회를 결심하게 되었다고 한다.
9) 빌리 그래함의 자서전은 존 마인더가 교회를 비우는 기간 동안 빌리 그래함에게 그 교회를 맡긴 것이라고 기록하고 있다. 빌리 그래함, 『빌리 그레이엄 자서전』, 80.

그는 전국복음주의연합회(National Association of Evangelicals, NAE)를 통해 알게 된 시카고 지역의 '중서부 성서교회' 담임목사이며 '한밤의 찬양'이란 주일 저녁 라디오 프로그램을 맡은 토리 존슨(Torrey Johnson) 목사에 의해서 1944년 1월에 그 프로를 맡게 되었다. 1945년 1월부터는 토리 존슨이 통합시킨 국제기독청년회(Youth for Christ International, YFC)의 전임사역자와 대표로 사역하기 시작했다.[10] 그는 기독청년회의 여러 집회에서 설교하면서 부흥운동가로서의 자질을 발휘하기 시작했다. 토리 존슨과 빌리 그래함 등 YFC의 멤버들은 유럽에서 YFC를 시작하기 위해 1946년 3월에 유럽으로 가서 6개월 간 360번 집회를 가졌다.[11] 노스웨스턴 학교의 설립자인 윌리엄 벤 라일리의 거듭된 요청에 따라 1947년 12월에 29세의 나이로 미국 최연소 대학총장이 되어 6개월 간 그 학교의 총장직을 맡았다.

3. 빌리 그래함 부흥운동의 전개

빌리 그래함은 1949년 로스앤젤레스 집회를 시작으로 본격적인 부흥운동가의 길을 갔다.[12] 그 전에 가졌던 노스캐롤라이나, 미시간, 조지아에서의 집회를 바탕으로 로스앤젤레스 집회를 대규모로 기획하고 언론에 집회 소개 기사를 실어 많은 관심을 유도했다. 집회는 애초에 3주 동안 진행하기로 계획되어 있었으나 집회 도중에 8주로 연장되었다. 8주 동안 72회의 집회에 35만 명 이상이 참여했으며 3천명이 결신하였다. 참석자들 중의 80%는 전혀 교회를 다니지 않았던 사람들이었다. 언론의 지속적인 부각과 로스앤젤레스 집회의 대성공으로[13] 빌리 그래함은 미국에서 가장 인정

---

10) 1945년 6월에 공식적으로 발족된 '국제기독청년회' 는 토리 존슨이 의장이 되었고 빌리 그래함이 공식 대표로 임명되었다. 빌리 그래함은 공식적으로 통합되기 전인 1월부터 전임사역자가 되어 순회 집회를 가졌다.
11) William Martin, *A prophet with honor: The Billy Graham Story*, 94.
12) 빌리 그래함 자신이 자서전에서 부흥운동 생애의 전환점을 로스앤젤레스 집회로 꼽았다. 김수연, 『기독교지지』(인천: GoodWay, 2005), 379.
13) 로스앤젤레스의 집회의 성공에는 올림픽 선수이자 전쟁 영웅인 루이스 잼페리니(Louis Zamperini)

받는 복음전도자가 되었다. 이후 단 한 해도 빠지지 않고 세계 전역에서 부흥회를 가졌다.

로스앤젤레스 집회 이후 빌리 그래함은 유명세를 이용하여 부흥운동을 더욱 확장하였다. 그리고 재정관리와 기획을 위해 빌리 그래함 복음전도협회(The Billy Graham Evangelistic Association, BGEA)를 설립하였다. 1950년 1월 보스턴 집회에는 17일 간 10만 명 정도의 사람들이 모였다. 그는 1950년 11월 5일부터 전국에 방송되는 복음전도 프로그램을 시작하였다. 1951년 할리우드 볼(Hollywood Ball) 집회에서는 흑백문제의 해결을 시도했다. 1953년 차타누가 집회 때는 인종차별이 없는 좌석배치를 주장하였고, 같은 해 달라스(Dallas) 집회 때도 같은 의견을 발표했다. 인종차별적 경향이 강했던 남부에서조차도 빌리 그래함 자신이 남부 출신인 까닭에 그의 반대자들이 그를 간섭하기 좋아하는 외부인이라고 비난할 수 없었다.[14]

1952년에는 전쟁 중인 한국을 방문하여 미군 군목들을 위한 집회를 가졌으며, 같은 해에 영국 런던 북부의 하링게이(Harringay)에서 전도집회를 가졌다. 이후 빌리 그래함은 해외 전도집회에 열중하였다. 1954년에는 12주간 준비하고 기획한 런던 부흥회를 실시하였는데, 그때 런던 올림픽 때보다도 많은 10만 5천명의 사람들이 참여하였다. 그리고 이 기간에 총 1,869,000명가량이 참석했고, 37,600명가량이 회심하였다.[15] 1955년에는 스코틀랜드 글래스고, 프랑스 파리, 스위스 취리히와 제네바, 서독 만하임과 슈투트가르트와 뉘른베르크와 도르트문트와 프랑크푸르트와 베를린, 네덜란드 로테르담, 노르웨이 오슬로, 스웨덴 스톡홀름, 덴마크 코펜하겐, 캐나다 토론토 등에서 전도집회대회를 가졌다.

유럽에서 성공적으로 집회를 마친 후 1956년에는 정치적으로 불안한 상황에 있는 인도에서 전도집회대회를 개최하였다.[16] 봄베이에서 집회가

와 암흑가의 도청자 짐 보스(Jim Vaus)의 회심이 대중의 분위기를 고조시킨 점이 어느 정도 작용했다. 이 두 사람의 회심을 언론에서는 집중적으로 보도하였고 사람들의 관심이 쏠리기 시작했다. William Martin, *A prophet with honor: The Billy Graham Story*, 111.

14) 크리스토퍼 캐서우드 편, 『5인의 복음주의 지도자들』, 266.
15) 크리스토퍼 캐서우드 편, 『5인의 복음주의 지도자들』, 269.
16) 당시 인도는 인도 정부의 소유재분배의 의해 사회적 폭동과 혼란으로 휩싸여 있었다. William

취소된 후 남부로 이동하였으며, 기자 회견을 통하여 대중에게 널리 드러나게 되었다. 마드라스에서는 3일 간 진행된 집회에 10만 명이 참여하여 4-5천명이 결신하였다. 그리고 코타얌 시의 집회에서는 도시 인구수를 상회하는 7만 5천 명이 몰려들었다.

미국으로 돌아온 빌리 그래함은 뉴욕에서 부흥전도대회를 시작하였다. 1957년 5월 15일 1만 8천명의 군중으로 시작된 부흥전도대회는 16주 간 계속되었고 7월 12일에는 참석자가 50만 명을 넘어섰다. 1958년 4월에는 샌프란시스코에서 집회를 가졌다.

1959년에는 오스트레일리아에서 성공회 주교의 구상에 의해 복음전도대회를 가졌다. 그런데 오스트레일리아 사람들은 1956년에 멜버른에서 오럴 로버츠 집회를 방해하고 천막을 내리고 장비를 불태운 적이 있었다. 그러나 이번에는 멜버른 집회에 7만 명이 모였고, 멜버른 크리켓 경기장 집회에는 14만 3천명이 모였다. 뉴질랜드에서는 전체 인구의 1/4 가량이 참석했으며, 멜버른부터 뉴질랜드까지 대회에서 3,362,240명에 육박했고, 총 114번의 집회를 가졌으며, 결신자 수는 15만 명에 달했다. 오스트레일리아 성공회 주교는 "오스트레일리아 교회 사상 최대의 성과를 거두었다"라고 말했다.[17] 1960년에는 아프리카 순회 복음전도대회를 가졌다. 전도대회 중 라이베리아에서 1만 3천명, 나이지리아에서 12만 8천 명이 모였다. 빌리 그래함은 8주간 아프리카의 9개국 16도시를 순회하였다.

1964년까지만 해도 미국 남부의 전도집회에서는 흑인 목회자가 백인들에게 설교하지 않는 관례를 당연한 것으로 받아들이고 있었다. 1954년 미 연방 최고 법원은 흑인에 대하여 분리적인 입장을 취하는 학교의 행정을 위법으로 선언했다. 지도자들은 인종차별적인 시의 법안을 철폐해야 한다고 생각하면서도 어떤 식으로 처리해야 할지 난감해했다. 이러한 때 빌리 그래함이 1964년 부활주일에 버밍햄 리전 필드에서 다인종이 참여한 거대한 집회를 가져 앨라배마 주에서 가장 큰 도시의 인종 장벽이 허물어지게 되는 계기를 마련하였다.[18] 1966년에 다시 런던에서 집회를 가졌고,

---

Martin, *A prophet with honor: The Billy Graham Story*, 193.
17) William Martin, *A prophet with honor: The Billy Graham Story*, 259.
18) 셔우드 엘리엇 워트, 『빌리 그래함』, 162.

1966과 1968년에 베트남에서 미군을 위해 집회를 가졌다.

　1969년의 뉴욕 부흥회는 TV 시청자에게 초점을 맞추었다는 점에서 이전의 미국 부흥회들과 달랐다. 정해진 지역의 다양한 청중들을 대상으로 한 집회에서 뉴욕을 비롯한 12개 도시에 지역 방송국을 통해 집회상황을 방송하도록 하였다. 빌리 그래함 일행은 성공적이었다고 생각했지만, 특정지역 대상의 방송은 전국대상 방송보다 효과적이지 못하다는 것이 증명되었다. 빌리 그래함 일행은 TV만큼 효과적인 부흥회의 충격을 줄 수 있는 것은 없다고 생각했다. 1970년에 BGEA는 유로 '70(EURO '70)으로 알려진 계획을 추진했다. 이 계획은 순조롭게 진행되지 못했다. 프랑스, 덴마크, 노르웨이의 교회들이 지지를 표명한 반면, 스웨덴과 핀란드는 중도적 입장을 띠고 있었고, 네덜란드와 벨기에는 동의는 했지만 국영 TV공사를 장악한 가톨릭의 영향으로 실천에 옮기기 어려웠다. 유고슬라비아는 동유럽 국가 중 유일하게 이 계획에 참여했으며, 영국은 찬성했지만 런던 등의 도시들은 참여를 결정하지 않았다. 독일에서 반발이 가장 심했다. 우여곡절 끝에 진행된 유로 '70에서 1970년 4월 부흥회가 진행될 때 10개국 39개 개최지에 거의 1천여 명이 유럽에서 조직화된 방송망에 참여하였다. TV방송을 통해 부흥회는 몬테카를로의 강력한 선교 방송국인 트랜스월드(Trans-World)에 의해 모든 동, 서 유럽에서처럼 아프리카와 극동 아시아에 전달되었다.

　1972년에는 종교분쟁 지역을 방문하여 전도대회를 가졌다. 5월경에 북아일랜드를 방문했다. 북아일랜드의 수도 벨파스트(Belfast)에서는 개신교도들이 오히려 냉정하게 대했지만, 아일랜드의 수도 더블린(Dublin)에서는 가톨릭과 개신교 양 지도부의 환대를 받았다. 그 후 힌두교 인도정부로부터 독립을 원하는 분쟁 지역인 인도 북동부의 나갈랜드(Nagaland)를 방문하여 10만 명 정도 모인 크리켓 경기장에서 집회를 가졌다. 그곳에는 나갈랜드의 힌두교인, 이슬람교도들도 참석했다. 1973년 3월에는 남아프리카공화국에서 전도대회를 가졌다. 남아프리카공화국 트란스발의 중심도시인 요하네스버그(Johannesburg)의 원더러스 크리켓 경기장에 6만 명이 운집하였다. 이 집회에서는 줄루족, 촤나족, 샹간족, 스와지족, 소토

족, 은드벨드족, 벤다족, 총가족, 바페디족 교회들은 물론, 남아프리카 태생 백인들의 교회와 백인과 유색 인종을 위한 영국식 교회, 중국인 교회, 흑인 교회, 인도 교회, 예수회 등에서 온 사람들이 한 자리에 있어 인종차별의 담을 허물기 위해 노력했다.[19]

같은 해 6월에 빌리 그래함은 서울에서 전도대회를 가졌다. 여의도광장에서 역사상 가장 많은 112만 명의 군중 앞에 서게 되었다. 1954년에 런던에서 12주 동안, 1959년에 뉴욕에서 16주 동안 2백만 이상의 군중을 모으기 위해 설교했다. 그러나 한국에서는 5일 간 3백만 이상의 군중에게 설교를 했다. 새신자 결신 카드가 10만 장이 넘었다. 뿐만 아니라 대한민국 전국의 대도시들에서도 BGEA의 중추인물들인 동역자들이 집회를 가졌다. 그래디 윌슨(Grady B. Wilson)은 부산에서 32만 6천명의 군중들 앞에서 설교했으며, 하워드 존스(Howard Owen Jones)는 청주에서 27만 명 앞에서 설교했다. 존 화이트(John Wesley White)는 대전에서 14만 명과 집회를 가졌으며, 같은 대전에서 아크바르 압둘 하크(Akbar Abdul Haqq)는 8만 3천 5백 명 앞에서 설교했다. 클리프 배로우즈(Cliff Barrows)는 춘천에서 3만 7천 명 앞에서 설교했으며, 랄프 벨(Ralph Bell)은 광주에서 32만 명과 집회를 가졌다. 여의도광장을 헬리콥터로 날아온 빌리 그래함은 많은 군중을 보고 "이것은 확실히 하나님이 하시는 일일 수밖에 없다"고 말했다고 한다.[20] 1974년에는 브라질에서 전도대회를 가졌는데, 마라카나(Maracana) 경기장에서는 둘째 날에 20만 명이 참가했다. 1975년에는 타이페이, 홍콩 등 아시아 순회 전도대회를 가졌고, 많은 젊은이들이 개종을 고백하였다.

빌리 그래함은 유럽에서 전도대회를 빈번히 가졌지만, 냉전으로 인해 동유럽과는 거의 접촉하지 못했다. 베를린 전도대회에서는 베를린 장벽 너머의 동독 주민들이 빌리 그래함의 설교를 듣고자 경계선에 수많은 사람들이 모이는 바람에 동독 측의 군대가 경계를 섰다. 1977년에는 헝가리 부다페스트에서 전도대회를 가질 수 있었고, 3만 이상의 사람들이 모

---

19) 셔우드 엘리엇 위트, 『빌리 그래함』, 200.
20) William Martin, *A prophet with honor: The Billy Graham Story*, 440.

였다. 1978년에는 폴란드에서 전도대회를 가졌으며, 1982년에는 체코슬로바키아를 방문하였다. 1982년에는 미국 내 언론들의 비판을 무릅쓰고 소련을 방문하였다. 모스크바 방문 중 침례교와 정교회 지도자들과 많은 대화를 나누었고, 모스크바, 체코, 동독, 루마니아에서 설교하였다. 1984년에도 초청을 받고 소련을 방문했으며, 모스크바, 레닌그라드, 탈린, 노보시비르스크 4개 도시에서 오십 차례나 연설하고 설교했다. 소련이 해체되고 난 후 1992년 10월에는 모스크바 올림픽 경기장에서 전도부흥집회를 3일 간 가졌는데, 러시아 정교회, 침례교, 오순절교, 루터교, 예수 재림교에 속한 사람들이 모스크바에서 150명, 주변 국가에서 3천 명, 그리고 총대주교 피멘이 집회에 참석하였다.[21] 매일 밤 3만 8천석의 올림픽 경기장이 가득 찼으며 마지막 날에는 5만 명의 사람들이 경기장으로 몰려들었다.

1995년 3월 빌리 그래함은 위성을 사용하여 전도부흥집회를 가졌다. 빌리 그래함이 매일 밤 설교하면 소집된 170여명의 통역단이 각 언어별로 통역하여 전 세계에 방송하였다. 이렇게 해서 전 세계 2,999곳으로 생방송되었다.[22] 미국에서는 438개 TV방송국에서 송출되었다. 이러한 위성을 사용하여 메시지를 보내는 지역을 더욱 확장시켰다.

4. 빌리 그래함 부흥운동에 대한 평가

빌리 그래함의 부흥운동의 특징은 언론매체를 적극적으로 활용한 것이다. 특히 1949년의 로스앤젤레스 집회 때는 처음 기획했던 3주 간의 집회에서 사람들이 많이 모이지 않자 적극적으로 각 신문사들에게 홍보를 요청했고 이로 인해 많은 사람들이 모이게 되었다. 1966년 영국에서의 TV

---

21) 셔우드 엘리엇 위트, 『빌리 그래함』, 292.
22) 1996년 4월에 빌리 그래함의 설교 메시지가 전달된 국가의 목록은 다음과 같다. 앙골라, 요르단, 우루과이, 파나마, 우크라이나, 에콰도르, 우간다, 시에라리온, 세이셸, 중국, 대만, 마카오, 필리핀, 부룬디, 러시아, 크로아티아, 헝가리, 스페인, 벨리즈, 나미비아, 남아프리카공화국, 콩고, 기니아비소, 아르헨티나 등의 국가이다.

를 통한 부흥회를 마친 후로 점차 TV를 통한 부흥회가 늘게 되었다. 언론이 그를 부각시킨 점도 있었다.[23] 로스앤젤레스 집회 이후 전국적으로 유명 인사가 되어 이후에는 부흥회를 가질 때마다 언론에서 앞 다투어 먼저 기사를 내보내게 되었고, 이로 인해 사람들의 주목을 받았다. 라디오와 TV 프로그램을 직접 진행했던 것도 그의 이름을 널리 알리는 계기가 되었다. 언론의 관심은 수적인 성공의 열쇠가 되었다. 그리고 1956년에 창간한 『크리스차니티 투데이』와 1969년에 창간한 『디시전』은 빌리 그래함의 부흥 사역을 홍보하는 데에 큰 역할을 담당했다.

빌리 그래함의 부흥운동에는 지지기반이 되는 단체가 존재했다. 그는 부흥운동의 예산과 헌금을 효율적으로 관리하기 위해 1950년 클리프 배로우스, 그래디 윌슨 등과 함께 빌리 그래함 복음협회(The Billy Graham Evangelistic Association)를 조직하였다. 이 단체는 이후 빌리 그래함 부흥운동의 중추적인 역할을 담당하였다. 이 단체에 속한 빌리 그래함의 동역자들은[24] 그가 집회에만 신경 쓸 수 있도록 효율적으로 조력하였다.

빌리 그래함은 복음전도운동의 용어를 바꾸어 사용하였다. '부흥운동'(revivals)이라는 명칭 대신에 '십자군 운동'(crusaders)이라는 명칭을 사용하였고, '개인 사역자'(personal worker)는 '상담원'(counselor)이라는 명칭으로 대체하였다. 용어의 변화를 통해 자신의 부흥운동의 의지를 표명하였고, 이 또한 부흥운동에 임하는 자세에 변화를 가져오게 하였다. 1955년 이후 '안드레 방식'(Operation Andrew)이라는 전도방식을 채택하였는데, 이것은 한 지역의 그리스도인들이 비그리스도인 친구들을 위하여 기도하며 관심을 기울일 것을 서약하고 집회에 꼭 데리고 와야 하는 방식이었다.[25] 한편 부흥집회마다 '복음전도학교'(School of Evangelism)를 부설하여 그 지역의 신학생을 모집하여 교육하였다.

---

23) 마크 A. 놀, 『미국·캐나다 기독교 역사』, 603.
24) 대표적으로 성가대 지휘자이자 음악 감독인 클리프 배로우스, 독창 가수 조지 비벌리 셰아, 피아니스트이자 반주자를 담당한 테드 스미스, 빌리의 전도 매니저이며 여행 보좌관이며 BGEA의 핵심적 인물인 그래디 윌슨과 그의 형제인 T.W. 윌슨, 세계 순회 전도집회의 설계자인 월터 스미스, BGEA의 본부장이며 법인의 부총재였던 조지 윌슨, 아크바르 압둘-하크, 도날드 배일리, 랄프 벨 등이 있었다.
25) 크리스토퍼 캐서우드 편, 『5인의 복음주의 지도자들』, 270.

빌리 그래함은 분명 20세기에 가장 존경받는 기독교 인사의 하나로 꼽히기에 손색이 없었다.[26] 그렇다고 해서 반대세력이 없었던 것은 아니었다. 신학적인 입장의 차이로 자유주의 진영의 사람들이 그를 비난했으며, 강경한 칼빈주의자들은 집회에서 결신자를 받는 것을 신학적으로 비판했다.[27] 그의 부흥운동에 자유주의 진영의 사람들을 참여시켰던 것을 일부 복음주의자들은 비난했으며, 냉전 시대에 동유럽을 방문하는 것에 대해 많은 미국인들이 반발했다. 특히 몇몇 언론들은 소련 방문에 대해 순진한 빌리 그래함이 노련한 소련의 손에 놀아났다고 묘사했다. 그의 메시지가 지나치게 단순하다고 비난한 사람들도 있었다. 그러나 이러한 비판들은 그만큼 빌리 그래함의 영향력이 컸다는 사실을 반증하는 것이었다. 빌리 그래함은 자신을 비난하는 사람들에게 우호적인 편지를 보내며 화해를 모색하였다.

유명세로 인해 정치적으로 이용당하기도 하였다. 로스앤젤레스 집회 이후 트루먼(Harry S. Truman) 대통령이 그를 백악관으로 초대한 것을 시작으로 하여 끊임없이 다음 대통령들과 친분을 쌓게 되었고, 대선 때 인기몰이를 위해 대선후보들이 빌리 그래함과의 친교를 갖고자 애쓰기도 했다. 아이젠하워(Dwight D. Eisenhower) 대통령은 인종차별 철폐를 위해 빌리 그래함 집회를 이용하기도 했으며, 닉슨(Richard M. Nixon)의 대선 때에는 빌리 그래함이 자칫 공개석상에서 닉슨 지지를 표명할 뻔한 위기를 맞기도 했다. 닉슨의 워터게이트 사건으로 큰 상처를 받은 후 빌리 그래함은 정치권과 거리를 두기 시작했다. 국외에서도 정치적으로 이용되었다. 1977년 마닐라에서 5일 간 집회를 가졌을 때는 마르코스와 이멜다가 이미지 개선을 위해 빌리 그래함과 일행들을 접선하고 국가적인 만찬을 개최하기도 하였다.

빌리 그래함은 전 세계에 영적, 사회적으로 많은 영향을 끼쳤다. 인종차

---

26) 마크 A. 놀, 『미국·캐나다 기독교 역사』, 603.
27) 칼빈주의자들은 우리가 하나님에 의해서 구원받는 것이지 인간이 선택할 수 있는 것이 아니라는 주장에 근거해서 결신자를 받는 행위를 비판했다. William Martin, *A prophet with honor: The Billy Graham Story*, 170. 그러나 빌리 그래함은 인간의 믿음과 의지를 모두 강조했다. 빌리 그래함, 『빌리 그래함의 365일 설교와 기도』, John Winmill Brown 편집 (서울: 보이스사, 1977), 48, 203.

별 문제에서의 일관된 평등주장과 집회에서의 실천, 인종차별이 심한국가에서 인종평등집회의 강행은[28] 그러한 분위기를 고조시키는 데 상당한 역할을 수행했다. 냉전시대에 냉전의 기류가 무너지게 하는 데도 한 몫을 하였다. 초기에 빌리 그래함은 공산주의에 대해 적대적인 입장을 취했다. 냉전이 시작되기 시작한 1950년대에만 하더라도 자신이 진행하는 라디오 프로그램에서 공산주의자들은 사탄의 지배받는 자들로서 평화로운 세계를 죽음과 파멸로 이끄는 자들이라고 직접 말하기도 했다.[29] 그러나 그의 태도는 1970년대부터 조금씩 사라진 것으로 보이며 1970년대부터는 체코, 루마니아, 헝가리 등 공산권 국가들에서 전도집회대회를 가졌다. 그리고 국내 언론의 비난과 반대를 무릅쓰고 강행한 1982년의 소련 방문과 뒤이어 가진 전도집회대회는 빌리 그래함의 의도가[30] 어찌되었든 간에 냉전이 조금씩 와해되어가고 있음을 보여주는 상징적인 사건으로 볼 수도 있었다.

5. 나가는 말

1949년 로스앤젤레스 집회로부터 부흥운동가의 길을 갔던 빌리 그래함은 이후 세계를 다니며 복음을 전하고 인종적·사회적·정치적 차별과 갈등을 해소하는 일에 앞장섰다. 그런데 전체적으로 준비된 부흥운동가라기보다는 상황, 주변 환경에 의해 부각된 부흥운동가라는 느낌이 강하다. 처음 부흥운동가로서의 길을 걷기 시작한 것도 우연한 기회에 일어났고, 모친이 영향이 강했으며, 특히 그의 부흥사역의 전환점이라 할 수 있는 로스앤젤레스 부흥운동의 경우는 외적인 이유들로 성공한 면이 크다. 이후의 부흥운동에서도 역시 부흥운동 자체보다는 시대적 상황과 그것을 잘

---

28) 대표적인 경우가 남아프리카 공화국, 요하네스버그 부흥 전도 대회이다.
29) William Martin, *A prophet with honor: The Billy Graham Story*, 159.
30) 순수하게 복음을 전하기 위함인지, 정치적인 의도가 개입된 행위인지, 아니면 그의 영향력을 이용하여 관계를 회복하고자 하는 미국이나 소련 어느 편 정치권의 이용인지는 알 수 없다. 그 후 1989년에 미·소 양국이 핵무기 감축 조약에 서명하였다.

이용한 빌리 그래함 복음협회 사람들의 수완 덕분에 성공했다고 하는 것이 옳은 말일 것이다. 서두에서 언급하였듯이 당시 미국에서 교회가 부흥될 수 있을 만하고 부흥되어야만 하는 여건이 마련되었고, 이 시기에 맞추어 빌리 그래함이 등장한 것이었다. 그런데 이러한 사실을 증명하기 위해서는 당시에 같은 시공간적 배경을 가지면서도 빌리 그래함과 같이 영향력을 지니지 못하고 실패한 다른 부흥운동가들의 사례에 대한 연구가 필요할 것이다. 그들의 연구를 통해 빌리 그래함의 부흥운동가로서의 구별된 성격을 알 수 있을 것이다.

미국 개신교 복음주의자들에 대한 빌리 그래함의 권위는 흑인들에 대한 마틴 루터 킹(Martin Luther King Jr.)의 권위나 가톨릭 교인들에 대한 풀톤 쉰(Fulton J. Sheen)의 권위에 비견될 만했다. 그러나 그의 영향력이 항상 긍정적인 방향으로 사용된 것은 아니었다. 그의 부흥회는 풍부한 재정지원을 바탕으로 뛰어난 매체들을 활용하여 수많은 군중들을 끌어들였다. 부흥회에서의 빌리 그래함의 메시지로 인해 모였다기보다는 언론들의 홍보와 빌리 그래함의 유명세로 인해 사람들이 모인 경우가 더 많았다. 그렇다고 할지라도 수많은 집회와 복음 메시지와 비그리스도인으로부터 얻은 수천, 수만의 결신자와 인종문제 및 냉전문제에 빌리 그래함의 부흥 전도집회가 끼친 긍정적인 영향은 결코 간과될 수 없을 것이다.

A History of Modern Christian Revivals

근현대 부흥운동사 서설 최재건(교회사)
독일 루터파 경건주의-근현대 부흥운동의 여명 김상석(교회사)
18세기 영국 복음주의 부흥운동-웨슬리 형제와 감리회를 중심으로 송정연(교회사)
조나단 에드워즈와 미국 제1차 대각성운동 장진경(교회사)
조지 휫필드의 부흥운동 주 진(선교학)
미국 제1차 대각성운동의 영향력 이혜원(교회사)
미국 제2차 대각성운동 정요진(교회사)
찰스 피니의 부흥운동 이상정(교회사)
무디의 부흥운동 정다운(교회사)
노르웨이 부흥운동 장진경(교회사)
케직 사경회 윤상림(교회사)
웨일즈 부흥운동 장진경(교회사)
한국 초기 부흥운동-원산부흥운동을 중심으로 최형철(교회사)
평양대부흥운동 김현숙(예배·설교학)
중국의 부흥운동: 1900-1937년 윤상림(교회사)
해방 후 한국의 부흥운동-80년대까지를 중심으로 임승훈(예배·설교학)
빌리 그래함의 부흥운동 강현구(교회사)
영국·미국·한국 오순절운동 김윤정(교회사)

18

영국·미국·한국 오순절운동

김윤정(교회사)

1. 들어가는 말
2. 오순절운동의 정의와 사상유형
3. 오순절운동의 배경과 강조점
4. 오순절운동의 전개
5. 한국의 오순절운동
6. 오순절운동에 대한 비판과 갈등
7. 오순절운동의 공헌
8. 나가는 말

1. 들어가는 말

세계 최대 교회인 순복음중앙교회가 한국에 존재하는 사실, 전 세계에서 오순절운동이 맹위를 떨치고 있는 사실, 모든 교파가 오순절 성령운동을 교회성장 전략으로 사용하고 있는 사실, 이상의 몇 가지 현상만으로도 오순절운동은 충분히 주목을 받을 만하다. 하비 콕스는 오순절 성령운동의 세계적인 성공 이유에 대하여 오순절운동이 인간의 원초적 영성을 회생시켰기 때문이라고 설명한다.[1] 그는 이 원초적 운동을 복고주의 성령운동이라고 묘사하는데, 이것은 세 가지 차원, 곧 ① 원초적 언어(방언), ② 원초적 신앙심(황홀감, 환상, 신유, 춤으로 표현된 종교체험), ③ 원초적 희망(천년왕국)을 회복시키기 때문이다.[2] 한국교회에서도 오순절 성령운동은 전후의 피폐를 딛고 경제발전을 꾀하던 시공간적 배경 위에서 전통

---

1) Harvey Cox, 『영성, 음악, 여성』 (서울: 도서출판 동연, 1996), 129.
2) 이재근, 「포스트모던적 시각에서 본 오순절운동의 성령론: 하비 콕스의 *Fire from Heaven*을 중심으로」, 장로회신학대대학원 석사학위 논문, 2004, 101.

적인 것에 반발하며 새로운 희망을 바라던 민중들에게 축복과 소망의 종교로서 원초적 언어, 신앙심, 희망의 회복을 제공하였다.

이 운동에 관한 학계의 연구 성과를 검토해 보면, 미국 오순절 학계에서는 네 가지 방면의 연구가 이루어졌다. 첫째로 오순절운동의 신학적 기원에 관한 연구가 이루어졌다. 예를 들어 웨슬리안 전통과 개혁주의 전통에서 오순절운동의 신학적 광맥을 찾으려는 노력이 도널드 데이튼(Donald W. Dayton)과 에디스 블룸하퍼(Edith Blumhofer)를 중심으로 활발히 진행되었다. 둘째로 오순절운동의 주요 인물들에 대한 수준 높은 전기들(biographies)이 꾸준히 출판되었다. 셋째로 오순절운동의 다양한 신학적·신앙적 특성들에 대한 세부적 연구들이 진행되었다. 예를 들어 오순절운동의 특징인 방언, 신유, 종말론, 하층 계급적 특성에 대한 세밀한 연구들이 중요한 성과를 거두었다. 끝으로 최근에 새로운 주제와 방법론에 근거한 연구들이 출현하고 있다. 예를 들어 하비 콕스는 해방 신학과 오순절운동의 접점을 찾으면서 새로운 사회학적 신학적 가능성을 제시하였다.[3]

오순절주의와 그 운동의 역사에 대한 연구로 월터 홀렌베거(Walter J. Hollenweger)의 연구를 들 수 있다.[4] 그는 세계 여러 나라의 오순절운동의 기원을 추적하는 가운데 한국 오순절운동을 샤머니즘의 영향으로 선교사의 도움 없이 자생적으로 발생한 운동으로 보았다. 빈슨 사이난(Vison Synan)은 한국 오순절운동의 기원을 오순절파 여선교사 메리 럼지(Mary Rumsey)가 입국했던 1928년으로 규정하고 오순절운동과 기존의 다른 부흥운동을 구분하였다.[5] 럼시를 통해 수입된 오순절운동과 이용도의 자생적 오순절운동이 한국의 오순절운동의 역사에 동일한 영향을 끼쳤다고 주장했다. 그 밖에 알란 앤더슨(Allan Anderson)의 저술과 스티브 브라우

---

3) 배덕만, "세계 신학 최근동향-미국 오순절 학계", 『말씀과 신학』, (서울: 기독교 대한 성결교회 활천사, 2004), 75-76.
4) Walter J. Hollenweger, *Pentecostalism* (Peabody: Hendrickson, 1997); The Pentecostals (Peabody: Hendrickson, 1988)
5) Vinson Synan, The Holiness-Pentecostal Tradition (Grand Rapids: Wm. B. Eerdmans Publishing Co, 1997), xi 이 책은 한국어로 번역되었다. 빈슨 사이난, 이영훈·박명수 역, 『세계 오순절 성결운동의 역사』(서울: 서울말씀사, 2000).

어, 폴 기포드, 수잔 로스의 공동 저술이 있다.[6]

한국학자로서 케냐에서 활동하는 장로교의 유부웅은 버밍햄대학 박사학위 논문에서 한국교회의 역사를 오순절운동으로 설명하고 그 핵심을 한국 샤머니즘으로 서술하였다.[7] 그는 부성적 성령운동과 모성적 성령운동을 구분한 유동식의 체계를[8] 수용하고 샤머니즘에 대한 관심을 추가하면서 오순절 용어로 설명했다. 이재범 목사는 풀러신학교 박사학위 논문에서 한국의 대표적 교회들-여의도 순복음교회, 장로교의 영락교회, 감리교의 숭의교회, 침례교의 성락교회, 성결교의 중앙교회 등-이 공통적으로 '오순절적 특징'을 보인다고 지적했다.[9] 박명수는 근대 오순절운동의 기원을 성결운동에 두었다.[10] 그 밖에 오순절 성령운동에 대한 연구가 한세대학 오순절 신학연구소를 중심으로 진행되어 왔다.[11]

그런데 이 글에서는 오순절운동을 부흥운동의 측면에서 조명하여 지난 2000년 간 교회에서 시도되었던 수많은 부흥운동들 가운데 오순절운동이

---

6) Allan Anderson, *An Introduction to Pentecostalism* (Cambridge: University Press, 2004); Steve Brouwer, Paul Gifford, and Susan D. Rose, *Exporting the American Gospel: Global Christian Fundamentalism* (New York and London: Routlege, 1996),
7) 이 논문을 단행본으로 출판되었다. Boo-Wong Yoo, *Korean Pentecostalism: Its History and Theology* (New York: Verlag Peter Lang, 1987). 그는 한국 오순절운동을 근본주의적 오순절운동(1900-1930), 신비적 오순절운동(1930년대), 그리고 민중오순절운동(1970년대)으로 구분하였다. 그가 부흥운동과 오순절운동, 오순절운동과 샤머니즘 간의 유사성 및 차이점을 면밀히 구분하는 데는 실패하였지만 한국교회의 체질을 오순절적 시각에서 파악한 사실은 주목할 만하다. 배덕만, 「한국 신학과 세계 신학의 한 가교로서 오순절 신학」, 『종교연구』vol. 38 (서울: 한국종교학회, 2005), 190. Walter Hollenweger는 유부웅의 논문에 의존하여 자신의 저서 *Pentecoatalism*에서 한국 오순절운동에 대해 소개하고 있다. Hollenweger, *Pentecostalism*, 99-105. 배덕만은 이것이 유부웅 논문의 요약이라고 한다.
8) 유동식의 부성적(사회적 한을 치유: 유교적 전통에 뿌리를 둔 민중신학), 모성적(민중의 개인적 한을 치유: 무교적 전통에서 기원한 여의도 순복음교회) 성령운동의 구분에 지나치게 도식적이고 단순하다는 비판을 받을 수 있는 부분도 있지만, 그가 한국교회의 신앙유형을 성령운동으로 파악한 것은 한국교회 안에서 오순절신학의 위치와 가치를 이해하는 중요한 단초를 제공한다.
9) 영성에 대한 성찰이 없이 외형적 현상에만 근거해서 규정하는 것에 비판의 여지가 있지만 한국교회를 하나로 묶는 끈을 제시하려 한 시도는 의미 있어 보인다. 배덕만, "한국 신학과 세계 신학의 한 가교로서 오순절 신학", 190-191.
10) 박명수, 「근대 오순절운동의 기원」, 『오순절 신학 논단』 제1호, 1998.
11) 한세대 오순절 신학연구소의 『오순절 신학논단』 제1호·제2호, 1998·1999. 그 밖에 채은수의 논문 네 편이 『신학지남』 2001년 봄호, 2002년 여름호, 2001년 가을호·겨울호에 발표되어 있다. 김성태도 『신학지남』, 1995년 봄호에 논문을 발표했고, 이상은은 2006년에 연세대학교 대학원 박사학위논문을 발표했다.

여전히 힘 있게 성장하고 있는 이유와 이 운동이 공헌한 점을 찾고자 한다. 나아가 오순절운동의 생명력이 과연 앞으로도 지속될 것인지, 혹시 계속 전진하기 위해 보완해야 할 부분은 없는지를 검토하고자 한다. 이 일을 위해 영·미 오순절운동의 배경, 신학, 역사적 전개양상을 돌아보고, 순복음중앙교회와 조용기 목사를 중심으로 한국 오순절운동의 여러 측면, 즉 그 성장세가 계속되는 이유, 조용기 목사 설교의 특수성 및 장단점 등을 고찰하기로 한다. 그런 다음 오순절운동 전반의 한계점과 대내외적 갈등 및 비판거리들을 살펴봄으로써 오순절운동의 나아갈 방향을 모색해 보고자 한다.

2. 오순절운동의 정의와 사상유형

1) 오순절운동의 정의

오순절운동은 일반적으로 중생, 성결, 성령세례, 신유, 재림 등의 교리를 강조하여 왔다. 그러나 이는 19세기 말의 복음주의 안에서 형성된 중생, 성결, 신유, 재림 교리를 그대로, 혹은 수정하여 받아들이면서 여기에 성령세례에 관한 교리를 덧붙인 것이다. 따라서 성결운동이나, 신유, 재림 운동은 오순절운동만의 특징이 되지 못한다. 이 운동의 특징은 성령세례, 특히 방언이라는 증거로 표현되는 성령세례이다.

오순절운동은 광의와 협의로 나누어 정의할 필요가 있다. 왜냐하면 광의의 오순절운동은 방언 중심의 운동으로 제한되지 않기 때문이다. 19세기 말의 성결운동은 당시에 스스로 오순절운동이라 자칭되었고, 1907년의 평양대부흥운동도 블레어 선교사에 의해 오순절운동이라고 불렸다. 그러나 19세기 말의 성결운동에도, 1907년의 대부흥운동에도 방언은 없었다. 광의의 오순절운동은 오늘날 일반적으로 성령운동이라 부르는 것으로, 대체로 방언을 중시한다. 이것이 협의의 오순절운동이며, 오늘날 학자들이 일컫는 오순절운동이 여기에 해당된다. 이 협의의 운동은 고전적 오순절운동이라 불리기도 한다. 20세기 중엽에는 오순절운동이 기존 교파에 침투·확산됨에 따라 신오순절운동, 은사갱신운동이라고 불리기도 했다.[12]

2) 오순절운동의 사상유형

오순절운동의 사상유형은 학자들에 따라 약간씩 다르게 구분되고 있다.[13] 사이난은 그 유형을 정통 오순절주의자(Classical Pentecostals), 개신교 은사주의자(Protestant Charismatics), 가톨릭 은사주의자(Catholic Charismatics), 독립집단(Independent Groups) 및 제3세계 토착집단(Third World Indigenous Group)으로 구분하였다.[14] 바렛트는 선구자적 오순절주의자(Pre-Pentecostals), 정통 오순절주의자, 토착화된 비백인종 오순절주의(Non-White Indigenous Quasi-Pentecostals), 토착화된 비백인 흑인 오순절주의자(Black Non-White Indigenous Pentecostal), 개신교 은사주의자, 제3의 물결주의자(Third Wavers), 기타 숨은 은사주의자(Crypto-Charismatics) 등으로 구분하였다.[15] 여기서는 정통 오순절주의자, 개신교 은사주의자, 가톨릭 은사주의자, 제3의 물결주의자로 구분하여 고찰하고, '오순절운동의 전개'에서 역사적 흐름을 더 자세히 살피고자 한다.

(1) 정통 오순절주의자

이 유형은 1901년 토페카(Topeca)에서 일어난 팔함(Charles Fox Parham)의 가르침과 1906년 로스앤젤레스에서 시작된 시무어(William

---

12) 박명수, 「근대 오순절운동의 기원」, 11-12.
13) 이동성, 「오순절 신학에 대한 이해와 신학적 쟁점」, 185-191.
14) Vinson Synan, "Pentecostalism: Varieties and Contributions", *Pneuma: The Journal of the Pentecostal Studies* (Fall 1986), 32-35.
15) David Barrett, "The 20th Century Pentecostal/Charismatic Renewal in the Holy Spirit with its Goal of World Evangelization", *International Bulletin of Missionary Research*, 1988; Vinson Synan, "Perspectives on the Holy Spirit Movement of the Twenty Centuries", International Theological Institute ed., *The Works of the Holy Spirit in the Church History* (August, 1995), 14.

J. Seymour)의 사역에서 비롯되었다. 이들은 성령세례의 첫 물리적 표적으로 방언을 강력하게 주장하였다.[16]

(2) 개신교 은사주의자

1960년에 시작되었으며 일명 신오순절주의자(Neo Pentecostals)라고 불리기도 한다. 이들은 주로 칼빈주의 전통의 개혁교회에서 파생된 오순절주의자들이며, 기존교회에서 추방된 집단과 교회 내에 잔류하면서 은사운동을 전개하는 집단으로 세분된다. 전자에는 루터교 및 화란교회(1947)의 브레데슨(Harold Bredeson), 메노나이트의 더스타인(Gerald Derstine, 1954), 감리교의 타이슨(Tommy Tyson, 1954) 등이 있으며, 후자에는 감독교회의 윈클러(Richard Winkler, 1960)와 베네트(Dennis Bennet) 등이 있다. 이들은 성령세례를 받은 최초의 증거를 방언이라고 주장하지 않는다. 이 집단은 대체로 사회·경제적 신분과 교육수준이 높다. 예배에서 지나친 감정표현을 자제하며 예전과 성례를 비교적 중시하고 있다.

(3) 가톨릭 은사주의자

1967년, 피츠버그에 있는 듀켄(Duquesne)대학에서 은사운동이 시작되었다. 이들은 정통 오순절주의자들처럼 성령체험과 이에 수반된 방언을 주장하지만, 두 번째 은총과 같은 사고방식은 허용하지 않는다.[17] 가톨릭에서 이 운동은 개신교 오순절신학이나 문화적인 영향을 거의 받지 않고 독자적인 형식과 구조를 가지고 발전하였다.

(4) 제3의 물결주의자

사이난은 언급하지 않았으나, 제3의 물결을 오순절운동의 유형으로 추가할 수 있다. 와그너(C. P. Wagner)는 1982년에 제3의 물결이란 용어를 만들어 냈다. 이 운동은 1980년에 나타난 운동으로 정통오순절운동(제1의

---

16) 이재범, 『성령운동의 역사』 (서울: 보이스사, 1988), 111.
17) Harold D. Hunter, *Spirit-Baptism: A Pentecostal Alternatives* (New York: University Press of America, 1983), 7; 이동성, 「오순절 신학에 대한 이해와 신학적 쟁점」, 190.

물결)이나 은사운동(제2의 물결)과 유사하면서도 상이하다. 주로 복음주의자들로 구성된 이들은 병고침, 축귀, 예언의 은사 등 능력 체험을 강조한다. 방언을 성령세례의 첫 표적으로 생각하지 않는다. 이 유형에 속한 사람들은 약 2천만 명으로 추산된다.[18]

3. 오순절운동의 배경과 강조점

1) 역사적 배경

20세기 오순절 성령운동의 모체는 18세기 감리교와 19세기 미국 성결운동이다. 미국에서 1860년대의 남북전쟁이 끝난 후, 철도가 이어지고 자본주의가 역동적으로 발전할 때 사회적으로 급격한 계층변동이 이루어지고, 압박과 좌절, 기대와 욕구가 확산되어 갔다. 자본가와 노동자 집단의 계급분화가 일어나고 빈민이 발생하며 가난한 이민자들의 문제가 사회적 현안으로 대두되었다. 그런 가운데 이들에게 관심을 가진 기독교인들이 독자적인 선교단체를 세우고 구제활동을 하며 대중들과 영적 교감을 이루어갔다. 이 운동은 산업선교 내지 사회복음운동과 동일한 방향성을 지니면서 영성의 문제에 주목했다는 점에서 차별성이 있었다.[19]

(1) 존 웨슬리와 영국의 부흥운동
존 웨슬리(John Wesley)는 감리교의 창시자이며 근대 성결운동과 오순절 성령운동의 영적 아버지로 불리기도 한다. 웨슬리의 신학은 신자들을 위하여 분리된 경험의 두 단계를 강조한다. 첫 번째는 회심 혹은 칭의이며, 두 번째는 기독교인의 완전 혹은 성화이다. 이러한 체험은 하나님의 성령께서 성도들의 영혼에 그들이 하나님의 자녀가 됨을 직접적으로 증거

---

18) 이동성, 「오순절 신학에 대한 이해와 신학적 쟁점」, 191.
19) 이상은, 「오순절 성령운동과 '하나님의 선교'에 대한 선교 윤리적 고찰」, 연세대학교 대학원 박사학위 논문, 2006, 24-25.

하시는 것으로서 성령의 내적 감화라고 불린다.[20] 감리교에서 말하는 '칭의' 이후 두 번째 '은혜의 사역'은 오순절 성령운동에서 중생 후의 '성령세례'를 강조하는 것과 같다. 결국 회개 이후에 나타나는 순간적인 체험에 대한 오순절주의의 확신은 감리교 전통을 흡수한 것이라고 볼 수 있다.[21] 라틴아메리카의 한 오순절 연구가는 "오순절운동은 오순절주의라는 최종적 결과로 나타나게 된 감리교이다"라고 하였다.[22] 그런데 오순절주의는 특히 회개 이후에 나타나는 성령세례와 방언을 강조한다.

1904년에서 1905년 사이에 영국 웨일즈 지방에서 놀라운 부흥의 역사가 나타났다. 이 웨일즈 부흥운동의 중심인물은 이반 로버츠(Evan Roberts)였다. 그는 구원의 역사와 구분되는 오순절적인 성령세례를 강조했고, 그들의 부흥은 말세에 나타나는 오순절적인 역사의 시작이며 이것이 곧 전 세계에서 나타날 것이라고 가르쳤다. 그의 말세 개념은 19세기 후반의 세기말적 인식과 결합하여 즉각적인 파장을 일으켰다. 그것은 지상 세계에 대한 전격적인 결별을 이끌어내는 동시에 새로운 세상의 도래에 대한 열정과도 결합될 수도 있었다. 많은 기성교회들이 이것을 무질서로 보았지만, 영국 뿐만 아니라 전 세계에서 성령의 은혜를 사모하는 사람들이 웨일즈로 몰려들었다. 이 파문은 L.A에 있는 사람들에게까지 퍼지게 되었다. L.A의 침례교회의 목사인 스메일(Joseph Smale)은 영국에 가서 로버츠를 만나고 큰 감명을 받고 돌아왔다. 다른 많은 사람들은 몰간(G. Campbell Morgan)의 『웨일즈의 부흥』(Revival in Wales)과 성결운동가인 쇼(S. B. Shaw)의 『웨일즈의 대부흥』(The Great Revival in Wales) 등의 소책자들을 읽었다. 바틀만은 로버츠에게 편지를 내서 L.A

---

20) Donald W. Dayton, *Theological Roots of Pentecostalism* (Grand Rapids: Francis Asbury Press, 1987), 49-50.
21) 브루너는 이 문제를 다음과 같이 설명하였다. "중생 이후에 일어나는 순간적이고도 체험적인 성화의 단계에 특별한 가치를 둠으로서 웨슬리는 회심에 뒤따라 일어나는 성령세례에 대한 오순절주의적 이해를 미리 만들어 놓았던 것이며, 웨슬리 이전에는 분명한 은총의 제2의 사역에 대한 발전된 교리가 없었다. 그러나 웨슬리 이후, 이 교리를 수용하는 거의 모든 사람들은 의도적이든 아니든 웨슬리의 후계자가 되었으며, 그 중 가장 크고 유명한 것이 바로 오순절의자들이다." Dale F. Bruner, *A Theology of the holy Spirit* (Eerdmans Publishing Co., 1970), 36.
22) 예를 들어 칠레에서 오순절운동을 시작한 사람은 감리교 목사 후버(W. C. Hoover)이고, 오순절주의 유럽 대부는 노르웨이 감리교 목사 바라트(T. B. Barratt)로 알려져 있다.

의 부흥을 위해 기도해 달라고 부탁하였다.[23] 이 같은 기도요청의 확산과 이를 위한 지역적 연대는 이후 미국에서 일어나게 되는 오순절 성령운동을 위한 촉매제의 기능을 하였다. 영국의 부흥운동에 대한 미국교회의 이같은 반응은 당시에 미국이 영국에 비해 상대적 열세에 있던 상황에서 당연한 것이었다. 그러나 이 단계를 넘어서면서 오순절 성령운동의 주도권이 점차 미국교회로 넘어갔다. 1904년에서 1905년 사이에 일어난 웨일즈의 대부흥운동(The Welsh Revival)은 북미주 대륙의 오순절 성령운동의 관점에서 보면 일종의 전야(前夜)와도 같은 의미를 지니고 있었다.

(2) 미국의 부흥운동과 성결운동

웨슬리의 감리교 부흥운동이 '예정으로 선택받은 자'가 아닌 '하나님의 영은 누구에게나'라는 신학적 논리로 오순절 성령운동에 중요한 영향을 끼쳤다면, 미국의 부흥운동은 급변하는 사회 여건에 맞추어 이를 계승·발전시켰다. 찰스 피니(C. G. Finney)와 무디(D. L. Moody)가 주도한 미국의 부흥운동은 미국 기독교신앙의 한 형태를 형성시켰다. 본래 칼빈주의 부흥운동가였던 피니는 알미니안의 입장으로 바뀌어 구원과 인간의 자유의지를 강조하였다. 결국 영적 대각성운동은 미국 신학에서 알마니안주의를 부각시키는 데 공헌하였다.[24] 미국의 부흥운동이 문명사회 속에서 사람들의 비인간화와 기독교 신앙의 개인화·감정화 경향에 발맞추어 변화하였듯이 오순절 성령운동도 내재화된 영적 부흥운동으로서 체험을 갈망하는 세계에서 큰 호응을 얻으면서 정착하였다. 다시 말해서 교회적인 체험이 보다 광범위하고 역동적인 교인 자신들의 운동으로 전개되어 갔다. 자본주의 사회로의 전환과정에서 그 사회변화의 의미를 미처 파악하지 못하고 혼란스러워 했던 이들이 영적 체험과 인식을 기초로 자아정체성을 찾고 종교적 열정을 고취하게 되었다.

그 후 미국의 오순절운동은 변화에 적응하는 능력을 기르게 할 것인가

---

23) Frank Bartleman, *Azusa Street: The Root of Modern-Day Pentecostal* (Plainfield, NJ: Logos, 1980), 13-14.
24) Robert M. Anderson, *Vision of the Disinherited* (Peabody: Herickson Publishers, 1992), 28.

아니면 소외된 자들에 대한 사회적 관심을 촉구할 것인가의 기로에 서게 되었다. 당시 로스앤젤레스는 많은 인종이 섞여 사는 가장 발전하는 도시로 동부와는 전혀 다른 환경을 형성하고 있었다. 이주자들은 이곳에서 기존의 청교도적 경건주의나 교권의 권위주의와 구별되는 새로운 형태의 종교를 찾고자 했으며, 결국 오순절 성령운동이 폭발적인 영향을 미치기 시작했다. 이 운동은 점차 천막과 공회당을 떠나 수많은 지역교회 속에서 자리를 잡게 되었다.

성결운동은 남북전쟁 후의 도덕적·영적 타락과 감리교회의 성결 강조 등 여러 원인에 의해 생겨났다. 성결운동은 제3의 체험, 특히 성화, 즉 소위 완전한 사랑에로의 회심을 강조하였다. 기계적·수동적인 형식주의에서 벗어나 감정적·체험적인 것을 강조하였으며, 이것은 후에 오순절 성령운동 가운데도 나타났다. 오순절의 '성령세례'는 성결운동의 성화체험이나 '제2의 축복'을 가리킨다. 성결신학의 제2의 회심은 후에 오순절 신학의 기초가 되었다. 오순절 성령운동은 '성령세례'라는 표현을 사용하였다. 그런데 성결운동에서는 순간적으로 이루어지는 성령세례 또는 제2의 축복에 대해 두 가지 견해로 나뉘었다. 하나는 성령세례가 죄로부터의 완전정화 내지 하나님께 대한 지속적인 헌신에 이르기까지 종종 격렬한 움직임이나 부르짖음 같은 외적 현상을 동반한다는 견해였다. 다른 하나는 이러한 체험은 반드시 환상, 꿈, 방언등과 같은 초자연적인 표적으로 확증되어야 한다는 견해였다. 후에 이 둘은 오순절 성령운동 안에 하나로 합류하였다.

(3) 케직운동

또 하나 주목할 만한 오순절 성령운동의 원류는 케직(Keswick)운동이다. 케직운동은 1820년대 영국 국교 내의 '성서 운동'(Back to the Bible Movement)에서 출발하여 1870년대 무디(D. L. Moddy) 부흥운동에서 결실을 보았다. 케직운동의 지도자들은 다비(John Nelson Darby)의 세대주의 구도를 받아들였고, 그리스도 재림의 표적이 될 성경 예언을 집중적으로 연구하였다. 그들은 성결운동이 성령께서 세계복음화를 급속히 이루기 위해 성도들에게 특별한 권능을 부여하는 제2의 오순절이 되리라고 기대하였다. 이 운동은 자칫 특별한 현상에만 집착하기 쉬운 성령운동에 성서적 근거를 마련해 주었다.

그러나 케직운동은 성화나 성령세례가 하나이며 동일한 경험이라는 정통 성결교리를 거부하였다. 오히려 성화는 일생 동안 진행되는 과정이고 성례세례는 별개의 능력 부여라고 주장하였다. 그러므로 열심 있는 성도가 갈망해야 할 체험은 정화(Cleansing)가 아닌 기름부음(Anointing)이었다. 성령의 은사들에 대한 강조는 오히려 성결운동과의 간격이 더 커지게 만들었다.[25] 성령체험에만 몰두했던 성령운동과는 달리 이들은 종교적 성장과정의 절차와 훈련을 강조했기 때문이었다. 아무튼 이러한 운동은 오순절 성령운동의 발전과정에서 영적체험의 우선권을 인정하는 동시에 이를 신학적으로 발전시키는 결과를 가져왔다.

2) 신학적 강조점

(1) 구원과 종교체험

칼빈주의자들은 자신의 선택을 감각적으로 확신할 수 없으나 감리교도들은 회심체험을 통해 자신의 구원을 알 수 있다고 믿는다. 감리교 신학은 이처럼 의식적인 종교체험을 크게 강조함으로써 회중들이 보다 주체성을 가질 수 있게 되었다. 교리적인 측면에서 중생 또는 칭의 후의 '은혜의 두 번째 사역'을 강조하는 감리교 운동은 중생 후의 성령세례를 강조하는 오순절 성령운동과 그 맥락을 같이한다. 이러한 신학은 교인 자신의 체험을 근거로 회중의 대중운동으로서 오순절 성령운동이 전개되는 힘을 제공하였다.

(2) '제3의 축복'으로서의 성령세례

웨슬리의 영향으로 성서적 성결, 성화, 완전한 사랑이라 불리는 제2의 체험이 성경적 용어로 '성령세례'라고 불렸다. 위에서 언급한 성화체험의

---

25) Vinson Synan, *The Holiness Pentecostal Tradition* (Cambridge: Grand Rapids, 1997), 86.

외적현상 동반설과 초자연적 표적 확증설 간의 논쟁은 체험현상에 대한 성서적 재해석이 매우 중요해지게 만들었다. 이후로 그 체험을 올바르게 파악하는 일은 오순절 성령운동에서 논의의 기초가 되었다.

(3) 전천년설의 두 번째 재림

역사적으로 전개되어 온 오순절 성령운동에서는 항상 종말론(Eschatology)과 성령론(Pneumatology)이 결합되어 있었다. 오순절주의자들의 성령론적 종말론은 전천년주의로 대표된다.[26] 급속한 사회변화 과정에서 새 시대의 도래를 열망하는 분위기가 이러한 신학적 강조점과 결합되었다. 이 종말론적 세계관은 종교적 열정을 사회적 변혁의지로 표출시키게 하기보다 이와 결별하고 은둔주의 내지 현실과 격리된 종교집단을 형성하게 만들었다. 그리하여 오순절 성령운동은 현실모순을 정당화한다는 질타를 피하기 어렵게 되었다. 그러나 다른 한편으로 하나님이 이루시는 변화에 대한 열망을 일으킨 점은 주목받을 만하다.

(4) 신유

19세기에 전천년주의와 함께 신약성서의 체험이 오늘날에도 나타날 수 있다고 하는 신학을 바탕으로 신유가 크게 주목을 받았다. 오순절주의에 있어서 건강과 치유는 그리스도의 대속에서 중요한 부분이며, 신유는 교회 안에 하나님의 권능이 임재 해 있음을 알리는 증거이다. 신유 강조는 그리스도를 구세주로만 강조하던 복음주의 메시지를 크게 보완하면서 오순절 성령운동의 터전을 닦는 역할을 하였다. 이 기적이 단지 개인의 치유로 그치는 것이 아니라 그 시대나 사회가 겪는 여러 가지 정신 병리적

---

26) 데이톤은 이에 대해 다음과 같이 설명하였다. "1820년대 다비(John Nelson Darby)의 세대주의적 종말론은 오순절적 종말론의 형성과정에 중요한 역할을 담당하게 되었다. 또한 세계복음화의 성취가 지연되고 사회가 전반적으로 퇴보함에 따라 성결운동 내에서 웨슬리의 '실현된 종말론 또는 후천년주의'에 회의를 품고 신유와 함께 전천년주의로 전환하게 된 사건에서도 오순절적 동기를 발견할 수 있다. 즉 전천년주의의 즉각적인 변혁 사건과 하나님의 주도적 역사, 축복을 위한 인간의 기다림을 강조하는 성령세례의 개념으로 바뀐 것이다." Donald W. Dayton, *Theological Roots of Pentecostalism*, 165.

증세에 대한 대응이라는 점에서도 중요한 의의를 갖는다. 그러나 신학적 관심이 성령의 역할을 개인의 질병치료에 한정시킬 소지가 있다는 점에서 반성적 성찰이 요구된다.

4. 오순절운동의 전개

1) 찰스 팔함과 토페카 부흥

1901년도 토페카 부흥의 주인공인 감리교 목사 팔함(Charles F. Parham)은 형식주의적이고 번영과 자만에 빠져 있는 교회를 일깨우기 위해서는 무엇보다 성령의 능력 부여가 필요하다는 사실을 깨달았다. 그는 케직운동의 가르침을 따르는 전형적인 성결운동가로서 복음사역을 위해 새로운 성령체험을 갈망하였다. 그는 벧엘신학교(Bethel College)에 모여든 학생들에게 그들이 성령세례라고 부르고 있는 체험이 사실상 성화 내지는 내주하는 기름부음에 불과하다고 가르쳤다. 따라서 그들의 임무는 진정한 성령세례를 발견하는 것이었다. 약 40명의 벧엘신학교 학생들이 성경을 토대로 연구하여 성령세례의 최초의 증거가 방언이라는 결론을 얻었다. 그들이 그 결론을 직접 체험함으로써 현대 오순절운동이 시작되었다.[27] 교회 역사에서 방언은 간헐적으로 나타났다. 런던에서도 1831년 에드워드 어빙(Edward Irving)의 사역과 1875년 무디의 사역 중에 이미 방언 현상들이 나타난 바 있었다. 이러한 경우에 방언은 바울서신에 언급된 성령의 은사들 중 하나로 여겨졌다. 그러나 토페카의 방언 현상은 이와 달리 방언이 처음으로 성령세례의 외적 현상으로 이해되었다.

토페카에서 일어난 일은 이내 캔자스와 토페카의 언론들에 의해 널리 알려졌다. 팔함은 그 중 『캔자스 시티 타임즈』(Kansas City Times) 인터뷰에서 그의 휘하의 모든 미국인 학생들이 전혀 프랑스, 독일, 스웨덴, 보

---

27) 명성훈, 「오순절운동이 교회 성장에 미친 영향」, 92-93.

헤미아, 중국어, 일본어, 헝가리어를 포함한 21개의 언어를 배운 적이 없지만, 그 나라들에서 태어난 사람들이 그 학생들의 말을 듣고 학생들이 사용한 말의 진정성을 입증했다고 주장했다. 팔함은 선교사들이 더 이상 선교지 언어를 고생스럽게 배울 필요가 없어졌다고 설교하기 시작했다.[28] 이후 방언은 정통 오순절주의자들에게 있어 성령세례를 받은 증거가 되었다. 방언 이외의 은사들이나 열매는 제2차적 증거가 되었다.

2) 시무어와 아주사부흥운동

팔함 이후 오순절 부흥은 윌리암 시무어에 의해 더욱 발전되고 확산되었다. 팔함의 제자요 이름 없는 흑인 설교자였던 시무어는 국지적 운동에 불과했던 오순절운동을 국제적인 운동으로 발전시켰다. 토페카부흥이 오순절운동의 출발이었다면, 아주사부흥은 공식적으로 세계 오순절운동의 기초를 놓은 것이었다.[29] 1906년 시무어가 주도했던 아주사의 부흥운동은 매우 충격적이었다. 많은 경건한 신자들이 방언에 대해 관심을 갖게 되었으며, 초대교회의 은사와 권능의 회복을 위해 기도해 왔던 성결운동의 많은 분파들이 기대감의 충족을 맛보았다. 이러한 때에 로스앤젤레스 지역에서 1904년 이반 로버츠의 웨일즈 부흥에 고무되어 새로운 오순절(New Pentecost)을 기다리는 많은 부흥회들이 열리고 있었다. 이러한 예비된 연료 위에 시무어의 오순절 메시지는 불을 댕겼다. 아주사의 기적이라 불린 시무어의 집회는 3년 동안 여러 교파와 인종들이 뒤섞인 가운데 오전 10시부터 밤 12시까지 정해진 순서나 광고 없이 기도, 설교, 간증 등으로 매일 계속되었다. 사실 집회 때 설교를 하는 경우는 드물었고, 설교를 한

---

28) 빈슨 사이난, 이영훈 · 박명수 역,『세계오순절성결운동의 역사』(서울: 서울말씀사, 2000), 121.
29) 미국 오순절주의의 역사적 기원은 오순절 학계의 주요 논쟁점 가운데 하나이다. 1901년 토페카에서 찰스 팔함의 지도하에 그의 성경학교에서 방언이 터진 것을 오순절의 기원으로 주장하는 측과 1906년 팔함의 제자인 윌리엄 시무어의 인도 하에 로스앤젤레스 아주사 거리에서 발생한 부흥운동을 그 기원으로 하는 측으로 나뉘어져 있다. 전자를 대표하는 사람은 팔함의 전기작가인 제임스 고프 2세이며, 후자를 지지하는 사람은 저명한 오순절운동 역사가인 월터 홀렌베거이다. 이에 대한 상세한 내용은 다음 저서들에서 찾아볼 수 있다. James R. Goff, Jr, *Fields White Unto Harvest* (Fayetteville: The University of Arkansas Press, 1988); Walter J. Hollenweger, Pentecostalism.

다고 할지라도 사도행전 2:4과 마가복음 16:17-18절을 주제로 하여 짧게 끝내는 것이 고작이었다. 대부분의 시간은 찬송과 간증과 기도로 채워졌다. 성령의 권능 아래 방언, 통역, 예언, 축사, 신유 등이 행해졌다. 초대교회에 일어났던 모든 역사가 재현된 것이었다. 성령의 각종 은사들 가운데 특별히 신유의 능력이 놀랍게 일어났다. 이 집회는 현대 오순절운동의 센터가 되었다.[30]

그러나 팔함(Parham)은 아주사 거리의 집회를 악마의 집회로 보았다. 최근의 연구들은 팔함이 운동의 조직적 차원을 부정적으로 보고 인종적 편견을 가지는 한계를 보였던 데 비해 시무어(Seymour)는 이러한 한계를 넘어 자유로운 체험과 실천을 행해나갔다고 평가하며 아주사 사건에 더 무게 중심을 둔다. 시무어(Seymour)의 사역은 당시의 인종차별, 구타, 경제적인 빈곤으로 고통 받는 자들 가운데서 더 폭발적 동력을 드러냈다. 시무어는 성령운동을 인류적 차원 내지 전 지구적인 운동으로 부각시켰다. 그로 인해 근대 오순절 성령운동은 기독교 선교를 위한 새로운 힘으로 등장했다. 그의 사역은 또한 오순절 성령운동의 뿌리를 흑인 구전(black orality) 이야기 신학과 에큐메니즘에서 찾아볼 수 있는 단초를 제공했다. 이로써 정연한 신학체계 수립에 집중했던 백인교회와는 다른 모습을 보였다. 또한 교육수준이 낮은 사회적 약자에게 적합한 발언방식에 목말라 있던 계급과 인종이 종교적 연대를 건설하는 매우 의미 있는 과정을 유발했다.[31]

3) 신오순절운동의 등장

20세기 중반에 새로운 오순절주의자들이 나타나 비오순절교회에까지 퍼지게 되었다. 이들은 소속교단을 떠나지 않으면서 방언과 성령의 은사들을 추구하여 초대교회의 신앙을 회복시키려 하였다. 이 신오순절주의자(Neo-Pentecostals)들은 방언을 성령세례를 받은 증거로 못박지 않았다.

---
30) 명성훈, 「오순절운동이 교회 성장에 미친 영향」, 95.
31) 이상은, 「오순절 성령운동과 '하나님의 선교'에 대한 선교 윤리적 고찰」, 35-80.

이들은 개신교도들이었으나, 몇 년 후 가톨릭교도들도 여기에 참여하였다. 신오순절운동은 오늘날 '카리스마 운동'(Charismatic Movement)이라고 널리 불리고 있다. 이 운동은 캘리포니아에서 감독교회인 성 마가교회를 담임하던 데니스 베넷(Dennis Bennett) 신부에 의해 시작되었다. 그들은 성령의 세례와 은사에 관심을 보였으나, 감정적 흥분이나 열광적인 광신은 피했다. 이 운동은 카리스마적 증거를 수반하는 성령세례가 황폐케 되고 영적으로 고갈된 개신교 목사들과 평신도들에게 영적 생활의 능력을 찾게 해준다고 주장하는 가운데 급속히 확산되었다.[32] 초기의 오순절운동이 하류 계층을 주요 대상으로 하였다면, 신오순절주의 운동은 중상류 계층의 백인을 주요 대상으로 하였다. 1950년대 중반에 데모스 사카리안이 이끌었던 순복음 실업인 연합회와 오랄 로버츠의 TV 메시지를 통해 신유 및 오순절 메시지가 기성교단에 속한 신자들에게 별다른 저항 없이 전해졌다. 이 운동의 활동 영역이 중상류였다면, 활동 방법은 순복음 실업인 친교회(FGBMFI)를 중심으로 하고 미국 방송망과 대형 집회를 매체로 한 것이었다. 가정에서 기도회로 모여 은사운동에 참여했던 것도 이에 포함된다. 기성 교단들의 오순절운동 참여 억제로 기도원, 부흥집회, 은사운동을 하는 특정 교회에서 영적 갈급함을 해결해 온 한국의 신자들도 이 부류에 속한다고 할 수 있다. 대학 캠퍼스를 통해서도 이 운동이 일어났다. 여기에 속한 사역자로 베넬과 샌포드(Agnes Sanford)가 있으며, 대표적인 신학자는 로드만 윌리암(J. Rodman Williams)이다.

4) 가톨릭 은사주의 갱신운동

오순절 역사에서 가장 놀라운 일은 1967년에 가톨릭 오순절주의가 갑자기 등장한 것이었다. 가톨릭 은사주의 운동은 1966년 듀켄(Duquesne) 대학에서 처음 시작되었다. 이 대학의 신학교수인 랄프 키이퍼(Ralph Kiefer)와 빌 스토리(Bill Storey)는 학생들과 함께 영적 체험을 갈망하던 중 데이비드 윌커슨(David Wilkerson)의 『십자가와 재크나이프』(*The*

---

[32] 명성훈, 「오순절운동이 교회 성장에 미친 영향」, 94-95.

Cross and The Switchblad)와 존 쉐릴(John Sherrill)의 『다른 방언을 하는 사람들』(They Speak with Other Tongues)을 읽은 후 한 성공회 사제의 도움으로 성령세례를 체험하고 방언을 하였다. 듀켄대학에서 점화된 불길은 곧 노틀담대학으로 옮겨졌다. 그곳에서 교회의 영적 갱신에 지대한 관심을 갖고 있던 몇몇 학생들과 교수들이 버트(Bert Ghezzi)의 아파트에 모여 성령세례를 받았다. 그러나 성령체험에 따르는 외적 은사들이 나타나지 않자 도움을 얻기 위해 하나님의 성회 목사인 레이 블라드(Ray Bullard)를 초청하였다. 그 결과 방언체험을 하였다.[33]

언론은 이들을 '가톨릭 오순절주의자들'이라고 불렀다. 이 운동은 듀켄대학에서부터 인디애나 주 사우스 밴드에 위치한 노틀담대학까지 빠르게 퍼져나갔다. 전국 가톨릭 리포터지는 노틀담대학의 오순절운동에 대해 다음과 같이 논평하였다.

> 노틀담에서 일어난 오순절운동을 교회의 신앙적 관점들로의 회귀로 설명하고자 하는 시도들이 있어 왔다. 어떤 이들은 계속적인 보강을 필요로 하는 거짓된 공동체를 생산한다고 말한다. 물론 이 현상 전체를 광신적인 미친 혹은 제정신이 아닌 것과 같은 말로 묘사하는 사람들도 있다. 이들 가톨릭 오순절주의자들이 극도로 예민하며 환경에 적응하지 못하여 방황하고 있는 지성인들이라고 쉽게 말할 수 있을 것이다. 그러나 그렇게 말해 버리면 편하겠지만 그것은 진실이 아니다. 이 그룹에서 공통적인 체험을 제외하고는 하나로 일치되는 어떤 사회적, 정신적 수준은 찾아볼 수 없다.[34]

5) 제3의 물결

1983년에 이르러 은사를 체험한 많은 평신도들이 교회를 떠나 오순절교회나 독자적인 은사주의 교회들로 옮겨가는 비율이 점차 증가하는 점이 주목을 받았다. 당시 미네소타 지역을 중심으로 행해진 조사 결과, 응답

---
33) 명성훈, 「오순절운동이 교회 성장에 미친 영향」, 95.
34) 김용우, 「한국 오순절 교회 신앙운동사-해방 이후의 순복음 신앙을 중심으로」, 연세대학교 연합신학대학원 석사학위 논문, 2004, 25에서 재인용.

자 중 90% 이상이 형식화되고 구태의연한 전통 예배형식과 기도보다 보다 자유로운 형태로 하나님과 교통하기를 원하고 있었다. 그들은 대부분 루터교와 가톨릭에 속해 있었다. '제3의 물결'(The Third Wave Movement)은 하나님과 직접적이고도 자유로운 관계를 맺고자 하는 성도들의 욕구에 대처하기 위한 주요 교파 교회들의 반응에서 비롯되었다. 이와 같이 초기 오순절운동과 은사주의를 받아들이며 전통적인 주요 종파에 그대로 속해 있는 복음주의자들을 제3의 물결이라고 부른다. 그 대표적인 인물로 풀러신학교의 피터 와그너 박사(Peter Wagner)가 있다. 그는 제3의 물결에 대해 다음과 같이 설명하였다.

> 나는 80년대에 들어서서 수많은 복음주의자들 및 다른 신자들이 은사주의자나 오순절주의자가 되지 않고서도 그들이 체험한 성령의 초자연적 사역을 체험하는 것을 지켜보았다. 나 자신은 은사주의자나 오순절주의자가 아니다. 나는 레이크 에비뉴 회중교회에 속한 성도 일 따름이다. 또한 우리 교회에는 은사주의 성도들이 있으나 교회 자체는 은사주의 교회가 아니다. 그러나 우리 교회는 성령께서 은사주의자들 가운데 행하시는 것과 똑같은 방식을 적용하고 있다. 예를 들면 예배 후 육체적 치유 및 내적 치유가 필요한 이들을 불러내어 기름을 바른 후 기도해 주곤 한다. 또한 우리 교회에는 병자를 위한 기도팀이 있다. 단지 우리 교회가 은사주의와 다른 것은 회중 교회 방식대로 이를 행한다는 점이다. 그러나 우리는 은사주의와 똑같은 결과를 얻고 있다.[35]

5. 한국의 오순절운동

조용기[36] 목사는 긍정과 부정이 극단적으로 교차되는 평가를 받아왔다.

---

35) Robert M. Anderson, *Vision of the Disinherited*, 28. 명성훈, 「오순절운동이 교회 성장에 미친 영향」, 97-98에서 재인용.
36) 조용기 목사는 1936년 2월 14일 경남 언양에서 조두천 씨의 장남으로 태어났다. 그는 폐결핵을 앓게 되어 절망의 상태에 있을 때 친척 누나(누나, 누나 친구, 소녀 등 여러 가지로 언급된다)가 성경을 준 일로 기독교를 알게 되었다. 성령을 체험한 것도 이 때쯤이었는데, 투병생활은 생의 애착을 강렬하게 했고 후에 치유 메시지를 선포하는 동기가 되었다. 젊은 시절에 목회보다 미국 유학을

그의 오중복음과 삼박자축복에 대한 시각차 또한 대단하다.

1) 오중복음, 삼중축복, 신유사역

(1) 오중복음

오중복음은 조용기 목사 자신이 말했듯이 성결교회의 사중복음과 비슷한 면이 있다.[37] 오중복음은 성결교회의 중생, 성결, 신유, 재림의 교리에서 성결 대신 성령 충만을 강조하고 축복의 교리를 추가한 것이다. 오중복음의 메시지는 다음과 같다. 누구든지 예수 그리스도를 믿기만 하면 '중생' 하여 마귀의 자녀에서 하나님의 자녀로 신분이 바뀌며, 구원받은 자는 '성령 충만' 하여 생명력 넘치는 신앙생활을 하며, 예수 그리스도 안에서 생명을 얻은 자는 풍성한 '축복' 을 받아 가난과 저주에서 놓여나며 이웃에게도 나누어 주는 사랑을 삶을 살아가며, 예수 그리스도의 위대한 능력을 믿음으로 마음의 병뿐만 아니라 육신의 병까지 치료하시는 '신유' 를 힘입으며,[38] 그리스도 안에서 죽은 자들은 주님께서 '재림' 하실 때 부활하여 살아 있는 자들과 함께 공중에서 주를 영접하고 7년 혼인잔치와

하여 교수가 될 것을 꿈꾸었으나 급성 폐렴으로 포기하고 신학교 동기생인 최자실 목사를 믿음의 어머니와 장모로 모셨다. 이처럼 성령을 통한 가난과 질병의 해결이 그의 신학으로 정립되었다고 할 수 있다. 이호열, 「조용기 목사의 설교에 대한 목회학적인 입장에서의 평가」, 『한국교회 설교가 연구』 (서울: 한국교회사학 연구원, 2000), 160-161.

37) 오중복음은 아주사 거리와 첫 번째의 오순절교파인 이를테면 the church of God, the church of God in Christ, the Pentecostal Holiness Church들에 기록되어 있던 것이다. 그들은 다음과 같은 것을 기록하고 있다. 1. 구원, 2. 두 번째의 극적 단계로서의 전적 성화, 3. 성령 안에서의 세례, 체험 그리고 중요한 증거로서의 방언, 4. 속죄 속에서의 하나님의 신성한 치유, 5. 전천년적 두 번째 다가오는 재림. 이에 비해 사중복음은 1910에서 1912 사이에 W. H. Durham이 이끌었던 "finished work" 운동이 일어난 이후에 나왔다. 그들은 1. 구원, 2. 허로 역사하는 성령의 세례와 체험, 3. 속죄로서의 신성한 치유, 4. 전천년적 두 번째 오고 있는 재림을 강조하였다. 이것들이 한국 하나님의 성회의 공식적인 가르침이다.

38) 질병에 대한 대속적인 이해가 널리 퍼지게 된 것은 조용기 목사 때문이다. "병을 짊어지신 예수님"은 그의 트레이드마크처럼 이해되고 있다. 또한 그가 강조한 것은 악령의 축출을 통한 치유이다. 이는 한국교회에서 일반화된 현상이었지만 일제시대에는 강조되지 않았다. 기독교를 미신과 동일시하는 것을 피하기 위해서였을 것이라고 생각된다. 하지만 해방 후 조용기 목사는 질병이 악령의 역사라고 보았고, 따라서 그의 치유는 악령 추방과 깊은 관계를 맺었다. 박명수, 「한국교회사와 조용기 목사의 오중복음」, 『역사신학논총』 제5집, 222; 조용기, 『삼박자축복』 (서울: 영산출판사, 1977), 244.

천년왕국 시대를 지낸 후 새 하늘과 새 땅에서 하나님과 영원히 영화로운 삶을 살게 된다.[39]

오중복음이 이론(Theory)과 교리(Doctrine)라면 그 실제(Practice)와 적용(Application)은 삼중축복 혹은 삼박자축복이다. 삼박자축복은 전인구원의 결과로 주어진 축복을 의미한다. 조용기 목사는 예수는 인간을 구원하실 때 영혼만을 구원하신 것이 아니라 삶 전체와 육체까지 구원하셨다고 보았다.[40] 그는 삼박자축복의 성경적 근거를 요한삼서 2절 곧 "내 사랑하는 자여 네 영혼이 잘됨같이 네가 범사에 잘되고 강건하기를 내가 간구하노라"를 중심으로 하여 신약성경 전체 내용에서 찾는다.[41]

(2) 삼중축복

삼중축복은 먼저 영혼이 잘되는 축복-영혼이 구원받는 중생의 복-을 받고 동시에 범사에 잘되는 축복과 육체가 강건해지는 축복을 받는 것을 말한다. 삼중축복은 사랑하는 자에게 느끼는 목회적인 가치 관념이라고 조용기 목사는 말한다. 즉 사랑하는 자는 반드시 영혼이 잘됨같이 범사에 잘되고 강건하기를 간구하게 되어 있다는 것이다. 이 같은 메시지를 오중복음과 삼중축복으로 나눈다면, 오중복음은 기초 또는 터전(Base)이고, 삼중축복은 실천적 생활이다. 중생의 복음과 성령 충만의 복음과 재림의 복음은 영혼의 축복(네 영혼이 잘됨같이)의 터전이 되고, 축복의 복음은 생활의 축복-범사에 잘되며-의 터전이 되며, 신유의 복음은 육체의 건강의 축복-강건하기를 간구하노라-의 터전이 된다.[42] 조용기 목사에게 이러한 전인 구원의 축복은 그리스도의 복음이 의도한 완전한 구원의 목적이며 성경의 근본적인 뜻이다.

---

39) 조용기, 『오중복음과 삼중축복』(서울: 서울말씀사, 1997), 44-49.
40) 조용기, 『오중복음과 삼중축복』, 250-251.
41) 조용기, 『성공적인 목회설교: 나는 이렇게 설교한다』 (서울: 서울서적, 1984), 400-401; 참조: 조용기, 『오중복음과 삼중축복』, 251.
42) 조용기, 『오중복음과 삼중축복』, 262.

(3) 신유사역

조용기 목사는 순복음교회의 성장원인이 바로 치유의 복음 선포에 있다고 말한다.

> 교회의 신유의 기도를 통하여 병자가 고침을 받는 신유의 역사는 오늘날 사람들에게 하나님의 나라를 강력하게 증거합니다. 성령의 능력으로 나타나는 치료의 역사는 오늘날 우리의 시대에도 변함없이 일어납니다. 우리 교회가 성장한 이유 중의 하나는 병든 사람들의 치유를 위해 줄기차게 기도해 왔기 때문이라고 할 수 있습니다.[43]

『현대목회』 특집 "교회성장의 비결"에서 조용기 목사는 여의도 순복음교회 초창기 교회부흥의 계기가 된 사건은 중풍환자가 치유된 일이라고 설명하였다.[44] 이처럼 그는 신유를 목회철학의 핵심 중에 하나로 삼고 있다. 신유가 오중복음과 삼박자축복의 내용 가운데 하나이기도 하지만, 그가 예배 때마다 죄에서의 해방과 저주에서의 속량을 주장하면서 강력하게 신유 메시지를 선포하고 치유의식을 갖는 것은 신유를 더욱 특별히 강조하기 때문이다. 그는 오늘날 많은 교회가 예배 시간에 병 고치는 의식을 갖지 않기 때문에 성경에서 멀리 떨어져 있다고 믿는다.

2) 순복음중앙교회의 성장과 성장요인

(1) 순복음중앙교회의 성장

미국의 신앙월간지 『크리스천 라이프』(*The Christian Life*)가 선정한 세계 10대 교회 중에서 1위가 한국의 여의도 순복음중앙교회였다.[45] 이러

---

43) 조용기, 『교회성장 진정 원하십니까?』 (서울: 서울서적, 1995), 105.
44) "동네에 무성이 어머니라는 분이 있었는데 7년째 중풍을 앓고 있었다. 동네 깡패들은 성황당을 지키겠노라고 하면서 이적을 보여주지 않으면 교회를 부숴버리겠다고 위협했다. 이 때문에 치유를 위해 결사적으로 기도했다. 그런 후 어머니가 중풍에서 고침을 받았다. 자연히 무성이 어머니가 교회를 나왔고 깡패들도 회개하고 예수 그리스도를 구주로 영접하는 역사가 일어났다. 금방 교회는 부흥되었고 동네 사람들은 하나님의 실재를 시인했다." 조용기, 「교회성장의 비결」, 『현대목회』 (1983, 8), 43.
45) *The Christian Life* (1983.1).

한 여의도 순복음교회의 40년 역사는 ① 개척기(1958년-1961년), ② 발전기(1961년-1973년), ③ 성장 1기(1973년-1982년), ④ 성장 2기(1982년-현재)의 4단계로 구분할 수 있다.[46]

1단계 개척기에는 빈민 하류민들의 거주지역이었던 서대문구 대조동 공동묘지 옆 깨밭에 브로커로 집을 짓고 천막으로 지붕을 한 '천막교회'에서 목회를 하였다. 조용기 전도사와 최자실 전도사, 최 전도사의 자녀 3명이 창립 멤버가 되었고, 조 목사는 그들에게 마가복음 16:17 말씀으로 "믿는 자에게 따르는 표적"이란 제목으로 첫 설교를 하였다. 초기 사역의 성공 요인도 축복과 축사 신유였다.

신유사역을 통해 1961년에는 순복음 자체 통계로 그 지역 주민들보다 더 많은 출석교인 500명에 재적 교인 1,000명을 상회하게 되었다. 이후 발전기에도 시대적, 지역적으로 무척 가난하고 배고픈 시절이었기에 현실적이고 기복적인의 메시지가 압도적으로 나타났다. 그 메시지는 영, 육, 혼의 축복을 주제로 ① 믿음에 따르는 표적, ② 병을 짊어지신 예수님, ③ 좋으신 하나님 아버지로 요약되며, 간결하고 축복관에 대한 의식구조를 변화시키면서 희망에 도전하게 하였다. 그들은 4년 만에 조용기 전도사와 최자실 전도사의 부흥회가 열린 장소에 교회를 세우고 순복음 부흥회관이라 불렀다. 조용기 전도사가 1962년 4월 26일 목사 안수를 받았고, 5월 13일에는 순복음부흥회관이 순복음중앙교회로 개칭되었다. 개척교회 3년째인 1964년에는 교인수가 3,000명에 이르렀다. 1968년에 이르러서는 교세가 8천여 명에 이르러 3부로 나뉘어 예배를 드렸다. 1967년에는 월간지 『신앙계』가 창간되었고, 1973년 3월에는 최자실 목사가 경기도 파주군 조리면 오산리에 순복음 금식기도원을 세웠다. 급속도로 성장한 서대문의 교회는 1968년에 교세가 8,000명에 이르자 여의도를 신축부지로 결정하였다.

개척기에는 복음을 토착화하였고, 발전기에는 개인 신앙의 체험을 공동

---

46) 김용우, 「한국 오순절 교회 신앙운동사-해방 이후의 순복음 신앙을 중심으로」, 79. 참고로 1982년에 출판된 구역장 지침서 「충성된 일꾼」에는 세계 최대 규모의 교회로 성장하기까지의 초, 중기 순복음교회의 발자취가 기술되어 있다.

체 신앙으로 발전시켰다면, 성장1기에는 성령의 역사가 여의도 순복음교회를 중심으로 전국적으로 확산되면서 한국교회의 영성운동에 큰 영향을 미쳤다고 할 수 있다. 이 교회는 1984년 10월에 40만 성도를 돌파하였고, 1985년에는 50만, 1992년에는 70만 명에 이르렀다. 2004년도에는 80만 명에 이른 것으로 추산되었다.

1998년에 평신도 지도자 양성을 위한 순복음연구소가 설립되었다. 이 연구소는 평신도 성경학교, 성경대학, 성경연구원, 국제성서대학 등의 교육을 시행하고 신학연구논문집과 성경교육교재 및 구역공과와 각종 문서자료를 집필하였다. 1991년에는 영산연구소로 개편되었고, 93년부터 본격적인 신학연구기관인 국제신학연구원으로 개편되었다. 이후 이 기관은 오순절신학의 정립과 확산, 초교파적 목회자 자질향상 교육 및 세계선교를 위한 연구를 수행해 왔다. 또한 국민일보 부설로 교회성장연구소가 설립·운영되어 왔다.

이 교회는 성장 2기부터 외적 확산, 즉 세계선교 방향으로 우회하였다. 이것은 일찍부터 해외선교에 관심을 가져온 그의 영향 때문이기도 하였다. 1964년 첫 선교에 나섰던 그는 3년 후 미국, 영국, 프랑스, 태국, 일본 등 18개국 30여개 도시에서 선교활동을 펼쳤고, 그 후 58개국을 돌며 선교활동을 펼쳤다. 1974년 4월에는 순복음 세계선교회를 설립하고 본격적으로 세계선교를 시작하였다. 해외선교를 위한 신학교도 잇달아 세웠다. 1993년에는 카자흐스탄에 엘림신학대학을, 1996년에는 인도네시아 발리에 베데스다국제신학교를, 1997년에는 대만에 순복음신학원을, 2000년에는 필리핀에 베데스타신학교를 세워 선교사를 양성했다.[47] 2004년에는 38개국에 336명의 선교사를 파송하고 초창기의 해외이민 중심의 선교에서 제3세계 원주민 선교로 전환하였다. 2005년 현재 55개국 691개 교회에서 186명의 목사와 566명의 선교사들이 활동하고 있다. 뉴욕 시는 이러한 공헌을 인정해 2005년 5월 18일을 '조용기 목사의 날'로 제정·선포했다.

---

47) 최을영, 「시사 인물 FOCUS 조용기」, 『인물과 사상』 제87호 (서울: 인물과 사상사, 2005), 41-42.

(2) 순복음중앙교회 성장요인

배덕만은 순복음 교회가 문화적 연속성과 적절한 긴장의 요소를 잘 갖추고 있다고 평했다.[48] 순복음교회의 출현 전에 한국교회에 깊은 영향을 끼친 무속적 요소와 부흥운동의 전통이 순복음교회의 예배와 메시지가 신자들에게 잘 수용되는 종교적 배경이 되었고, 동시에 그의 오중복음이 기존의 부흥회 전통과 적절한 긴장을 유지했다는 것이다. 다시 말해 성령세례를 강조하면서 방언과 연결시키고, 전천년설 재림을 선포하면서 실현된 종말론과 연결시키고, 영적인 축복을 설교하면서 물질적 축복을 첨가하고, 전도를 강조하면서 교회 성장이론을 더하고, 기도를 가르치면서 적극적 사고방식과 접목시켜 종전의 전통적 신앙에서 변화와 긴장을 유도했다는 것이다.[49]

배덕만은 두 번째로 효과적 동원력, 정상적인 연령 및 성별 구조, 강력한 내적 연결망이 교회의 성장에 크게 기여했다고 보았다. 그에 의하면, 순복음교회는 튼튼한 조직구조를 바탕으로 동원력과 내적 결속력을 유지해 왔으며, 동시에 초대형교회에서 약점이 될 수 있는 친교문제도 끈끈한 구역조직을 통해 해결해 왔다. 교회가 본래 도시빈민을 토대로 형성되었지만 '순복음 실업인 선교회'를 통해 상류층 신자들을 위한 출구를 마련하고, 청소년들을 위해서 집중적으로 투자하고, 최자실 목사를 비롯한 여성들에게 활동기회를 다양하게 제공함으로써 교회의 연령 및 성별의 균형을 이끌어 내었다. 뿐만 아니라 효과적인 교회행정체계를 수립하여 거대한 교회를 능률적으로 운영하였다. 이에 대해 사회학자 최신덕은 "순복음교회의 조직은 거대하나 적절한 구조를 지니고 있다. 교회조직표를 보면

---

48) 배덕만은 미국의 저명한 종교사회학자 로드니 스탁의 미국에서 급성장하는 종교들의 성공 및 실패의 원인들을 분석한 연구를 적용해 순복음중앙교회의 성장요인을 분석하였다. 배덕만, "한국 신학과 세계 신학의 한 가교로서 오순절 신학", 종교연구 Vol 38, 한국종교학회, 2005. 195. 로드니 스탁은 성공과 실패의 공통된 8가지 요소를 ① 문화적 연속성, ② 적절한 긴장, ③ 효과적 동원력, ④ 정상적인 연령 및 성별구조, ⑤ 우호적 환경, ⑥ 강력한 내적 연결망, ⑦ 세속화, ⑧ 적절한 사회화로 들었다. Rodney Stark, "How New Religious Succeed: A Theoretical Model," *The Future of New Religious Movement*, Ed. David Bromley and Philip Hammond(Macon, GA,: Mercer University Press, 1987).
49) 배덕만, 「한국 신학과 세계 신학의 한 가교로서 오순절 신학」, 195.

그 효율성과 조용기 목사의 행정능력을 발견할 수 있다. 교회조직표를 보면 그 조직이 총회에 집중되어 있는 듯하나 그 실제적 기능은 철저하게 분산되어 작동하고 있다"고 하였다.50) 2000년도 순복음교회 통계에 따르면 28,957명의 구역장, 7,902명의 지역장, 292명의 교구장, 171명의 목회자, 356명의 전도사, 그리고 1명의 담임목사를 보유하고 있었다.51)

세 번째로 우호적 환경과 세속화 문제도 중요한 성장요소로 꼽힌다. 순복음교회는 6·25전쟁이 끝난 직후인 1958년에 창설되어 6,70년대에 한국의 도시화, 산업화가 진행되고 도시 빈민이 급증하며 산업화의 후유증이 폭발하던 때에 바로 그 문제의 한복판에서 목회를 하여 성장했다. 순복음교회 신자들의 절반 이상이 중산층 이하의 하층계급 출신이었으며, 전라도에서 이주한 도시빈민들이 많았고, 그들 중 많은 사람들이 질병, 알코올, 가난, 미신에 젖어 있었다. 당시 군부독재의 주도 하에 경제개발이 본격적으로 추진되면서 빈곤퇴치를 목적으로 한 경제적 가치, 물질주의가 시대의 에토스로 자리 잡던 시기에 순복음교회의 오중복음이 그들과 친화성을 가지게 된 것은 지극히 당연하였다. 당시의 군부독재가 일체의 군중집회를 불허하고 빌리 그래함 전도집회를 연속적으로 허용하였을 때, 그 집회가 여의도광장과 순복음교회 시설물 안에서 이루어졌던 것은 순복음교회가 빈민을 위한 분파에서 중산층을 위한 주류교회로 상승할 수 있는 결정적인 기회를 마련해 주었다.52) 그 밖에 해외선교 성공의 배경으로 대규모 스타디움에 현지인들을 모아 영어권에서는 영어설교로, 비영어권에서는 영어설교를 현지통역으로 집회를 가졌던 점을 들 수 있다. 영어권의 교회들은 그의 유창한 영어설교 때문에 한국교회의 경험과 영성을 실

---

50) Syn Duk Choi, "Comparative Study of The New Religious Movement in the Republic of Korea: the Unification Church and the Full Gospel Central Church," Ed. James Beckford, *New Religious Movements and Rapid Social Change* (Beverly Hills, CA,: Sage Publication, 1986), 123.
51) 여의도 순복음교회의 조직, 구역 등에 대한 연구서로는 Jae Bum Lee, "Pentecostal Type Distinctiveness and Korean Protestant Church Growth,"; John N. Vaughan, *The World 20 Largest Churches: Church Growth Principles in Action* (Grand Rapid, MI,: Baker Book House, 1984); Byong Suh Kim, "The Explosive Growth of the Korean Church Today: A Sociological Analysis," International Review of Mission 74(January 1985)가 있다.
52) 배덕만, 「한국신학과 세계신학의 한 가교로서 오순절 신학」, 196.

감나게 접할 수 있었다.[53] 조 목사가 영어에 능통하고 그의 설교와 저서가 영어로 번역되어 서구 교회에 보급된 것과 이 교회 출신 선교사들이 전 세계에 진출한 것이 오순절운동 본래의 에큐메니컬 특성 및 범세계화 현상과 맞물려 한국 오순절교회에 대한 관심을 점증시켰다는 시각도 있다.[54]

4) 조용기 목사의 사역에 대한 평가

(1) 긍정적 평가

조용기 목사는 2003년 5월 12-14일 오산리 최자실 목사 기념기도원에서 열린 제1회 영산 목회자 영성세미나에서 자신의 목회 45년을 회상하는 강연을 했다. 그는 어린 시절과 첫 목회지인 불광동, 대조동에서 평생의 목회신학을 정립하는 계기를 맞았다고 하며 자신의 목회 신학 전체의 틀을 "희망의 신학"이라고 밝혔다. 조용기 목사는 1960-1970년도에 미국과 영국에서 쏟아져 들어왔던 신학사조들 가운데 해방과 6·25전쟁 후의 현실에서 목회 일선에 가장 근접할 수 있었던 것이 몰트만의 소망의 신학이었다고 하였다. 동아일보 주최로 조용기 목사와 몰트만의 좌담이 있었는데, 좌담을 통해 몰트만은 그 자신이 제2차 세계대전 때 부모를 잃고 영국의 포로가 된 암담한 상황에서 영국 군목으로부터 받은 성서에서 예수의 죽음과 부활 속에 희망과 소망을 발견하였으며, 이후 희망의 신학을 1964년에 간행하게 되었다고 설명하였다. 조 목사도 불우한 처지 가운데 희망을 발견하고 한국적 희망의 신학의 설교를 했다고 하였다.

이러한 조 목사의 희망의 메시지에 대하여 박명수는 그가 과거에 이미 존재했던 한국교회의 부흥운동 전통을 더욱 강하게 밀고 나가는 동시에 해방 이후 변화하는 한국사회에 맞는 새로운 형태의 목회를 시도했다고 평가한다. 해방을 맞은 한국인들이 희망을 가지게 되어 전통적인 비관적인 메시지가 적합성을 잃게 되고 한국 사회가 도시화를 거쳐 대중사회가

---

53) 김세광, 「삼박자구원, 오중복음에 묻혀버린 '역사'」, 46.
54) 배덕만, 「한국신학과 세계신학의 한 가교로서 오순절 신학」, 192.

되어갔던 새로운 시대에 맞는 목회를 하였다는 것이다.[55] 김세광도 조용기 설교가 이 시대 민중을 향한 첫 번째 소망의 복음이었다는 점을 지적하였다. 그는 조용기 목사의 설교가 개척 초기부터 경제적, 사회적으로 소외된 민중의 아픔에 동참하면서 구원과 회복을 위한 메시지를 지속적으로 전해 온 것과 암울한 사회 현실에서 교회가 유일한 소망이라는 것을 실감하게 한 것이 그의 설교에서 가장 빛나는 요소라고 하였다.[56]

이처럼 조용기의 사역의 긍정성은 청중들의 필요를 채워주는 설교였다는 점에 있다. 조용기 목사 자신이 "message to the needed people"라고 말하였듯이 그의 설교는 청중의 필요를 채워줄 수 있는 것이었다.[57] 당장 굶어 죽어가는 자에게 예수 믿고 천국가라는 식의 설교는 한낱 액세서리에 불과한 것이었다. 절실하게 필요했던 것은 따뜻한 밥 한 공기와 약 한 봉지였고 그것이 바로 복음이었다고 그는 말한다. 기독교 신앙의 메시지를 받아들일만한 그릇이 되어 있지 않은 사람에게는 그런 사람에 맞는 메시지를 전해 주어야 한다는 그의 지론은 현장에서 직접 경험한 것이었다.

(2) 부정적 평가

① 삼박자축복 비판

그의 삼박자축복이론은 교리신학적 출발점에서부터 비판을 받는다. 요한삼서 2절에 입각하여 주장한 삼박자축복은 교리화할 수 없는, 단순한 기원문(편지의 서문)에 불과하다는 비판이다.[58] 프레스턴 제임스 리터는 이 구절이 모든 그리스도인을 향한 축복의 약속이 아니라 단순히 한 개인

---

55) 박명수, 「한국교회사와 조용기 목사의 오중복음」, 『김영재 교수 은퇴 기념 논문집』 (서울: 한국복음주의 역사신학회, 2003), 210.
56) 김세광, 「삼박자구원, 오중복음에 묻혀버린 '역사'」, 45-46.
57) 조용기 자신은 자신의 설교에 대한 특징으로 다음과 같이 언급한다. 쉬운 설교, 필요를 채워주는 설교, 생명을 전하는 설교, 희망을 주는 설교, 은혜의 산에서 하는 설교, 마음을 치료하는 설교, 인격을 존중하는 설교, 칭찬이 있는 설교, 맛있는 설교, 영양가 풍부한 설교, 도우시는 하나님을 전하는 설교, 용기를 주는 설교, 꿈과 환상을 주는 설교, 성공의 길을 제시하는 설교, 삶으로 본이 되는 설교 등이다. 조용기, 『나의 교회성장이야기』 (서울: 서울말씀사, 2005), 21-69.
58) 이용섭, 『여의도의 바벨탑』 (서울: 움직이는 책, 1996), 15-98.

(가이오)을 위한 요한의 기원이라 주장한다. 또한 "사랑하는 자여"라는 말은 '아가페테'라는 헬라어에서 번역된 것인데 호격이며 남성 단수이다. 그러므로 2절이 가이오 외에는 다른 누구에게도 적용될 수 없다는 것을 의미한다는 것이다.[59]

한편 삼박자 구원은 모든 기독교인들의 신앙의 성공과 실패를 가늠하는 유일한 잣대가 된다. 그러므로 삼박자 구원을 받은 회중들에게는 소망의 메시지요 하나님이 베푸신 은혜의 복이 되지만, 끝내 궁핍과 질병-그는 이런 것이 철저히 마귀의 것이라고 강조한다-을 극복하지 못한 이들에게는 정죄와 심판의 메시지가 될 수 있다. 그의 설교에서 삼박자구원의 메시지는 예외를 용납할 수 없는 하나님의 절대적 약속이요 축복이기에 이를 지속적으로 강조하는 것 외에 다른 대안이 없다.[60] 나아가 부자와 건강한 자들에게 교만을 심어주게 되고, 결국에는 도리어 부유하고 건강한 자들의 복음이 되기가 쉽다.[61] 물론 그의 설교에서 고난과 질병 외에 또 다른 차원의 섭리가 있다는 메시지가 덧붙여지기도 하지만 강력한 삼박자축복에 완전히 묻혀버리는 느낌을 지울 수 없다. 이러한 경향 때문에 그의 설교는 샤머니즘적 기복주의라든지 현세적 물질주의라는 비판을 계속해서 받아왔다. 덧붙여 개인을 욕망의 주체로 만드는 데에 심각성이 있다는 비판을 받는다. 개인들로 하여금 재물, 건강, 성공에 집착하게 만듦으로써 기독교적인 영성의 심층과 하나님 나라의 역사적 성격을 근본적으로 훼손하고 있다는 것이다.

② 이단 시비

한편 그에 대한 이단 시비가 끊이지 않았다. 1983년 9월 23일부터 28일까지 서울 영락교회에서 개최되었던 대한예수교장로회(통합) 제68회 총회는 조용기 목사의 선교와 사역 중에 사이비적인 요소가 있다고 규정했다. 조상숭배는 우상숭배가 아니라고 가르친 것, 부활한 처녀소동, 안수기

---

59) 프레스턴 제임스 리터, 김성환 역, 『성경과 조용기 목사』 (서울: 삼영서관, 1983), 61-63.
60) 정용섭, 「민중에 대한 질문-순복음중앙교회 조용기 목사」, 『설교비평』, 2005, 147-148.
61) 김덕환, 『조용기 목사 그는 과연 이단인가?』(서울: 서울광보개발원,1981), 135-136.

도의 대가로 금전을 수수한 것, 목사안수 남발, 광신적인 신앙운동을 유도하며 이를 복음과 십자가 이상으로 치중하여 감각적인 신앙생활로 유도하는 우려가 있다는 점, 무분별한 성찬분배, 기독교신앙을 기복신앙-현세중심, 성공중심 물질중심-으로 전락시킨 점들이 그것이었다.[62] 이후 1994년 9월 8일부터 13일까지 서울 소망교회에서 열렸던 대한예수교장로회(통합) 제79회 총회에서 사이비성 규정이 해제되었지만, 그의 이단 시비는 그치지 않고 있다.

이용섭의 주장에 따르면, 조용기 목사는 이단으로 정죄된 양태론적 삼위일체론을 주장하고 있다. 그는 정통 기독론의 이해에 있어서 가장 기초적이고 필수적인 속성의 교류와 위격의 결합이라는 것조차도 모르고 있다. 그의 종말론도 교회사에서 계속 정죄되어 온 시한부 종말론에 해당된다. 그는 구약시대 4000년과 신약시대 2000년을 합친 6000년이 인류의 존속기간이고 서기 2000년 안에 인류의 역사가 끝이 났다고 언급하기까지 했다. 다니엘서 2장과 7장 그리고 요한계시록 12장의 열 발가락과 열 뿔을 EC(=EU)와 동일시하여 EC가 열 나라로 통합될 때 예수 그리스도의 공중재림과 7년 대환난이 일시에 시작되고 적그리스도가 EC통합 대통령이 될 것이라고 여러 번 설교하였다.[63] 그가 그 날과 그 시를 언급하지 않은 것만 빼면 그의 종말론은 1992년 10월 28일 휴거주의자들과 다를 바가 없다.[64]

③ 윤리 · 도덕적 문제

그는 교회재산을 사유화했다는 의혹을 받고 있다. 이 문제가 처음 발발한 것은 2000년의 일이었다. 순복음교회 일부 장로들의 모임인 교회사랑

---

62) 최을영, 「시사 인물 FOCUS 조용기」, 41-42.
63) 조용기, 『다니엘서 강해』 (서울: 서울서적, 1976), 126; 『다가온 종말, 말세에 나타난 여러 징조들』 (서울: 국민일보사, 1991), 15; 『교회와 신앙』, 1994년 1월호, 148.; 『다니엘서 강해』 (서울: 서울서적, 1976), 212.
64) 이용섭, 『여의도의 바벨탑』, 15-98. 김명용, 황승룡, 최삼경도 이런 점을 지적하였다. 김명용, 「한국교회의 종말론 해석」, 『한국교회와 종말론』 (서울: 대한예수교장로회총회 신학교육부, 1991); 황승룡, 「기독교 이단이란 무엇인가」, 기독교 이단에 관한 제1회 학술토론회, 27-28; 삼경, 『교회와 신앙』, 1994년 3월호, 172.

모임(이하 교사모)이 조용기의 교회헌금유용과 교회재산유용 문제를 제기하면서 논란이 일기 시작했다. 당시 교사모는 그가 1997년부터 장남 조희준이 경영하는 「국민일보」를 지원하기 위해 교회건물을 담보로 대출을 받고 재단법인 순복음교회 명의로 되어 있는 「국민일보」를 사유화했다고 주장했다. 교회 헌금 예결산이 투명하게 이뤄지지 않았고, 교회와 「국민일보」 경영에 친인척을 동원했다는 비판도 제기하였다.[65] 2004년 10월에 교회재산 사유화 문제가 다시 불거졌다. 이때 교회개혁실천연대가 교회헌금 유용 의혹과 교회 시스템 관련 문제 등의 내용이 담긴 공개질의서를 순복음교회에 보냈다. 이 질의서 역시 2000년에 장로들이 제기한 것과 대동소이한 의혹을 제기했다.

한편 2004년에는 조용기 가족의 병역문제가 거론됐다. 조용기만 7개월간 군복무를 하다가 의가사 제대했을 뿐, 아들 3명이 미국 국적자로 한국 국적을 포기하거나 뒤늦게 한국 국적을 획득함으로써 모두 면제판정을 받았기 때문이다. 일각에서는 투철한 반공주의자인 조용기의 태도에 비춰봤을 때 앞뒤가 맞지 않는다고 비판하였다.[66]

④ 성장 철학의 문제점

조용기 목사의 성장철학은 '교회가 성장하느냐 못하느냐는 전적으로 목회자에게 달려 있다. 성장하지 않는 교회는 예수그리스도의 교회가 아니다' 는 말로 요약된다. 여기에서 자기 확신과 과욕에 사로잡혀 허영에 찬 경쟁의식을 불러일으킬 여지가 있다는 점, 교회의 진위에 대한 판별기준을 성장에 둔다는 점이 비판의 대상이 되고 있다.

---

65) 당시에 조용기는 교사모 장로들에게 징계를 내리고 『신동아』, 2000년 10월호의 인터뷰를 통해 "이번 사건은 우리 교회에 대한 도전"이며 "겉으로는 비즈니스적 문제를 들고 나와 교회를 개혁하라고 압력을 가하지만 근본적으로 나를 무릎 꿇게 하고 교회의 현 체제를 무너뜨리는 것"이라고 주장했다. 또 "교회는 세상의 민주주의와는 다른 조직"이라고 하면서 이번 사건을 "교권을 위한 투쟁이고 영적인 전쟁"이라고 규정했다. 이에 대해 교회 장로들은 반론문을 통해 이번 사건은 순복음교회의 개혁과 미래를 위한 것이었고, 교회예산 등은 민주적인 방식으로 운영되어야 한다고 주장했다. 최을영, 「시사 인물 FOCUS 조용기」, 42-43.
66) 최을영, 「시사 인물 FOCUS 조용기」, 43.

6. 오순절운동에 대한 비판과 갈등

1) 외적 비판

(1) 성령세례의 단회성 문제

단회성을 주장하는 학자들은 중생을 곧 성령세례로 보며 오순절사건(성령세례)을 구속사적인 관점에서 반복될 수 없는 유일한 사건으로 본다. 카이퍼(A. Kuyper), 가핀(R. B. Gaffin), 스토트(John Stott), 박형용, 박윤선 박사 등에 의하면 오순절 성령강림은 반복될 수 없는 단회적인 역사적 사건이다. 저수지 비유로 이를 설명한 카이퍼는 성령세례를 지금도 다시 받고자 하는 것처럼 무모하고 정당치 않은 것이 없다고 하였다. 박윤선 박사는 오순절이 역사적으로 교회를 인쳐 주시는 사건이므로 단회성을 띤 것으로 반복될 수 없고, 그 후 일어난 사건들은 오순절 성령강림의 결과로 이루어진 일이라고 강조하며 다음과 같이 말했다.

> 오순절에 임하신 성령은 영구한 교회를 위하여 단회성을 띤 것이다. 다시 말하면 오순절 성령강림은 역사상 한 번만 있었고 다시 있을 수 없는 것이다. 이 단회적 사건의 열매로 교회는 영원히 있게 되고 택함을 받은 백성은 세세토록 성령의 은혜를 받게 된다.[67]

(2) 성결교파의 비판

① 나사렛 교회

오순절운동에 대해 가장 강력히 반대한 쪽은 성결운동이다. 초기 오순절주의자들은 대부분 성결운동에서 나왔다. 많은 성결파들이 보다 분명한 체험을 갈구하였다. 특별히 미국 남부의 거의 모든 성결운동이 방언을 제3의 축복으로 생각하였다. 그러나 다른 지역의 전통적인 성결파 세력도 만만치 않았다. 오순절파로 넘어가지 아니하고 전통적인 성결파를 고수한

---

[67] 박윤선, 『성경주석 사도행전』(서울: 영음사, 1975), 8.

대표적인 단체가 나사렛교회였다. 시무어는 나사렛교회의 초청을 받아 로스앤젤레스에 왔다가 방언을 성결에 이르는 제3의 축복이라고 가르친 일로 그곳에서 쫓겨났다. 나사렛교회의 창시자이며 로스앤젤레스에서 성결운동을 이끌어 가던 브리지(Phineas Bresee)는 시무어의 방언운동을 매우 혹평하였다. 브리지는 1906년 12월 그의 기관지인 나사렛 메신저(Nazarene Messenger)에서 아주사 집회에 대한 그의 견해를 기록하였다. 그는 이 운동이 몇 가지 중요한 이단적인 요소를 가지고 있다고 보았다. 그 이단적 요소란 그들이 그리스도인들은 성령세례를 받기 전에 성화되었고 이 성령세례는 성화된 삶 위에 주어지는 능력의 은사라고 주장하며 나아가서 이 성령세례의 필수불가결한 요소는 새로운 언어로 말하는 은사라고 주장하는 것이었다. 다시 말하면 성령세례와 성화를 잘못 구분하고 성령세례의 본질을 방언으로 오해하고 있다는 것이었다. 브리지는 방언을 말하는 사람이나 듣는 사람에게 의미가 없는 허튼 소리와 의미 없는 중얼거림에 불과하다고 보았다. 그는 마음속에 분명한 성결의 은혜를 체험한 사람들은 이상한 불을 추구하지도, 낯선 은사를 부러워하지도 말고 오직 전부터 전하여 온 성령의 옛길, 곧 그리스도의 보혈로 말미암아 우리의 죄를 씻는 성령세례만을 믿고 나아갈 것을 강조하였다.[68] 나사렛교회의 이러한 반 오순절적인 경향은 그 명칭 자체가 밝히 보여준다. 원래 나사렛교회의 명칭은 오순절 나사렛 교회(Pentecostal Church of Nazarene)였으나 '오순절'이라는 말을 사람들이 방언운동으로 이해하게 되자, 교단의 이름에서 오순절이라는 말을 빼버리고 말았다.[69]

② 만국사도성결연맹

나사렛교회와 더불어 전통적인 성결운동에 머문 필그림 성결교회(Pilgrim Holiness Church)는 그 본래의 명칭이 만국사도성결연맹(International Apostolic Holiness Union)이었다. 오하이오 주 신시내티

---

[68] 박명수, 「근대 오순절운동의 기원」, 『오순절 신학 논단』 제1호(경기: 한세대 오순절 신학연구소, 1998), 30-31; Bresee, "The gift of Tongues", *Nazarene Messenger* (December 13, 1906), Cited in Bartleman, *Azusa Street*, 182-183.
[69] 박명수, 「근대 오순절운동의 기원」, 32.

에서 말틴 냅에 의해 시작된 이 단체는 오순절운동 초기 지도자들과 밀접한 관계를 갖고 있다. 하지만 갓비(William Godbey)에 이르러 방언을 본격적으로 반대하였다. 널리 알려진 성결운동가 갓비는 시무어 집회에서 사람들의 방언이 쓸모가 없는 것이라고 주장하면서 일본에서 선교하고 있던 카우만(동양선교회의 창시자)의 증언을 기록하였다. 시무어의 집회에서 방언을 받은 일곱 사람이 자기들의 방언을 이방인들은 알아들을 것이라고 생각하고 일본으로 왔다는 것이다. 그러나 일본에 이들의 방언을 알아듣는 사람이 없자 이들은 실망하고 더욱 타락한 생활을 하였다는 것이다.

무엇보다도 갓비는 신학적인 측면에서 방언운동을 비판하였다 오순절파가 방언과 성령세례를 동일한 것으로 보는 것은 성서의 진리에 어긋난다. 그는 세례가 근본적으로 정결이므로 성화와 같은 것이라고 보았다. 이런 전제 아래서 성령세례란 아담의 범죄 이후에 유전되어 인간의 마음속에 자리잡은 죄를 성령의 능력으로 깨끗하게 씻어 정결케 하는 것이라고 주장하였다.

③ 알마 화이트

가장 신랄하게 오순절운동을 비판한 사람은 불기둥선교회의 알마 화이트(Alma White)였다. 화이트는 성결운동의 여성지도자로서 매우 독특한 자취를 남겼다. 시무어는 텍사스에서 로스앤젤레스에 오는 도중 덴버에 있는 화이트의 선교회를 방문하였고, 화이트 역시 1907년 3월에 시무어의 집회에 참석하기도 하였다. 그러나 화이트는 냅이나 갓비와 같은 성결파와 깊은 유대관계를 맺고 있어서 오순절운동을 받아들일 수 없었다. 화이트의 전 남편인 켄 화이트(Ken White)가 오순절파로 전향한 일로 화이트는 더욱 방언운동을 신랄하게 비판했다. 화이트의 비판은 도덕적인 면에 집중되었으나, 감정적인 면이 적지 않았다. 그는 아주사 집회를 '자유연애의 뜨거운 침대' 라고 비판하고 방언운동은 하나님의 옛 백성들을 몰아내려는 사탄의 거대한 계획이라고 공격하였다.

④ 심프슨의 기독교선교연맹

기독교선교연맹(Christian and Missionary Alliance)은 일찍부터 오순절운동에 대해서 활발한 논의를 벌여왔다. 이 연맹의 선교사인 재프레이(Robert Jaffray)는 오순절운동의 문제점을 날카롭게 지적하였다. 첫째로 방언을 인정할 수는 있지만, 방언만이 성령세례의 유일한 증거라는 것은 기독교연맹을 분열시킬 수 있다고 보았다. 둘째로 방언과 거기에 부수되는 해석을 하나님의 무오한 말씀으로 믿는 것은 성서 외에 새로운 계시를 주장할 가능성이 있다. 셋째로 방언을 하는 사람들은 자기들이 더 은혜가 충만하다고 믿어 기존교회에서 탈퇴하는 경우가 있다는 것이다. 넷째로 오순절운동이 방언에 강조를 두고 성령의 능력을 통한 섬김과 선교에 관심을 두지 않아서 세계선교를 둔화시켰다는 것이다. 다섯째로 기독교의 힘을 축소시킨다는 것이다. 마지막 다섯 번째의 경우를 제외한 나머지 지적들은 매우 정당한 것이라고 말할 수 있다.

2) 내적 갈등

(1) 하나님의 교회(그리스도파)와의 관계

오순절운동에는 내적인 갈등도 많았다. 1910년대에는 오순절운동 내의 제도적인 갈등과 신학적인 갈등이 일어나 그 결과 하나님의 성회가 등장하였다. 하나님의 성회는 오순절운동 가운데서 최초로 웨슬리안의 전통에 서지 않은 단체이다. 그리스도 안에 있는 하나님의 교회(그리스도파, Church of God in Christ)는 흑인 메이슨(Charles H. Mason)과 존스(C. P. Jones)에 의해서 시작되었다. 이 둘은 원래 침례교에서 안수를 받은 목회자였는데, 1897년경에 성결집회에 참석하여 은혜를 받고, 자기들의 교회에서 성결교리를 가르쳤다. 그러나 침례교회는 이를 용납하지 않아 결국 침례교회를 탈퇴하여 '하나님의 교회' (그리스도파)를 만들었다. 이렇게 하여 형성된 이 흑인성결교파는 남부에서 매우 급격하게 성장하였다.

그런데 메이슨은 아주사 집회에 참석하여 방언을 받고 돌아와 자기 교회에서 이것을 가르쳤으나, 그의 동료인 존스는 제3의 축복으로서의 방언을 반대하고 기존의 웨슬리안 성결론을 고수하였다. 그리하여 이 둘은 갈라졌고, 존스는 하나님의 교회(성결파)를 만들었다. 이런 분열 뒤에 메이슨의 하나님의 교회는 급격하게 발전하였다. 특별히 메이슨의 그룹이 발전하게 된 데에는 남부 오순절운동가들 가운데서 미국의 주요교단에서 안수를 받은 사람이 메이슨뿐이어서 그의 안수만이 법적으로 인정받았기 때문이었다. 그 결과 인종을 초월하여 많은 수의 사람들이 메이슨에게 안수를 받았다. 1913년 메이슨의 손에 의해 안수를 받은 많은 독립된 백인 오순절파 목사들이 모여서 하나님의 성회를 만들었다.[70] 메이슨의 하나님의 교회(그리스도파)는 현재 흑인교파로서 가장 큰 교파가 되었다. 하나님의 성회는 오순절 교단 가운데에서 가장 큰 교단이 되었다. 한국의 순복음교회가 여기에 속해있다. 하나님의 성회를 만드는 데는 인종적인 것만이 아니라 신학적인 문제도 중요한 역할을 하였다. 1910년대를 지나면서 하나님의 성회가 직면했던 신학적인 논쟁은 성화, 삼위일체, 방언에 관한 세 가지 논쟁으로 요약된다.

(2) "완성된 사역" 논쟁

메이슨의 하나님의 교회는 성령세례와 더불어 웨슬리안 성결론을 가르치고 있으나, 하나님의 성회는 웨슬리안 성결론을 부정한다. 이것은 하나님의 성회의 중요한 특성을 나타낸다. 이 논쟁의 중심에는 덜햄(William H. Durham)이 있었다. 원래 침례교 출신인 그는 다른 오순절운동가들이 일차적으로 성결의 체험을 한 후에 더욱 큰 은혜를 사모하여 오순절적인 방언을 경험한 것과 달리 직접적으로 오순절의 은혜를 받았다. 즉 성결운동을 거치지 않고 오순절파가 되었다. 이런 경험은 그의 교리에 반영되었다. 덜햄은 갈보리의 십자가가 단지 과거의 죄만 담당한 것이 아니라 신자의 성화까지도 단번에 이루었다고 가르쳤다. 이것은 구원 혹은 중생 이

---

[70] 논쟁의 여지는 있지만 이 단체는 1982년에 자기들의 회원이 전 세계적으로 약 3백 7십만이라고 주장한다. 웨슬리안 계통 오순절운동은 대부분 감독제도를 가지고 있으나, 하나님의 성회는 여러 교파들이 많이 모였으며, 침례교의 배경을 가진 사람들이 많았다. 따라서 그들은 회중제도를 선호했다. 오순절 단체들끼리 친목과 유대를 추구하기 위해 만든 하나님의 성회가 중앙집권적인 조직을 가질 필요가 없었다.

후의 2차적인 성화의 교리를 주장하는 웨슬리안 성결론과 명백하게 구분되는 것이다. 구원 이후에 또 다른 은혜가 필요 없이 갈보리의 십자가가 모든 것을 완성하였다는 의미에서 덜햄의 주장을 '완성된 사역'(finished work)론이라고 부른다. 따라서 신자가 성화를 위하여 추구해야 할 것은 이차적인 은혜가 아니라 이미 받은 성화의 은혜를 지속적으로 발전시키는 것이다.

덜햄의 주장은 비웨슬리안 계통의 오순절파들에게 인기가 있었지만, 웨슬리안적인 성결론을 가지고 있었던 사람들에게는 매우 충격적이었다. 지금까지 거의 모든 오순절운동이 예외 없이 가지고 있었던 웨슬리안의 성결론을 덜햄이 정면으로 부정한 것이었다. 이로 인해 덜햄은 시무어와 큰 갈등을 겪었다. 덜햄이 갑자기 세상을 떠났을 때 많은 정통 오순절파는 이 일을 하나님이 덜햄을 인정하지 않는다는 표시로 받아들였다. 팔함은 덜햄을 이론적으로 반박했다. 팔함은 악령이 '회개하지 않은 그릇'을 통하여 나타나게 될 것이라고 경고하였다. 팔함은 성령의 은사는 성령의 거룩케 하는 사역과 함께 될 때만이 바른 방향으로 나아갈 수 있다고 주장하였다. 톰린슨과 메이슨을 비롯해 많은 전통적인 오순절파 사람들이 팔함과 의견을 같이 했다.

그러나 덜햄을 지지하는 사람들도 만만치 않았다. 그중 대표적인 사람이 벨(E. N. Bell)이었다. 원래 남침례교 교역자였던 벨은 덜햄에게서 은혜를 받고 초대 하나님의 성회의 총회장으로 선출되었다. 그는 제2의 축복이 성서에 없는 용어라고 주장하면서 자기는 결코 웨슬리안의 메시지에서 만족을 얻지 못했다고 말했다. 처음에는 하나님의 성회가 어느 정도 웨슬리안의 입장을 고려하여 중간 길을 걸으려고 노력했으나 대세는 반웨슬리안적인 경향을 띠게 되었다. 따라서 점점 하나님의 성회는 덜햄의 주장을 자기들의 입장으로 정리하게 되었다. 결국 오순절운동은 성화에 관하여 두 가지 다른 주장을 가지게 되었다.

(3) 단일성 운동

오순절운동은 처음부터 기독론 중심으로 발전해 왔다. 이것은 특별히 비 웨슬리안 계통에서 더욱 분명했다. 케직 사경회는 성결을 '그리스도와의 연합'으로 설명하였고, 기독교선교연맹은 사중복음을 기독론적으로 설명하였다. 이런 그리스도 중심적인 경향은 오순절집회에서 반복되었다. 오순절운동은 방언과 더불어서 신유도 강조하였으며, 신유는 예수 그리스도의 이름으로 진행되었다. 이런 오순절운동의 기독론중심적인 성향에 성서적인 배경을 제공한 사람이 맥커리스터(R. E. McArister)였다. 캐나다 출신으로 이 집회에 참석한 맥커리스터는 사도들은 마태복음 28:19에 나오는 삼위일체의 이름으로 세례를 준 것이 아니라, 사도행전 2:38의 주 예수 그리스도의 이름으로 세례를 주었다고 주장했다. 이러한 맥커리스트의 주장은 '오직 예수'(Jesus Only) 운동 혹은 '예수의 이름'(Jesus' Name) 운동이라고도 불리는 단일성운동(Oneness Movement)의 시작이 되었다. 1913년 캘리포니아 페사데나 근처에서 열린 전세계 사도신앙 캠프집회에서 여자 부흥사인 우드워드-에커는 예수의 이름으로 안수하여 2천명 이상으로부터 많은 기적과 치유를 경험했다고 간증하였다. 위의 맥커리스터의 주장에 자극을 받은 존 셰프(John Schaeppe)라는 사람은 한 밤을 기도로 보낸 후 아침에 예수 그리스도의 이름의 능력의 계시를 보게 되었다고 주장하였다. 두 사람의 주장은 많은 사람들에게 큰 자극을 주었다.

그러나 이월트(Frank J. Ewart)가 이 단일성운동을 하나님의 성회로 이끌고 왔다. 호주 출신인 그는 한때 침례교 교역자로 덜헴 밑에서 목회를 하며 하나님의 성회에 속하게 되었다. 그는 1913년의 집회와 성경을 통한 개인적인 체험 후, 1914년 4월 15일 공식적으로 사도행전 2:38 말씀에 근거하여 자기의 주장을 설교하였다. 그리고 이 새 주장에 근거하여 삼위일체의 이름이 아닌 예수의 이름으로 다시 세례를 주었다. 이월트의 과격한 행동으로 단일성 오순절운동이 시작되었다. 이월트의 주장이 많은 오순절파에 의해서 받아들여지자 하나님의 성회 내에서 많은 논란이 야기되었다. 하나님의 성회의 지도자들은 처음에 이 문제에 대해 확고한 자세를 갖지 못했다. 그 대표적인 예가 벨이었다. 그는 이 운동을 반대했다. 그는 예수의 이름으로 세례를 주는 것은 용인했지만 예수의 이름으로 다시 세례를 주는 것에는 반대했다. 그러나 결국 단일성 운동가들의 강요에 못 이겨 다시 세례를 받았다. 이것은 하나님의 성회 안에 많은 혼란을 야기했다.

이런 혼란을 보고 파울러(Fowler)가 단일성운동에 강하게 반기를 들고 나왔다. 그도 원래 단일성운동에 호의적이었으나, 하나님의 성회가 이 문제에 대해 혼란을 겪는 것을 보고 반대편에 서게 되었다. 결국 이 문제를 위해 1915년에 하나님의 성회의 총회가 소집되었으나 뚜렷한 해결점은 찾지 못했고, 다음 해 총회에서야 하나님의 성회가 '기초교리선언'을 채택하고 삼위일체의 세례를 확인하였다. 결국 전체 585명의 회원 가운데 156명이 하나님의 성회를 떠났고, 이들은 세계오순절성회(Pentecostal Assemblies of the World)를 조직하였다. 국제연합오순절교회(United Pentecostal Church International)도 이들로부터 나온 같은 단일성운동의 산물이다.

※ '일차증거' 논쟁

하나님의 성회의 형성기의 마지막 교리논쟁은 방언을 성령세례의 일치된 일차적인 증거(the initial evidence)로 보는 문제에 관해 일어났다. 1910년대 하나님의 성회에서 가장 유명한 인물 중에 하나였던 보스워쓰(Fred Francis Bosworth)는 총회에서 오순절운동이 방언을 강조하면서 방언을 주시는 분을 간과한다고 비판하였다. 또한 많은 사람들이 방언을 하지만 그들이 진정으로 성령세례를 받았는지 의심스러우며, 방언을 받지 못했어도 참으로 교회와 이웃을 바로 섬기는 사람들이 많이 있다고 주장하였다. 그는 방언이 성령세례의 유일한 일차적인 증거가 아니며, 많은 증거들 가운데 하나이라고 보았다. 보스워쓰는 오랜 숙고 끝에 방언에 대해 오순절보다는 오히려 기독교선교연맹의 입장이 옳다고 주장하였다. 1917년 총회의 투표는 보스워쓰의 주장을 받아들이지 않았다. 보스워쓰는 1918년 더 이상의 논쟁을 원하지 않아 총회에 사표를 제출하고 기독교선교연맹에 가입했다.

7. 오순절운동의 공헌

1) 교회 성장 모델

오순절운동과 교회성장의 연관성을 분석한 명성훈 교수는 1965-1994년 사이 미국교회 교단들의 성장률을 비교해 보았을 때, 비오순절 주요 교단은 감소한 반면, 오순절 계통의 복음적 교단은 비약적으로 성장하였다고 설명하였다.[71] 독립교회의 경우도 오순절운동에 적극적으로 동참하는 교회들은 성장하고 있었다.[72] 이처럼 오순절 세력은 계속 확장해 가는 중에 있다. 일부에서는 이 세력이 2025년에 이르게 되면 약 30억 명의 기독교인구 가운데 37%인 11억 4천만 명으로 증가하여 세계 기독교계의 중심세력이 될 것으로 전망하고 있다.[73] 이는 20세기가 시작될 때인 1900년에 전체 기독교인구 중 0.66%에 불과했던 것에 비해 괄목할 만한 증가이다.

그러나 그 성장이 기존 신학의 틀과 교회구조에 대한 도전으로 나타나고 있었음을 주목할 필요가 있다. 그 윤리적 방향과 가치를 비판적으로 인식하지 못하고[74] 양적 성장에만 도취될 경우, 교회성장에 대한 일차적인 기여에도 불구하고 선교의 참된 목표인 하나님 나라를 건설하는 신앙

---

71) 예를 들어 미국 장로교는 13.1%, 개혁교회는 19.8%, 감리교는 22.4%의 성도수가 감소한 반면, 하나님의 성회는 306%, 하나님의 교회(클리브랜드)는 252%, 나사렛 교회는 74%, 그리스도안의 하나님의 교회는 무려 1232%의 교회 성장률을 기록한 것으로 집계되고 있다는 것이다. Yearbook of American and Canadian Churches, Abingdon Press, 1996; 명성훈, 「오순절운동이 교회 성장에 미친 영향」, 『오순절 신학 논단』 제1호 (경기: 한세대 오순절 신학연구소, 1998), 63에서 재인용.
72) 미국교회 전체의 40%는 교단에 속하지 않는 독립교회들인데, 이 중 75%가 오순절적이거나 은사적인 교회이다. 콜로라도 스프링스에 위치한 뉴 라이프 교회(New Life Church)는 오순절적 독립교회로서 개척 10년 만에 장년출석 6천명을 기록하는 대교회가 되었다 한다. 애틀랜타 지역에 위치한 뉴버스 교회(New Birth Baptist Church)는 오순절적 성향의 목사가 부임한지 10년 만에 300명의 성도가 1만 8천명의 성도로 급성장했다. 명성훈, 「오순절운동이 교회 성장에 미친 영향」, 63.
73) 명성훈, 「오순절운동이 교회 성장에 미친 영향」, 64.
74) 오순절 성령운동의 신앙의 개인화나 혹은 자본주의의 성공 윤리적인 강조, 번영 위주의 복음(prosperity gospel)을 추구하는 문제, 그리고 식민주의의 중개자 또는 해방의 장애물(barriers to liberation)이나 사회의식에 대한 결여(lack of social conscience)들에 대한 신학적 비판은 계속되어야 한다.

내용 및 정의와 평화의 대안 공동체를 만들어가는 윤리적 능력은 손상될 수밖에 없다.

2) 세계 교회 갱신

오순절운동의 중요성은 구원의 확신과 하나님 체험 없이 습관적으로 출석하고 형식적으로 직분생활을 하는 무기력한 교인들과 침체된 교회를 성령의 불로 자극하여 교회가 변화하고 종교성을 회복하게 했다는 데에 있다. 오순절운동은 하나님의 성령의 역사가 지금도 진행되고 있다는 사실을 알리고 신앙의 체험적인 측면을 크게 강조해 왔다.[75]

3) 해방의 목소리

오순절운동은 다원성 속에서 드러나는 해방의 문제에 대해 적극적인 대응을 하고 있다. 모든 것이 합리성과 이성적 객관성이라는 획일주의 속에서 숨죽이고 있을 때 소수의 목소리와 다양한 삶의 자리로부터 들려오는 소리를 통해 생명력을 도출해내는 역동성을 보여주고 있다.

8. 나가는 말

지금까지 살펴본 오순절운동의 중요성은 지리, 인종, 숫자, 영향 범위, 현대성의 측면에서 언급될 수 있다. 먼저 지리적인 측면에서 오순절운동은 지구에 가장 널리 퍼져 있다. 미국에서 시작되었지만 아프리카나 러시아에 이르기까지 전파되지 않은 지역이 없다. 특별히 제3세계에서 그 위력을 크게 발휘하고 있다. 인종적인 측면에서 오순절운동은 처음부터 여러 인종들이 모여 있는 지역에서 일어났고 흑인들이 주도적인 역할을 감당했다. 오순절운동은 백인들만의 운동이 아닌 모든 인종의 운동이다. 수

---

[75] 김성광, 「한국 오순절 신학의 전망」, 『오순절 신학논단』, (서울: 한국오순절신학회, 1999), 128-129.

적인 측면에서 이 운동은 전통적인 교회들이 쇠퇴하는 가운데 급속한 성장을 누리고 있다. 지구상의 대형교회는 거의가 다 오순절 계통이라는 견해에[76] 전적으로 동의하지 않는다 하더라도 한국의 여의도 순복음교회를 보면 그 급속한 성장력만큼은 인정할 수 있을 것이다. 영향력의 측면에서 이 운동은 원래 성결운동의 작은 집단에서 시작되었지만, 이제 가톨릭으로부터 장로교회에 이르기까지 기독교의 모든 중요한 전통 속에 침투하여 그 영향력을 확산시켜 가고 있다. 특별히 가톨릭교회에서는 오순절운동이 교회갱신운동으로서 큰 역할을 담당하고 있다. 현대성의 측면에서 대중음악을 변형시킨 열정적인 복음송, 율동, 방송매체의 활용 등은 현대문화에 대한 유연성을 실감케 한다.

이 운동이 방언과 치유, 은사들을 통한 성령체험에 대해 역사상 어느 부흥운동보다 큰 관심과 집중력을 보였던 것은 격변하는 시대 속에서 지역성을 탈피하여 전 세계적으로 전개되어 나갈 수 있게 한 제1의 요인이 되었다. 성령체험을 광신적인 집단의 열기로 치부하여 왔던 기존의 교단들도 이제 기독교 성장의 거대한 축을 이끌고 있는 오순절운동의 강조점을 배우려고 한다. 그간의 성장 동력이 미래에까지 이어질 수 있을지는 장담할 수 없다. 이대로 가다가는 좌초되고 말 것이라는 것이 오순절 신학자인 레이 휴즈의 생각이다. 성결과 진정한 통회가 없는 체험, 십자가가 없는 축복, 신학이 없는 체험 운동은 더 이상 과거에 교회와 사회에 명쾌한 해답을 주었던 때처럼 동일한 역량을 보여줄 것을 기대하기 어렵게 되었다. 따라서 이제 또 다른 성장의 엔진이 요구되고 있다.

이러한 측면에서 이제 오순절운동은 성결을 동반한 은사를 추구하고, 윤리도덕적인 측면을 강화하며, 이 시대의 차별과 분리를 넘어서는 힘을 기르고, 개인과 자기 가족의 범위를 넘어 이웃과 사회의 구원에 관심을 기울여야 한다. 오순절운동은 그 본래의 기원으로 돌아가서 그동안 간과된 성결의 가르침에 근거한 건전한 윤리와 완전한 사랑으로 불리는 성령에 의한 체험을 결합하여야 할 것이다.

---

76) 박명수, 「근대 오순절운동의 기원」, 10.

근현대 부흥운동사
A History of Modern Christian Revivals

2007년 3월 10일 초판 발행

편집 | 최 재 건

펴낸곳 | 사)기독교문서선교회
등록 | 제16~25호(1980. 1. 18)
주소 | 서울시 서초구 방배동 983-2
전화 | 02) 586-8761~3(본사)   031) 923-8762~3(영업부)
팩스 | 02) 523-0131(본사)   031) 923-8761(영업부)
홈페이지 | www.clcbook.com
이메일 | clckor@gmail.com
온라인 | 기업은행 073-000308-04-020,
　　　　 국민은행 043-01-0379-646
　　　　　　예금주: 사)기독교문서선교회

ISBN 978-89-341-0949-5 (93230)

* 낙장 · 파본은 교환해 드립니다.